日本比較法研究所翻訳叢書
67

シュトラインツ教授論文集
ドイツ法秩序の欧州化

ルドルフ・シュトラインツ著
新井 誠訳

Die Europäisierung der deutschen Rechtsordnung

Von
Rudolf Streinz

中央大学出版部

装幀　道吉　剛

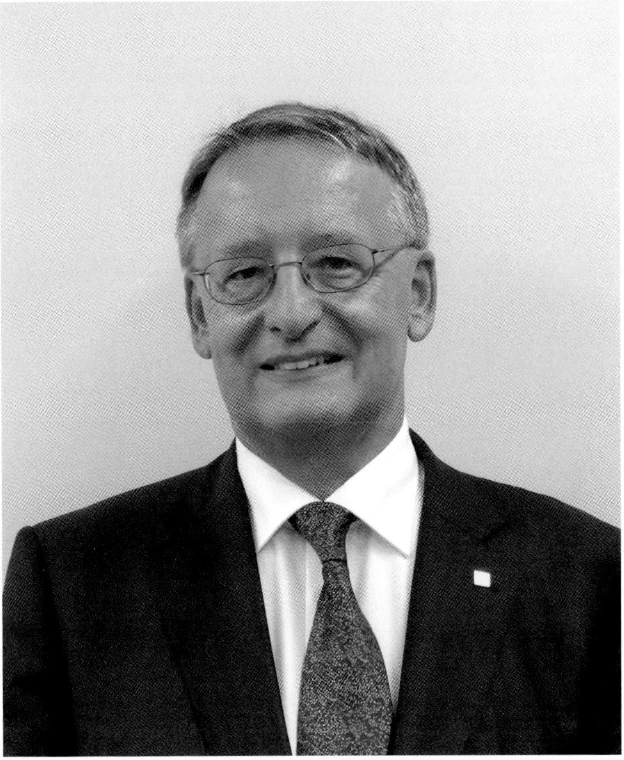

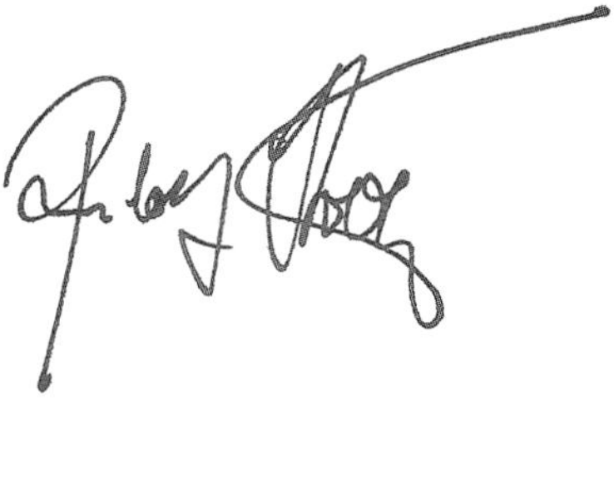

著者まえがき

　新井　誠教授がヨーロッパ法の諸問題とそのドイツ法への影響，食品法やスポーツ法のような分野，さらには欧州裁判所の判例分析に関する私の論文のいくつかを厳選して，1冊の書物として刊行するために日本語に翻訳してくださったことは私にとって大きな栄誉であり，喜びでもある。ドイツ法とヨーロッパ法は日本において大きな関心の対象であるのみならず，研究者の深い研究が現に行われている。それらの研究者の多くがドイツで法学博士号を取得していることは注目に値する。

　私と日本との最初の出会いは，2007年に中西優美子教授が一橋大学，専修大学での講演に私を招聘して頂いたことに始まる。中西教授はミュンスター大学のアルベルト・ブレックマン（Prof. Dr. Albert Bleckmann）の指導を得て，法学博士号を取得している。両大学の講演における学生諸君の深い知識と鋭い質問は印象的であった。東京滞在中は新井教授ご夫妻から暖かいもてなしを受けた。

　私はダグマール・ケェスター＝ヴァルチェン（Prof. Dr. Dagmar Coester - Waltjen）教授がその礎を築いたミュンヘン大学，立命館大学，ソウル国立大学3大学間の学生，研究者交流，とりわけ若手研究者の養成プログラムを担当している。このプログラムに基づきミュンヘン，京都，ソウルにおいて比較法をテーマにしたシンポジウムが開催されている。これはドイツ学術交流会（DAAD）の支援によるものである。今後とも実りある成果を期待したい。

　新井　誠教授とミュンヘン大学との縁は長く深い。同教授はシュテン・ガグニア（Prof. Dr. Dr. h. c. Sten Gagnér）教授の下で1979年に法学博士号を取得している。実は私も同年ガグニア教授の第1次国家試験口頭試問を受けたが，同教授は厳格な試験官として知られていた。新井教授はその後フンボルト財団奨学生としてディーター・メディクス（Prof. Dr. Dr. h. c. Dieter Medicus）の指導を得て，さらにはマックス・プランク社会法研究所（Max-Planck-Institut für

Sozialrecht und Sozialpolitik）においてハンス・ツッハー（Prof. Dr. Dr. h. c. mult. Hans F. Zacher）教授やウルリッヒ・ベッカー（Prof. Dr. Ulrich Becker）教授とともに共同研究を遂行している。新井教授の主導によりミュンヘン大学法学部と中央大学法学部は学生と研究者の相互交流を目的とした協定を締結した。2013年7月5日，両学部の関係者多数が列席のうえコリオット（Prof. Dr. Stefan Korioth）教授，橋本基弘教授の両学部長が協定書に署名した。協定の連絡調整者には私と新井教授が指名された。この協定が日独の学生と研究者の相互交流をさらに促進することを希望している。本書がその一翼を担うことができれば望外の幸いである。

2013年9月　ミュンヘンにて

　　　　　　　　　　　ミュンヘン大学公法，ヨーロッパ法担当教授
　　　　　　　　　　　ルドルフ・シュトラインツ（Prof. Dr. Rudolf Streinz）

訳者まえがき

　著者のルドルフ・シュトラインツ教授（Prof. Dr. Rudolf Streinz）は1953年にバイエルン州ランズフートに生まれ，ミュンヘン大学にて法学を学び，1981年にミュンヘン大学で法学博士号を取得し，1987年にパッサウ大学で教授資格を取得している。1978年から1990年の12年間ランズフートの市会（Stadtrat）議員を2期務めている。初当選時には大学在籍中であった。本人が政治家志望であった訳ではなく，周囲から推挙されての当選であり，本人にとっては青天の霹靂であったという。1989年からバイロイト大学教授（公法，国際法，ヨーロッパ法担当）となり，2003年からはミュンヘン大学教授（公法，ヨーロッパ法担当）として教壇に立っている。名声を博するヨーロッパ法の大家である。

　訳者との出会いは2007年に遡る。訳者は当時前任校の筑波大学とミュンヘン大学との協定締結に奔走しており，ミュンヘン大学法学部長の職にあったシュトラインツ教授と折衝することがあった。同年には初来日され，一橋大学，専修大学等で講演をされたが，訳者は来日中にも何回かお会いして親交を深めた。2012年には今度は中央大学法学部とミュンヘン大学法学部との協定締結に際してミュンヘン側の連絡調整責任者（Kontaktperson）をお願いして，快諾頂いた。

　シュトラインツ教授は温厚誠実な紳士である。ゆっくりと語り，常に相手と真摯に向き合い，約束したことは必ず履行する篤実な人柄である。生馬の目を抜くような研究者が少数であるとはいえない学界において，シュトラインツ教授のような存在は一服の清涼剤にも思われるのである。

　訳者が本書を出版するに至ったのは，シュトラインツ教授の学問の一端をわが国に是非とも紹介したいとの思いからである。訳者は一介の私法研究者に過ぎないが，同教授の著作に接して，学殖の深さ，体系の一貫性，外延の拡がりには本当に多大の感銘を受けた。著作を読み解き，翻訳していく過程でこれま

でにない学問的充実を体感した。

　本書を編纂するについては，シュトラインツ教授の多数の著作の中から訳者が厳選のうえ，5部構成とした。ヨーロッパ法，憲法を中心としながらも，食品法，私法，スポーツ法を加えたことが本書の特徴でもある。これらの法分野においてこそ同教授の学問的面目躍如たるものがある。

　本書を比較法翻訳叢書に採用して頂いた関係者には感謝の意を表したい。本書を担当して頂いた中央大学出版部の小川砂織さんの注意深く丹念な編集作業に敬意を表したい。事務的な仕事は日本比較法研究所の関口夏絵さんにお世話になった。謝意を表する次第である。

　最後に，本書が中央大学法学部とミュンヘン大学法学部との交流促進，そして日独の法学界の交流促進にいささかでも寄与することができれば訳者としては望外の幸いである。

2013年9月6日
　　　　　恩師ハンス・ツァハー教授の85歳祝賀会の日に
　　　　　ミュンヘン市アマリエン通り33番地の研究室にて

　　　　　　　　　　　　　　　　　　　新井　　誠

目　　次

著者まえがき
訳者まえがき

第1部　欧州憲法

ドイツ連邦制議論における欧州憲法 …………………………………… *3*
　Ⅰ. 序　　　章 …………………………………………………………… *3*
　Ⅱ. ドイツ連邦制委員会の任務という文脈における欧州憲法 ……… *6*
　Ⅲ. ドイツにおける欧州憲法の現状 …………………………………… *7*
　Ⅳ. 各種の解決手法と該当するオーストリアの手法との比較 ……… *19*
　Ⅴ. 欧州憲法条約との関連ですでに（停止条件つきで）行われた
　　　変更内容 …………………………………………………………… *32*
　Ⅵ. 結　　　論 …………………………………………………………… *33*

欧州の憲法体制――未完の連邦国家か国家間連結か，
　はたまた比類なき現象か ……………………………………………… *37*
　Ⅰ. 欧州憲法議論について ……………………………………………… *37*
　Ⅱ. 欧州統一の過程における憲法思想――その先駆けとなる
　　　歴史上の概念から欧州のための憲法を制定する条約まで ……… *43*
　Ⅲ. 欧州共同体および欧州連合という現象を把握する試み ………… *49*
　Ⅳ. 今後の展望 …………………………………………………………… *62*
　Ⅴ. 結　　　論 …………………………………………………………… *71*

欧州憲法制定プロセス——欧州憲法条約蹉跌後および
リスボン条約後の基盤と価値，将来の展望 ……………………… *73*
  Ⅰ．序　　　章……………………………………………………… *73*
  Ⅱ．欧州統合における憲法思想…………………………………… *77*
  Ⅲ．欧州連合ないし欧州共同体の「憲法」としての現行条約 …… *80*
  Ⅳ．欧州のための憲法を制定する条約の成立…………………… *82*
  Ⅴ．欧州憲法条約の蹉跌…………………………………………… *91*
  Ⅵ．欧州「価値共同体」をめぐる論評…………………………… *95*
  Ⅶ．今後の展望 …………………………………………………… *102*

リスボン条約——欧州の憲法 ……………………………………… *115*
  Ⅰ．欧州憲法条約の失敗からリスボン条約へ ………………… *115*
  Ⅱ．リスボン条約の構成と内容 ………………………………… *118*
  Ⅲ．2009年6月30日の**連憲裁判決がドイツに及ぼす影響** ……… *124*
  Ⅳ．結論と今後の展望 …………………………………………… *128*

君の信心や如何に——欧州人権裁判所の
十字架像事件判決に寄せて ……………………………………… *131*
  Ⅰ．序　　　章…………………………………………………… *131*
  Ⅱ．欧人裁の十字架像事件判決 ………………………………… *134*
  Ⅲ．欧人裁判決の反響 …………………………………………… *137*
  Ⅳ．1995年5月16日の連邦憲法裁判所による
　　　十字架像事件判決との比較 ………………………………… *138*
  Ⅴ．効　　　果…………………………………………………… *140*
  Ⅵ．結論と今後の展望 …………………………………………… *146*

リスボン条約判決およびハニーウェル事件判決後の欧州
　司法裁判所に対する連邦憲法裁判所による審査留保 ………… *149*
　　Ⅰ．序　　　章 ……………………………………………… *149*
　　Ⅱ．連憲裁の審査留保の根拠 ……………………………… *150*
　　Ⅲ．審査留保の各種要素 …………………………………… *154*
　　Ⅳ．欧司裁との対立の可能性を緩和 ……………………… *160*
　　Ⅴ．結　　　論 ……………………………………………… *171*

第 2 部　欧州法事例研究

欧州連合市民権──移動・居住の自由の制限 ……………………… *175*
自由な商品の移動──輸入数量制限禁止の，
　商業的性格の独占に関する規定との区分 ………………………… *185*
指令に適合する解釈，指令の直接的効力，
　国家賠償請求権 ……………………………………………………… *193*

第 3 部　食　品　法

ドイツと欧州の食品法は文化的同一性の表現に
　なり得るか ……………………………………………………… *205*
　　Ⅰ．序　　　章 ……………………………………………… *205*
　　Ⅱ．文化的同一性の表現としての国内食品法
　　　　──欧州共同体司法裁判所の判決にみる ……………… *207*
　　Ⅲ．共同体法の対応 ………………………………………… *212*
　　Ⅳ．欧州共通の取引通念 …………………………………… *215*
　　Ⅴ．今後の展望 ……………………………………………… *218*

第4部　民　　　法

民法秩序欧州化の基盤 …………………………………… *221*
- Ⅰ．序章——道程と草分け ……………………………… *221*
- Ⅱ．民法秩序欧州化の理論 ……………………………… *233*
- Ⅲ．欧州化の手法 ………………………………………… *239*
- Ⅳ．国際私法に与える影響 ……………………………… *245*
- Ⅴ．今後の展望 …………………………………………… *247*

第5部　スポーツ法

「スポーツ国家」としてのドイツ
——スポーツと憲法が相互に期待するもの …………… *251*
- Ⅰ．序　　章 ……………………………………………… *251*
- Ⅱ．憲法におけるスポーツ ……………………………… *252*
- Ⅲ．立憲国家体制をとる公共体にとってのスポーツの意義 ……… *262*
- Ⅳ．ドイツ連邦共和国のスポーツに対する給付 ……… *280*
- Ⅴ．結　　論 ……………………………………………… *283*

シュトライン教授著作目録
索　　引

第1部
欧州憲法

ドイツ連邦制議論における欧州憲法*

I. 序　　章

　一般に「欧州憲法」[1]と呼ばれる欧州統合の憲法基盤は，ハインツ・シェファーの論文において連邦制の問題とならぶ重点事項となっており，またこの二つの項目が結びついた問題として取り上げられている[2]のもいわば当然のことといえる。氏は，公法についてもいわゆる「欧州化」や「国際化」が一般的なものとなる[3]（これは必要なことであり，さまざまな領域においては後手に回った

---

*Das Europaverfassungsrecht in der deutschen Föderalismuskommission, FS *Schäffer*, 2006.

1 ）　この概念については *Häberle*，Europaprogramme neuerer Verfassungen und Verfassungsentwürfe―der Ausbau von nationalem „Europaverfassungsrecht", in FS *Everling* (1995) 355 (372 ff.) 参照。

2 ）　早い時期のものとしては *Schäffer*, Europa und die österreichische Bundesstaatlichkeit, in *Schumacher* (Hrsg.), Perspektiven des europäischen Rechts (1994) 167 ff. も参照。

3 ）　最近ではドイツ国家法講師協会（VDStRL）の 2000 年ライプツィヒ大会の審議録（„Europäisches und nationales Verfassungsrecht", *Ingolf Pernice, Peter M. Huber, Gertrude Lübbe-Wolff, Christoph Grabenwarter* の講演掲載，VVDStRL 60 (2001) 148 ff., 194 ff., 246 ff., 290 ff.）および 2003 年ハンブルク大会（„Die Staatsrechtslehre und die Veränderung ihres Gegenstandes : Konsequenzen von Europäisierung und Internationalisierung", *Juliane Kokott, Thomas Vesting* の講演掲載，VVDStRL 63 (2004) 7 ff. bzw 41 ff.) 参照。この協会はすでに 1959 年のエアランゲン大会（„Das Grundgesetz und die öffentliche Gewalt internationaler Staatengemeinschaften", *Georg Erler, Werner Thieme* の講演掲載，VVDStRL 18 (1959) 7 ff. bzw 50 ff.）および 1964 年のキール大会（„Bewahrung und Veränderung demokratischer und rechtsstaatlicher Verfassungsstruktur in den internationalen Gemeinschaften", *Joseph H. Kaiser, Peter Badura* の講演掲載，VVDStRL 23 (1964) 1 ff. bzw 34 ff.) でもこのテーマを取り上げている。

感すらあるが,現在では使い古された決り文句になる恐れもでてきた）はるか以前から,オーストリア憲法の踏み込んだ研究にあたって,該憲法のみに捕らわれた「内向性」に陥ることは決してなく[4],公法を法学においては比較法学の観点から捉えるべき題材とみなしている。したがって,シェファーが「Societas Iuris Publici Europaei（SIPE／欧州公法協会）設立に大きく関与していたのも自然な成り行きといえ,該協会はこのようなアプローチ（「目標は欧州公法学の確立」）および増大しつつある欧州法の決定的な影響力に対応することを目指すものである[5]。共同体法ないし連合法と国内法との関係をめぐる根本的な問題点を,批判の目を持ちながらも好意的に,バランスと現実性を大切にしながら取り扱おうとする姿勢が,ハインツ・ペーター・リルと共同で発行した大コンメンタール[6]掲載の該当条項解説や,最近では2004年にブレッド（スロベニア）で開催された「欧州連合への統合にあたっての憲法裁判所の位置づけ」と題された国際学会において彼が行った講演「オーストリアと欧州連合―オーストリア憲法裁判所の経験と実績」[7]などに表れている。このように基本的な問題点のほかにも,主に共同体ないし連合と各加盟国間の権限の区分の問題や,民主的正当性などが大きく注目されており,オーストリアやドイツなどの連邦国家においては,オーストリアないしドイツの各州のEU意思決定への関与にも関心が集まっているが,これについてハインツ・シェファーは2001年にバイエルン州議会がマキシミリアネウム（州議会議事堂の入っている建物）でパッ

4） ドイツ国家法講師協会の1959年および1964年の審議録（脚注3）を考えれば,すでに当時部分的にしか（とはいえそういう側面があったことは事実）正当なものとはいえなかった,*Ipsen* によるドイツの国家法学に対するドイツ憲法内向性という批判,Der deutsche Jurist und das Europäische Gemeinschaftsrecht, Verhandlungen des 46. Deutschen Juristentages, Bd. II (1965) L 5–L 27 (15) を参照。

5） *Schäffer*, Gründung einer Socieatas Iuris Publici Europaei (SIPE), ZÖR 58, 2003, 405 (406) 参照。

6） *Rill/Schäffer* (Hrsg), Österreichisches Bundesverfassungsrecht. Kommentar, Loseblatt (2001). これに関しては作品発表時の *Ress*, Gedanken zur Verfassungskommentierung, ZÖR 57, 2002, 455 (461 ff.) も参照。

7） ZÖR 60, 2005, 345 (367 ff.).

サウ大学と共催したシンポジウムにおいてオーストリアの手法を紹介している[8]。しかし，オーストリア連邦憲法23a条〜23f条までに見られるこのオーストリアの手法こそ，（各州の関与という点に限らず）連邦国家秩序現代化のためのドイツ連邦議会および連邦参議院の共同委員会（通称連邦制委員会）において，欧州憲法の分野における改革の必要性に関し参考として取り上げられたものである[9]。そのため，連邦制委員会で取り上げられた現状認識および改革手法について，批判的かつオーストリアとの比較のもとで評価を行う必要があるものと考える。連邦制委員会は，その理由はさまざまな点が強調され解釈も一致していないが，結局全体としての合意には至らず，2004年12月17日の最終審理後，その任務を連邦議会および連邦参議院に返還している。しかし，委員会の作業と個々の項目に関して得られた成果は無駄ではなかったと見る向きが大勢であり，何らかの形でそれを取り上げて今後さらに展開できるものと考えられていた[10]。2005年9月18日のドイツ連邦議会選挙が誰も予測していなかった結果となり，いわゆる大連立につながった，いやむしろ大連立を強いることになったため，委員会の作業をさらに展開し，合意に至る可能性が大きくなった。実際のところ，連立交渉においては，作業の継続と，大綱において特に教育政策の分野における論争を克服することで，これまでに得られた成果についての大筋での合意に至るのに時間はかからなかった。ただし，意見が分かれているのは，政治陣営間のみならず，連邦と州の間も同様であるという点

---

8) *Schäffer*, Die Beteiligung der österreichischen Länder an der Willensbildung der EU, in Bayerischer Landtag (Hrsg), Die Regionen in der EU im Hinblick auf die bevorstehende Osterweiterung (2002) 29 (29 ff.).

9) たとえば Deutscher Bundestag‒Bundesrat, Öffentlichkeitsarbeit（ドイツ連邦議会・連邦参議院広報部）(Hrsg.), Dokumentation der Kommission von Bundestag und Bundesrat zur Modernisierung der bundesstaatlichen Ordnung, Zur Sache 1/2005, 183 f. にある *Scholz*：ドイツ基本法第23条改正（オーストリーを手本とした）を参照。これについては下記 IV. E 参照。

10) 委員長を務めた *Franz Müntefering*（連邦議会議員，SPD）および *Edmund Stoiber*（バイエルン州首相）両氏の見解，Zur Sache 1/2005（脚注9） 5 f. も参照。

を忘れてはならない。この点が顕著なのは，欧州憲法の問題である[11]。そのため，これまでの取り組みをどこまで超えるものとなるのかは不透明である。

II. ドイツ連邦制委員会の任務という文脈における欧州憲法

　ドイツにおいて連邦議会と連邦参議院が設置した連邦国家秩序現代化のための共同委員会は，連邦議会および連邦参議院が派遣したそれぞれ 16 名の委員と，助言役を務める連邦政府および州議会からの 4 名ないし 6 名の委員，3 つある自治体の全国組織代表者，12 名の有識者により構成され，連邦および各州の行動力および決断力を向上し，政治責任の所在を明確にするとともに，目的に見合った効率の良い役割分担を推進することを目的として，ドイツ連邦共和国の連邦国家秩序現代化のための提言を行うことがその任務であった。中でも連邦と各州の立法管轄の区分や，連邦立法に対する各州の管轄および参加権，連邦と各州の（主に共同課題や財源共同負担などの）財務関係などを審議することが目的であった。また，このような問題を，欧州連合のさらなる展開や，自治体の置かれている状況などにも照らして検証することを意図していた[12]。そのため第 1 作業部会（「立法権と参加権」）では，基本法第 23 条の評価

---

11) 基本法第 23 条第 2 項，第 3～7 項の詳細にわたる妥協規定の理由となっている連邦・州間の構造および利害の衝突については Chardon, Art. 23 GG als „institutionalisiertes Misstrauen" : Zur Reform der europapolitischen Beteiligung der Länder in den Beratungen der Bundesstaatskommission, in Europäisches Zentrum für Föderalismusforschung (Hrsg.), Jahrbuch des Föderalismus (2005) 135 ff.; ders, „Institutionalisiertes Misstrauen" : Zur Reform der europapolitischen Beteiligung der Länder nach Art. 23 GG im Rahmen der Bundesstaats-kommission, in Hrbek/Eppler (Hrsg.), Die unvollendete Föderalismus-Reform. Eine Zwischenbilanz nach dem Scheitern der Kommission zur Modernisierung der bundesstaatlichen Ordnung im Dezember 2004 (2005) 79 ff. (Occasional Papers Nr. 31 des Europäischen Zentrums für Föderalismus-Forschung) 参照。

12) Bundestags-Drucksache 15/1685; Bundesratsdrucksache 750/03. Zur Sache 1/

および必要に応じた改正，EU 指令の実施，国境を越えた協力などの点について，いわゆる「欧州適応性」が議論された[13]。第 2 作業部会（「財務関係」）では，「EU 法実施にあたっての財務責任」が取り上げられ[14]，そのほか欧州共同体設立条約第 104 条および安定・成長協定に定められた規定を遵守するにあたっての「国家安定協定」の取り決めの可能性も論じられた[15]。さらに，環境法や消費者保護法など，それ以外の分野に欧州法が与える影響も考慮の対象となっている[16]。欧州法の問題が審理においてこれほど重要なものになるとは，委員自身も予想していなかったことを認めている[17]。

III. ドイツにおける欧州憲法の現状

1．一般的評価

1　安定と改革の必要性

連邦が法律によって高権を国際機関に委譲できることを定めた基本法第 24 条第 1 項は，欧州統合の憲法上の基盤として十分なものであると，連邦憲法裁判所（連憲裁）は判断している。

連憲裁は，いわゆる「その限りにおいて判決（Solange-Beschlüsse）」を通じ

2005（脚注9）17 ff. も参照。欧州化プロセスと連邦制改革との関係については *Fischer*, Deutscher Föderalismus vor den Herausforderungen einer europäischen Verfassung, Aus Politik und Zeitgeschichte (APuZ) B 29-30/2003, 3 (3 ff.) 参照。

13)　Zur Sache 1/2005（脚注9）153 ff.
14)　同書，864 ff.
15)　安定・成長協定とその基盤については，*Streinz*, Europarecht[7] (2005) Rn. 1045；*Kempen* in *Streinz* (Hrsg.), EUV/EGV-Kommentar (2003) Art. 104 EGV, Rn. 9 ff. 参照。
16)　Zur Sache 1/2005（脚注9）410 ff. 参照。
17)　その基本的内容については予想通りだが，その口調の激しさが意外なものであった論争については，*Große Hüttmann*, Wie europafähig ist der deutsche Föderalismus? Aus Politik und Zeitgeschichte (APuZ) 13-14/2005, 27 (30 ff.)．

て統合のための授権範囲に制約を加える[18]一方で，必要な共同体法の確立に十分な余地を残し，共同体法が要求する共同体法の優先適用を機能させるための憲法上の基盤に関する見解を示した[19]。マーストリヒト欧州連合条約は，経済通貨同盟によって，主権委譲に向けた重大な一歩を踏み出すものであり（貨幣を印刷する権利を有する者すなわち主権者），欧州連合市民規定（欧州連合条約第17条）および欧州経済共同体設立条約を欧州共同体設立条約に改称することにより，欧州連合を構成する共同体が，単なる「経済共同体」を超えるものであることを明確化した。この意味において条約に明文化されているのみならず，すでに現実のものともなっている統合の進展に対し，基本法第24条だけではどうも「手薄」であるという見方が広まり[20]，それ以前に下された連憲裁の判例をある程度成文化する形で，ドイツの欧州連合への参加に関する特別な規定が基本法第23条第1項および第2項に設けられたのである[21]。連邦議会と連邦参議院合同の憲法委員会は，東西ドイツ統一後の基本法改革を準備することがその使命であったが，欧州連合条約に定められた欧州統合の度合いは，すでに「国際機関」という範疇を超えるものであり，法文上の国際機関という概念とは「別物（Aliud）」であるという見解を示している[22]。これが必ずしも憲法の要請であったかどうか，もしくは法政策上有意義というに過ぎないものであったかは，ここではさておくことにしよう。共同体法の進展に伴って基本法の改

---

18) 連憲裁判決 BVerfGE 37, 271—Solange I／その限りにおいて判決 I；BVerfGE 73, 339—Solange II／その限りにおいて判決 II，根本的な点についてはさらに連憲裁判決 BVerfGE 58, 1 (40)—Eurocontrol. これに関し Streinz, Europarecht（脚注15）Rn. 230 ff. 参照。

19) 連憲裁判決 BVerfGE 31, 145 (174)—Lütticke. これに関し Streinz, Europarecht（脚注15）Rn. 226 参照。

20) というのが Jarass in Jarass/Pieroth, Grundgesetz-Kommentar⁷ (2004) Art. 23, Rn. 1.

21) 1992/12/21の基本法改正法第38号，dBGBl I S 2086.

22) Randelzhofer in Maunz/Dürig, Grundgesetz-Kommentar (Loseblatt), Art. 24 I Rn. 200 脚注641に引用文献記載；Scholz in Maunz/Dürig, Art. 23 Rn. 9；Scholz, Europäische Union und Verfassungsreform, NJW 1993, 1690 (1691): grundlegen-

正が必要ないし少なくとも（明確化のために）適切とみなされたものについては改正が行われた（欧州連合市民の地方参政権，基本法第28条第1項第3文／ドイツ連邦銀行の権限の欧州中央銀行への委譲，基本法第88条第2文／任意兵役制度への女性参加，基本法第12a条第4項第2文／欧州連合加盟国へのドイツ国籍者身柄引渡，基本法第16条第2項第2文）。このいわば「新しい」基本法第23条に基づいて，アムステルダム条約およびニース条約の承認が行われている。2004年10月29日に署名が行われた欧州のための憲法を制定する条約（欧州憲法条約）[23]は，フランスとオランダにおける国民投票で拒否されたことからその発効が危ぶまれるが，この条約にも憲法改正の必要はなかった（この点については連邦憲法裁判所の見解も同じであろう）[24]のだが，基本法第23条第1項第3文および第79条第2項に従うその承認には，憲法改正に必要な3分の2以上の多数が必要であったのは，これまでのマーストリヒト条約や（これには議論もあるが）ニース

---

  der „Qualitätssprung" 参照。批判的なのが *Steinberger*, Die Europäische Union im Lichte der Entscheidung des Bundesverfassungsgerichts vom 12. Oktober 1993, in FS *Bernhardt* (1995) 1313 (1318). これについて詳しくは *Schmalenbach*, Der neue Europaartikel 23 des Grundgesetzes im Lichte der Arbeit der Gemeinsamen Verfassungskommission. Motive einer Verfassungsänderung (1996).

23) ABl 2004 C 310/1. この中では欧州憲法条約の略称として EVV が用いられている。

24) 連憲裁が憲法機関の訴および憲法異議の手続において共通判決としてひとつにまとめたドイツ連邦議会長老委員会による承認法に関する決定の日程設定に対する憲法異議申立および連邦議会議員ガウヴァイラー（*Gauweiler*）氏の仮命令を求める申立が要件に欠けるものとして棄却された後（連憲裁第二部の 2005/04/28 の決定，EuGRZ 2005, 337 f.），本案において改めて憲法機関の訴および憲法異議，その他の救済の申立（基本法第20条第4項の抵抗権参照）ならびに今ではすでに公布されている欧州憲法条約承認法に対する仮命令の申立が係属中である（EuGRZ 2005, 340；これについては *Streinz*, Europarecht［脚注15］Rn. 238 参照）。連憲裁の判決があるまで連邦大統領による欧州憲法条約の批准は行われないが，欧州理事会が 2005/06/16-17 に全般について決定した猶予期間（EU-Nachrichten, Dokumentation 2/2005, 28）があるのでいずれにしても急を要してはいない。このような「熟慮期間」が国内承認手続の進行を妨げるものではないことは，マルタ議会やルクセンブルクの国民投票による欧州憲法条約の承認の例を見ればわかる（EU-Nachrichten 26

条約の承認法の場合と同様である[25]。この多数による賛同は問題なく（ともすると問題意識が薄すぎたかもしれないが）得られた[26]。したがって基本法は，必ずしも「快挙」（そのようなものがあるとすればの話だが）とまでいわなくとも，「憲法」という概念を使用するだけで統合力の期待が盛り上がる一方で，フランスやオランダでの国民投票による否決の要因ともなった（必ずしも根拠があるとはいえない）不安が広がることになった，ひとつの節目といえるような変化に対しても十分な「欧州適応性」を発揮しているのである。欧州憲法条約第Ⅰ－6条によって初めて一次法に明文化された[27]「連合法」の優位性は，延いては欧州勾留状などに関するEU枠組決定[28]もその対象になり[29]，その影響の大きさに関する基本的な問題についてさらに具体的な内容を確実に規定することはできないのかもしれない。これがドイツでは，他の加盟国とは異なり[30]，政

/2005, 2 参照）。

25) これについては *Streinz* in *Sachs*, Grundgesetz-Kommentar³ (2003) Art. 23, Rn. 81 a 参照。

26) ドイツ連邦議会は，2005/05/12に賛成569，反対23，棄権2で条約承認法を可決し，連邦参議院は2005/05/27にメックレンブルク・フォアポンメルン州棄権のもと可決している。

27) アムステルダム条約の文言における欧州共同体設立条約にかかる補完性および相当性の原則の適用に関する議定書第2号（ABl 1997 C 340/105）を別として。これに関し *Streinz*, Europarecht（脚注15）Rn. 193 参照。

28) 2002/06/13の欧州勾留状および加盟国間の引渡手続に関する理事会枠組決定 2002/584/JI, ABl 2002 L 190 S. 1.

29) 連憲裁は2005/05/18にDarkazanli事件において，2004/07/21の欧州勾留状および加盟国間の引渡手続に関する欧州連合枠組決定のドイツ実施法（欧州勾留状法－EuHbG）(dBGBl 2004 I 2198)を，基本法第2条第1項および第20条第3項，第16条第2項，第19条第4項の違反のため違憲と認め無効の判決（BVerfG, EuGRZ 2005, 387）を下した。ドイツの立法者は，法治主義による問題のない実施のために枠組決定が認める裁量の余地を完全に使い切っていないという見解を示している。これに批判的なのが *Tomuschat*, Ungereimtes/Zum Urteil des Bundesverfassungsgerichts vom 18.7.2005 über den Europäischen Haftbefehl, EuGRZ 2005, 453 (453 ff.).

30) *Gauweiler* 議員（脚注24）が行った実体法上の抗弁は，すでにフランスのConseil

治的な議論が本格的に行われていない問題であることは，欧州憲法条約第 I-6 条に関する特別な首脳会議声明が必要と考えられていたという事実が物語っているが[31]，このような声明は具体的内容に乏しいものに過ぎない。優位性の問題（その法理については認められており，問題となるのはその制約についてである）は，最終決定権限の問題がその最たるものであり，基本権や権限に関して主権の問題に関わってくる。この問題は，連邦構造を有する連合（統合の進んだいわば「国家間連結」である欧州連合は，連邦国家ではなく，またそうなることを意図するものではないにしても，このような連合にあたり，欧州との関連においては基本法第 23 条第 1 項第 1 文に用いられている憲法上は的確だが，その文脈においては誤解を招きかねない「連邦 (föderal)」という表現は避けるべきであろう）[32]においては，不明確なままにしておいたほうが，かえって相互の責任に対する法意識が強まってよいのかもしれないが[33]，このような状況は法曹にしてみればとても満足のゆくものでないことは当然である。

　欧州統合へのドイツ参画を国内でどのように組織するかについては，評価が

Constitutionnel（2004/11/19 の判決，EuGRZ 2005, 45 [46]. これについては *Walter*, Der französische Verfassungsrat und das Recht der Europäischen Union, EuGRZ 2005, 77 [81 f.] 参照）およびスペインの Tribunal Constitutional（2004/12/13 の判決，ドイツ語訳は EuR 2005, 339 ff.）が行っているように，欧州憲法条約を正しく解釈すれば理由がない。これに関しては *Streinz/Ohler/Herrmann*, Die neue Verfassung für Europa. Einführung mit Synopse (2005) 67 f. も参照。連憲裁が *Gauweiler* 議員による憲法異議の申立の機会を利用して，新たな原則を示すかどうかはまだわからない。オーストリアでの論争については *Schäffer*（脚注 7），ZÖR 2005, 356 ff.（引用文献記載），ポルトガルでの議論については *de Quadros*, Direito da União Europeia (2004) 410 ff. 参照。

31) 第 I-6 条についての声明：「第 I-6 条が欧州司法裁判所および欧州第一審裁判所の現在有効な判例を表現したものであることを会議は確認する」。

32) これについては *Hänsch*, Deutscher Föderalismus in der „verfaßten" Europäischen Union, 44. Bitburger Gespräche (2005) 97 および彼が引用しているローマン・ヘルツォーク *Roman Herzog* 元連邦大統領の，ヨーロッパにとって連邦とは「不可欠だが同時に禁句でもある」という発言を参照。

33) このように主張しているのは *Steinberger*, Anmerkungen zum Maastricht-Urteil

異なる。この点に関しては，ドイツを「欧州向き（fit für Europa）」にすることで，欧州内でのドイツの立場を主張するための規定が必要である。このような自己主張を行うことは，市民および国家の連合[34]というこの独特の統合共同体においては必要なことで，その構造をみれば，個々の利益を守り，そのバランスをとりつつ，共通の附加価値を得ることを重視していることがわかる。ドイツおよびその憲法がこのような意味において「欧州適応性」を有しているかどうかについて，疑問を抱く声が増えてきている。その理由は，基本法第23条第2項〜第7項の規定自体にあるというよりは，むしろ該規定の実践ないし非実践にあり，該規定は基本的に連邦国家としては適切なものとみなす評価が主流といえ，ただし第3項〜第6項については連邦制委員会において連邦政府のみならず，複数の有識者からも，少なくとも改革の必要があるものとされ，中には削除が必要とする向きすらあった[35]。また，指令を実施しなかった場合や，通貨同盟のマーストリヒト基準を遵守しなかった場合の，共同体法違反に対する損害賠償責任の問題についても規定の必要がある。

2　連邦議会および連邦参議院の欧州政策参画の改革

　高権の委譲には必然的に（かつ必然であることから必然な範囲において，憲法に明文化された統合のための授権により原則的に正当化される形で）[36]，横方向（連邦議

---

　　　des Bundesverfassungsgerichts, in *Hommelhoff/Kirchhof* (Hrsg.), Der Staatenverbund der Europäischen Union (1994) 25 (33).

34)　これについて最近では *Tsatsos*, Zur Entstehung einer europäischen Verfassungsordnung. Drei Vorgegebenheiten zum Verständnis des vom Konvent ausgearbeiteten Entwurfes einer Verfassung für Europa, in FS *Häberle* (2004) 223 (241 ff.) および *Hänsch*（脚注32）のより教育的内容でやはり基本的に的確な欧州憲法条約の規定の解説を参照。

35)　これについては下記IV. A参照。2004年に連邦制委員会で基本法第23条に対する幅広い「戦線」が形成されたことは，2003年11月に連邦政府が質問主意書に対してこれまでの「欧州条項」を全体として肯定的に評価したばかりであったことから，多くの関係者を驚かせた。Bundestags-Drucksache 15/1961, 3 および *Große Hüttmann*（脚注17）31 参照。

会から連邦政府に向け）および縦方向（各州から連邦に向け）の権限シフトが伴っていた。権力分立の要請による「制度的均衡」を守るためには，このシフトの「補償」が必要となった。連邦各州は，すでに1986年の単一欧州議定書[37]において，各州の権限が損なわれることが明確化したことから[38]，欧州政策への各州の参加が不十分であることを認識している。各州は，連邦参議院の参画強化を通じた自らの立場の改善を要求し，各州の利益をひとつにまとめ足並みを揃えることにより，単一欧州議定書の承認法において改善を勝ち取った[39]。これに対しては，連邦参議院は連邦機関であって，各州の権利を州として守るものではなく，単に各州政府の立場が強化されるだけで，各州の州議会の影響力はさらに低下しているという批判がある[40]。さらに，一般法である承認法では，権利を憲法上（憲法裁判所での適切な手続を開始することにより）確立することはできなかった。そのため当初は，詳細については意見が分かれている基本法第24条第1項の「内効力」[41]がその根拠とされたが，これはもちろん応急の擬制に過ぎないものであった。連邦議会にはこの点に関して問題意識が欠如していたというべきか，適切な形でそれが表現されることはなかった。マーストリヒ

---

36) 連憲裁判決 BVerfGE 89, 155 (182) 参照。

37) ABl 1987 L 169 S. 1 ; dBGBl 1986 II 1104. 1987/07/01 発効，ABl 1987 L 169 52.

38) これについては *Streinz*, Die Auswirkungen des Europäischen Gemeinschaftsrechts auf die Kompetenzen der deutschen Bundesländer, in *Heckmann/Meßerschmidt* (Hrsg.), Gegenwartsfragen des Öffentlichen Rechts (1988) 15 (15 ff.) 参照。

39) DBGBl 1986 II 1102.

40) たとえば *Bethge*, Die Rolle der Länder im deutschen Bundesstaat und die rechtlichen Einflußmöglichkeiten auf die nationale Gemeinschaftspolitik, in *Kremer* (Hrsg.), Die Bundesrepublik Deutschland und das Königreich Spanien 1992—Die Rolle der Länder und der Comunidades Autónomas im Europäischen Integrationsprozeß (1989) 22 (43 ff.) を参照。新しい基本法第23条については（「憲法の美学」という点に限らず）批判的ではあるものの，全体としては肯定的である。*Bethge*, Die Beteiligung der deutschen Länder an der Willensbildung der EU, in Bayerischer Landtag, Die Regionen in der EU（脚注8）16 (25 ff.) 参照。

41) これについては *Streinz*, Bundesverfassungsgerichtliche Kontrolle über die deut-

ト欧州連合条約に伴う基本法第23条挿入の段になって初めて，連邦議会は連邦参議院の要求にいわば同調している。権利をできる限り精密に確保するため，基本法第23条の規定は比較的詳細な内容となっており，憲法の美学という観点からはいずれにせよ満足のゆくものではない。とはいえそれでもこれを通じて，唯一現実的かつ実効的な州参画の可能性を開く連邦参議院モデルが合法化され，この点は，各州が連邦参議院を通じこれまでのように連邦の立法および行政に参加するだけではなく，欧州連合の事項にも関与することを定めた基本法第50条にも表れている。基本法第23条第2項〜第6項と，基本法第23条第3項第2文に基づく，連邦政府とドイツ連邦議会の欧州連合に関する事項における協力に関する法律（ZEUBBG）[42]ないし基本法第23条第7項に基づく，連邦と各州の欧州連合に関する事項における協力に関する法律（ZEUBLG）[43]によるその拡充によって，満足な規定が見出されたかと思われた。しかし，妥協案（それは確かに妥協案であった）[44]にはつきものの，論争がやがて生じることになる。ここでは，連邦参議院のいわゆる「最終決定権」の問題をあげておくが，連邦参議院の見解を「決定的なものとして考慮すべきもの」（基本法第23条第5項第2文）であることが定められており，ZEUBLG第5条第2項第5文に定められているいわゆる「固持決議」というのは，この問題の解決策としては法的にみて少なくとも疑問が残る[45]といわざるを得ない。ま

---

  sche Mitwirkung am Entscheidungsprozeß im Rat der Europäischen Gemeinschaften (1990) 64 ff. 参照。
42) Gesetz v 12. 3. 1993, dBGBl 1993 I 311.
43) Gesetz v 12. 3. 1993, dBGBl 1993 I 313.
44) その成立過程については *Scholz*, Grundgesetz und Europa―Zu den reformpolitischen Empfehlungen der Gemeinsamen Verfassungskommission, NJW 1992, 2539 ff.; ders, Europäische Union und deutscher Bundesstaat, NVwZ 1993, 817 (819 ff.); *Schmalenbach*（脚注22）32 ff. 参照。
45) これに関してはたとえば *Scholz* in *Maunz/Dürig*（脚注22），Art. 23, Rn. 127; ders, Zur nationalen Handlungsfähigkeit der Europäischen Union. 参照。または：Die notwendige Reform des Art. 23 GG, in FS Zuleeg (2005) 274 (281 f.); *Streinz* in *Sachs*（脚注25），Art. 23, Rn. 108 ff.（引用文献記載）。

た，(ドイツだけを対象とするものではないが)46)共同体法により認められている（欧州共同体設立条約第203条第1項），欧州連合，すなわち主に欧州理事会において，連邦参議院が指名した州の代表者がドイツの権利を行使する（基本法第23条第6項）可能性が実際に実行可能なものであるかどうかにも疑問が残る47)。連邦議会などの欧州政策への参画強化を要求する声が広まっているが，もうかなり以前から欧州共同体もそれに前向きであり48)，欧州憲法条約にはそのための具体的な糸口が用意されている49)。

3 共同体法の違反に対する損害賠償責任

　欧州司法裁判所が確立し，当初は激しい批判を受けた50)ものの現在では受け入れられているいわゆるフランコヴィッチの原則51)によれば，共同体法に対する「条件を満たす（qualified）」違反があった場合には，加盟国に賠償責任が生じる。この責任は国家権力のすべての部分に対して存在するものであり，したがって行政のみならず（この点においては国内法を逸脱するが，ここではそれが共同体法の効力を妨げることがあってはならない），立法および司法にも適用される。後者において生じる問題については，差別化した審査基準を採用することにより欧州司法裁判所は対応している。たとえば「十分に条件を満たす違反

---

46) 特にベルギーの規定を参照。連邦国家と各地方ないし各共同体との間での明確な権限分担を定めており，EU（EC）理事会にベルギーからは地方ないし共同体の代表が出席している。*Große Hüttmann*（脚注17）31参照。
47) これについては *Scholz*, FS *Zuleeg*（脚注45）279参照。
48) これについて早いものでは *Streinz* in *Isensee/ Kirchhof* (Hrsg.), Handbuch des Staatsrechts, Bd. VII (1992) § 182, Rn. 52参照。
49) これについては下記 IV. B. 1参照。
50) たとえば *Ossenbühl*, Der gemeinschaftsrechtliche Staatshaftungsanspruch, DVBl 1992, 993 (994 f.) 参照。
51) 基本的内容は欧州司法裁判所判決，共同審理事件 C-6/90 および C-9/90, Francovich ほか対イタリア, Slg. 1991, I-5357. これに関し *Streinz*, Europarecht（脚注15）Rn. 417 ff.（引用文献記載）参照。

(hinreichend qualifizierter Verstoß/sufficiently qualified violation)」[52]には，指令を実施しなかったというだけで十分である[53]のに対し，一次法の違反は明確なものである必要があり[54]，司法による違反の場合は「自明性」が要求される[55]。賠償責任は，加盟国の国内組織がどうであれ，すべての公権力機関の行為に対して加盟国が全体として負うものである。したがって，連邦が各州や自治体，また公法上の団体による違反に対する責任を負うことになる[56]。経済通貨同盟の安定基準に関する責務に違反した場合も同様である。肝心なのは財政赤字の総額であって，それが連邦，州，自治体のものであるかは問題とはならない[57]。州や自治体が指令を実施しなかったり，過剰財政赤字などで共同体法に違反した場合，共同体に対しては連邦が責任を負っている（欧州共同体設立条約第228条に基づく一括金または罰金の支払／欧州共同体設立条約第104条第11項に基づく無利子積立金の寄託または課徴金の納付），その際の州および自治体の責任という問題については，これまでのところまだ規定がない。文献には現行法に基づくその解決策が提示されているものの，いずれも不完全で法的安定性に欠

---

52) この基準については同書，Rn. 420（引用文献記載）参照。

53) フランコヴィッチ事件（脚注51），Slg. 1991, I-5357, Rn. 39 f. のほかにもたとえば欧州司法裁判所判決，共同審理事件 C-178/94 ほか，Dillenkofer ほか対ドイツ連邦共和国，Slg. 1996, I-4845, Rn. 26 を参照。

54) 欧州司法裁判所判決，共同審理事件 C-46/93 および C-48/93，Brasserie du Pêcheur および Factortame, Slg. 1996, I-1029, Rn. 56 f.；欧州司法裁判所判決，事件 C-424/97, Haim 対 Kassenzahnärztliche Vereinigung Nordrhein（北ライン保険歯科医師会），Slg. 2000, I-5123, Rn. 35 ff.参照。

55) 欧州司法裁判所判決，事件 C-224/01，Köbler 対オーストリア共和国，Slg. 2003, I-10239, Rn. 30 ff.

56) 欧州司法裁判所判決，事件 C-302/97，Konle 対オーストリア共和国，Slg. 1999, I-3099, Rn. 62 ff.：チロル立法者の共同体法違反に対する賠償責任；事件 C-424/97（脚注54），Slg. 2000, I-5123, Rn. 25 ff.：加盟国の賠償責任とならぶ保険歯科医師会の賠償責任を参照。

57) マーストリヒト条約の過剰財政赤字手続に関する議定書第2条にある「政府（英語版 government／ドイツ語版 öffentlich）」という用語の定義を見よ。ABl 1993 L 332/7.

けるものであり，明文化された明確な規定が求められている[58]。

4 連邦および州による共同体法の執行

共同体法は原則的に，すなわち EC 委員会が直接執行する数少ないケース（EC 競争法，すなわち独占禁止法および国家補助金規制）を除き，関係はさらに複雑化しているものの[59]，各加盟国によって執行されている。執行の基盤となるのは，特殊な共同体法の規定を除いて[60]，原則的に各国の憲法である。したがって，加盟国にはいわゆる制度上および手続上の自治性があるが，一般的な共同体法の原則である同等性および実効性の要請によって次第に制約が増加している[61]。ただし，全般として共同体法が要求しているのは，各加盟国が適正に法を執行するということのみであり[62]，具体的に組織的な条件を課すことは，継続的かつ制度に原因がある執行の不備が生じた場合のみに許される。とはいえ，加盟国が共同体に対して，自らのすべてのレベルにおける執行の不備に関する責任を負うことには変わりがない。ドイツでは，行政執行を所掌するのは，基本法第30条および第83条以下の一般的権限分担によれば各州であって，立法における実施が連邦の義務責任となっている。しかし，たとえば環境

---

58) たとえば *Koenig/Braun*, Rückgriffsansprüche des Bundes bei einer Haftung für Verstöße der Bundesländer gegen Gemeinschaftsrecht, Neue Justiz (NJ) 2004, 97 (103) 参照。

59) これについては *Schmidt-Assmann/Schöndorf-Haubold* (Hrsg.), Der Europäische Verwaltungsverbund (2005) 参照。

60) 該当する規定には主に関税法において 1992/10/12 の関税規則制定に関する理事会規則 2913/92 号（ABl 1992 L 302/1）などがある。そのほかにもたとえば食品の監視に関する共同体法の規定については，*Streinz*, Europäisierte Lebensmittelaufsicht : Aufgaben, Instrumente und Rechtsschutzprobleme, in *Schneider/Schwarze/Müller-Graff* (Hrsg.), Vollzug des Europäischen Wirtschaftsrechts zwischen Zentralisierung und Dezentralisierung, Europarecht Beiheft 2/2005, 7 (20 ff.) 参照。

61) これについては *Huber P. M.*, Recht der Europäischen Integration 2 (2002) 363 ff. (§ 22)(引用文献記載) 参照。*Schäffer*（脚注7），ZÖR 2005, 371 f. も参照。

62) *Streinz* in *Streinz*, EUV/EGV (FN. 15), Art. 10 EGV, Rn. 23 ff.(引用文献記載)参照。

法などの共同体にも関わる分野において，それが州の管轄であっても，連邦が国内の憲法を理由に，共同体に対する責任を免れることはできない。このことから，各州の連邦に対する然るべき責務[63]や場合によっては（上述の通り経済賠償責任も含む）責任という問題が生じ，それと同時に各州が適正な共同体法執行を行うよう指導するための連邦の手段という問題も発生することになり，その最たるものは連邦の代行権限である[64]。

2．連邦制委員会における評価

連邦制委員会では，このような問題についてさまざまな案が議論された。その中で浮かび上がってきたのは，問題点の分析に食い違いがあり，合意の見込み，延いては成功の見込みがある改革の糸口は数少ないということであった[65]。連邦と各州，そしてまた連邦政府と連邦議会の間の利益の対立を，欧州連合において効果的にドイツを代表するという国益のために調整する必要があるのである。しかし，利益の対立の多くは制度に由来するものであって，よってその時点での政局に左右されるものではない。野党というものは常に自らが政権を掌握することを念頭に置いているため，連邦議会の発言権が大きくなりすぎることには消極的である。連邦議会と連邦参議院が連邦政府に対して一致した姿勢をとっているわけでは決してなく，むしろその主張する立場には大きな隔たりがある。国外の状況が参考になることを**ルパート・ショルツ**などが示しているが，たとえば隣国オーストリアでは，オーストリア連邦憲法第23a条～第23f条に多くの点でドイツに似ているものの，より詳細な部分もある規定がある[66]。

---

63) ドイツにおいては連邦に対する忠誠の原則および基本法第23条第1項がその根拠となる。*Streinz*, Europarecht（脚注15）Rn. 541参照。

64) 同書参照。オーストリアには該当する規定があるが（オーストリア連邦憲法第23d条第5項，これについては下記IV. E参照），ドイツには特別な規定はない。基本法第37条に定められている連邦強制も考慮すべし。

65) これについては *Scholz*, FS *Zuleeg*（脚注45）279 ff. を見よ。

66) これについては *Scholz*, FS *Zuleeg*（脚注45）282 f. 参照。

IV. 各種の解決手法と該当するオーストリアの手法との比較

1. 基本法第23条の「欧州適応性」に関する連邦制委員会の全般的評価

　ここで連邦制委員会全体としての評価を述べることはまったくできない。基本法第23条の「欧州適応性」については激しい議論が交わされ，意見は大きく分かれていた[67]。連邦政府と連邦議会，また有識者たちも（その程度は異なるが），いわゆる「ブリュッセル」におけるドイツの利益代表を効率的に行い[68]，かつ国内の「附帯プロセス」への有効な連邦議会参加を確保するためには改革が必要であることを認めており，基本法第23条第3項～第7項までの削除を要求する声すらあったのに対し[69]，各州はその事実の認識[70]に疑問を唱え，基本法第23条はその目的設定および手続の面から見て基本的に用をなしてきたと主張した[71]。また「欧州レベルでドイツ各州を単なる地方としてではなく，ドイツ連邦共和国内に存在する国としての性格を有する国家とみなす」ようになったのもこの条項のおかげであるから，この規定を放棄することはできず，そのようなつもりもないというのがその見解であった。ただし，この条

---

[67] Zur Sache 1/2005（脚注9）153-198 参照。

[68] 連邦政府についてはキューナスト *Künast* 大臣（連邦消費者保護食糧農業省），ツィプリス *Zypries* 大臣（連邦司法省）およびガイガー *Geiger* 事務次官（連邦司法省）の発言，Zur Sache 1/2005（脚注9）169 ff. を参照。

[69] 第23条（改正後）に関する連邦政府の案はそのような内容であった。Zur Sache 1/2005（脚注9）191. 有識者 *Scharpf*（MPI für Gesellschaftsforschung, Köln），同書，181 も同様。有識者たち（*Benz, Huber P.M., Kirchhof, Meyer, Schmidt-Jortzig, Schneider, Scholz, Wieland*）の評価は，全般に（非常に）批判的であった。同書 175 ff. 参照。

[70] これについて詳細に触れているのが *Böhmer*（ザクセン・アンハルト州首相），Die deutschen Länder—Motor oder Bremser der europäischen Einigung. Bewertungen der deutschen Föderalismusreform und ihre Auswirkungen auf Europa, 2004/12/08 にブリュッセルのコンラート・アデナウアー財団で行われた講演。

[71] というのが全州首相会議の見解，Zur Sache 1/2005（脚注9）168.

件を守るのであれば，まだ改善の余地はあるという[72]。しかし，基本法第23条第2項〜第7条を放棄することはできない。この条項は「事前の調整を推進する作用があり，その中に定められている権利をいざという場合には行使できるという可能性がなければ，事前の調整がそれほど活発に行われることはないであろう」[73]。「基本法第23条のスリム化」のための連邦案は，「州の参加権を丸裸にする」ことにつながる。ブリュッセルにおいて必要とされる迅速かつ柔軟な決断を可能にする手段は，憲法の規定である州の適切な参加および州の利益の配慮と相容れるものでなくてはならないというのがその主張であった[74]。

2．連邦制委員会内での個々のテーマに関する提案

連邦制委員会内で行われた広範にわたる論争は，ここではその主要な内容を大まかに紹介することしかできない。

1　連邦議会および連邦参議院の共同体法制定過程への参加

連邦議会および連邦参議院が共同体法制定過程に参加することは，民主制原則および連邦国家原則の理由から，必要なものとみなす意見が大半を占めている。しかし，第23条第2項〜第6項および協力法に基づくこれまでの実践は，特に連邦議会の参加という点において不十分と考えられている。いわゆる「行政立法」（すなわち理事会による法の制定）では，フィードバックや監視が行われていないというのである[75]。特殊な問題としては，たとえば通知が遅いことや，情報量が対応しきれないほど大量である点があげられている。連邦参議院に関しては，いわゆる「固持決議」による連邦参議院の「最終決定権」の場合

---

72)　トイフェル *Teufel*（バーデン・ヴュルテンベルク州首相）の発言，Zur Sache 1/2005（脚注9）163.

73)　というのはゲルハルツ *Gerhards*（ノルトライン・ヴェストファーレン州法務大臣），Zur Sache 1/2005（脚注9）159.

74)　*MD Schön*（バイエルン州），Zur Sache 1/2005（脚注9）165.

75)　連邦議会議員 *Röttgen* の見解（CDU/CSU），Zur Sache（脚注9）153 f.

におけるような「命令的委任」[76]を連邦政府側が断固として拒否している[77]。そのような拘束は，交渉にあたって連邦政府が柔軟に対応する可能性を奪い，ブリュッセルではすでに「German vote」という別名がつけられている棄権をせざるを得なくなるという[78]。各州との協力は，事前の段階で最適化する必要があるとしている。さらに，連邦議会の決議と連邦参議院の決議ではその拘束力に差があることも批判されている[79]。この点では統一が求められているが[80]，連邦議会の決議の持つ拘束力を強化することによって統一することももちろん可能なわけである[81]。連邦とは逆に，各州は基本法第23条に定められた参加制度を肯定的に評価しており，（原則的に各州の義務責任である）[82]法の執行における実践の経験を州政府が専門分野ごとに持ち込むことでその重要性が増し，連邦政府が主張しているような障害とはなっていないという[83]。

2 連合・共同体におけるドイツの行動および連合・共同体に対するドイツの行動の足並みを揃える

連邦政府の見解によれば，基本法第23条は，連合・共同体におけるドイツの行動および連合・共同体に対するドイツの行動の足並みを揃えることを通じてドイツの国益を最善の形で代表する妨げになっている。加盟国数が倍増し，

---

76) これについては *Streinz in Sachs*（脚注25），Art. 23, Rn. 108 ff.（引用文献記載）参照。
77) 連邦大臣 *Zypries* および政務次官 *Geiger*（連邦司法省），Zur Sache 1/2005（脚注9）170 ff.
78) これについては *Große Hüttmann*（脚注17）30 f.; *Hänsch*（脚注32）参照。
79) たとえば有識者 *Huber P M.*（ミュンヘン大），Zur Sache 1/2005（脚注9）175 参照。
80) というのがたとえば連邦議会議員 *Schwall-Düren*（SPD）の見解，Zur Sache 1/2005（脚注9）157.
81) というのは連邦議会議員 *Friedrich*（CDU/CSU），Zur Sache 1/2005（脚注9）158.
82) 第83条以下による。これに関し *Streinz*, Europarecht（脚注15）Rn. 536, 540 参照。
83) というのは MD *Schön*（バイエルン州），Zur Sache 1/2005（脚注9）160 f.

特定多数決の頻度が増すことにより，実質的な状況および法的状況が決定的に変化したとしている。したがって連邦政府が求めているのは，交渉時の柔軟性や，案件横断的な妥協能力，欧州機関におけるドイツの交渉および代表は連邦政府のみが行い，内部調整の結果に関係者すべてが従い，ブリュッセルで各州の代表が勝手な行動をとらないこと，連邦議会および連邦参議院への包括的情報提供と両議会の立場をできる限り配慮すること，現在の各州の参加権をこれ以上拡大しないことなどである。これらを実現するために EU 条約に関して基本法を改正する必要はないとしている。一般法のレベルでの修正で十分であるという[84]。各州は調整の必要があることは認めたものの，憲法により保障されている州の参加権については譲らなかった。そのため有識者からは，ドイツの立場を決める際の州だけではなく連邦議会の参加権をも強化する一方で，その代わりに基本法第 23 条第 6 項に定められた州の代表権を廃止すること，すなわち連邦の単独代表権の確立を求める意見が出された[85]。「国内レベルでは各州および連邦議会の参加を最大限に，欧州レベルでは連邦共和国としての交渉力を最大限に。そのため連邦政府による単独代表権を。そのうえで連邦政府の報告義務を最大限に」[86]。

3　各州の代表委員による連邦の代表

連邦政府は，基本法第 23 条第 6 項に定められた，連邦参議院が指名する一名の州代表が理事会においてドイツを代表する権利に対して特に強く反対し，ましてやそれを単独代表権に拡大しようという案などはなおさらのことであった[87]。連邦政府の反対は，上述の通り，有識者による支持を得た。州側は，ブ

---

84)　Zur Sache 1/2005（脚注 9）191.

85)　こうはっきり述べているのが *Huber P. M.*, Zur Sache 1/2005（脚注 9）179.

86)　これは *Grimm* (Wissenschaftskolleg Berlin), Zur Sache 1/2005（脚注 9）178.

87)　この見解はキューナスト *Künast* 大臣（連邦消費者保護食糧農業省），ツィプリス *Zypries* 大臣（連邦司法省）およびガイガー *Geiger* 事務次官（連邦司法省），Zur Sache 1/2005（脚注 9）169 ff.

リュッセルにおいて連邦参議院の代表者一名が州を代表することを，内容が州の権限のみに関する場合については，それがつまるところ外交政策ではなくいわば「欧州内政」であることもあり[88]，妥当なものと考えていたが，最終的にはこの件に関して（このような代表に伴う問題の認識もあって）[89]妥協の用意があるという姿勢を見せた。その結果，連邦参議院から選ばれた委員長であったエドムント・シュトイバーは，基本法第23条第6項の文言を改めることを州側が受け入れることを確認し，欧州連合およびその加盟国に対する州の対外代表権を限定することになった[90]。

4　指令の実施権限

連邦制委員会内では，州がEC指令を実施する権限が存在することが，これまで深刻な問題につながってきたかどうかという点ですらも，意見が分かれていたようである。したがって，提案されたその「療法案」も大きく異なっていた。有識者の意見によれば，EU法実施に関するこれまでの経験的調査からは，EU法執行管轄の地方分権化が条約違反手続の可能性をはっきりと増大させることは証明されていないという。むしろ，行政能力の不足や，EU規定によって個々の加盟国が強いられる変更の程度，政党の思惑がらみの主導権争いなどがその原因とみる意見が多いということである。とはいえ，州に所轄があることによって，指令の実施が難しくなる理由がいくつかあるともいう。有識者は実施責任を連邦にまとめて中央集権化することに反対し，そうしたとしても連邦参議院の承認義務が生じることになり，実施が適切に行われない原因となっている連邦議会と連邦参議院の対立という問題の解決にはつながらないという意見であった。有識者が提唱したのは，EC条約第228条に基づき欧州司

---

88) こういったのは *Teufel* 首相（バーデン・ヴュルテンベルク州）と *MD Schön*（バイエルン州），Zur Sache 1/2005 (FN. 9) 161 f.
89) たとえば *Gerhards* 法務大臣（ノルトライン・ヴェストファーレン州），Zur Sache 1/2005（脚注9）161を参照。
90) Zur Sache 1/2005（脚注9）198.

法裁判所が条約に違反があったことを確認した場合には，州の権限に連邦の介入を認め，場合によってはほかの州の実施規定を適用することを許すという案であった[91]。連邦政府は，部分的には連邦議会側からも支持のあった[92]「連邦の優先的実施権限」という考え方を全般として推進し，具体的には環境法などの実施が問題となる分野における連邦の権限拡大と，EU 規定には手続法上の実施が必要となる場合も多いことから，手続規定における立法者としての連邦の行動の自由を拡大することを要求した。連邦制改革の一環として一般に権限の分割を行うにあたって立法権が州に移行される場合には，EU に対するドイツの責務を果たせるように，EU 規定が州の権限のみに抵触するものであっても，いざというときには連邦法として実施する権限を連邦に認めるべきであると主張した。この場合には，異なる立法を行う権限が州にはあり，その意味では優先される法との両立性を確保する責任を州自らが負っているという（いわゆる「先行立法」モデル）ものである[93]。連邦参議院の一部は歩み寄りの姿勢も見せていた[94]。州側は，「先行立法」という案を拒否した[95]。有識者ルパート・ショルツ（ミュンヘン大）は，オーストリアの類似した手法[96]を参考に，（一般的な）国内権限分担に従った実施権限の維持を提唱したが，それに加えて，憲法で保障された連邦の監督権と，該当する州が適正に実施できなかった場合には連邦の（解除条件つきの）代行権限を認めるべきであると主張した[97]。

---

91) *Benz*（ハーゲン通信大学），Zur Sache 1/2005（脚注 9）200 f.
92) 連邦議会議員 *Steenblock*, Bündnis 90/Die Grünen（Zur Sache 1/2005［脚注 9］203）の連邦議会議員 *Röttgen*（CDU/CSU）に対するこの内容を支持する発言参照。実施の義務があるというだけでは連邦権限が成立する理由とはならない（同書，199）とした。賠償責任の問題に関する検討は連邦議会議員 *Schwall-Düren*（SPD），同書。
93) Zur Sache 1/2005（脚注 9）203 参照。
94) 政務次官 *Tidick*（メックレンブルク・フォアポンメルン州），Zur Sache（脚注 9）199 参照。
95) Zur Sache（脚注 9）203 参照。
96) オーストリア連邦憲法第 23 d 条第 5 項：欧州司法裁判所ないし欧州第一審裁判所により条約違反が確認された場合の権限の移行。

5 共同体法の違反に対する責任

　（指令の）実施と共同体法の執行の問題は，実施ないし執行の不備があった場合の責任の問題と大きく関係している[97]。条約違反ないしEC条約第228条第2項および第3項に定められた（経済的）罰則をなんとしても防ぐためにまず考えられるのが，すぐ上で触れた連邦の「代行権限」である[99]。しかし，共同体法の違反により連邦の支払義務が生じるには，EC条約第228条第3項に基づき欧州司法裁判所が罰金の支払を命じたという構成要件に加え，「フランコヴィッチの原則」[100]（「EU法の実施に不備または遅延があったことにより市民が被害を被る」）に基づき共同体法によって理由づけられた市民の損害賠償請求権が存在するか，または不備の許容範囲を超えたために「罰金」（正しくは無利子積立金または課徴金，EC条約第104条第11項参照）が課されたことが条件となるが，そのような事態となった場合に問題になるのは，特に州の行為が原因となっている場合の経済負担を，連邦が各州にどのような比率で分担させるのかという点である[101]。連邦制委員会内では，この点に関する規定の必要があることと，経済負担を原因者負担の原則に従って分担するべきであるという点で意見が一致していた[102]。ただし州との関連においては，理事会における立法に参加している連邦には共同体法に対する「共同責任」があり，したがって場合によっては共同体法自体が原因で生じた実施の不備に対しても同様の責任があることから，然るべき（固定）「率」を負担すべきものという主張が行われ

---

97) Zur Sache 1/2005（脚注9）202参照。
98) 連邦議会議員 Schwall-Düren（SPD），政務次官 Tidick（メックレンブルク・フォアポンメルン州），Zur Sache 1/2005（脚注9）199参照。
99) 有識者 Benz, Zur Sache 1/2005（脚注9）201参照。
100) 上記III. A. 3を見よ。
101) というのは連邦議会議員 Tillmann（CDU/CSU），Zur Sache 1/2005（脚注9）864。
102) たとえば連邦議会議員 Tillmann，同書；連邦議会議員 Runde（SPD），同書，865 f.；法務大臣 Gerhards（ノルトライン・ヴェストファーレン州），同書，867；首相 Koch（ヘッセン州），同書，876などを参照。有識者 Meyer, Huber, Schneider, Schmidt-Jortzig, Kirchhof, Scholz らの提案，同書，871 ff.

た[103]。

6 特記事項──安定基準に関する責務の違反に対する責任

通称「マーストリヒト基準」と呼ばれる安定協定基準に違反した場合の責任（これは「国家安定協定」と題された章で別途取り上げられることになったものであるが）については、連邦制委員会の委員長を務めたバイエルン州のシュトイバー首相が、過去10年以上にわたって論争が続いているこの問題に関し、「マーストリヒト基準の違反があった場合には、課徴金の35％を州側が負担する形で、一種の国家安定協定を定める」用意が州側にあることを確認するに至った[104]。これについては、規定案の具体的な素案策定にも至っており、改正基本法第109条第5項を以下の通り挿入するという内容であった。「財政規律遵守に関するEC条約第104条に基づく欧州共同体の法行為によるドイツ連邦共和国の責務は、連邦および州が共同で履行する。連邦参議院の承認を必要とする連邦法により、欧州共同体の罰則をどのような比率で連邦と州の間（および各州間）で分担するかを定める」[105]。

7 欧州司法裁判所への訴権行使

質疑の対象となった、欧州司法裁判所への訴えに関する連邦参議院および州の立場の改善については、これまでのところ各州に独自の訴権があるにもかかわらず、ZEUBLG第7条には、連邦参議院の要請があった場合に州の権利を行使する連邦政府の義務が定められているのだが、その内容は、欧州憲法条約

---

103) 具体的に差別化した提案をしているのが連邦議会議員 *Runde*, Zur Sache 1/2005（脚注9）865 f; *MD Schön*（バイエルン州）、同書、869. 差別化した規定に賛成しているのは *Schmidt-Jortzig*、同書、872. 首相 *Koch*：分担方法に関する「連邦の利益率」に関する連邦政府側での検討願。州側の骨子案、同書、874 f. も参照。*Stoiber* 首相による暫定的な成果のまとめ、同書、877.

104) Zur Sache 1/2005（脚注9）877. この特殊な案件に関する議論の結果として繰り返されている、同書、888.

105) 同書、888.

に伴う変化に関するものであり[106]，その発効を前提としたものである。

8 州議会の参加

州議会の議長たちは委員会において，基本法第23条および／または手続法によって，州議会の参加の詳細を，連邦参議院の情報・考慮・訴の義務などの点について規定することを求めた[107]。ただしこれは，欧州憲法条約に定められている補完性原理監視のための早期警戒態勢[108]に関する内容であり，よって条約が発効するかどうかにかかっている。

3．欧州憲法条約による変更点との結びつき

上述の通り提案の多くは，予定されていた（フランスおよびオランダの国民投票は，連邦制委員会の活動終了（今後再開の可能性あり）後に行われた）欧州憲法条約による変更点を考慮したものであり，それを明示したものもあった。批准プロセスが（少なくとも）長引くことにより，このような対応は一旦棚上げとなり，その点は欧州憲法条約に関するドイツの承認法に定められている附従規定も同様である[109]。ひとつ興味深いのは，該当する規定の中に欧州憲法条約とは関わりなく有意義なものがあるかどうかという点である。

4．評　　価

求められているのは連邦議会と連邦参議院の参加にあたっての調整を改善することであるが，これは足並みを揃えてドイツを代表してゆくことが重要だからである。これには，現在連邦参議院よりも大きく遅れをとっている連邦議会

---

106) 首相 *Teufel*, Zur Sache 1/2005（脚注9）166参照。補完性の原則に関する変更点については *Streinz/Ohler/Herrmann*（脚注30）51 ff., 53（連邦参議院の位置づけについて）参照。
107) Zur Sache 1/2005（脚注9）174.
108) これについては *Streinz/Ohler/Herrmann*（脚注30）51 ff.（引用文献記載）参照。
109) これについては下記Vを見よ。

の参加を**実際に**改善することが前提となる。一貫性のあるドイツの代表は，基本的に連邦，すなわち連邦政府によってのみ可能であることから，民主制原則および連邦国家原則の理由から必要かつ不可欠な参加は（民主制や連邦制というものは元来複雑であって，ある意味では短縮が急務といえるほどに時間を要することになり，総統の鶴の一声というわけにはいかないのである）前もって行い，かつ一義的な結論をもたらすものでなくてはならない。後者の条件は，結論に複数の選択肢が含まれる可能性や，国内での調整が必要なことを留保する可能性を排除するものではなく，デンマーク国会の市場委員会[110]やオーストリア連邦憲法第23e条などの例がそれを示している。

連邦政府が理事会において主張することのできる統一された立場を確立するためには，連邦議会と連邦参議院が共同で委員会を設置するという案が基本的に適切といえる。しかし，その場合には明確な決定手続が必要となり，連邦と州の間，そしてその結果として連邦議会と連邦参議院の間で意見の分かれている案件についても，理事会においてドイツを代表するための（独自の裁量の余地を残しつつ）拘束力のある方針を定めることを可能にする手続が必要となる点は，この案に対する批判として正当なものといわざるを得ない。そこで根本的な問題となるのが，特定の場合にはこれまでの通り，ひとつの機関の立場を考慮する（基本法第23条第3項の連邦議会，基本法第23条第5項第1文の連邦参議院などを参照）のか，ましてや従来通り基本法第23条第5項第2文に記載されている場合（「その重点が州の立法権または州官庁の組織または州の行政任務に関わるものである場合」）においては連邦参議院の立場を「決定的なものとして考慮すべきもの」とするのかという点である。この規定を維持するのであれば（州側がこの点で譲歩することはないであろうし），連邦議会にも同様に特定の場合において「決定的なものとして」考慮される権利を認めるべきかどうかという問題が生じる。そのようなケースとして提案されていたのは財政や新規加盟国の加

---

110) これについては *Auel/Benz*, National Parliaments in EU Multilevel Governance—Dilemmas and Strategies of Adaptation, Institute for Political Science, polis Nr. 60, 2004, 6 f. 参照。

盟についてであるが，これらの決定は最終的に連邦議会の承認に依存するものであることを考えれば賢明といえるものの，時期に多少のずれが生じるため，場合によってはそれまでに連邦議会の構成がまったく変わっていることも考えられる（EU 条約第 49 条・EC 条約第 269 条第 2 項参照）。いずれにせよ，これにはより明確な文言が必要であり，それは構成要件（「連邦の総国家的責任」を維持することで「決定的」という概念に制約を加えるという意味で）の点でも，また法律上の効果の面ではことさらで，いずれにしても憲法上大きな疑問の残る ZEUBLG の条項に基づく「固持決議」[111]という手法とは異なる法基盤を確立する必要がある。

　実現の可能性が比較的大きいと思われるのは，基本法第 23 条第 6 項で保障された連邦参議院が指名する州代表による代表権を廃止するという案である。しかし，州側ないし連邦参議院がこれを受け入れるには，国内での準備手続きにおける参加権が縮減されることが一切なく，基本法第 23 条第 6 項に記載されている場合（「その重点が州の専属的立法権に関わるものである場合」）における理事会での連邦による代表が，州側に対して透明かつ誠実に行われ，場合によってはフィードバックを通じて州側がいわば「随伴」するような態勢が大前提となろう。

　いわゆる「ブリュッセル決定事項」の国内における準備と随伴への連邦参議院（が何も声高々に不満を訴えているわけではないが）と連邦議会の参加を全般的に改善できるかどうかは，第一にこの二つの機関自体にかかっている。両機関が適切な態勢を整え，すでに憲法によって開かれている可能性（連邦議会の欧州委員会，基本法第 45 条／連邦参議院の欧州部会，基本法第 52 条第 3 a 項）をより有効に活用しなくてはならないのである。そのための（経済的）状況を改善するには，財政の置かれている状況を考えれば，予算の再分配を考えるべきかもしれない。

---

　111) これについてはさまざまな見解に関し *Streinz in Sachs*（脚注 25），Art. 23, Rn. 108 ff.（引用文献記載）参照。

構造上の問題であって，今後もほぼ解決不可能と思われるのが，州議会の参加の問題である。これについては，時間という要素だけをとってみても，欧州の事項を州政府にまで下ろすのにはおのずと限界がある。しかしながら，適切な態勢を整えて，本質的部分のみに集約するのであれば，州政府の「欧州報告」を受けて漠然とした質疑を行うだけの状態は少なくとも改善されるであろう[112]。

州側が，共同体法の実施にあたっての連邦の「総合権限」のようなものが確立されてしまうことに抵抗しているのは正当なことであり，欧州の事項に関する連邦の権限が拡大されるきらいのある展開には敏感に反応しているが，連邦の権限拡大が有意義であるケースもないわけではない。州議会の立法権は，いずれにせよ州議会の存在理由の周辺的な部分でしかない。賛成できるのは，憲法で保障された連邦の監督権と，該当する州が適正に実施できなかった場合には連邦の（解除条件つきの）代行権限である。これなら共同体法の実施に対する連邦の総合責任を果たすことができ，かつそれでなくても微妙な関係にある連邦と州の分権体制を変更する必要がない。

5．オーストリアが模範となるか

オーストリア連邦憲法第23 a 条～第23 f 条（「欧州連合」）の規定は，繰り返し模範として取り上げられてきた。たとえば「オーストリアおよびデンマークに倣った拘束力のある交渉委任について検討するのも間違ったことではない」という意見がある[113]。オーストリア連邦憲法第23 d 条第 2 項によれば，連邦は，その分野の立法が州の管轄である事項に関わる欧州連合の枠内での案件に関する州側の統一見解が連邦に提出されている場合には，欧州連合の交渉およ

---

112) 2003/03/31 にハンザ都市リューベックで開催された第 1 回連邦制大会（Föderalismuskonvent）で採択されたドイツ各州議会の会派主席たちによる決議「連邦制と補完性原理支持宣言—州議会の立場を強化しよう！」Landtag Nordrhein-Westfalen, Landtags-Drucksache 13/3650 参照。

113) というのは Friedrich 議員（CDU/CSU），Zur Sache 1/2005（脚注 9） 158．

び採決にあたって、その見解に拘束されることが定められている。やむを得ない外交および統合政策上の理由がある場合にのみ逸脱が許されており、その理由を州側に遅滞なく通知しなくてはならない。この規定は基本法第23条第5項第2文に対応するものだが、大きな違いがある。たとえば、オーストリアではドイツの連邦参議院とは構造が著しく異なる連邦参議院ではなく[114]、州自体がその対象となっているため（連邦参議院を通じた州参加ではなく、直接の州参加）、必要となる「統一」見解をまとめるうえで、組織上の問題が生じる[115]。また、連邦が州の決定に拘束され、ドイツのように「決定的なものとして」考慮する義務だけではない点が異なるが、ドイツではその拘束力を ZEUBLG 第5条第2項第5文に定められているいわゆる「固持決議」という憲法上疑問が残る方法で生じさせようとしている。さらに、連邦には逸脱の可能性を通じて恐らく必要となるであろう柔軟性の確保を認めているが、逸脱する場合にはその理由を説明する義務がある。このような構成要件の具体化および司法判断は無論困難であり[116]、オーストリアの手法がどこまで実際に画期的な改善をもたらすかについての疑問が生じる。連邦議会と州の同等性が要求されていることから、オーストリア連邦憲法第23e条の規定を基本法第23条第3項に取り入れることにつながり、欧州連合の枠内における案件で連邦法により実施するもの（EC指令）または、連邦法により規定すべき事項に関する直接適用可能な法行為の公布を求めるもの（EC規則）に関する国会の見解に連邦政府が拘束されることになる。もちろんこの場合においても、理由説明義務を伴う、やむを得ない外交および統合政策上の理由による逸脱が可能である（オーストリア連邦憲法第23e条第2項第2文および第3項）。それでもこのような概念のほうが（たとえそれが不特定なものであっても）、実体的な基準を規定していることから、「総国家的責任」よりは好ましいと考えられている[117]。

---

114) これについては *Schäffer*（脚注8）34 参照。
115) これについては同書 35 ff. 参照。
116) 同書 43 ff. 参照。
117) 有識者 *Scholz*, Zur Sache 1/2005（脚注9）183 f. 参照。

さらに模範とみなされているのがオーストリア連邦憲法第23d条第5項にある規定（の内容）である。この条項では，州が独立して活動する分野において，欧州統合の一環である法行為実施のために必要となる措置を講じる州の義務が，憲法に明文化されている。ドイツには，このように憲法で明文化された義務づけはなく[118]，これに相当する義務は連邦に対する忠誠と基本法第23条から生じるものである[119]。期限内にこの義務を果たさない州があった場合には，欧州連合の枠内でこの点を裁判所がオーストリアに対して確認する判決を下し，そうすると該当する措置（主に必要な法律の発布など）を講ずる管轄が連邦に移行する。この規定にしたがって連邦が講じた措置（主にこのような形で発布された法律や法規命令）は，該当する州が必要な措置を発布した時点で失効する。これが，連邦の先行立法や解除条件付き代行権限[120]といった提案の根拠となっていることは明白である。

　ある意味では，欧州共同体の機関の役職者選任にあたっての参加に関するオーストリア憲法の規定（オーストリア連邦憲法第23c条）がドイツの模範になっているともいえ，ドイツでは欧州憲法条約の承認法において，この重要な事項の法基盤を確立しようとする試みが，一般法のレベルだが，欧州司法裁判所および欧州第一審裁判所の判事および法務官について行われている[121]。

V．欧州憲法条約との関連ですでに（停止条件つきで）行われた変更内容

　欧州憲法条約批准に関する議論の過程において，欧州憲法条約の承認のためにはそれぞれ3分の2以上の多数による賛成が必要であった連邦議会と連邦参

---

118) 東西ドイツ統一後の新連邦州についてのみ，この実施義務が1990/08/31の統一条約第10条第3項に明記されている。
119) *Streinz*, Europarecht（脚注15）Rn. 184, 541 参照。
120) 上記 IV. B. 4 を見よ。
121) 下記 V を見よ。

議院は，欧州連合関連事項における連邦議会および連邦参議院の権利の拡大と強化に関する法律[122]において，自らの立場の改善を達成しているが，その主たる内容は欧州憲法条約に定められていた変更内容に附従するものであった。したがって，2005年5月12日に連邦参議院の承認を経て連邦議会が可決したこの法律は，欧州憲法条約が発効することが前提条件となっている[123]。その内容は主に，連合文書の取扱，欧州憲法条約に定められている補完性原理責問および補完性原理の訴の申立に関する国内対応，連邦議会および連邦参議院を簡易化された条約改正手続（欧州憲法条約第IV-444条）に参加させることを定めたいわゆる橋渡し条項，前出[124]の両協力法の一部改正および欧州憲法条約への適合などであった。これまで法の規定がなかったドイツが推薦する欧州司法裁判所の判事および法務官の指名については，連邦政府が裁判官選任委員会と協議の上で行うことが裁判官法第1条第3項に定められている。

VI. 結 論

連邦制委員会における議論ではまず，ドイツの「欧州憲法」においては，原則的にに参加権を認めるという立場が，民主制原則および連邦国家原則の理由から，憲法の要請でもあることが明らかとなった。ただし，その具体的な実施形態については，特に連邦議会参加の実践などにおいて，まだ改革の必要がある。適切かつ歩み寄りの可能性もあると思われるのが，それが「対外代表」ではなく欧州の内政に含まれる場合であっても，欧州連合における代表は連邦に任せ，その代わりに連邦議会だけでなく，連邦参議院の参加手続についても改善を行うというやり方である。これには，情報提供の改善や共同体法関連案件に関する実質的に意味のある質疑などが含まれるが，そのためには適切な組織的対応も必要となり，また連邦議会および連邦参議院の決定が持つ拘束力の範

---

122) BR-Drs 340/05.
123) 同法第3条。
124) 前出脚注42および43を見よ。

囲を明確化するためには，オーストリアの手法が模範となる可能性があり，EC法の実施を怠った場合に連邦に先行権限ないし代行権限を与える可能性なども参考となる。その際には，両国の違いを十分に考慮すれば，構造が異なるためにオーストリアでは州参加モデルが好ましいのに対し，ドイツでは連邦参議院モデルが適切であるとしても問題とはならない。

連邦制委員会ではまた，政党間の対立を縦断する形で，その構造および利害に起因する連邦と州の対立というものも明らかになった。意見の調整が最も進んだのは，共同体に対する支払義務が生じた際の責任問題であろう。しかしそれ以外の項目についても，ある程度の歩み寄りがあったものと思われる。もし連邦制委員会が活動を継続し，これまでの成果をもとに任務を完了することになれば，改正基本法第109条第5項が挿入されることになるかもしれない。基本法第23条については，実質的な変更はないものと思われる。また，基本法第23条第6項の削除についても，憲法改正には基本法第79条第3項に基づき連邦参議院の3分の2以上の多数による賛成が必要とされることになり，連邦参議院の承認には，連邦参議院の参加権，特に連邦参議院の決定の拘束力を強化するような総合的改革の一環として行われることが前提条件となろう。改革内容が欧州憲法条約と結びついたものである場合には，欧州憲法条約なしでも意味のあるものかどうかを検討する必要がある。

連邦制改革が予定されているのはドイツだけではなく，オーストリアも同じである[125]。したがって，本論で具体的に取り上げた問題について両国を比較することは当然といえる[126]。ドイツの連邦制委員会における「欧州憲法」議

---

125) これについてはたとえば Bußjäger, Der Österreich-Konvent als Chance oder Inszenierung? Der Bundesstaat Österreich vor einem neuen Anlauf der Verfassungsreform, Jahrbuch des Föderalismus 2004, 248 ff.; ders, Klippen einer Föderalismusreform—Die Inszenierung Österreich—Konvent zwischen Innovationsresistenz und Josephinismus, Jahrbuch des Föderalismus 2005, 403 ff. などを参照。

126) Chardon, Die Mitwirkung der Länder in Europaangelegenheiten—Deutschland, in Bußjäger/Hrbek (Hrsg.), Projekte der Föderalismusreform—Österreich—Konvent und Föderalismuskommission im Vergleich (2005) 参照。

論をみると，外国の状況が参考になることがわかる。こうして本論はその起点に戻ることとなり，憲法を法学的に捉えるというハインツ・シェファーが提唱しその模範を示している手法に帰するのである。

欧州の憲法体制——未完の連邦国家か国家間連結か，
はたまた比類なき現象か*

I．欧州憲法議論について

「欧州法文化の作用」これはヘルマン・ネールセンとゲルハルト・ケーブラーがカール・クレーシェルの古希を祝って出版した論文の表題である[1]。このような作用が見られるのは，法のすべての領域を網羅する欧州統合の過程における法の「欧州化」においてであり，1980年代に始まる時期は，法史学者が時代区分を試みるとすれば，「法の欧州化」時代として，またそれと関連して「法学の欧州化」の時代とも呼ばれることになろう[2]。法の欧州化は絶え間なく進行する統合の結果であり，これは当初6ヵ国であった加盟国が今では27ヵ国に増えたことに伴うものであるが，2004年に10ヵ国が新規加入した大規模ないわゆる東方拡大や[3]，2007年1月1日にブルガリアとルーマニアも加わったことで[4]，統合の限界や内的要件，延いては欧州統合の「憲法」という

---

*Die Verfassung Europas: Unvollendeter Bundesstaat, Staatenverbund oder unvergleichliches Phänomen?, FS *Nehlsen*, 2008.

1) *Gerhard Köbler/Hermann Nehlsen* (Hrsg.), Wirkungen europäischer Rechtskultur. Festschrift für *Karl Kroeschell* zum 70. Geburtstag, 1997.

2) このように述べているのが *Stefan Vogenauer*, Eine gemeineuropäische Methodenlehre des Rechts——Plädoyer und Pro-gramm, ZEuP 2005, 234 (234).

3) 2003/04/16 の加盟条約（BGBl. 2003 II 1408；ABl. EU 2003 Nr. L 236/17）．2004/05/01 発効．ここでいわゆる東方拡大というのは，確かに方向は東であったものの，実際には中央ヨーロッパおよび南欧の諸国を対象としていたからである。

4) 2005/04/25 の加盟条約（BGBl. 2006 II 1146；ABl. EU 2005 Nr. L 157/11）．2007/01/01 発効．

問題が浮上した。これにより欧州憲法議論が盛んになったのだが，2004年10月29日にローマで調印式典が行われた欧州憲法条約[5]が，フランスとオランダの国民投票で否決された[6]ことで，統合プロセスについて本当の意味での熟慮が必要となり，それを受けて欧州理事会が決定した，事実上延長された熟慮期間[7]だけではとても十分なものではなかった。欧州の憲法をめぐる議論では，その政治的な文脈[8]や，共通の利益を認識しつつも各加盟国によって温度差のある基本的姿勢，各国の国益および国内の利害関係などを考慮しなければならず，また歴史の教訓も忘れてはならない。なぜなら，やはりここでも，法曹が「顔のない官僚」であってはならないことがわかるからである[9]。

---

5) ABl. EU 2004 Nr. C 310/1.
6) これについては EU-Nachrichten Nr. 20/2005, S. 1 参照。
7) 2005/06/16〜17 のブリュッセルでの欧州理事会は，欧州のための憲法を制定する条約の批准にかんする各国首脳声明（議長総括，EU-Nachrichten, Dokumentation Nr. 2/2005, S. 28）において，「共に状況を考え直す」必要があり，「この熟慮期間」を詳細にわたる議論に活用すべきことを決議した。2006年の前期に「すべての国ごとの議論の評価」を行い，「批准手続きのその後の進め方」について意見をまとめることになっていた。2006/06/15〜16 のブリュッセルでの欧州理事会は，その決議に触れ，それまでに行われた提案や熟慮期間への協力を歓迎し，「二本立ての取り組み」を行うことで合意した。そのひとつは，現行の諸条約が形成する可能性を最大限活用することであり，その一方で議長国（ドイツ）が欧州理事会に対し2007年の前期に，各加盟国との綿密な協議に基づく，欧州憲法条約に関する質疑の現状評価と予測される今後の展開を示した報告書を提出することが定められた。遅くとも2008年の後期までに，改革プロセス継続のための具体的な対策を講じることを目指していた。この（事実上延長された）「熟慮期間」中に議長を務める加盟国にはいずれも，「このプロセスの継続に努める特別な責任」があるとされた。ローマ条約締結50周年にあたり，ベルリンで2007/03/25に「政治声明」を採択することが予定された（議長総括，EU-Nachrichten, Dokumentation Nr. 2/2006, S. 9 f., Nr. 42-49）。このベルリン声明については下記脚注141を見よ。
8) これについては Ulrich Haltern, Europarecht—Dogmatik im Kontext, 2005, S. 6 ff., 18 ff. 参照。
9) Hermann Nehlsen, Juristen—geschichtslose Technokraten?, in : Jahrbuch der Juristischen Gesellschaft Bremen, 2004, S. 53 (53 ff. :) 参照。

「Nihil ergo aliud restat, quam ut dicamus, Germaniam esse irregulare aliquod corpus, et monstro simile.（したがってドイツは，異常な，怪物にも似た組織と呼ぶしかない）」これは，**サミュエル・プーフェンドルフ**が1667年にセヴェリヌス・デ・モンザンバーノという筆名で発表したDe statu imperii Germanici[10]と題された書において，ドイツ国民の神聖ローマ帝国の forma imperii（支配形態）を指して述べた言葉である。「怪物」という過激な表現が誤解を招き，プーフェンドルフの意図していなかった騒動となったため，後続の版[11]では表現が弱められ，最終的には完全に割愛されている。というのも，プーフェンドルフが意図していたのは，当時行われていた forma imperii[12]に関する議論が見せかけの問題であることを説明することであったからである。その理由は，主権を分割不能と考え，それに相反する status-mixtus（混合政体）論を否定していたプーフェンドルフにとって[13]，ドイツ帝国はアリストテレスの国家論による体制の分類[14]にあてはまらず，よって「異常」なものであり，ドイツ諸国の発展によりもはや一国家とはいえなくなっている一方で，だからといって国際法に基づく複数国家体系というわけでもなかったからである

---

10) *Samuel Pufendorf* Severini de Monzambano Veronensis, De statu Germanici ad Laelium fratrem, dominum Trezolani, liber unus, Genf（実際には Den Haag），1667, Cap. VII, § 8. Kritische Ausgabe von *Fritz Salomon*, 1910. 当時の翻訳がドイツ語，英語，フランス語，オランダ語である。*Harry Breßlau* のドイツ語訳，*Severinus von Monzambano*, Über die Verfassung des deutschen Reiches (Klassiker der Politik, hrsg. von *Friedrich Meinecke* und *Hermann Oncken*, Bd. 3), 1922, S. 108. *Horst Denzer* の新訳，*Samuel Pufendorf*, Die Verfassung des deutschen Reichs, 1976.

11) 1668年の第2版: „*et tantum non monstro simile*"; 第3版は1674年。これについては *Friedrich Meinecke*, Die Idee der Staatsräson in der neueren Geschichte, 3. Aufl. 1929, S. 282, Fn. 1 参照。

12) Ius Publicum Imperii については *Michael Stolleis*, Geschichte des öffentlichen Rechts in Deutschland, Bd. 1 (1600–1800), 1988, S. 126 ff.

13) これに対して批判的なのが *Meinecke*（脚注11), S. 281 ff.

14) これについては *Aristoteles*, Hauptwerke, ausgewählt, übersetzt und eingeleitet von *Wilhelm Nestle*, 8. Aufl. 1977, S. 77, 85 ff. (Aus der Ältesten Politik), S. 285, 307 ff., 315 ff. (Politik) 参照。

が[15]，それだけで悪いものと決めつけていたのではない[16]。プーフェンドルフの考えでは，civitas composita（複合国家）であるドイツ帝国は，あえていうなら systema aliquod plurium civitatum（複数国家の体系）[17]とでも呼ぶべきものであり，すなわち個々の主権国家がひとつの総体を形成する体系である。全体としてみれば，君主制と国家連合の間を行き来するような構造で，その主席（神聖ローマ皇帝）には君主制の名残の権利が与えられているという[18]。匿名作家 Monzambano によって，ドイツ帝国の国家体制および全体としての国家主権，すなわち，かの systema civitatum foederatarum（連邦国家体系）に関し，激しい論争が始まることになった[19]。ただし，「帝国愛国者」たちにとっては不謹慎な表現である「怪物」という言葉が，帝国の状態が劣悪であったことも重なって[20]，プーフェンドルフの意図が実は「帝国論のアリストテレスによる図式からの脱却と現実に即した新たな帝国体制像の確立」[21]にあったことが見逃されている。この systema は，ほとんどの場合において連邦（foedus）と同値とされ，帝国が崩壊し分離同盟になることを食い止めるための理論上の歯止めとして維持することが望ましいとみなされていたボダンの主権概念[22]の主要

---

15) *Meinecke*（脚注11), S. 281 f. 参照。
16) *Notker Hammerstein, Samuel Pufendorf*, in : *Michael Stolleis* (Hrsg.), Staatsdenker im 17. und 18. Jahrhundert—Reichspublizistik, Politik, Naturrecht, 1977, S. 174 (189 ff., 191 f.) ; *Erik Wolf*, Große Rechtsdenker der deutschen Geistesgeschichte, 4. Aufl. 1963, S. 332. 参照。
17) *Samuel Pufendorf* Dissertatio de Republica irregulari, 1668 (Verteidigungsschrift des Monzanbano), § 6 : „Ad composita nferimus iystemata civitatum".
18) *Stolleis*（脚注12), S. 234.
19) *Stolleis*（脚注12) の引用文献参照，S. 236, Fn. 72（引用文献記載)。
20) これについては *Stolleis*（脚注12), S. 234 ff. が引用している著者および是正案を参照。
21) *Stolleis*（脚注12), S. 236. 激しい反発につながったさまざまな理由についても同書参照。
22) *Jean Bodin*. Les Six Livres de la République, 1576. ドイツ語訳 *Bernd Wimmer*, 2 Bde. 1981/1986. これについては *Meinecke* (Fn. 11), S. 70 ff. ; *Max Imboden*, Johannes Bodinus und die Souveränitätslehre, 1963 参照。

な構成要件をドイツ帝国が満足していないことは認めていながらも，このような新しい systema 論が帝国の安定を脅かすことが懸念されたのである。18 世紀になってようやく，「異常な」「帝国体制」が理論においても容認されるようになった。いまだ答えの出ていなかったドイツ帝国内の主権の所在という問題も，不安材料として受け取られることはもはやなくなっている[23]。ヨハン・ヤコブ・モーザーが「ドイツはドイツ流に統治される」[24]と言い放っているのは，もちろんウィットに富んだ投げやりな文句であるが，その中にはあまりに混沌とした現実を目の前にした国家論のお手上げ状態を見出すこともできるのである[25]。

諸処の欧州共同体ないし欧州連合の状態に関する議論をみていると，当時の状況を連想してしまい，欧州の現状が「怪物にも似たものであるか？」という疑問につながるのも無理はない[26]。これが挑発的な表現であることは承知の上で[27]，疑問符を付すことにより注意を促すことで，欧州についての不満を並べ立てているかのような印象を与えることなく，ルクセンブルクのジャン＝クロード・ユンケル首相の（世論というよりは各種出版物の論調に該当すると思われる）愚痴っぽいのがドイツ魂の新しい気質だ[28]という感想の実例を提供してし

---

23) *Stolleis*（脚注12），S. 236.
24) *Johann Jakob Moser*, Neues Teutsches Staatsrecht, Bd. I, Stuttgart 1766, S. 550.
25) これは *Stolleis*（脚注12），S. 236.
26) これは，*Rudolf Streinz* と *Christian Schmidt*（連邦議会議員）が議長を務めた第4作業部会の標題に用いられた表現である。„Europäische Institutionen : Monstro simile? Zum Zustand des „Staatenverbundes" nach Amsterdam und vor der geplanten Erweiterung", in : Rupert Scholz (Hrsg.), Europa als Union des Rechts—Eine notwendige Zwischenbilanz im Prozess der Vertiefung und Erweiterung. VI. Kongreß Junge Juristen und Wirtschaft, Leipzig 26.–28. Mai 1999, Veröffentlichung der Hanns-Martin-Schleyer-Stiftung, Bd. 54, 1999, S. 177 ff., 227 ff.
27) *Streinz*（脚注26），S. 228.
28) *Jean-Claude Juncker*, Friedenszone statt Chaos : Die EU : Ein Sieg der Zivilisation, PANEUROPA-Deutschland 29 (2006), Nr. 2, S. 12 (12)：アーヘン市カール賞授賞式での挨拶。

まうことのないようにしている。それにしても，歴史上の先例とはいくつもの共通点がある。ここでも「怪物」とは，特定することができないという意味における奇形性のことを意図しており[29]，いずれにしても従来の範疇に即して特定することのできないという意味合いで，もちろん従来の範疇というものの理解が狭義かつ柔軟性に欠けるものでありすぎる場合に限っての話である[30]。ここではまた，そのような特定の必要が法的にあるのか，かつ政治意図に適ったものなのかという疑問が生じ，むしろ欧州連合の「最終性」はうやむやにしておいたほうがいいのではないかとも思われる。言葉によって（プーフェンドルフの「怪物」という表現のように）著者自身が想定もしていなかったような大きな波紋が広がるというケースは，2004年10月29日の欧州のための憲法を制定する条約に用いられた「憲法」という言葉も例外ではなく，統合効果を期待して用いたこの言葉が結果的には明らかに裏目に出ることになった[31]。プーフェンドルフの場合と同じように，主権の問題は真摯に向き合うべき核心的問題ではあるが，この問題を重視しすぎると最後にはお手上げ状態に陥ることになる。そしてまた，欧州連合をプロクルステスの寝台のごとき従来の範疇に押し込めるのではなく，固有の現象と解釈して，ヨハン・ヤコブ・モーザーを倣って「欧州は欧州流に統治される」といっても，それはお手上げ状態にはあたらない。

---

29) *Streinz*（脚注26），S. 228.

30) *Rainer Wahl*, Erklären staatstheoretische Leitbegriffe die Europäische Union?, JZ 2005, 916 (917): „Theoretische Neuansätze sind nirgendwo notwendiger als im Zeichen von Neuem" 参照．

31) これについては *Haltern*（脚注8），S. 63なども参照。

II. 欧州統一の過程における憲法思想——その先駆けとなる歴史上の概念から欧州のための憲法を制定する条約まで

「法学の専門分野の中で，私法学ほど明確に欧州的性格を帯びた分野はほかにない」。これは，パウル・コシャカーが1947年に発表した「欧州とローマ法」と題された著書の第1章「欧州とは何か」の冒頭の一文であるが[32]，その理由としてコシャカーは次のように続ける。「その理由は簡単で，私法学が今からおよそ850年前にボローニャで注釈学派の法学校において輝かしき登場を遂げて以来これまでの長い年月に提供してきた少なからぬ材料によって構築された構造物を，我々は今日欧州と呼んでいるからである」。「欧州共同民法」のためにローマ法が果たす役割については，欧州連合加盟国によってローマ法の受容には差異があるものの[33]，私法の「欧州化」が進む[34]のに伴って，その重要性を指摘する声がこのところ増えてきている[35]。このことはまた，欧州化により必要に迫られた部分と欧州化がその発端となった部分があるドイツ法改革にあたって，ローマ法に根ざす基盤を再認識することにつながるかも知れない[36]。

---

32) *Paul Koschaker*, Europa und das römische Recht, 1947, 4. Aufl. 1966, S. 1.
33) これについては *Harold J. Berman/Charles Reid*, Römisches Recht in Europa und das ius commune, ZEuP 1995, 3 (3 ff.) ; *Reinhard Zimmermann*, Der europäische Charakter des englischen Rechts, ZEuP 1993, 4 (10 ff.) などを参照。
34) たとえば個々の分野（契約法，法定債務関係，商法，会社法，労働法，国際私法，民事訴訟法，競争法）を包括する *Katja Langenbucher* (Hrsg.) の教本，Europarechtliche Bezüge des Privatrechts, 2. Aufl. 2008 を参照。そのほかにも *Jürgen Basedow*, Grundlagen des europäischen Privatrechts, JuS 2004, 89 (89 ff.) など。
35) たとえば *Vogenauer*（脚注11），ZEuP 2005, 249 ff. ; *Reinhard Zimmermann*, Roman Law, Contemporary Law, European Law. The Civilian Tradition Today, 2001 ; ders, Das römisch-kanonische ius commune als Grundlage europäischer Rechtseinheit, JZ 1992, 8 (8 ff.) 参照。
36) これについては *Tiziana Chiusi*, Modern, alt und neu : Zum Kauf nach BGB und

欧州共同の憲法[37]を前提として，欧州連合司法裁判所（欧司裁）は共同体基本権および法治国家による保障を，共同体法の一般原則とみなす判断を示しており，またその際に欧司裁は「加盟国に共通する憲法の伝統を基盤とする」必要があるとしている[38]。それに加えて欧司裁は，「加盟国がその締結に関与していた人権保護に関する諸国際条約」[39]についても考慮しているが，1950年11月5日の人権と基本的自由の保護のための条約（欧州人権条約）[40]および欧州人権裁判所（欧人裁）の判例を特に重視する傾向が強まっている[41]。この条約は，1949年5月5日に当初は加盟10ヵ国により設立された欧州評議会最大の成果といってもよく[42]，ドイツは1950年にまず準加盟国として参加，1951年5月2日に正規加盟国となっている欧州評議会は[43]，現在加盟47ヵ国に拡大しており，いわゆる「汎欧州」を最も広義な形で包括するものとなっており，その中には早くも1950年に欧州評議会に加盟し[44]，1954年からは欧州人権条

römischem Recht, Jura 2003, 217 (217 ff.) anlässlich der Schuldrechtsreform; *Martin Josef Schermaier*, „Dem Deutschen thut das Studium der Römer noth..." Geschichtliche Rechtswissenschaft als Therapie für den Patienten BGB?, JZ 2006, 330 などを参照。

37) これに関する基本的な方法論および概念論は *Peter Häberle*, Gemeineuropäisches Verfassungsrecht, EuGRZ 18 (1991), 261 (261 ff.)；さらに進んだ内容となっているのが ders, Europäische Verfassungslehre, 2001/2002 (5. Aufl. 2008). そのほかにも *Markus Heintzen*, Gemeineuropäisches Verfassungsrecht in der Europäischen Union, EuR 32 (1997), 1 (3 ff.) 参照。

38) 1974/05/14 の欧州司法裁判所判決, Rs. 4/73 (Nold/Kommission), Slg. 1974, 491, Rn. 13.

39) 同書。

40) BGBl. 1952 II S. 685, 953. 現行の文言は Sartorius II—Internationale Verträge—Europarecht (Loseblatt, November 2007), Nr. 130.

41) これについては *Rudolf Streinz*, Europarecht, 8. Aufl. 2008, Rn. 761（引用文献記載）参照。

42) Satzung BGBl. 1950 II S. 263. 現行の文言は Sartorius II（脚注 40）, Nr. 110.

43) 1953/09/16 の公告, BGBl. 1953 II S. 558；BGBl. 1968 II S. 1926.

44) 1950/04/13 加盟 (BGBl. 1969 II S. 1926).

約加盟国でもある[45]トルコや，ウクライナ，ロシア連邦，アルメニア，アゼルバイジャン，グルジアなども含まれている[46]。欧司裁によるこのような判例法が，1992年にマーストリヒト条約のF条第2項，現在の第6条第2項によって成文化された。共同体基本権および法の支配の保障は，ドイツのローマン・ヘルツォーク元連邦大統領が中心となって策定された欧州連合基本権憲章[47]の中に明文化されており，この憲章はまだ法的拘束力を持たないものの，すでに欧司裁および欧州第一審裁判所（欧1審裁）の法務官たちが引用しており，最近では欧司裁自身も引用するようになっている[48]。憲章は，一部に「者」という言葉を「人」に置き換えることで，少なからぬ修正を行った上で，欧州憲法条約に第II部（第II-61条〜第II-114条）として盛り込まれ，条約と共に発効する予定であった。欧州憲法条約が失敗に終わった後は，リスボン条約[49]において，将来の欧州連合条約第6条第1項に憲章が引用されている。「連合は，2000年12月7日の欧州連合基本権憲章の2007年12月12日にストラスブールで修正された文言[50]に記載されている権利，自由および基本権を認め，基本権憲章

---

45) 欧州人権条約がトルコで発効したのは 1954/05/18（BGBl. 1954 II S. 719）．

46) 批准状況は Fundstellennachweis B zum Bundesgesetzblatt Teil II (Völkerrechtliche Vereinbarungen, Verträge zur Vorbereitung und Herstellung der Einheit Deutschlands), abgeschlossen am 31.12.2007, 15.2.2008, S. 357 ff. 全欧州機関としての欧州評議会については *Rudolf Streinz*, Einführung : 50 Jahre Europarat, in : ders (Hrsg.), 50 Jahre Europarat : Der Beitrag des Europarates zum Regionalismus, 2000, S. 17 (19 ff.) 参照．

47) ABl. EU 2000 Nr. C 364/1. Sartorius II（脚注40），Nr. 146.

48) これについては *Streinz*（脚注41）Rn. 758（引用文献記載）参照。欧司裁が初めて基本権憲章を引用したのは 2006/06/27 の判決 Rs. C-540/03（Europäisches Parlament/Rat), Slg. 2006, I, Rn. 38, 58（第7条および第24条第2項，第3項：家族生活の尊重，子供の権利に言及）．それ以来基本権憲章はたびたび引用されている．

49) これについては下記 IV. 2 を見よ．

50) 欧州議会・理事会・委員会は，政府間会合を経て決定され，欧州憲法条約に盛り込まれることになっていた文言の憲章を，欧州連合基本権憲章として 2007/12/12 の式典において公布した．文言は EU-Nachrichten, Beilage zu Dokumentation Nr. 3/2007；ABl. EU 2007 Nr. C 303/1.

と各条約[51]は法的に同位のものとする」。ただし，イギリスとポーランドが，基本権憲章の拘束力を留保している[52]。

この欧州憲法条約は，欧州連合の「憲法化」[53]と呼ばれるプロセスを目に見える形で完結させるものとなるはずであった。これに関する文献は入り乱れて見通しがきかなくなっており，いずれにせよ学術界においては憲法議論が盛んに行われているといえる[54]。欧州でひとつの憲法という思想は，古くにまで遡

---

51) ここでいう条約とは，欧州連合条約（TEU）および欧州連合の機能に関する条約（TFEU）のことである。これについては下記 IV. 2 を見よ。

52) ポーランドおよびイギリスに対する欧州連合基本権憲章適用に関する議定書，ABl. 2007 Nr. C 306/156. そのほかこれに関するポーランドの声明（第 60 号および第 61 号）（ABl. 2007 2007 Nr. C 306/270）も参照。

53) たとえば *Dimitris Th. Tsatsos* (Hrsg.), Zum Konstitutionalisierungsprozess in der Europäischen Union, 2005 などを参照。この表現についてはたとえば *Christoph Möllers*, Verfassunggebende Gewalt—Verfassung—Konstitutionalisierung, in : *Armin* von *Bogdandy* (Hrsg.), Europäisches Verfassungsrecht. Theoretische und dogmatische Grundzüge, 2003, S. 1 (47 ff.) などを参照。

54) これについてはたとえば *David Blanchard*, La Constitutionalisation de l'Union Europeenne, 2001 ; von *Bogdandy*（脚注 53）; *Hermann-Josef Blanke/ Stelio Mangiameli* (Hrsg.), Governing Europe under a Constitution. The Hard Road from the European Treaties to a European Constitutional Treaty, 2006 ; *Häberle*, Verfassungslehre（脚注 37）; *Roman Herzog/ Stephan Hobe* (Hrsg.), Die europäische Union auf dem Weg zum verfassten Staatenverbund : Perspektiven der europäischen Verfassungsordnung, 2004 ; *Mathis Jopp/ Saskia Matl* (Hrsg.), Der Vertrag über eine Verfassung für Europa.—Analysen zur Konstitutionalisierung der EU, 2005 ; *Christiane Lemke/Jutta Joachim/Ines Katenhusen* (Hrsg.), Konstitutionalisierung und Governance in der EU—Perspektiven einer europäischen Verfassung, 2006 ; *Jürgen Schwane* (Hrsg.), Der Verfassungsentwurf des Europäischen Konvents—Verfassungsrechtliche Grundstrukturen und wirtschaftsverfassungsrechtliches Konzept, 2004 ; *Rudolf Streinz/Christoph Ohler/ Christoph Hermann*, Die neue Verfassung für Europa. Einführung mit Synopse, 2005 ; *Joseph H. H. Weiler*, The Constitution of Europe, 1999 ; ders/*Marlene Wind* (Hrsg.), European Constitutionalism Beyond the State, 2003.「欧州憲法と国家憲法」はドイツ国家法講師協会（VDStRL）の 2000 年ライプツィヒ大会の審議項目のひとつであり，*Ingolf Pernice, Peter*

る[55]。「憲法的要素」とみなすことができるのが，中世末期以降に成立した各種の構想で，平和維持や超国家主義，経済・貿易の振興，権力維持などの点において，欧州思想，延いては欧州統合の基盤を形作ることになった[56]。いずれにしても理論発展史上画期的だったのが，欧州の境を超えた，すなわち普遍なものとして構想されたイマヌエル・カントの書「永遠平和のために」である[57]。「アメリカ合衆国」に対峙する存在として「欧州合衆国」の時代が訪れると考えたのは，1849年のパリ世界平和会議で議長を務めたヴィクトル・ユーゴーである[58]。この概念は，Charles Lemonniers[59]，William T. Stead[60]をはじめ，戦間期の著者である Edouard Herriot[61]や Aristoteles Poulirnenos[62]などの著作の表題にも多用されている一方で，クーデンホーフ＝カレルギー伯爵は，自らの汎欧州運動の目標として，汎欧州の国々をひとつの政治経済国家連

Huber, Gertrude Lübbe-Wolff, Christoph Grabenwarter らが講演を行った。VVDStRL 60 (2001), S. 148 ff. また Ulrich Haltern, Gestalt und Finalität, in: von Bogdandy（脚注53), S. 803 (803 ff.)（引用文献記載）および Christian Calliess, in: ders／Matthias Ruffert (Hrsg.), Verfassung der Europäischen Union—Kommentar der Grundlagenbestimmungen (Teil I), 2006, Art. I-1（引用文献記載）も参照。

55) 欧州統合のための憲法構想の歴史と意味合いについては Streinz, in: Streinz/Ohler /Herrmann（脚注54), S. 1 ff. 参照。

56) これについては Michael Schweitzer/Waldemar Hummer, Europarecht, 5. Aufl. 1996, Rn. 22 ff.; Thomas Oppermann, Europarecht, 3. Aufl. 2005, § 1, Rn. 3 ff. 参照。

57) Immanuel Kant, Zum ewigen Frieden, Königsberg 1795 (Kant, Werke in sechs Bänden, Bd. 6, 1995, S. 279 ff.).

58) フランス語版での引用は Ch. L. Lange, Histoire de la Doctrine Pacifique et de son Influence sur le Developpement du Droit International, Academie de Droit ä La Hague, Recueil des Cours, Bd. 13 (1926), S. 171 (375)；ドイツ語訳は Hans Wehberg, Ideen und Projekte betr. die Vereinigten Staaten von Europa in den letzten hundert Jahren, 1984, S. 19 f.

59) Charles Lemonniers, Les Etats-Unis d'Europe, Paris 1872.

60) William T. Stead, The United States of Europe, London 1899.

61) Edouard Herriot, Die Vereinigten Staaten von Europa (deutsche Übersetzung von Lilly Nevinny), Leipzig 1930.

62) Aristoteles Poulimenos, Vereinigte Staaten Europas, Berlin 1927.

合に統合することを掲げているが，やはり具体的にアメリカ合衆国を念頭に置いた欧州合衆国こそがその「真骨頂」であるとしている[63]。第二次世界大戦中および戦後の欧州運動では，政治的な研究報告や声明文が発表されたほか，憲法草案の起草にも至っている[64]。欧州経済共同体の制度および仕組みに対する不満が募った結果，スピネッリ報告[65]の提出を経て，ついには欧州連合設立条約案の策定につながり，欧州議会はその案を 1984 年 2 月 14 日[66]に採択している。1994 年 2 月 10 日[67]の決議において欧州議会は「欧州憲法計画」を要求した。しかし，各国政府およびその代表によって構成される理事会は，そのような要求に対して日和見のリップサービスに終始していたが，ニースで政府間会合が行われた頃には，現在の体制に明らかな欠陥があることが否めない状況となっていた。その結果，権限分担や制度改革，基本権憲章の位置づけの明確化，各国議会の役割，諸条約の簡素化など，一連の問題についての解決策を模索することが，欧州理事会のラーケンサミットの課題となった[68]。この課題を全うするため，欧州理事会はフランスのジスカール・デスタン元大統領率いる欧州コンベンションを設置，この会議で草案が起草され[69]，当初はさまざまな困難があったものの，いくつかの修正を経て[70]やがてはローマの欧州憲法条約

---

63) *Graf Coudenhove-Kalergi*, Paneuropa, Wien 1923, S. IX, S. 151 ff., 153 f.
64) これについて詳しくは *Walter Lipgens*, 45 Jahre Ringen um die Europäische Verfassung—Dokumente 1939–1984—Von den Schriften der Widerstandsbewegung bis zum Vertragsentwurf des Europäischen Parlaments, 1986, S. 19 ff. 参照。
65) イタリアの欧州議会議員 Altiero Spinelli の活動から欧州議会草案までの経過については *Lipgens* （脚注 64), S. 134 ff. 参照。
66) 欧州議会，1984/02/14 の審議の議事録（BE 88842), S. 27 ff. Integration, 7 (1984), Sonderheft に記載。これについては *Lipgens* （脚注 64), S. 711 ff. を見よ。
67) ABl. EG 1994 Nr. C 61/155.
68) 2001/12/14～15 の欧州理事会（ラーケン），議長総括，EU-Nachrichten, Dokumentation Nr. 3/2001, S. 16 (20 ff., 24 f.).
69) 草案は ABl. EU 2003 Nr. C 169/1 で公表されている。
70) これについては *Streinz*, Entstehungsgeschichte des Vertrages über eine Verfassung für Europa, in : *Streinz/Ohler/Herrmann* （脚注 54), S. 12 (16 ff.) 参照。

に至ることになる。こうして単なる草案ではなく，ひとつの条約となったわけであるが，必要とされる全加盟国による批准が得られなかったために発効することはなかった。

III. 欧州共同体および欧州連合という現象を把握する試み

1．理論的アプローチ

1 意　　義

欧州連合の「本質」，その法文化を問うことが，政治学者や法学者，経済学者，そして歴史学者たちの関心を集めている。関連文献の数はまったくもって際限がない[71]。したがって，本論においては，いくつかの基本的なアプローチ

---

71) *Oppermann*（脚注56），§ 12 に多数の文献が引用されている。ここでは例として *Ernst Wolfgang Böckenförde*, Welchen Weg geht Europa?; *Christian Busse*, Die völkerrechtliche Einordnung der Europäischen Union, 1999 ; *Thomas Gehring*, Die EU als komplexe internationale Organisation—Wie durch Kommunikation und Entscheidung soziale Ordnung entsteht, 2002 ; *Manfred Holler/Hartmut Kliemt/Dieter Schmidtchen/Manfred Streit*, European Governance, 2003 (Jahrbuch für Neue Politische Ökonomie, Bd. 22); *Ulrich Haltern*, Europarecht und das Politische, 2005 ; *Wolfram Hertel*, Supranationalität als Verfassungsprinzip : Normativität und Legitimation als Elemente des europäischen Verfassungsrechts, 1999 ; *Peter Hommelhoff/ Paul Kirchhof* (Hrsg.), Der Staatenverbund der EU, 1994 ; *Peter M. Huber* (Hrsg.), Das Ziel der europäischen Integration, 1995 ; *Josef Isensee* (Hrsg.), Europa als politische Idee und als rechtliche Form, 2. Aufl. 1994 ; *Markus Jachtenfuchs*, Die Konstruktion Europas, 2002 ; *Michael Kuschnick*, Integration in Staatenverbindungen— Vom 19. Jahrhundert bis zur EU nach dem Vertrag von Amsterdam, 1999 ; *Wilfried Loth* (Hrsg.), Das europäische Projekt zu Beginn des 21. Jahrhunderts, 2001 ; *Federico Mancini*, Democracy and Constitutionalism in the EU, 2000 : *T. Meyer*, Die Identität Europas, 2004 ; *Werner Meng*, Das Recht der internationalen Organisationen—eine Entwicklungsstufe des Völkerrechts. Zugleich eine Untersuchung zur Rechtsnatur der Europäischen Gemeinschaften, 1979 ; *Thomas MJ. Möllers*, The Role of Law in European Integration. In Search of a European Identity,

を手短に評価することしかできない[72]。この設問には，実用的な意義が十分にある。まず，誤った概念法学に陥る危険を免れたなら[73]，この設問から共同体法の優位性などといった根本的な問題に関する実践的な結論を導出できるかもしれない[74]。また，欧州統合プロセスの将来の目標とまでは言わないまでも[75]，すくなくともそれに関してどのような考え方があるかについての理解を深めることを助ける可能性がある。

2 「伝統派」と「自治派」

欧州共同体の法的性格，すなわち共同体法の法的性格という問題に関しては，（ミヒャエル・シュヴァイツァーとヴァルデマー・フンマーの用語を借りるなら）[76]「伝統派」と「自治派」に分けることができる。伝統派が共同体法を，また連合法となれば尚更のこと，比較的狭義での[77]（特殊な，変形されたものではあるが）国際法と捉えているのに対し，いわゆる「自治派」にとって共同体法は「固有の法秩序」ということになる[78]。その理由として，決定的なのは（議論の余

2003 ; *Jürgen Schwarze/Peter-Christian Müller-Graff* (Hrsg.), Europäische Verfassungsentwicklung, 2000 ; *Walter van Gerven*, The EU—A Polity of States and Peoples, 2005 ; *Dimitris Th. Tsatsos*, Die Europäische Unionsgrundordnung—Beiträge zum institutionellen Verständnis der Europäischen Union im Hinblick auf einen künftigen europäischen Verfassungsvertrag, 2002 ; *Neil Walker*, Sovereignty in Transition, 2002 ; *Rudolf Wildenmann* (Hrsg.), Staatswerdung Europas? Optionen für eine Europäische Union, 1991 ; *Manfred Zuleeg* (Hrsg.), Der Beitrag Walter Hallsteins zur Zukunft Europas, 2003. このほか脚注 54 記載各書。

72) これについて詳しくは *Oppermann*（脚注 56）§ 12（引用文献記載）
73) これは国際法や憲法と同様に共同体法についてもいえることであり，「自立性（Eigenständigkeit）」という概念について *Rudolf Streinz*, Bundesverfassungsgerichtlicher Grundrechtsschutz und Europäisches Gemeinschaftsrecht, 1989, S. 88, 114 f., 123 参照。
74) これについては *Streinz*（脚注 41）, Rn. 125 ; ders. (Fn. 73), S. 92 ff 参照。
75) これは *Oppermann*（脚注 56）, § 12, Rn. 1.
76) *Schweitzer/Hummer*（脚注 56）, Rn. 74.
77) これについては用語の明確化を試みている *Streinz*（脚注 41）, Rn. 1 参照。

地のないところである）国際条約を基盤として成立しているという背景ではなく，共同体の諸条約の全体のつながりから生じる構造であって，それが他の国際条約とは大きく異なっているからであるという。その結果として，共同体法の一次法（よって二次法も同様）は，もはや国際法とはいえず，二重の性格を有する法であって，条約法としての性格を持つと同時に憲法としての性格もあるという。しかし，この理論から導出される共同体の資質に関する結論は，まったくもってさまざまである。（欧司裁の判例法にも）強い影響を及ぼした「全体行為論（Gesamtakttheorie）」[79]を確立したハンス・ペーター・イプセンが，共同体の国家としての性格づけを否定し，国家に類似するような性格すらも断固として拒否しているのに対し[80]，カール・フリードリッヒ・オプヒュルス[81]や（そうではないといっているが実際のところ）エバーハルト・グラビッツ[82]は（未完成の）連邦国家ないし連邦国家に類似する構造体とみなしている。「自治派」の見解を裏づけると思われるのは，共同体法には実際に特殊な点があり，基本的には個々の要素において他の国際機関にもそのような側面が認められるものの[83]，このような密度および構成で実現されている例は，現在までのところ欧州共同体のみであるという事実である。共同体の自治性に基づく共同体法の「自立性」は，欧司裁の判例[84]にも一貫している。これを連邦憲法裁判所（連

---

78) これについて，また以下については同書，Rn. 119 ff. 参照。
79) これについては *Streinz*（脚注41）Rn. 122（引用文献記載）参照。
80) *Hans Peter Ipsen*, Europarecht, 1972, S. 59 ff.
81) *Carl-Friedrich Ophüls*, Zwischen Völkerrecht und staatlichem Recht—Grundfragen des Europäischen Rechts, JurJb 4 (1963/64), S. 137 (137 ff.); ders, Staatshoheit und Gemeinschaftshoheit, in : Festschrift für Heymanns-Verlag, 1965, S. 519 (558 ff.). これについては *Streinz*（脚注73），S. 116 ff. 参照。
82) *Eberhard Grabitz*, Gemeinschaftsrecht bricht nationales Recht, 1966. これについては *Streinz*（脚注73），S. 118 ff. 参照。
83) これについては *Streinz*（脚注73），S. 102 ff. 参照。
84) 基本的な内容は 1964/07/15 の欧州司法裁判所判決，Rs. 6/64 (Costa/ENEL), Slg. 1964, 1251 (1269)．

憲裁）も踏襲しているのだが[85]，連憲裁が用いているのは用語だけで実質的なものとはいえず，憲法上の授権による共同体法の優位性を前提としており，（どちらかといえば理論的な話であり，本当に極端なケースについてのみではあるものの）ドイツの高権委譲行為およびその効果について，統合のための授権範囲の制約が遵守されているかどうかを審査することを連憲裁は留保している[86]。この点に双方の見解の決定的な違いがあるわけで，すなわち共同体法がその国際法上の基盤から遊離しているのかどうかという点である。自治派が前提としているのは，ハンス・ペーター・イプセンが顕著に示しているように，共同体法がその国際法上の基盤からすでに遊離しているという点であるが[87]，これが事実に反することにはいまだ変わりがない。そのよい証拠となるのが欧州憲法条約で，その発効のためには全加盟国による各国の憲法規定に則った批准が必要とされ（欧州憲法条約第IV-447条第1項），その顛末は周知の通りであり，また「通常改正手続」（欧州憲法条約第IV-443条）による条約自らの改正にあたって

---

85) 連憲裁判決 BVerfGE 22, 293 (296) 参照。

86) 連憲裁判決 BVerfGE 73, 339 (383) ―Solange II。（通称「その限りにおいて判決 II」）実際にはほぼ不可能といえるほど実現困難であるにもかかわらず，連憲裁判決 BVerfGE 102, 147―Bananenmarktordnung（バナナ市場規則）でも繰り返されている。これについては Streinz（脚注41）Rn. 225 参照。限定されているものの，いまだ存続している留保について踏み込んだ内容は Franz C. Mayer ; Kompetenzüberschreitung und Letztentscheidung. Das Maastricht-Urteil des Bundesverfassungsgerichts und die Letztentscheidung über Ultra-vires-Akte in Mehrebenensystemen. Eine rechtsvergleichende Betrachtung von Konflikten zwischen Gerichten am Beispiel der EU und der USA, 2000, S. 95. 欧州連合加盟国各国における法的状況については Rudolf Streinz, Verfassungsvorbehalte gegenüber Gemeinschaftsrecht―eine deutsche Besonderheit? Die Schranken der Integrationsermächtigung und ihre Realisierung in den Verfassungen der Mitglied-staaten, in : Festschrift für Helmut Steinberger, 2002, S. 1437 (1445 ff.) および最近の Peter M. Huber, Offene Staatlichkeit : Vergleich, in : Armin von Bogdandy/Pedro Cruz Villalon/Peter M. Huber, Handbuch Ius Publicum Europaeum, Bd. II, Offene Staatlichkeit―Wissenschaft vom Verfassungs-recht, 2008, § 26 (S. 403 ff. :) 参照。

87) これについては Streinz（脚注41）Rn. 209（引用文献記載）参照。

も,事前のコンベンション手続が規定されているにもかかわらず,この典型的な国際法規定である批准手続を定めているのである(欧州憲法条約第IV-443条第2項および第3項第2段参照)。特定のケースについて設けられている簡易改正手続(欧州憲法条約第IV-444条および第IV-445条)は,各国の議会に例外なく拒否権を与えるものだが(欧州憲法条約第IV-444条第3項第1段第2文,第IV-445条第2項第2段参照),この内容を超える案はすでに欧州コンベンションの段階で不採用となっており,もし政府間会合に上程されていたとしても承認を受けることはなかったであろう[88]。こうして加盟国は「条約の主(あるじ)」としての地位を維持することになった[89]。ただしこのことを(感情的な反発を防ぐためにも)[90]過大評価してはならず,これに基づく主権の要請や「伝統派」説の実践上の効果全般についても同様である[91]。何故なら,憲法により統合の可能性を開き(基本法第24条第1項,現在の基本法第23条第1項),国際法執行論を用いることで,共同体法の「憲法原則」[92],特に共同体法の優先適用の要請を満

---

88) 欧州憲法条約の規定はリスボン条約(下記IV.2を見よ)において改正EU条約第48条に盛り込まれた。

89) *Oppermann*(脚注56),§ 12, Rn. 19(そして同時に同盟の一員としての「下僕」でもある); *Streinz*(脚注41), Rn. 142. 決定的なのは権限付与権限であって,この点が1871年のドイツ帝国やドイツ連邦共和国のような連邦国家との違いともなっている。これについては *Streinz*(脚注73), S. 130 f. 権限を設定する権限は憲法条約でも連合には与えられていない。これについては *Rudolf Streinz*, Kompetenzabgrenzung zwischen Europäischer Union und ihren Mitgliedstaaten, in : *Rainer Hofmann/Andreas Zimmermann* (Hrsg.), Eine Verfassung für Europa.―Die Rechtsordnung der Europäischen Union unter dem Verfassungsvertrag, 2005, S. 71 (79) 参照。この権限付与権限を,やはり的確に *Möllers*(脚注53), S. 28 も前提としている。

90) このような表現に批判的なものには *Ulrich Everling*, Sind die Mitgliedstaaten noch Herren der Verträge?, in : Festschrift für *Hermann Mosler*, 1983, S. 173 (173 ff.) などがある。

91) これについて的確なのが *Möllers*(脚注53), S. 28 f.(基本法第79条第3項に国家主権が保護益として含まれているかどうかという点は除く)。

92) 共同体法との関連におけるこの概念については *Klaus-Dieter Borchardt*, Die

足することができるからである[93]。したがって，問題が存在するとしても，それはあくまでも受容および執行の問題にすぎない[94]。

2．主要理論

1 連邦国家論

戦間期に提起された各種のコンセプトには（ヴィクトル・ユーゴーの構想と同様）「欧州合衆国」という表現が用いられている。とはいっても，それが必ずしも連邦国家構想に結びついているとは限らない。無論アメリカ合衆国を念頭に置いている場合には，それに該当する。その例には，1930年のアリスティード・ブリアンの欧州連邦計画[95]や，1948年のハーグ欧州会議[96]，1950年のロベール・シューマンの声明[97]などがある。EEC委員会の初代委員長を務めたヴァルター・ハルシュタインの欧州法教本の初版には「未完の連邦国家」[98]というタイトルがつけられていた。すでに示した通り「自治派」のオプヒュルスや（実質的に）グラビッツは連邦国家論の立場をとっており，実際にも主に欧

---

rechtlichen Grundlagen der Europäischen Union, 3. Aufl. 2006, Rn. 120 ff., zum Vorrang Rn. 154 ff. などを参照。

93) これを見事に証するのが連憲裁判決 BVerfGE 31, 145 (174)—Lütticke. 的確なのが *Oppermann*（脚注56），§ 12, Rn. 19：「そのような（実際には決して発動されることがないかもしれない）最終権限があるからといって，長年にわたり継続してきた通常の状態がその価値を失うことはなく，通常の状態の中で連合は，国境を越えた多数の課題に共同で対処するための，加盟国の上に位置する，安定した法および組織の体制として確立されてきた。」

94) これについては *Rudolf Streinz*, Die Realität des Anwendungsvorrangs des Gemeinschaftsrecht, Zeitschrift für Europarecht 8 (2000), 126 (126 ff.) 参照。

95) その文言は Europa—Dokumente zur Frage der europäischen Einigung, 1953, S. 30 f. これについては *Schweitzer/Hummer*（脚注56），Rn. 28 も参照。

96) その文言は *Lipgens*（脚注64），S. 240 ff. (Nr. 54).

97) その文言は *Lipgens*（脚注64），S. 293 ff. (Nr. 67).

98) *Walter Hallstein*, Der unvollendete Bundesstaat, 1969. 最新の第5版1979のタイトルは „Die Europäische Gemeinschaft（欧州共同体）". これについては *Stefan Oeter*, Föderalismus, in : von *Bogdandy*（脚注53），S. 1 (64 ff.).

州共同体初期[99]の構想や計画にこの立場はしばしば登場しているが,「連邦主義者」[100]が例外なく連邦国家を前提にしているとは限らない。ちなみに「連邦主義（Föderalismus）」という概念は，英語のFederalismとも重なって誤解を招くようになっており，中央権力の強化を意味するものと解釈されているが[101]，これは「連邦」体制に明らかに存在すると思われる権限に作用する求心力の法則に対するもっともな懸念を表している。連邦主義者が思い描く欧州連邦国家という構想に対し，シャルル・ド・ゴールは「それぞれの祖国からなる欧州」という構想を突きつけた[102]。現在では「欧州連邦国家」はまれに目標として掲げられることがあるのみで，多くの場合ははっきりと否定され，欧州連合を連邦的な構造体とみなす者も同様で，かえってそのような者ほど明確に否定することが多い[103]。欧州連合が連邦的な構成であるというのは，本質的に正しいことである。欧州共同体は，明確に委譲された権限や一部は疑問が残る権限も含め，次第にかなりの範囲で「国家機能」を果たすようになってきており，それには相応の責任も伴うわけで，法治主義の原則や憲法擁護，民主的正当性などに関する対応が必要となり，各加盟国の「欧州憲法」[104]（ドイツでは基本法第23条第1項）における権限委譲授権にあたってもこの点が要求されているが，欧州共同体がひとつの国家となることはなく，それを目標としているわけでもない。これが，本現象のまったく独特なところである。

---

99) これについては *M. Burgess*, Federalism and European Union : The Building of Europe—1950-2000, 2000, S. 55 ff.

100) この概念を *Oppermann*（脚注56），§ 12, Rn. 25 は「設立の父」と呼ばれるアデナウアー，デ・ガスペリ，シューマンについて用いている。

101) これについては („dirty word") *Oeter*（脚注97），S. 1 ff.（引用文献記載，特に *Burgess*（脚注98），S.xi.）参照。

102) „l'Europe des Patries"については *Norman Davies*, Europe—A History, 1996, S. 1086 参照。

103) *Oeter*（脚注97），S. 110 ff.（引用文献記載）参照。

104) この概念については *Peter Häberle*, Europaprogramme neuerer Verfassungen und Verfassungsentwrfe—der Ausbau von nationalem „Europaverfassungsrecht", in Festschrift für *Ulrich Everling*, 1995, S. 355 (372 ff.) 参照。

2　目的連合論

　機能主義の統合論にちなんで，ハンス・ペーター・イプセンは，欧州経済共同体のことを「機能統合目的連合」と呼んだ[105]。その考えによれば，この「経済共同体」では欧州経済共同体設立条約が自立した（「自治的」）法秩序として「市場市民」の特殊な権利を生じさせ，このセクター単位の部分統合は，条約の前文に明記されている通り（「欧州諸国民のより緊密化する統合」）さらなる深化を目指したもので，（基本的自由の件で最近明確になったように）[106]他の分野にも波及する可能性（いわゆる「スピルオーバー効果」）があり，やがてはもはや引き返すことのできない状態（「ポイント・オブ・ノー・リターン」）に到達することになる。共同体の「政治的」側面が拡大され，マーストリヒト条約で「政治的」なものでもあることが明確な「欧州連合」が「設立」されるに至った現在では，目的連合というコンセプトはもはや時代後れとなっている[107]。かつての「市場市民」はEC条約第17条でいうところの「欧州連合市民」となったのだが，この欧州連合市民というものの内容および影響範囲については，決して問題がないとはいえない[108]。

3　国家間連結（Staatenverbund）

　マーストリヒト条約判決において連憲裁は，欧州連合のことを「（国家として組織された）欧州諸国民のより緊密な同盟を実現するための国家間連結」と呼

---

105) *Ipsen*（脚注80），S. 196 ff.
106) 1974/07/03の欧州司法裁判所判決，Rs. 9/74（Casagrande/Landeshauptstadt München），Slg. 1974, 773, Rn. 6 (Ausbildungsförderung) などを参照。
107) *Oppermann*（脚注56），§ 12, Rn. 24参照。
108) これについては *Haltern* (8), S. 476 ff.; *Stefan Kadelbach*, Unionsbürgerschaft, in: von *Bogdandy*（脚注53），S. 539 (539 ff.) 参照。「市場なしの基本的自由」としての欧州連合市民について最近では *Ferdinand Wollenschläger*, Grundfreiheit ohne Markt—Die Herausbildung der Unionsbürgerschaft im unionsrechtlichen Freizügigkeitsregime, 2007参照。

んだ[109]。これには批判もあるが[110]，この言葉を正しく理解し，欧州諸国民という表現が盛り込まれた連憲裁の解説調の文脈において読むならば，うまい表現といえる[111]。ただし，ここではっきりさせておかなければならないのは，これが通常の国家連合（Staatenbund）という意味の連合ではないという点である。そのためトーマス・オッパーマンは，法および行動の面でより密接な連結であることを明確化するために「国家共同体」や「国家同盟」（„Union of States")といった表現を提案しており，これならドイツ語圏外でも理解できるとしている[112]。確かに，自主的な国家共同体であって，委譲された権限を共同で行使するための共同体であることを明確に示す類似した表現がたとえばフランス憲法第88-1条[113]にもあり，これは特に狭義での欧州連合について該当するものである[114]。欧州連合の特に統合が進んだ柱となっている欧州共同体については，独自の立法権限があり，その立法には（欧州連合の枠組決定（EU条約第34条第2項b参照）とは違い）直接的効力が伴う（EC条約第249条第2項

---

109) 連憲裁判決 BVerfGE 89, 155 (156). これについては *Paul Kirchhof*, Die rechtliche Struktur der Europäischen Union als Staatenverbund, in : von *Bogdandy* (脚注53), S. 893 (904 ff.) 参照。

110) たとえば *Peter Häberle*, Europäische Verfassungslehre, 5. Aufl. 2008, S. 35 f.:「"国家間連結"という不幸な表現」; *Hans-Peter Ipsen*, Zehn Glossen zum Maastricht-Urteil EuR 29 (1994), S. 1 (8):「形象を名づけようとする新たな試みだが，すぐに忘れ去られることだろう」; *Ernst Steindoe*, Maastricht-Urteil und europäische Integration, EWS 1993, 341 (344 f.):「いずれにせよ誤解を招く」などを参照。

111) 肯定的な評価をしているのはたとえば *Oppermann*（脚注56），§ 12, Rn. 3 ff., 23; *Christian Tomuschat*, Die Europäische Union unter der Aufsicht des Bundesverfassungsgerichts, EuGRZ 20 (1993), S. 489 (491 f.) はそれ以外の点では連憲裁を強く批判している。

112) *Oppermann*（脚注56），§ 12, Rn. 23.

113) „Union européenne, constituée d'Etats qui ont choisi librement, en vertu des traités qui les ont institués, d'exercer en commun certaines des leurs competences". ドイツ語訳は *Adolf Kimmel / Christiane Kimmel*, Verfassungen der EU-Mitgliedstaaten, 6. Aufl. 2005, Nr. 6.

114) *Streinz*（脚注41），Rn. 133.

に定められた規則の定義参照）のだが，そのために連憲裁が「国家間連結」の解説の中で少なくとも示唆している，欧州共同体は国家および国民の同盟であって，延いては市民の同盟であるという事実が十分に反映されていない[115]。

4 諸国民（市民）および諸国家の同盟

このような呼び方は，欧州連合の本質的な要素のひとつを的確に表すものであり，必要とされる2本立ての民主的正当性がその特徴を最もよく物語っているが，マーストリヒト条約判決において連憲裁がその原則を適切に説明している[116]。共同体立法の正当性は，ひとつには国家の代表により構成される理事会によって確立され，よってこの理事会が諸国家の同盟を体現するものとなり，またその一方で「共同体としてまとまった諸国家の国民の代表者から」なる欧州議会（EC条約第189条第1項）を通じて確立されており，よって欧州議会は市民の同盟を体現するものであって，このことは欧州憲法条約の文言（欧州憲法条約第I-20条第2項：「欧州連合市民の代表者からなる」）によってより明確になっているのだが，その分配は相変わらず各加盟国に対して固定議席数（それぞれの投票率とは関係なく）に基づいて行われている。この二つ目の正当性確立経路が必要なのは，各国の議会による理事会の代表の統制（これは不十分であると認識されているが，改善の余地はある）を拡充するためだけではなく，共同体独特の要素を有効に活用するためでもある。この2本立てによる立法の正当性確立は，共同決定手続（EC条約第251条），すなわち欧州議会と理事会の同権の立場での共働によって実現されており，これが今では（一部の明らかに微妙な問題があると認識されている分野で，覆される恐れのない最終決定権を加盟国が留保

---

115) *Tsatsos*（脚注53), S. 95 参照。欧州司法裁判所の 1991/12/14 の鑑定書 1/91 も参照, Slg. 1991, 1-6079 (6102)：欧州共同体法秩序の法主体は加盟国だけでなく，市民でもある。

116) 連憲裁判決 BVerfGE 89, 155 (185 f.). 欧州議会はもちろん単なる支柱ではなく大黒柱であるが，この大黒柱には常に，理事会を統制する各国の議会という，もう1本の大黒柱が必要である，*Streinz*（脚注41), Rn. 326 参照。

したものは除いて）共同体立法の通例となっているのだが，欧州憲法条約ではこれがさらに拡充されて「通常立法手続き」（欧州憲法条約第I-34条第1項，第III-396条)[117]と呼ばれている。連憲裁は，このような形態の民主的正当性確立を，超国家的な国家間連結に適切なものと認定し，そのために生じる純粋な国家民主制原則からの逸脱（選挙の平等欠如，1加盟国の決定が覆される可能性）について的確に合憲判断を下した。「ドイツ連邦共和国が，独自の高権行為能力を有する国家共同体に加盟し，該国家共同体に高権権限の行使が認められた場合には（これらはいずれも統一された欧州の実現のために許されることが基本法に明記（基本法第23条第1項）されている），国家憲法により一律かつ確定的に規定された国家秩序内におけるのと同じ形態で民主的正当性を確立することはできない。超国家的機関に高権が付与された場合には，国民に選挙で選ばれた代表機関であるドイツ連邦議会およびそれに伴って選挙権を有する市民の，政治の意思形成および決定プロセスに対する影響力が減少することはやむを得ない。よって民主制原則がドイツ連邦共和国の（超国家的に組織された）国家間共同体加盟を妨げることはない。(中略) ただし加盟の条件となるのは，国民に由来する正当性と影響力行使が，国家間連結内でも確保されていることである」[118]。

3．実　　践

1　現実主義の姿勢

　欧州統合の歴史を辿ってみると，一貫して現実主義の姿勢が認められる。政治的に意見の分かれている原則事項については結論を出さないままにしておくことで，数々の危機を乗り切ってきた。ここではその一例として，俗に言う「空席政策」の危機を克服したルクセンブルク協定の「合意しないことで合意」[119]

---

[117] リスボン条約（下記IV.2を見よ）ではこれがEU機能条約第289条第1項，第294条に盛り込まれている。

[118] 連憲裁判決 BVerfGE 89, 155 (182, 184).

[119] これについては *Rudolf Streinz*, Die Luxemburger Vereinbarung, 1984（引用文献記載）参照。

をあげるのみにしておく。問題の多くは，それが自然に解消するか，その解決の機が熟するまで棚上げされてきた。ここではイギリスが社会政策路線から一時的に外れた例のみを紹介しておくと，その結果マーストリヒト条約とは別に，イギリスを除く 14 ヵ国の協定が必要となったのだが，結局はアムステルダム条約においてイギリスが（政権交代後）再び路線に同調することで問題は解消した[120]。したがって，共同体ないし連合の「本質」に関する議論において常に意見が分かれていても，それに基づく共同体意識の形成には確かに支障があるものの，実践における共同体の機能や発展には影響がなかったのである。

2　欧州連合の現実の姿——固有の現象

　そのため欧州連合の「本質」を特定するには，現行の共同体および連合の「憲法」[121]としての諸条約のコンセプトと，過去 50 年にわたる歴史の中で合意されてきた共同体の実践について，現実に即した分析を行うのが最善の方法である[122]。そして分析の結果明らかになるのは，欧州共同体および欧州連合が実際のところ比類なき**固有の現象**であるということである。このような認識は早くからあった。たとえば欧州司法裁判所は，欧州経済共同体設立条約を「従来の」国際法条約とは区別し，共同体の特殊な要素をまとめることで，その自立性と独特な効果，すなわち直接的効力や優先適用，欧州連合市民の権利などについての理論を展開した[123]。また，連憲裁も「進展する統合プロセスの最中にある独特な性格の共同体」と表現している[124]。文献では，伝統的な国家間

---

120) これについては *Streinz*（脚注 41）Rn. 1089 参照。
121) 現行の諸条約が有する憲法的性格については *Streinz*（脚注 41），Rn. 136 ff.（引用文献記載）参照。
122) *Oppermann*（脚注 56），§ 12, Rn. 3.
123) 欧州司法裁判所 1963/02/05 の判決，Rs. 26/62 (van Gend Loos/Niederländische Finanzverwaltung), Slg. 1963, 1 (25)；1964/07/15 の判決，Rs. 6/64 (Costa/ENEL), Slg. 1964, 1251 (1269 ff.).
124) 連憲裁判決 BVerfGE 22, 293 (296).

の法的関係のもつれ合いの中に新しく登場した法人と位置づけられている[125]。特殊なのは統合の度合いが高いことであり，共同体の超国家性（この言葉も正しく理解すれば感情的な反発を呼ぶことはないはずである）を裏づけるさまざまな要素，たとえば多数決による独自の立法権や，市民の権利，そしてまた義務の発生を伴う直接的効力，委員会や裁判所などの独立機関の存在，各国の国益を正当に主張しながらも，欧州の共同意志確立を図ることをその使命とする共同体機関として理事会も設置されていること，共同意志形成にあたっては可能な限り多数決を用いることが非常に有意義であり，共同体税はないものの，財政の独立が比較的確保されていること，欧州憲法条約には共同体から正規に脱退する権利が定められている（欧州憲法条約第I-60条）[126]にしても，連合の持続性などがあげられる。しかしこの現象を現象たらしめているのはむしろ，本来の意味での強制力なしに，事実上の（比較的深刻な）危機をも含む多くの問題があるにもかかわらず，このようなことが機能しているということであり，近代史において連合諸国間では（連合に属さない国々とは異なり）長期にわたって平和が維持されたことは一度もない欧州大陸には，共同の未来しかあり得ないということを加盟国がようやく認識したという点である。

4．最終性の問題

このような背景を考えれば，「最終性」の問題は重要ではないとはいえないものの，具体的に解決する必要があるのは，拡大や深化などといった火急の問題についてのみである。これらの項目については見解に大きな開きがあるた

---

125) *Rudolf Bernhardt*, Die Europäische Gemeinschaft als neuer Rechtsträger im Geflecht der traditionellen zwischenstaatlichen Rechtsbeziehungen, EuR 18 (1983, 199 (199 ff.).

126) リスボン条約（下記IV.2を見よ）によってこの条項が改正EU条約第50条に盛り込まれている。超国家性とその各種要素については *Oppermann*（脚注56），§ 12, Rn. 6 ff.（引用文献記載）参照。

め，共同体ないし連合を脅かしかねない危険を孕んでおり，場合によってはこれまでの成功が裏目に出る恐れがある[127]。

IV．今後の展望

1．欧州統合成功の歩みを脅かす危険

　欧州統合成功の歩みを脅かすような危険にどのようなものがあるかは，本論では大まかにしか触れることができない。

1　欧州統合の限界——拡大か深化か，それとも拡大かつ深化か

　2005年の12月に始まり，キプロス問題でその一部が中断しているトルコとの加盟交渉によって，欧州連合の限界という問題が毒を持つようになった。これは単なる地理的な問題ではなく（トルコが19世紀に「欧州協調」体制の一員として受け入れられ，1963年に準加盟国協定が締結されている[128]ことを考えれば，トルコがEU条約第49条でいうところの「欧州」国家に元来該当しないなどと主張することはまずできまい），受入能力の問題であって，加盟候補国側および既存の連合側のいずれについてもいえることで，連合としてはどのような規模の連合を目指すことを想定しているのかという設問と向き合う必要がある。この点においては，加盟の形態に段階をつける可能性を検討してみる価値がある[129]。欧州憲法条約第I-57条[130]には，近隣諸国との特別な関係について明記されている。

---

127) これについては *Oppermann*（脚注56）Rn. 26 も参照。
128) ABl. EG 1964, S. 3687 ; BGBl. 1964 II S. 1959.
129) これについては *Rudolf Streinz*, Die Türkei als Partner—Formen der Zugehörigkeit zur EU, in : Bitburger Gespräche—Jahrbuch 2005/11, S. 11 (112 ff.) 参照。
130) リスボン条約（下記IV.2を見よ）によってこの条項が改正EU条約第8条に盛り込まれている。

2 共同体／連合と各加盟国との間のバランス

マーストリヒト条約によって補完性原則が導入され（EC条約第5条第2項），アムステルダム条約および欧州憲法条約によるその実践の試み[131]，さらに，権限の類型を形成し各項目を区分することにより，権限分担の問題を解決とまではいかずとも，ある程度緩和しようとする欧州憲法条約の試み（欧州憲法条約第I-11条～第I-17条）——その内容がリスボン条約に取り入れられている[132]——などが行われてきたにもかかわらず，共同体ないし連合と各加盟国の間のバランスを保つことが恒常的な課題となっており，その対処にあたって欧州司法裁判所はもはや統合の原動力というよりは憲法裁判所としての役割を果たすことが要求されるようになっている。

3 欧州構想の風化

欧州構想は，第二次世界大戦後，戦争の苦い教訓から生まれたものである。東西の対立といわゆる東側陣営の脅威は，NATOの軍事同盟だけでなく，経済統合をも推進する結果となった。ヨーロッパの東西分断が解消してからは，このように「マイナスの」理由がなくなり，商品の自由な流通や人の移動の自由，出入国検査の廃止など，域内の国境をなくした単一市場の成立，そして何よりも平和が長続きしており，それに起因する経済成長などといったプラスの面は，もはや当然のこととして意識されることがなくなっており，その価値を評価することもなくなっている。そのかわりに「欧州」は失業などのマイナス要素の原因とみなされるようになっているのだが，確かに競合および製造の移転[133]などは域内の国境をなくした単一市場の結果である。それに加えて，さ

---

131) これについては *Christian Calliess*, in : ders/*Matthias Ruffert* (Hrsg.), EUV/EGV-Kommentar, 3. Aufl. 2007, Art. 5 EGV, Rn. 64 ff.（引用文献記載）; *Rudolf Streinz*, in : ders (Hrsg.), EUV/EGV-Kommentar, 2003, Art. 5 EGV, Rn. 30 ff.（引用文献記載）リスボン条約にある補完性原則および相当性原則の適用に関する議定書，ABl.EU 2008 Nr. C 115/206.

132) EU機能条約第2条～第6条これについては下記IV. 2を見よ。

133) 工場移転に反対するストライキがEC条約第43条の居住の自由に違反するもの

まざまな無意味と思われる活動に関する不満，過剰規制や，特に農業政策などの悪用されやすい助成制度における補助金詐欺，必ずしも事実であるとは限らないさまざまな不祥事に対する鬱憤が募っている。このような認識の偏りは，欧州議会などの機関の実際の活動や意義についてもいえることで，欧州議会選挙の投票率が恐ろしく低い[134]原因のひとつとみなすことができよう。

2．欧州憲法条約からリスボン条約

1 熟 慮 期 間

フランスおよびオランダで起きた（欧州憲法条約に関する声明第30号[135]）をみると，抽象的にではあるが十分に想定内であった）「批准事故」は，各国首脳[136]の頭を悩ませると同時に，研究者たちの関心事ともなっているのだが，それぞれがさまざまな結論を導き出している[137]。欧司裁をはじめとする共同体の機関が，欧州憲法条約の一部を，現在有効な「憲法」，すなわち現行の諸条約に基づき，実質的に実現しようとする動きがあったことは明白である[138]。ドイツ連邦政府が2007年前期に理事会の議長国を務めた時に掲げた目標の中には，

であるかどうかという，欧司裁に呈示された興味深い条約適合審査事項については *Abbo Junker*, Standortverlagerung und Niederlassungsfreiheit―das Rosella-Verfahren vor dem EuGH, EWS 2007, 49 (49 ff.) 参照。2007/12/11 の欧司裁判決，Rs. C-438/05 (International Transport Workers' Federation u.a./Vikng Line u.a.), EuGRZ 2008, S. 50 (50 ff.) は，EC 条約第43条（居住の自由）が該当する審査基準となるものであることを認め，共同体法でも保障されているストライキ権とのバランスを配慮した解決策を見出そうとしている。これについては *Rudolf Streinz*, JuS 2008. S. 447 (4-48 ff.) 参照。

134) これについては EU-Nachrichten Nr. 23/2004, S. 1 (8 ff.) 参照。
135) ABl. EU 2004 Nr. C 310/464.
136) これについては上記脚注 7 参照。
137) これについてはたとえば Journal für Rechtspolitik 13 (2005), S. 257 ff.の記事参照。
138) 2005/06/16 の欧司裁判決，Rs. 105/03 (Pupino), Slg. 2005, 1-5285 (rahmenbeschlusskonforme Auslegung)；2005/09/13 の判決，Rs. C-176/03 (Kommission und

憲法プロセスの続行も含まれており，その優先順位は高かった[139]。とはいえドイツ自身も，連邦議会および連邦参議院が必要とされる 3 分の 2 を大きく超える多数の賛成により欧州憲法条約を承認していたにもかかわらず，ペーター・ガウヴァイラー連邦議会議員の提起した訴訟がまだ係属中であったために，まだ批准できずにいたわけで，連憲裁は（そのまま真に受けることはできない理由で）判決を先延ばしにしているという印象を与えた[140]。2007 年 3 月 24 日・25 日にベルリンで行われた記念サミットで，欧州の価値と目標に関する記念宣言が採択され[141]，その中には 2009 年の欧州議会選挙までに（新しい）条文を提示することが盛り込まれ，そうすれば市民にその賛否を問うことができるということであったが，それはまるで欧州議会選挙がまるでそのためだけのもので，その開票結果をなんらかの形で条文に結びつけられると真剣に考えているかのようであった。注目に値するのは，感情的な反発を買う言葉とみなされていた「憲法」という表現が一切使われていなかった点である。しかしまた，欧州連合市民が欧州憲法条約の不在を本当に残念がっていたかというと，決してそのようなことはない。これまでのところ，多くの点で極めて不十分なニース条約でも，25 ヵ国の欧州，今や 27 ヵ国をなんとか統治できているのである。欧州憲法条約を今後の拡大の条件とするという案もあるが，そのような拘束は相互に足を引っ張る結果になりかねない。

Europäisches Parlament/Rat), Slg. 2005, 1-7879 (Abgrenzung der Kompetenzen EG/EU) 参照。これについては *Rudolf Streinz*, Alles klar zur den Rahmenbeschlüssen? Nach Pupino, Kommission/Rat (EuGH) und Darkazanli (BVerfG), EWS 10/2005 (第 1 頁) 参照。

139) *Joachim Wuermeling*, Die deutsche Ratspräsidentschaft im ersten Halbjahr 2007, ZG 21 (2006), 337 (342) 参照。

140) これについては *Rudolf Streinz/ Christoph Herrmann*, Missverstandener Judicial Self-restraint—oder : Einmischung durch Untätigkeit, EuZW 2007, 289 参照。

141) EU-Nachrichten, Nr. 12-2007, S. 1, 3 : Berliner Erklärung—„Europa ist unsere gemeinsame Zukunft".

2 「改革条約」の負託とリスボン条約

　連邦政府の綿密な準備作業の結果，2007年6月21日・22日の欧州理事会「サミット」では，(夜を徹した) 長時間にわたる，困難で，不愉快な状況もつきまとった交渉の末，最終的には「打開策」が見出され，具体的な，すでに個々の項目について規定された内容が，政府間会合に負託された[142]。憲法の概念と，それと結びつけられていたあらゆる要素や，経過規定および例外規定などを放棄することにより，欧州憲法条約の内容をできる限り維持することに成功している。具体的な負託内容は，ほとんど取るに足らないような修正を除いて，政府間会合の結果を先取りするものとなっており，議長国ポルトガルがはなから再交渉を望む声を聞き入れなかったという事情もある。

　負託の際にはまだ改革条約と呼ばれ，2007年12月13日の調印後は正式にリスボン条約と名づけられた条文[143]では，現行の諸条約 (EU条約およびEC条約，ただしEAEC条約は除く) を廃止して，単一の「憲法」と呼ばれる条文に置き換えることを含む憲法構想を放棄することが明記されている。「憲法」という表現は一貫して用いられていない。改革条約には，EUの連合旗や連合歌，連合の標語 (欧州憲法条約第I-8条参照) などは含まれていない[144]。その実態をより的確に表すものであることから本来なら有意義なはずの，これまでの規則に対して欧州法，また指令に対しては欧州枠組法という名称を用いる案は採用

---

142) 2007年6月21日と22日の欧州理事会 (ブリュッセル) 議長総括，欧州理事会の負託案，Anlage I, EU-Nachrichten Nr. 2-2007, S. 9 ff.

143) 欧州連合条約および欧州共同体設立条約の改正のためのリスボン条約，ABl. EU 2007 Nr. C 306/1. 改正された欧州連合条約 (TEU) およびEC条約に代わる欧州連合の機能に関する条約 (TFEU) の改正後の条文。ABl. EU 2008 Nr. C 115/1 掲載。リスボン条約については *Rudolf Streinz/Christoph Ohler/Christoph Herrmann*, Der Vertrag von Lissabon zur Reform der EU. Einführung mit Synopse, 2. Aufl. 2008 参照。

144) 実際には使用を継続することについては，リスボン条約最終文書に関する声明第52号 (ABl. EU 2007 Nr. C 306/267) を参照。ただしこの声明は加盟国27ヵ国中16ヵ国のみの声明である。

されていない。興味深いのは，これと関連して，欧州憲法条約第I-6条で初めて明確に保障された連合法の優位性を盛り込んでいない点が指摘されていることである145)。これに加え（欧州憲法条約では第I-6条を補足する形で）予定されていた欧州憲法条約に関する声明146)は，欧州司法裁判所の関連判例を拠り所にあげるものであったが，その内容は継承されている147)。その理由として考えられるのは，加盟国は連合法の優位性も自らの授権に基づくものであることに重きを置いているが，その優位性自体が疑問視されることは基本的になく，実践においては抵触も問題とはならないと考えられているということである。諸機関に関する欧州憲法条約の規定は，そのほとんどが継承されている。（最も大きく意見の分かれている（といってもポーランドだけが固執しているだけの）問題である理事会表決の多数決制に関しては，二重特定多数決方式の導入が2014年11月1日に先送りされるとともに，特別な経過規定が2017年3月31日まで設けられ，さらに阻止少数に関するヨアニナ決議が継承されている148)。連合と加盟国の間の権限分担に関する規定は，その内容が継承されている。特に強調されているのが，各加盟国の主権と国家としての地位が存続することと，連合は加盟国を基盤として成り立っており，連合の権限は加盟国に由来するものであるという点である。ただしこれは，伝統的な国際法の文言に倣った改正EU条約第4条第2項も含め，既に欧州憲法条約に盛り込まれていた内容である。欧州憲法条約では「憲法」が「欧州連合」を「市民と国家の意思により」成立させるのに対し（欧州憲法条約第I-1条第1項），改正EU条約第1条第1項では，「主権国家たる条約締結国」の間で欧州連合が設立される。現行の諸条約に対する実体法上の変更点で，2004年の政府間会合で採択され，実際にも欧州憲法条約の実体をなすものとなっている内容については，基本的に継承さ

---

145) 負託案（脚注142), S. 9, Nr. 3.
146) 欧州憲法条約第I-6条に関する声明第1号，ABl. EU 2004 Nr C 310/420.
147) 優位性に関するリスボン条約最終文書に関する声明第17号，ABl. EU 2007 Nr. C 306/256.
148) 改正EU条約第16条第4項および第5項；EU機能条約第238条参照。

れており，その結果が改正された後も同じ名称のままの EU 条約と，改正後に欧州連合の機能に関する条約（TFEU）に改称された EC 条約である。両条約はいずれも同等の法的な位置づけにあることが明記されている（改正 EU 条約第 1 条第 3 項第 2 文）。これにより，「機能条約」が二次的な性格のものではないことが明確になり，両条約がいわば基本条約と機能条約の関係にあり，機能条約については条約改正手続が簡易化できるといった考え方をきっぱりと否定するものとなっている。「共同体」という（美しい）表現が一貫して「連合（Union）」という表現に置き換えられているのは，一本化された連合が欧州共同体に代わってその権利承継者となるからである（改正 EU 条約第 2 条第 3 項第 2 文）。3 本の柱による構造は，欧州憲法条約と同様解消されている。ただし，共通外交安全保障政策の特別な位置づけは，改正後も欧州連合条約の規定（改正 EU 条約第 21 条～第 46 条）に明確に表れており，（現在の刑事に関する警察・司法協力（EU 機能条約第 82 条～第 89 条）などの分野のように）欧州連合の機能に関する条約には反映されていない。このような特別な扱いを裏づけているのが，各加盟国の管轄が存続することを明言する声明であり，その中では EU 加盟国が国連安全保障理事会の理事国になっている（フランスおよびイギリス）ことも考慮されている[149]。象徴的な形ではあるがこの分野における加盟国の慎重な姿勢が表れているのは，「連合の外務大臣」のことをそう呼ぶのではなく，「欧州連合外務安全保障政策上級代表」と呼んでいる点であるが，実際にはそれまでの EC の外交担当委員が担当していた業務を引き継ぐものである（将来版 EU 条約第 27 条，第 15 条第 2 項および第 3 項）。連合は（欧州憲法条約（第 I-7 条）におけるのと同様に）法人格を有する（将来版 EU 条約第 47 条）ことになるが[150]，これは従来 EC の法人格も明文化されている（EC 条約第 281 条）ことや連合として一本化されることを考えれば筋の通った話である。欧州連合基本権憲章は将

---

149) 共通外交安全保障政策に関するリスボン条約最終文書に関する声明第 13 号および第 14 号，ABl. 2007 Nr. C 306/255 参照。

150) これについては欧州連合の法人格に関するリスボン条約最終文書に関する声明第 24 号，ABl. 2007 Nr. C 306/258 も参照。

来版 EU 条約第 6 条第 1 項において法的に条約と同等とされているものの，条文には盛り込まれておらず，ポーランドおよびイギリスのいわば留保の対象となっている[151]。リスボン条約には，欧州憲法条約にはなかった新しい要素も取り入れられているが，これは環境政策やエネルギー政策の分野での最近の動向に起因するものである（EU 機能条約第 191 条第 1 項，第 194 条第 1 項）。フランスのサルコジ大統領の強い要求により，1957 年に欧州経済共同体が設立されて以来「正当な競争」ないし「歪みなき競争」という表現で共同体の目標のひとつに掲げられていた（EEC 条約前文にある勘案事由の 4 つ目，第 3 条 f 参照）「自由かつ障害のない競争」（欧州憲法条約第 I-3 条第 2 項）という文言が削除されている。しかし，だからといって競争政策の変更につながるとは限らない。もちろん競争がすべてではないし，いずれにしてもそれが最終目標ではない。しかし，国内経済を守ろうとする保護主義は，域内に国境の存在しない域内市場とは真っ向に対立するものである。

　リスボン条約には加盟国全 27 ヵ国による批准が必要だが，所定の発効日である 2009 年 1 月 1 日まで，遅くとも 2009 年の欧州議会選挙までの完了が予定されている。フランスやオランダをはじめ，デンマークやイギリスなど，他の加盟国が国民投票を避けたのに対し，アイルランドでは憲法により国民投票が義務づけられており，リスボン条約は直ちに否決された[152]。よって，この条

---

151) 上記 II を見よ。
152) 2008/06/12 に行われた国民投票の投票率は 51.3% で，賛成 46.6%，反対 53.4% であった。このためアイルランドは憲法の規定によりリスボン条約をいまのところ批准できない。2008/06/18 に貴族院がリスボン条約を承認したことで，27 ヵ国中 18 ヵ国 (2008/06/23 現在) の加盟国が，リスボン条約第 6 条に定められている国内の批准手続を議会により完了している。そのほかベルギーでは元老院および代議院，ワロン地域議会，ドイツ語共同体議会，フランス語共同体議会が承認しており（ブリュッセル首都圏地域議会とフランデレン地域議会がまだ未承認），オランダ第二院が承認（第一院は 2008/07/08 に承認予定），フィンランド議会（オーランド議会がまだ未承認）が承認している。しかし，これで上記の国すべてが条約を「批准」したと一般には考えられているが，そうではない。たとえばポーランドでは大統領が承認法に署名を行っていないし，承認法に対して（欧州憲法条

約の将来が危ぶまれるとまではいかずとも，少なくともこのような日程については まったくもって不透明である。

3．歴史の教訓

歴史，ここでは特に法制史から，どのような教訓を学ぶことができるのであろうか。時代を超えた比較は難しく，それぞれの時代と精神の文脈を踏まえる必要があるが，本論冒頭で引用したモンザンバーノ（本名サミュエル・プーフェンドルフ）の言葉をみると，「異常」すなわち異例の，新しい形態の「体制＝憲法」を有する共同体を法的に捉えるという意味では，十分に共通点を見出すことができる。大体のところ，神聖ローマ帝国というものは思わず比較してみたくなる存在である[153]。神聖ローマ帝国には帝国ターラーおよびライングルデンという共通の通貨があったし，帝国防衛体制もあったが，これはうまく機能しなかった。それがまた共通外交安全保障政策（CFSP）との悲しい共通点でもあるのだが，決定的な違いは，領内で各地の勢力が互いに抗争を繰り広げていた帝国とは違い，欧州連合内では戦争が行われておらず，相互に対抗するために「第三国」と軍事同盟を結ぶようなことは少なくとも行われていないという点で，もちろん，イラク戦争での各国の行動や，現在問題となっているアメリカの防御ミサイルのポーランドやチェコ配備などに鑑みると，同じような政治的同盟関係があるといえないでもない。しかし基本的には，1648年にヴェストファーレン条約が締結されて以降，広域的で帝国全土にわたる法秩序および平和秩序を，帝国裁判所および帝国議会が確保するようになり，帝国の安定に寄与している。各国のエゴイズムが嵩じて戦争が勃発することもあったが，

　　約の場合と同様）憲法異議が提訴されているドイツでも，連邦大統領の署名はまだである。イギリスでも訴訟が係属中である。チェコ議会は，憲法裁判所の判決待ち状態である。

153) 以下の（前述の通り検討の余地がある）共通点については *Peter Claus Hartmann*, Das Heilige Römische Reich—heute noch aktuell? in: 同著／*Florian Schuller* (Hrsg.), Das Heilige Römische Reich und sein Ende 1806. Zäsur in der deutschen und europäischen Geschichte, 2006, S. 151 (151 ff.) 参照。

それでも比較的はっきりとした共同体意識が，帝国内の 300 近い小国の大半にはあったのである。帝国内の文化の豊かな多様性は，欧州の文化の多様性を思い起こさせ，この多様性を画一化することは許されない（ボローニャプロセスと呼ばれる均一化の動きなどもまったく逆効果である）。つまるところ帝国はいわば前国家的な，連邦色の濃い国家構造であったわけで，ある意味では「地域のヨーロッパ」のモデルとなり得るものである[154]。もちろんここで見逃してはならないのは，マーストリヒト条約によって設置された地域委員会について，一時の盛り上がりの中で一部で予言されていたような，連合と地域の間にある国家の重要性喪失という事態には，（決して誤ったものではない）国家の粘り強さのせいでいまだ達していないという点である[155]。

V. 結　　　論

　欧州共同体ないし欧州連合は，法的に見た場合のみならず，実際にも比類なき現象である。ドイツ語では Verfassung という言葉に「憲法」と「状態」という二つの意味があるのだが，ローマで調印された欧州憲法条約の失敗から，この言葉が欧州連合という現象においてはかえって逆効果をもたらすことが判明したわけで，もちろん欧州憲法条約の内容および意図に関するさまざまな誤解がその要因ともなっているのだが，統合プロセスの「自発的な」展開に対する不信感にまったく根拠がないかというとそうでもない。リスボン条約は，欧州憲法条約の内容を多くの部分について継承しているが，連合の「国家的」性格と受け取られかねない要素はすべて意識的に取り除かれている。この条約が批准され発効する可能性は憲法条約よりも高いと考えられているが，すでにアイルランドの国民投票で否決されていることから，これもまた不透明である。

---

154) この見解は *Hartmann* （脚注 153), S. 151.
155) これについては *Rudolf Streinz*, Sinn und Zweck des Nationalstaates in der Zeit der Europäisierung und Globalisierung, in : Festschrift für *Georg Ress*, 2005, S. 1277 (1277, 1285 ff.) 参照。

それまでの間は，ニース条約に基づく諸条約によって統治を行うことになるのだが，諸条約を（可能な限り，ないし可能と思われるというだけでも）欧州憲法条約ないし今のリスボン条約に即して解釈しようとする傾向が明確に認められる。Verfassung のもうひとつの意味である「状態」という観点から欧州連合を見ると，その実態は多くの状況報告でいわれているよりも良好であるが，問題があることも見逃したり，隠したりするべきではないわけで，たとえば「価値共同体」の限界の問題があり，具体的には憲法と信仰の関係や，バイオ医療などに関するもので，ほかにも共同体ないし連合の構造自体に内在している国家と共同体の利益のバランスをとるという恒常的な課題などがある。しかし，多少の不都合があるからといって[156]，未曾有の成功の道を歩んできた[157]という全体像を見失ってはならない。

---

156) これについては *Rudolf Streinz*, Kurioses aus Brüssel―Zu Eigenheiten und Eigenartigkeiten des Gemeinschaftsrechts, EWS 2003, 1 (1 ff.) 参照。

157) このような *Wuermeling*（脚注 139），S. 341 の評価は正しい。

欧州憲法制定プロセス——欧州憲法条約蹉跌後および
リスボン条約後の基盤と価値，将来の展望*

I. 序　　章

　「欧州は，数百年にわたって人々が心に描き続けてきた，平和と相互理解への願望である。その望みが今叶った。欧州の統合によって，平和と繁栄が実現した。絆が生まれ，隔たりを乗り越えることができた。どの加盟国も，欧州を統合し，民主制と法の支配を強化することに貢献してきた。中東欧の人々の自由を愛する心のおかげで，欧州の不自然な分断を完全に解消することができた。欧州統合は，多くの血が流された紛争と苦渋の歴史から我々が学んだ教訓である。今日の我々は共に生きており，これは前古未曽有のことである。我々欧州連合市民は，我らが幸福のうちにひとつになった」。
　これは，ローマ条約調印50周年を記念する「ベルリン宣言」の冒頭の1節である。このあとには，「我々は欧州連合において我々が共有する理想を実現する。」という言葉が続く。理想としてあげられているのは，不可侵な人間の尊厳や，不可譲の権利，男女同権などのほか，平和と自由，民主制と法の支配，相互の尊重と責任，繁栄と安全，寛容と参画，正義と連帯などの追求である。このような内容はどれも，一般に欧州憲法条約（TCE）と呼ばれる欧州のための憲法を制定する条約[1]にも記載されているのだが，2004年10月29日にローマで調印されたこの条約は，欧州連合加盟国27ヵ国中17ヵ国しか（17ヵ国も

---

*Der europäische Verfassungaprozess‒Grundlagen, Werte und Perspektiven nach dem Scheitern des Verfassungsvartrags und nach dem Vertrag von Lissabon, aktuelle analysen 46, 2008.

1)　Amtsblatt der Europäischen Union (ABl. EU) 2004 Nr. C 310/1.

ということもできるが）批准しなかったために発効に至らず[2]，フランスおよびオランダの国民投票では条約が否決されたため[3]，これらの加盟国がこの条約を批准しようとしても，それはいずれにせよ政治的に非常に困難だったのである。欧州憲法条約が発効するためには，すべての加盟国がその憲法の規定に則って条約を批准することが必要とされていた[4]。ちなみに，欧州憲法条約を批准しなかった加盟国のひとつがドイツ連邦共和国である。確かに，連邦議会および連邦参議院は，すでに2005年に必要な3分の2の多数[5]をはるかに超える大多数の賛成によって条約を承認している[6]。しかし批准は，連邦議会のガウヴァイラー議員がドイツの条約承認法に対して提訴した憲法異議および憲法機関の訴[7]に関する連邦憲法裁判所の判決が下されるまで阻止されることになり，連邦憲法裁判所が本件を意識的に「後回し」にすることが許されるかという問題や，批准権限を持つ連邦大統領が連邦憲法裁判所の判決を待つという（原則的には憲法の要請にかなったものである）自己拘束が，無期限に有効なものであるかという疑問が生じることになった[8]。ただし，このような問題は，2007年6月21日・22日のブリュッセルの欧州理事会で欧州憲法条約および憲法計

---

2) 批准した国はベルギー，ブルガリア，エストニア，フィンランド，ギリシャ，イタリア，ラトビア，リトアニア，ルクセンブルク，マルタ，オーストリア，ルーマニア，スロバキア，スロベニア，スペイン，ハンガリー，キプロスである。

3) これについては5.2の章を見よ。

4) 欧州憲法条約第 IV-447 条第1項

5) 3分の2以上の多数が必要なことについては *Streinz, Rudolf*, in : Grundgesetz-Kommentar, hrsg. von *Michael Sachs*, München, 4. Aufl., 2007, Art. 23, Rn. 64 ff. 参照。

6) ドイツ連邦議会は，承認法（条約法）を2005/05/12に賛成票569票，反対票23票，棄権2で可決した。連邦参議院は，2007/05/27に反対票なしで，メックレンブルク・フォアポンメルン州（SPD-PDS連立政権）が棄権しただけで可決している。Bundesrats-Drucksache 983/04 に掲載の連邦参議院の見解も参照。

7) Europäische Grundrechte-Zeitschrift (EuGRZ) 32/2005, S. 340 参照。Dr. *Gauweiler* の申立は時期尚早で却下された。連邦憲法裁判所判決（BVerfGE）112, 363,（365 f. bzw. 366 f.）参照。

8) これについては *Streinz, Rudolf/Herrmann, Christoph* : Missverstandener Judicial

画が明確に放棄され[9]，すでに 2007 年 6 月の負託時にその内容の主要項目については合意に達していたいわゆる改革条約が，2007 年 10 月 18 日・19 日の非公式会合で最後に残っていた争点の妥結に至り[10]，2007 年 12 月 13 日にリスボンで調印されて公式に「リスボン条約」と呼ばれるようになり[11]，この条約には新たな批准手続が設けられていることから[12]，この具体的な事例につい

 Self-restraint—oder : Einmischung durch Untätigkeit, in : Europäische Zeitschrift für Wirtschaftsrecht (EuZW) 2007, S. 289 参照。
9) 2007/06/21・22 の欧州理事会（ブリュッセル）議長総括，附属書 II : 政府間会合負託案，EU-Nachrichten, Dokumentation 2/2007, S. 9, Nr. 3 : EU 条約および欧州連合の機能に関する条約には憲法としての性格はない。その用語において全体として用いられている用法にはこの変更点が反映されており，憲法という表現は使われていない。これについて詳しくは 7.3 の章。
10) EU-Nachrichten 36/2007, S. 1 に記載の記事参照。ポーランドが要求したいわゆるヨアニナ条項の維持については Streinz, Rudolf : Europarecht, Heidelberg, 7. Aufl., 2005, Rn. 308（引用文献記載）参照。理事会での多数決による表決の際の阻止少数については別途議定書で規定されている。欧州議会のイタリアの議席を 1 名増やすが，議員数の上限があるために欧州議会議長の議決権をなくすという要求に対しては，議長（現在ドイツ人のハンス・ゲルト・ペッタリング）からはもちろん反対があった。リスボン条約最終文書の声明第 4 号（脚注 11 参照）を参照。欧州議会の所在地を新たにイタリアに追加することが記載されている。欧州議会の構成に関する決議案をめぐる欧州理事会の政治的合意についての声明第 5 号も参照。
11) 欧州連合条約（TEU）および欧州共同体設立条約（TEC）の改正のためのリスボン条約は，欧州理事会では「改革条約」と呼ばれているが（負託案（脚注 2 参照）の 1 番参照），TEU と TEC の並立を維持するもので，TEC は欧州連合の機能に関する条約（以下「EU 機能条約」と呼ぶ）に改称された。欧州憲法条約の内容で継承されるものについては，両条約に盛り込まれており，これについては 7.3 の章を見よ。清書された条文は 2007/12/03 に Dokument CIG 14/07 として，予定されていた最終文書（Dokument CIG 15/07）と合わせて公表され，2007/12/13 の条約調印後は，2007/12/17 の Abl. EU 2007 Nr. C 306/1 に掲載。リスボン条約第 5 条およびそれに付随する附属書に従って，改革条約によって挿入された条文には通し番号が振られた。改革条約の条文を引用する際には，この新しい条文番号に従う。
12) 改革条約第 6 条参照。改革条約の文言による EU 条約第 54 条は，マーストリヒ

てはもはや検討の必要がなくなっている。

　ベルリン宣言に盛り込まれているこれ以外の確認事項や意思表明も，欧州憲法条約に対応箇所があり，欧州憲法条約と内容的に大部分が一致している現在のいわゆる改革条約にも該当する内容がある。欧州憲法条約との違いを出すために，一貫して「憲法」という言葉を避けただけでなく，憲法を想起させる可能性のある要素は一切割愛されている[13]。ベルリン宣言が欧州憲法条約と実質的に一致する（そしてまた現在の改革条約とも一致する）[14]内容であるのは，報道では新しい内容として取り上げられている「エネルギー政策および気候保護において協力し，気候変動の世界的な脅威を回避するために貢献する」という意志についてもいえることで，欧州憲法条約第III-256条ないし現在では欧州連合の機能に関する条約（TFEU）第194条には，連合のエネルギー政策が，域内市場の実現ないし機能の一環として，また環境の維持と改善に必要な要件に配慮の上で，エネルギー効率およびエネルギー節減を促進し，新しい再生可能エネルギー源を開発することを目標のひとつとすることが定められているのである（EU機能条約第194条第1項のc）。

　　　ト条約の第53条を継承したものだが，EU条約第54条第2項をみると，この条約が発効するのが1993/01/01とされており，いくらか違和感があるが，これはマーストリヒト条約について予定されていた期日で，実際にはドイツの承認法に対する連憲裁判決（BVerfGE 89, 155―マーストリヒト判決）を待つ結果となり1993/11/01にずれ込んでいる。
13）　負託案（脚注9）の3番参照。負託案では憲法という用語を削除したほか，連邦の外務大臣を欧州連合外務安全保障政策上級代表と呼び，法律および枠組法という表現をやめ，規則および指令という表現を維持するという用法を採用することが決議された。また，改正された条約には，EUを象徴する旗や連合の歌，標語などを記載した条項はない。EU法の優位性に関しては，政府間会合（IGC）が，現行のEU裁判所判例法を引用した声明を採択することになっていた。そしてこれはリスボン条約にも盛り込まれている。これについては7.3の章を見よ。
14）　負託案(脚注9)のベルリン宣言との結びつきについては *Wessels, Wolfgang/Faber, Anne*: Vom Verfassungskonvent zurück zur „Methode Monnet"? Die Entstehung der „Road Map" zum Reformvertrag unter deutscher Ratspräsidentschaft, in : integration 4/2007, S. 370, 378 参照。

よってベルリン宣言には，欧州憲法条約の名残が多数含まれているのだが，欧州憲法条約自体に触れることは決してなく，「憲法」という言葉も一切用いられていない。2006年6月15日・16日のブリュッセルでの欧州理事会の負託[15]や，「憲法制定プロセス」を進展に導くことを重点事項として掲げていた議長国ドイツの意気込みも[16]，結局のところ，「2009年の欧州議会選挙までに欧州連合の共同の基盤を更新するという目標で意見が一致している」という声明を出すのみに終わっている。このような状況は，欧州憲法条約が失敗に終わった後だからこそ，現在の憲法制定プロセスの問題について考え直す良い機会であり，また欧州統合における憲法思想そのものについて，その基盤，価値，将来性，そして欧州憲法条約が破綻し，いわゆる改革条約が調印された今，憲法制定プロセスに今後どのような進展の可能性があるかについても再考の必要があろう[17]。

II. 欧州統合における憲法思想

1. 先　駆　け

最も広い意味における「憲法的要素」とみなすことができるのは，中世末期以降に成立した各種の構想で，平和維持や超国家主義，経済・貿易の振興，権力維持などの点において，欧州思想，延いては欧州統合の基盤を形作ることに

---

15) 2006/06/15・16の欧州理事会（ブリュッセル）議長総括，EU-Nachrichten, Dokumentation 2/2006, S. 9 f., Nr. 42-49.

16) 2007/01/17にストラスブールの欧州議会でアンゲラ・メルケル首相が行った演説。EU-Nachrichten, Themenheft 18, 25 Jahre Römische Verträge, 2007, S. 2, Chef des Bundeskanzleramts Dr. *Thomas de Maizière* zur deutschen Ratspräsidentschaft も参照。

17) これについては *Kluth, Winfried* : Die Mitgliedstaaten der europäischen Union als Gestalter und Adressaten des Integrationsprozesses—Grundlagen und Problemaufriss, in : Europäische Integration und Verfassungsrecht. Eine Analyse der

なった[18]。少なくとも発展史上画期的なものであったのが，1795年のイマヌエル・カントの書「永遠平和のために」であるが，これは欧州固有のものではなく，普遍的なものとして構想されている。1814/15年のウイーン会議と同時期に発表されたのがカール・クリスティアン・フリードリッヒ・クラウゼの「欧州国家連合の素案」[19]と，クロード・アンリ・ド・サン＝シモン伯爵とその弟子オーギュスタン・ティエリの書 „De la réorganisation de la société européenne ou de la nécessité des moyens de rassembler les peuples de l'Europe en un seul corps politique en conservant à chacun son indépendance nationale"（「欧州社会の再編成，または欧州諸国民をそれぞれの国家の独立を保ちながら単一の政治体制にまとめる手段の必要性」）[20]で，後者はウイーン会議に献呈されている。有名になったのは，1849年のパリ世界平和会議で議長を務めたヴィクトル・ユーゴーの演説で，アメリカ合衆国と欧州合衆国が「面と向かって」対峙し，海を越えて手をさしのべ合う日が来るものと彼は考えた[21]。民主的な諸国民がひとつになることは，19世紀半ばの革命時代にあって大衆の精神に見合ったものであった。ハンバッハ祭では，ヨハン・ゲオルグ・アウグスト・ヴィルトが1832年5月27日に「連邦制欧州共和国」論を打ち上げている[22]。

Einwirkungen der Europäischen Integration auf die mitgliedstaatlichen Verfassungssysteme und ein Vergleich ihrer Reaktionsmodelle, hrsg. von *Winfried Kluth*, Baden-Baden 2007, S. 9, 10 f. も参照。

18) これについては *Schweitzer, Michael/Hummer, Waldemar* : Europarecht, Neuwied/Kriftel/Berlin, 5. Aufl., 1996, Rn. 22 ff. ; *Oppermann, Thomas* : Europarecht, München, 3. Auft, 2005, § 1, Rn. 3 ff. 参照。

19) *Krause, Karl Christian Friedrich* : Entwurf eines europäischen Staatenbundes als Basis eines allgemeinen Friedens und als rechtliches Mittel gegen jeden Angriff wider die innere und äußere Freiheit Europas, 1814, neu hrsg. und eingeleitet von *Hans Reichel*, 1920.

20) これについては *Wehberg, Hans* : Ideen und Projekte betreffend die Vereinigten Staaten von Europa in den letzten hundert Jahren, Bremen 1984, S. 13 参照。

21) ドイツ語訳は *Wehberg* : Ideen und Projekte, S. 19 f.

22) *Herzberg, Wilhelm* : Das Hambacher Fest. Geschichte der revolutionären Bestre-

しかし，平和と繁栄の保全のためには協力が必要であるという認識および要求が広まっていたといっても，やはり19世紀は国粋主義の時代であった。そして欧州は，後のイギリス首相ロイド・ジョージもいったように，第一次世界大戦に向かってまっしぐらに滑落してゆくことになる[23]。欧州の重要性が失われる結果につながったこの苦い経験から生まれたのが，ボヘミア出身のリヒャルト・クーデンホーフ＝カレルギー伯爵などの思想で，1923年に出版された彼の著作「汎欧州」は次のような言葉で始まっている。「本書は，欧州のあらゆる国民の内に眠っている偉大な政治的運動を救うためのものである。」運動の目標として彼が掲げたのは，汎欧州諸国をひとつの政治経済国家連合としてまとめることで，その「真骨頂」となるのがアメリカ合衆国を念頭に置いた欧州合衆国であった[24]。彼が設立した汎欧州同盟は今なお存続している。しかし，欧州思想が現実のものとなるには，第二次世界大戦というさらに苦い体験が必要であった。

2．欧州のための憲法草案

第二次世界大戦中および戦後の欧州運動では，政治的な研究報告や声明文が発表されたほか，憲法草案の起草にも至っている[25]。ここでは，1948年に開催された欧州連邦制支持者同盟／Union Européenne des Fédéralistes（UEF）

---

  bungen in Rheinbayern um das Jahr 1832, Ludwigshafen 1908, Nachdruck 1982, S. 119 参照。

23) *Erdmann, Karl D.*：Der Erste Weltkrieg, in：Handbuch der Deutschen Geschichte, Band 18, hrsg. von *Bruno Gebhardt*, Stuttgart, 4. Aufl., 1983, S. 94 f. 参照。

24) *Coudenhove-Kalergi, Richard*：Paneuropa, Wien 1923, S. IX, S. 151 ff., 153 f.

25) これについて詳しくは出典のドイツ語版を掲載している *Lipgens, Walter*：45 Jahre Ringen um die Europäische Verfassung. Dokumente 1939 bis 1984. Von den Schriften der Widerstandsbewegung bis zum Verfassungsentwurf des Europäischen Parlaments, Bonn 1986；また *Streinz, Rudolf*, in：Die neue Verfassung für Europa. Einführung mit Synopse, hrsg. von *Rudolf Streinz, Christoph Ohler* und *Christoph Herrmann*, München 2005, S. 1, 3 ff.（引用文献記載）も参照。

の第2回大会で採択された欧州憲法素案のみを紹介するに留めるが，この素案には，個人および個人の集団，また団体の政治的・経済的・社会的権利を規定した基本権憲章が憲法の上に位置づけられている。1951年に設立された欧州石炭鉄鋼共同体 (ECSC) の総会 (議会) は，当時6ヵ国であった加盟国の政府に憲法草案の起草を要求したが，各国政府はこの件をうやむやなままで終わらせている。不十分なものと考えられていた欧州経済共同体の制度および仕組みを改善しようという70年代の努力の結果，スピネッリ報告の提出を経て，ついには欧州連合設立条約案の策定につながり，欧州議会はその案を1984年2月14日に採択している。1994年2月10日の合意の中で欧州議会は「欧州憲法計画」を要求した。それに続く動きの主眼は，条約体制の一本化にあり，欧州政治協力 (EPC) を前身とする欧州連合がマーストリヒト条約によって設立されてからは，EU条約と，それ以降ECとなったEECおよびEAEC (欧州原子力共同体) と2002年に終了したECSCなどの欧州共同体設立条約により構成されていた。

III. 欧州連合ないし欧州共同体の「憲法」としての現行条約

現行の欧州共同体ないし欧州連合設立条約が，欧州連合ないし欧州共同体の「憲法」と呼ばれることもある。欧州共同体の裁判所 (欧司裁) は，「共同体の憲法文書である条約」という表現を用いている[26]。このような考え方は新しいものではない。時には「ドイツ憲法内向性」があると批判されることもあるドイツの国家法論であるが，すでに60年代初頭には，国際条約という手段により他の加盟国の制憲者たちと共にドイツがECを設立することを国際制憲と呼んでおり，EEC設立の「憲法的性格」を取り上げている[27]。もちろん，これ

---

26) 欧州司法裁判所判決 EuGH, Rs. 294/83 (Parti écologiste Les Verts/Europäisches Parlament), Slg. 1986, 1339, Rn. 23.

27) これについては *Streinz*: Die neue Verfassung für Europa, S. 5 f.（引用文献記載）参照。

には反論もあり，欧州連合の「憲法能力」や欧州の「憲法」の必要性が疑問視されるのは当時も現在も変わりがない[28]。このような反論が，ECには国家としての条件が欠如していることを意図しているのであれば，説明の必要こそあれ，的を射たものとはいえない。憲法概念が国家に関連づけられている主な理由が，国家という形態の政治支配には，憲法によって秩序を確立し制約を加えることが必要であった，そして現在でも必要があるからだという点を認識し，憲法概念を制度化された政治支配のあらゆる形態に関するものと考えるならば，憲法概念を広義にとらえるべきことがわかり，多くの分野において「国家機能」を果たすようになったECないしEUの公権力を市民の利益のために秩序立て，制限することを目的とするECないしEUの一次法もその概念に含まれることになる[29]。もちろん，ECないしEUの特殊性を意識し，特に国家との違いを念頭に置く必要があり，憲法概念から悪い意味での概念法学的演繹を展開することは許されない。「自発的な展開」を示している共同体法にはこのような危険が十分に存在することは，「憲法」という概念を使用することに対する過敏な反発を見てもわかるが，これは研究者たちだけの話ではなく（後にフランスとオランダでの国民投票否決の評価において示すように）市民の意見も同様である。

---

28) *Grimm, Dieter* : Braucht Europa eine Verfassung?, in : Juristenzeitung (JZ) 1995, S. 581, 587 ; *Koenig, Christian* : Ist die Europäische Union verfassungsfähig?, in : Die öffentliche Verwaltung (DÖV) 1998, S. 268, 275 などを参照；このほかにも引用文献を記載しているのが *Huber, Peter M.* : Europäisches und nationales Verfassungsrecht, in : Veröffentlichungen der Vereinigung der Deutschen Staatsrechtslehrer (VVDStRL) 60/2001, S. 194, 197 f.

29) *Huber* : Europäisches und nationales Verfassungsrecht, S. 198 f. 参照。

IV. 欧州のための憲法を制定する条約の成立

1. 通称「ポスト・ニース・プロセス」

2001年2月26日に調印されたニース条約[30]が，多くの分野において満足のゆくものでないと受け取られているのももっともな話である。その原因は，条約内容の交渉が加盟国の政府間会合に一任されている現在の条約改正手続にあるものとされた。批判の対象となったのは，この「ニース方式」と呼ばれる方法全般についてで，2000年12月の議長国フランスによる対応が不適切であったことに対してではない。ニース条約では多くの問題が未解決のままとなっていることは，会合最終文書に付された連合の将来に関する声明第23号[31]をみれば明らかで，その中にいわゆる「ポスト・ニース・プロセス」が規定されている。このプロセスには，EUと加盟国間の権限の棲み分けや，欧州連合基本権憲章の地位の規定，欧州のアーキテクチャにおける各国議会の役割の取扱，各種条約の内容を維持しつつ分かりやすいものにすることを目指した諸条約の簡略化などの目標が課された。

早くも2004年には諸条約改革のための次回政府間会合を持つことを定めるものであったが，これが拡大プロセスの障害ないし準備となるものではないとされた。欧州憲法条約がなくても10ヵ国が2004年5月1日に加盟した[32]ことは周知の通りであり，さらにブルガリアとルーマニア2ヵ国が2007年1月1日に加盟国に加わっている[33]。欧州理事会は2001年12月14日・15日のラー

---

30) 連邦官報 (BGBl.) 2001 II S. 1667, 2003/02/01 発効。

31) ABl. EU 2001 Nr. C 80/85.

32) 2003/04/16 の加盟条約（BGBl. 2003 II 1408 ; ABl. EU 2003 Nr. L 236/17), 2004/05/01 発効。東方拡大という表現は誤解を招くもので，確かに方向は東であったものの，実際には中央ヨーロッパおよび南欧の諸国（マルタ，キプロスなど）を対象としていた。

33) 2005/04/25 の加盟条約（BGBl. 2006 II 1146 ; ABl. EU 2005 Nr. L 157/11), 2007/01

ケン会合（ベルギー）[34]でこのプロセスの詳細を決定し，フランスのジスカール・デスタン元大統領率いる「欧州の将来に関するコンベンション」を設置して，2004年に予定されていた諸条約改革に関する政府間会合の準備としてその「最終文書」を作成させることとした。このいわば「コンベンション方式」は，欧州連合基本権憲章[35]策定の時にも，ドイツのローマン・ヘルツォーク元大統領が主席を務めたコンベンション[36]での実績がある。この前例が模範となったのは明らかであるが，コンベンションの構成や負託内容が異なっており，このような違いが当初考えられていたよりもはるかに重要なものであることが後に判明することになった。

2．コンベンションの構成と活動

ラーケンでの決議に基づき，コンベンションは各加盟国から1名の代表者，各国議会の議員30名，欧州議会議員16名，欧州委員会代表2名によって構成された[37]。トルコを含む（がクロアチアはまだ含まない）加盟候補国も，加盟国と同数の代表者を派遣することで，「包括的にコンベンションの審議に参加」したが，加盟国間でまとまりつつあるコンセンサスを阻止することはできなかった。アメリカ合衆国憲法が起草された1787年のフィラデルフィア憲法制定会議（Philadelphia Convention）との共通性が強調されることがあるが[38]，欧州コンベンションは制憲議会ではなく，単に諮問の負託を受けていたに過ぎない。

/01発効。

34) 2006/06/15・16の欧州理事会（ラーケン）議長総括，附属書1, in: EU-Nachrichten, Dokumentation 3/2001, S. 16, 24 f.

35) ABlEU 2000 Nr. C 364/1.

36) *Streinz, Rudolf* (Hrsg.): EUV/EGV-Kommentar, München 2003, Vorbem. GR-Charta, Rn. 1 ff. 参照。

37) コンベンションの構成については，in: EuGRZ 30/2003, S. 442 ff. 参照。

38) これについては *Rosenfeld, Michael*: The European Convention and Constitution Making in Philadelphia, in: International Journal of Constitutional Law 1/2003, S. 373, 373 ff. 参照。

コンベンションのこのような役割が，EU条約第48条に代わるはずであった欧州憲法条約第IV-443条にも，条約改正の「通常」手続として規定されている。ただし，このコンベンションは憲法コンベンションとは異なり，改正案を自ら起草するのではなく，加盟国政府または欧州議会，欧州委員会のいずれかが提出した改正案を審理し，合意形成方式によって次回の政府間会合への提言を採択するというものである。この規定は，リスボン条約の文言におけるEU条約第48条第2項に盛り込まれた。いずれにせよこのコンベンション方式は，欧州議会と各加盟国の議会を参加させることで，欧州連合と市民との距離を縮め，欧州連合の進展を民主的に帰責可能なものとし，公開の議論と，インターネットを通じで誰でもその議論に参加できる可能性を設けることで透明性を高めようとする試みといえる。ジスカール・デスタン議長の（必ずしも好評ではなかった）強力な指導力のおかげで，コンベンションは正式な表決を行うことなしに比較的短期間で最終文書の合意に至っている。これが，欧州のための憲法を制定する条約の草案であり，2003年6月20日の欧州理事会テッサロニキサミットに提出された[39]。欧州理事会はこの草案を，欧州統合という目標推進のための「歴史的な一歩」であり，「政府間会合を開始するための良い土台」となるものとして歓迎した。草案は清書された後[40]，2003年7月18日に議長国（イタリア）に引き渡された。原則的には賛同していたものの，すでにこの時点で意見の相違が明らかになっており，各国首脳が，「堅実かつ確固たる総体」[41]とジスカール・デスタンが呼んだこの草案を，踏み込んだ議論や変更なしに，そのまま「うんという」ようなことはまず考えられなかった。

3．その他の憲法草案

このような「憲法議論」は，多数の文献を生み出したが[42]，制度化された議

---

39) 2003/06/19・20の欧州理事会（テッサロニキ）議長総括，in : EU-Nachrichten, Dokumentation 2/2003, S. 3 f., Nr. 27.
40) ABl. EU 2003 Nr. C 169/1 に掲載。
41) 2003/09/03 の欧州議会での演説，in : EuGRZ 30/2003, S. 528.

論の基盤の幅を広げるために「コンベンション方式」を採用するだけでなく，いわゆる「市民社会」もこの議論に巻き込むことが明確に望まれていた。その結果，ほかにも全文にわたる憲法草案が，欧州議会のEPP会派やPES会派，

---

42) これについては Blanchard, David : La Constitutionnalisation de l'Union Européenne, Rennes 2001 ; Bogdandy, Armin von (Hrsg.) : Europäisches Verfassungsrecht. Theoretische und dogmatische Grundzüge, Berlin 2003 ; Blanke, Hermann–Josef/Mangiameli, Stelio (Hrsg.) : Governing Europe under a Constitution. The Hard Road from the European Treaties to a European Constitutional Treaty, Berlin 2006 ; Häberle, Peter : Europäische Verfassungslehre, Baden-Baden, 5. Aufl., 2008 ; Herzog, Roman/ Hobe, Stephan (Hrsg.) : Die europäische Union auf dem Weg zum verfassten Staatenverbund : Perspektiven der europäischen Verfassungsordnung, München 2004 ; Jopp, Mathias/Matl, Saskia (Hrsg.) : Der Vertrag über eine Verfassung für Europa—Analysen zur Konstitutionalisierung der EU, Baden-Baden 2005 ; Lemke, Christiane/Joachim, Jutta/Katenhusen, Ines (Hrsg.) : Konstitutionalisierung und Governance in der EU—Perspektiven einer europäischen Verfassung, Münster 2006 ; Schwarze, Jürgen (Hrsg.) : Der Verfassungsentwurf des Europäischen Konvents—Verfassungsrechtliche Grundstrukturen und wirtschaftsverfassungsrechtliches Konzept, Baden-Baden 2004 ; Streinz/Ohler/Herrmann : Die neue Verfassung für Europa ; Weiler, Joseph H. H. : The Constitution of Europe, Cambridge 1999 ; Weiler, Joseph H. H./Wind, Marlene (Hrsg.) : European Constitutionalism Beyond the State, Cambridge 2003 などを参照；このほかにも integration 26/2003, S. 284-575 および integration 27/2004, S. 161-210 記載の記事参照。「欧州憲法と国家憲法」はドイツ国家法講師協会 (VDStRL) の2000年ライプツィヒ大会の審議項目のひとつであり，Ingolf Pernice, Peter Huber, Gertrude Lübbe–Wolff, Christoph Grabenwarter らが講演を行った。VVDStRL 60/2001, S. 148 ff.；また Haltern, Ulrich : Gestalt und Finalität, in : Europäisches Verfassungsrecht. Theoretische und dogmatische Grundzüge, hrsg. von Armin von Bogdandy, Berlin 2003, S. 803 ff (引用文献記載) および Calliess, Christian, in : Verfassung der Europäischen Union—Kommentar der Grundlagenbestimmungen (Teil I), hrsg. von Christian Calliess und Matthias Ruffert, München 2006, Art. I-1 (引用文献記載) も参照。欧州憲法条約については完全なコンメンタールも出版されている：Vedder, Christoph/ Heintschel von Heinegg, Wolff (Hrsg.) : Europäischer Verfassungsvertrag. Handkommentar, Baden-Baden 2007；および基本規定 (第 I 部) のコンメンタールもある。これについては Calliess, Christian/Ruffert, Matthias (Hrsg.) : Verfassung der

ドイツとフランス共同の研究者グループなどにより起草されている[43]。

4．コンベンションの草案から欧州憲法条約へ——イタリアおよびアイルランドが議長国を務めた政府間会合

　議長国イタリアによって招集された政府間会合には，2003年4月16日の加盟条約に基づき2004年5月1日に加盟することになっていた10ヵ国の新加盟国も同権で出席し，さらにブルガリア，ルーマニア，トルコがオブザーバーとして参加した。開幕からほどなく，制度に関連する重要案件が争点として浮かび上がり，特に理事会における特定多数決方式による表決の際の票の加重が問題となったが，これはスペインとポーランドがニース条約で制度に反する特例として認められた過大な票の比重維持に固執したからである。ドイツとフランスはこれに対し，欧州憲法条約に代わる選択肢として，「前進の意志がある」加盟国がまとまって「協力関係の強化」を図る可能性があることをちらつかせて牽制した。意見の食い違いは（議長国イタリアの準備が不十分だったせいもあり）解消することができず，ブリュッセルで2003年12月13日に行われた政府間会合は，結論が出ないまま中断するはめとなった[44]。これにより欧州憲法条約を2004年6月の欧州議会選挙までに市民に提示するという計画も頓挫した。2004年5月1日の10ヵ国加盟および2004年6月13日の欧州議会選挙はいず

Europäischen Union, 2006 を見よ。注釈および解説つき条文は *Möstl, Markus*：Verfassung für Europa, München 2005 および *Carl Otto Lenz/KlausDieter Borchardt*：Vertrag über eine Verfassung für Europa, Köln 2004．ベルギーでは主要分野の注釈が *Dony, Marianne/Bribosia, Emmanuelle* (Hrsg.)：Commentaire de la Constitution de l'Union européenne, Brüssel 2005 から出版されており，このほかにも *Große Hüttinann, Martin*：Das Experiment einer europäischen Verfassung, in：integration 28/2005, S. 262 ff. の文献報告なども参照。

43) これについては *Häberle, Peter*：Die Herausforderungen des europäischen Juristen vor den Aufgaben unserer Verfassungs-Zukunft：16 Entwürfe auf dem Prüfstand, in：DÖV 2003, S. 429 ff. 参照。

44) EU-Nachrichten 44/2003, S. 1：Verfassung nicht beschlossen 参照。

れも，欧州憲法条約に関する合意がないまま実施されたわけであるが，欧州憲法条約がないことを嘆く声はほとんど聞かれなかった。欧州議会選挙では内政問題が選挙戦の主要テーマとなり，政府に対する鬱憤を晴らすためのいわば「お仕置き選挙」として利用されることになったのだが，これはなにも不満のある有権者の票集めを狙ったいわゆる「抗議政党」やEU反対派に限った話ではない。それを考えれば，投票率が一部で20パーセントを下回ったのも不思議はない[45]。欧州選挙が失望に終わったことは，各国政府にとって「警鐘」のごとく響いたものと思われ，憲法条文の合意を促す結果となった。続いて議長国となったアイルランドは，協議を継続することを負託された。スペインで政権が交代し，それに伴ってポーランドが孤立する恐れが出てきたことが追い風となって，2004年6月17日・18日にブリュッセルで行われた欧州理事会サミットでようやく合意に達した[46]。最終的に手を加えて完成した条文が「欧州のための憲法を制定する条約」となり，2004年10月29日に加盟25ヵ国の首脳たちによる調印式がローマで行われた[47]。

5. 欧州憲法条約の何が新しかったのか

欧州憲法条約そのものは蹉跌した。しかしそれでも，現行の諸条約と比べて，欧州憲法条約で「新しい」といえる項目は何だったのかという点[48]を取り上げる価値があるというのには，いくつかの理由がある。ひとつには，失敗に終わったからといって，その内容自体を完全に無視するべきではないという理

---

45) 各国の選挙戦でテーマとなった項目と大きな差のあった投票率および選挙結果，スロバキア16.5％，ポーランド20.8％などについてはEU-Nachrichten 23／2004, S. 1, 8 ff. 参照。

46) 2004/06/17・18 の欧州理事会（ブリュッセル）議長総括, in : EU-Nachrichten , Dokumentation 2/2004, S. 2.

47) EU-Nachrichten 39/2004, S. 1 参照。

48) これについては *Streinz, Rudolf* : Was ist neu am Verfassungsvertrag? Zum Vertrag von Rom über eine Verfassung für Europa vom 29. Oktober 2004, in : Festschrift für *Manfred Zuleeg*, Baden-Baden 2005, S. 108 ff. 参照。

由がある。また，これは後に示すことになるが[49]，リスボンで調印された改革条約が，欧州憲法条約の内容をその大部分において継承しているからである。

　欧州憲法条約には448カ条の条文が含まれている。これに加えて36の議定書および二つの附属書があり，これは欧州憲法条約第IV-442条によれば条約の一部を成すものである。この量の多さと，表現の分かり難さが条約否決に至った大きな理由であるとされている。そのため新しく就任したフランスのサルコジ大統領が中心となって，「短い」条約で合意するという案を推進し，その案では欧州憲法条約第I部の制度に関する規定のみを含む条約が提案されていた。この案がどこまで改革条約で採用されているかについては，後に示すことになる。しかし，これが欧州憲法条約の主要な目的であった，複数の条約をひとつの条約にまとめるという意図を断念することを意味していたという点だけはここでも指摘しておく。というのも，欧州憲法条約はマーストリヒト条約のいわゆる柱構造を解消し，共通外交安全保障政策（CFSP）と，査証政策・亡命政策・移住政策や人の自由な移動に関するその他の政策がアムステルダム条約によって第1の柱に移った（すなわち「共同体化」された)[50]後もいわゆる第3の柱として残っていた刑事に関する警察・司法協力（PJCCM）を，これまでの第1の柱，すなわちECと統合し，ひとつの「連合／Union」にまとめることを目指していたからである。これがCFSPについて実質的に本当に成功しているとはいえないのは[51]，また別の問題である。統合されなかったのは，

---

49) これについては7.3の章を見よ。

50) アムステルダム条約，1997/10/02調印，BGBl. 1998 II S. 387, 1999/05/01発効；EC条約第IV目第61～69条は1992/02/07のマーストリヒト条約，BGBl. 1993 II S. 1253, において欧州連合条約（EU条約）に盛り込まれた司法・内務協力（JHA）を超国家的なEC条約に取り込んだもので，その結果EU条約には刑事に関する警察・司法協力（EU条約第29条～第42条）のみが残った。

51) この的確な指摘は *Oppermann, Thomas*: Konzeption und Struktur des Verfassungsentwurfs des Europäischen Konvents — unter Berücksichtigung der Regierungskonferenz 2003, in: Der Verfassungsentwurf des Europäischen Konvents, hrsg. von *Jürgen Schwarze*, Baden-Baden 2004, S. 23, 31.

まだ存続している EAEC 条約である。制度改革という点においては，欧州議会の権限が，すでにこれまでも EC 条約第 251 条の規定により質的に見てほとんどの場合適用されている共同決定手続の対象をさらに拡大し，「通常立法手続」として明確に定義することで強化されている。

　欧州理事会が，欧州連合の五つの機関のひとつになる。理事会の活動の継続性と効率を確保するため，これまで加盟国の首脳が順番に受け持っていた「議長職」の持ち回り方式を，任期 2 年半の議長を選出し，1 回のみ再選を認める方式に変更する。ただし理事会（「閣僚理事会」）については，これまで通り持ち回り方式を維持するが，外務理事会はその例外とする。CFSP の分野において対外的に EU を代表するのは欧州理事会の議長と，新たに設置される欧州外務大臣である。

　激しい論争の的となった欧州委員会の構成については，問題を先送りにする形での妥協点を見出すに留まっている。権利の保護に関しては重大といえるような変更は行われていない。もっとも踏み込んだ提案でも，憲法異議申立に倣ったいわば「憲章異議」申立制度を，欧州基本権憲章の違反があった場合に導入するというもので，憲章は欧州憲法条約にその第 II 部として組み込まれている。欧州連合内の民主的な要素を強化するため，各国の議会を連合の活動に参加させることが明記されている。法行為の名称は大幅に実情に合ったものに変更されている。規則の代わりに欧州法という名称が用いられ，指令は欧州枠組法になっている。

　ラーケンで決まった主要な負託事項のひとつが，連合と加盟国の権限分担を明確化することであった。権限を目録化することがしばしば要求されているが，連合の構造や連合法の構成を考えるとそれは容易なことではない。欧州憲法条約には加盟国の権限が規定されており，各加盟国が憲法の中で権限を連合に委譲するものであることが強調されている。すなわち，憲法自体が「制憲権」の結果という意味において権限の根拠となるという体裁をとろうとする動きを否定している。これまでの基本原則である，限定された個別授権や補完性，相当性などの原則が再確認されている。初めて第一次および第二次連合法の優位

性が明文化されているが（欧州憲法条約第I-6条），これは付属の声明にいわせれば，これまでの欧州司法裁判所の判例を改めて確認したものとされており，まただからといって，各加盟国の憲法上の最終的な留保[52]を排除できるわけでもない[53]。権限の目録化を行う代わりに，権限の類型ごとの差別化が行われ，連合と加盟国の権限分担や，権限の密度，すなわち連合権限の種別（行為形態）

---

52) これについては Streinz, *Rudolf* : Verfassungsvorbehalte gegenüber Gemeinschaftsrecht―eine deutsche Besonderheit? Die Schranken der Integrationsermächtigung und ihre Realisierung in den Verfassungen der Mitgliedstaaten, in : Festschrift für Helmut Steinberger, Berlin 2002, S. 1437 ff.; *Mayer, Franz C.* : Kompetenzüberschreitung und Letztentscheidung. Das Maastricht-Urteil des Bundesverfassungsgerichts und die Letztentscheidung über Ultra vires-Akte in Mehrebenensystemen, 2000 等参照；また各国のリポートも参照。*Christian Hillgruber*（ドイツ），S. 97 ff.; *David Capitant*（フランス），S. 141 ff.; *Dawn Oliver*（イギリス），S. 163 ff.; *Boleslaw Baniszkiewicz*（ポーランド），S. 199 ff.; *Javier Barner/Daniel Sarmiento*（スペイン），S. 225 ff. und *Eliska Wagnerova*（チェコ共和国），以上すべて記載：Europäische Integration und Verfassungsrecht. Eine Analyse der Einwirkungen der Europäischen Integration auf die mitgliedstaatlichen Verfassungssysteme und ein Vergleich ihrer Reaktionsmodelle, hrsg. von *Winfried Kluth*, Baden-Baden 2007.

53) 異なる見解と思われるのが *Christoph Vedder*, in : Europäischer Verfassungsvertrag. Handkommentar, hrsg. von *Christoph Vedder* und *Wolff Heintschel* von *Heinegg*, Baden-Baden 2007, Art. 16, Rn. 24. *Matthias Ruffen*, in : Verfassung der Europäischen Union, Kommentar der Grundlagenbestimmungen (Teil I), hrsg. von *Christian Calliess* und *Matthias Ruffert*, München 2006; Art. 16, Rn. 21 によれば，各国の憲法留保が有効なのは国家の同一性の要請についてのみ（しかしそれでも十分）である（欧州憲法条約第15条，従前の EU 条約第6条第3項，改革条約後は EU 条約第4条第2項第1文）：「連合は諸条約のもとでの加盟国の平等と，地域および地区の自治体も含めた，各国の政治および憲法の基本的構造に顕現する国家の同一性を尊重する。」的確なのが欧州司法裁判所長官，*Skouris, Wassilios* : Vorrang des Europarechts. Verfassungsrechtliche und verfassungsgerichtliche Aspekte, in : Europäische Integration tute nationales Verfassungsrecht, hrsg. von *Winfried Kluth*, Baden-Baden 2007, S. 31, 38 ff. で，欧州と加盟各国の法体系は，摩擦を防ぐために，双方が歩み寄る必要があることを強調しており，その例をあげている。

および内容(実体的制約)に関する内容となっている。このような類型化および関連づけが欧州憲法条約の新しい点である。しかしながら,実体的な権限の制限は行われていない。むしろ,EC 条約と EU 条約の各分野の実体法的内容を継承する第 III 部には,連合権限拡大の傾向があるとみなされている。欧州憲法条約第 I-60 条には,加盟国が連合から正規に脱退する権利が明確に定められている。

全体としていえるのは,欧州憲法条約の多くの分野に,その反対派が要求しているような改善内容が含まれているということで[54],また批判の中には,すでに現行の連合法ないし共同体法に定められている内容に対するものもあり,たとえば物議を醸しているサービス指令の法的根拠などがそれにあたる[55]。

V. 欧州憲法条約の蹉跌

1. 批准プロセス

各加盟国における批准プロセスは,国家内でその管轄を有する機関,すなわ

---

[54] これについては *Wuermeling, Joachim/Koch, Jessica* : Europa Ziele geben. Eine Standortbestimmung in der Verfassungskrise, in : aktuelle analysen 42/2006, S. 5 f. 参照。

[55] 2006/12/12 の欧州議会および理事会の域内市場におけるサービスに関する指令 2006/123/EC, ABl. Nr. L 376/36, 根拠としているのは EC 条約第 47 条第 2 項第 1 文および第 3 文と第 55 条だが,欧州憲法条約第 III-141 条および第 III-150 条と改革条約の EU 機能条約第 56 条および第 62 条でも内容的には変更されていない(用語が憲法構想ないし現在の統一連合に合わせたものとなっているだけ)。この指令に関する議論は,実際に当初の委員会案の大幅な修正にもつながったが,フランスおよびオランダでの国民投票に与えた影響も決して少なくなかったとされている。これについては *Roth, Wulf-Henning* : Freier Dienstleistungsverkehr und Verbraucherschutz, in : Verbraucher und Recht (VuR) 2007, S. 161 ; *Schild, Joachim* : Ein Sieg der Angst—das gescheiterte französische Verfassungsreferendum, in : integration 28/2005, S. 187, 198 参照。

ち議会による欧州憲法条約の承認から始まるのが常であるが，その作業が比較的早く進んだ加盟国と，様子を見る態度であった（およびいまだにそのような態度のままの）加盟国がある。当初から，それが義務づけられているにせよ任意のものにせよ，国民投票は危ういものと考えられており，その理由は事前の予測が難しいことと，前もって質疑が行われるのが通常の議会での採決とは異なり（いずれにしてもそれ以上に）当日の雰囲気に左右される可能性があるからである。国民投票がフランスで2005年5月29日に実施されるまでに，リトアニア，ハンガリー，スロベニア，スペイン（国民投票での賛成77.7%），イタリアが欧州憲法条約を批准していた。ドイツでは連邦議会での採決が意図的にその数日前に行われ，フランスに対して模範を示そうとしたのだが，どうやらそれがかえって裏目にでたようである。

　フランスとオランダの国民投票で条約が否決された後，欧州理事会は2005年6月16日・17日のブリュッセルでの会合において「熟慮期間／Reflexionsphase」と呼ぶ期間[56]（ドイツ語で一般に「考える時間」の意で用いられるDenkpauseという言葉には，「考えることを一旦休止する」という意味もあるため避けた）を設けることを決めたが，その1年後には欧州理事会はこの期間を延長すると同時に，「2本立ての取り組み」を行うことで合意した。そのひとつは，現行の諸条約にある可能性を最大限活用することであり，このような傾向は，欧州司法裁判所の判例および欧州議会の法案や，法案提出権を持つ本来の機関である欧州委員会の法案（欧州憲法条約第42条参照）などに顕著に表れている。その一方で議長国が欧州理事会に対し2007年の前期に，各加盟国との綿密な協議に基づく，欧州憲法条約に関する質疑の現状評価と予測される今後の展開を示した報告書を提出することが定められた[57]。その任務を担ったのはドイツであ

---

56) 欧州のための憲法を制定する条約の批准に関する欧州連合加盟国首脳声明，2005/06/16・17の欧州理事会（ブリュッセル）議長総括，in: EU-Nachrichten 2/2005, S. 28.

57) 2006/06/15・16の欧州理事会（ブリュッセル）議長総括，in: EU-Nachrichten 2/2006, S. 9 f, Nr. 4249.

る。遅くとも2008年の後期までに，改革プロセス継続のための具体的な対策を講じるというのがその目標であった。批准プロセスが継続された加盟国もあったが，ルクセンブルクでは欧州憲法条約の承認が国民投票によって行われ，ジャン＝クロード・ユンケル首相が一種の首相信任動議と国民投票を結びつけたのだが，賛成は56.52%（投票義務あり）とあまり芳しい結果とはいえなかった。決定が下されることになっていた2007年6月の欧州理事会「サミット」までに欧州憲法条約を批准したのは，加盟国27ヵ国中17ヵ国（一部でドイツを加えた18ヵ国と公式にも報じられているのは誤り）である[58]。国民投票が義務づけられているデンマークおよびアイルランドではまだ投票が行われていなかった。デンマークは当初2005年に予定されていた国民投票を意図的に延期したのである。そのほかにもポーランド，チェコ共和国，イギリスで国民投票が実施される可能性があった。

2．フランスとオランダの国民投票で否決された理由

フランスで2005年5月29日に行われた国民投票では，投票率69.4%，欧州憲法条約の批准に反対する票が54.7%であった。このフランス人の「ノン」に，2005年6月1日にはオランダ人の「ネー」が続いたのだが，オランダの投票率は63%，反対票61.6%である。両国の投票率が欧州議会選挙などと比べて比較的高くなっていることをみると，どちらの国でもこの問題に大きな関心が寄せられていたことがわかる。フランス，そしてやがてオランダの世論においても激しい議論が行われるようになった。フランスでは，市民への情報提供対策の一環として条約の全文が全世帯に配布されている。だが，全文を読もうなどと考えるのは，それが職業に必要な者だけであろう。政界および学界，たとえば政治学や法学などが，徹底的な原因の調査と打開策の模索に乗り出し

---

58) 批准した国はベルギー，ブルガリア，エストニア，フィンランド，ギリシャ，イタリア，ラトビア，リトアニア，ルクセンブルク，マルタ，オーストリア，ルーマニア，スロバキア，スロベニア，ハンガリー，キプロスである。

た[59]。フランスの国民投票で憲法条約が蹉跌したのは，人々の不安が勝っていたことを意味するのか[60]。両国の国民投票は，欧州統合プロセスの転機ないし終焉を意味するのか[61]。各国の内政上の動機があったことや，欧州憲法条約に特定されたものでない，欧州政策全般に対する不満があったことが指摘されたが，欧州憲法条約が批判事項のいくつかにおいて改善をもたらすものであったことを考えればそれも頷ける[62]。フランスでは，論争の的となっていたサービス指令やトルコ加盟に関する議論が投票の結果に影響を及ぼしたと思われる[63]。

3．特記事項──「憲法」という概念の難しさ

批判項目のひとつは欧州憲法条約自体に向けられており，「憲法」という概念を用いていることが批判されていた。ベルリン宣言に憲法という言葉が一切使われておらず，改革条約で憲法構想を明確に放棄しているのは，これが原因

---

59) *Göler, Daniel/Marhold, Hartmut* : Die Zukunft der Verfassung—Überlegungen zum Beginn der Reflexionsphase, in : integration 28/2005, S. 332 ff.; *Göler, Daniel/Jopp, Matthias* Die europäische Verfassungskrise und die Strategie des „langen Atems", in : integration 29/2006, S. 91 ff.; *Laffan, Brigid/Sudbury, Imogen* : Zur Ratifizierungskrise des Verfassungsvertrages—drei politikwissenschaftliche Lesarten und ihre Kritik, in : integration 29/2006, S. 271 ff.; *Thym, Daniel* : Weiche Konstitutionalisierung—Optionen der Umsetzung einzelner Reformschritte des Verfassungsvertrags ohne Vertragsänderung, in : integration 28/2005, S. 307 ff.; そのほかJournal für Rechtspolitik 13/2005, S. 257 ff. の記事も参照。

60) これは *Schild* : Ein Sieg der Angst, S. 187 ff.

61) *Diedrichs, Udo/Wessels, Wolfgang* : Die Europäische Union in der Verfassungsfalle? Analysen, Entwicklungen und Optionen, in : integration 28/2005, S. 287, 288 ff.

62) これについては *Wuermeling/Koch* : Europa Ziele geben, S. 5, 17 参照。

63) *Schild* : Ein Sieg der Angst, S. 198 f. 参照；オランダの否決については *Pijpers, Alfred* : Neue Nüchternheit und kritische Öffentlichkeit—die Niederlande und die europäische Integration, in : integration 30/2007, S. 449, 452 ff. 参照；フランスおよびオランダにおける EU 拡大に対する批判的評価については *Goulard, Sylvie* : Europäische Paradoxien—ein Kommentar zur Lage der EU, in : integration 30/2007, S. 503, 509 ff. も参照。

ともなっている。国家の同一性（EU条約第6条第3項を継承する欧州憲法条約第Ⅰ-5条第1項には，欧州連合が国家の同一性を「尊重」することが定められている）の表現である国家憲法が欧州憲法によって取って代わられてしまうのではないかという懸念が生じるのは，現在の欧州統合プロセスに対する根本的な不信感があるからである。これは真摯に受け止めなくてはならないことで，特に新規加盟国のことを考えれば，ソヴィエト連邦の覇権とブレジネフ・ドクトリンをようやく免れたというのに，今度はブリュッセルの覇権下でそのドクトリンに恭順するなどもってのほかであろう。欧州連合のような統合共同体への加盟にあたって避けることのできない主権の制約および委譲と，それに伴う結果としての独自の政治的形成の自由の減少については，国民への説明と血肉化が必要であり，このプロセスが「古参」の加盟国においても容易ではないことは，共同体法の優先適用がもたらす影響の受容度を見てもわかるとおりである[64]。憲法という概念は，統合を促進する要素として採用されたのだが，実際にはまったくその逆の効果をもたらすことになった[65]。

VI. 欧州「価値共同体」をめぐる論評

1. 法的共同体および価値共同体としての欧州連合

　欧州共同体および欧州連合は自らを法的共同体とみなしており，また，法的共同体としてしか存続することはできない[66]。ヴァルター・ハルシュタインが

---

64) これについては *Streinz, Rudolf* : Die Realität des Artwendungsvorrangs des Gemeinschaftsrechts, in : Zeitschrift für Europarecht 8/2000, S. 126 ff. 参照。

65) 不適切な統合方法としての憲法戦略については *Diedrichs/Wessels* : Die Europäische Union in der Verfassungsfalle?, S. 291 f. などを参照。

66) これについては *Möllers, Thomas M.* : Die Rolle des Rechts im Rahmen der europäischen Integration, Tübingen 1999 ; *Zuleeg, Manfred* : Der rechtliche Zusammenhalt der europäischen Integration, Baden-Baden 2004 ; *Mayer, Franz C.* : Europa als Rechtsgemeinschaft, in : Europawissenschaft, hrsg. von *Gunnar Folke*

確立したこの概念[67]は，欧州司法裁判所のこれまでの判例に用いられているものである[68]。この概念が，共同体基本権および法治国家による保障（欧州連合が国家機能を果たすことになっていることを考えれば，ここで「国家」という概念を用いることにも抵抗を感じることはない)[69]につながっている。このふたつは，欧州司法裁判所が，人権と基本的自由の保護のための条約および加盟国に共通する憲法の伝統を法源に，共同体法の一般原則としているものである。これを成文化したものが，欧州憲法条約の第Ⅱ部を構成するはずであった欧州連合基本権憲章である。

　この法的共同体はまた「価値共同体」の一要素でもあり，欧州連合は自らを価値共同体とみなしている。すべての加盟国に共通の原則である自由，民主制，人権と基本権の尊重，法治主義に欧州連合は基づくものであることがEU条約第6条第1項に定められている。これらの原則を遵守することが欧州連合への加盟申請の前提条件であり（EU条約第49条第1項第1文），違反した場合にはEU条約第7条に基づき罰則が科される可能性がある。欧州憲法条約第Ⅰ-2条は，改革条約の文言におけるEU条約第2条として継承されたものだが，連合の基盤を成す「連合の価値」が列挙されており，「人間の尊厳，自由，民主制，平等，法治主義の尊重と，少数者に属する者の権利を含む人権の擁護。これらの価値は，多元主義，非差別，寛容，正義，連帯，男女平等を特長とする社会において，すべての加盟国に共通のものである。」と明記されている。

Schuppert, Ingolf Pernice und *Ulrich Haltern*, Baden-Baden 2005, § 14, S. 429 ff. 参照。

67) 早いものでは *Hallstein, Walter* : Die EWG Eine Rechtsgemeinschaft, in : Europäische Reden, hrsg. von *Thomas Oppermann*, Stuttgart 1979, S. 341 ff.; ders : Die Europäische Gemeinschaft, Düsseldorf u.a., 5. Aufl., 1979, S. 51 ff. 参照。

68) たとえば欧州司法裁判所判決 EuGH, Rs. 294/83 (Parti écologiste Les Verts/ Europäisches Parlament), Slg. 1986, 1339, Rn. 23 ; Gutachten 1/91 (EWR I), Slg. 1991, 16079, Rn. 21 参照。

69) これについては *Streinz, Rudolf* : Die Europäische Union als Rechtsgemeinschaft. Rechtsstaatliche Anforderungen an einen Staatenverbund, in : Festschrift für *Detlef Merten*, Heidelberg u.a. 2007, S. 395, 396 f. （引用文献記載）参照。

これらの価値は，連合がその内部で実現するだけでなく，世界との対外関係においても保護し奨励すべきものである（欧州憲法条約第 I-3 条第 4 項第 1 文／改革条約の文言における EU 条約第 3 条第 5 項第 1 文）。

2. 価値共同体の限界

1 拡大政策と対外関係

　繰り返しその意義が強調されている価値共同体ではあるが，その限界も見えてきている。たとえば，一般にコペンハーゲン基準と呼ばれる，やはり価値共同体を基盤として策定された新規加盟国の受入基準についてであるが[70]，この基準が常に厳正に適用されてきたかどうか，また適用されているかという疑問はすこぶる正当なものである[71]。無論この基準にも政治的判断の余地が十分にあるのは，欧州外交政策の基準と同様で，ここでは主に対外経済政策と経済協力がそれに該当する。「価値」とならんで保護し奨励すべきものとして，欧州憲法条約第 I-3 条第 4 項第 1 文（改革条約の文言における EU 条約第 3 条第 5 項第 1 文に継承）には，連合の「利益」も記載されているのである[72]。

2 内部の意見相違

　しかしながら，意見の相違は内部，すなわち加盟国間にも存在する。ここではいくつかの問題となるケースを紹介することしかできないが，現在どのような課題があるかを浮き彫りにしたい。そもそも「人間の尊厳」の内容についてさえも，意見が一致しているとは決していえないのである[73]。そのため基本権

---

70) 1993/06/21・22 のコペンハーゲンにおける欧州理事会の政府間会合の議長総括，Bulletin der EG 61993, S. 13.

71) これについては *Nettesheim, Martin*：EU-Beitritt und Unrechtsaufarbeitung, in：Europarecht (EuR) 38/2003, S. 36 ff. 参照。

72) この点に関して摩擦が生じる可能性があることは，アンゲラ・メルケル首相がダライ・ラマと会談したことに関する（話にならない）議論が物語っている。

73) これについて詳しいのが *Rengeling, HansWerner/Szczekalla, Peter*：Grundrechte in der Europäischen Union. Charta der Grundrechte und Allgemeine Rechtsgrund-

憲章の起草にあたっても，人間の生命の始まりについての問題や，胎児自身に基本権能力があるかどうかという点は明確にされておらず，よって未解決のままとなっている[74]。人間の尊厳という問題が，特にバイオ医療の分野において，研究助成権限（EC条約第163条以下）との関連で実務上の重要性を持つことになるだろうという予測は[75]，やがて現実のものとなった。

ECの第7次研究枠組計画では，胚を消費する幹細胞研究を助成することになっており[76]，これがドイツでは一部で人間の尊厳を冒瀆するものとみなされている[77]。これを契機としてドイツでは，これまでよりも幅の広い欧州という文脈において，人間の尊厳についての考え方の見直しが検討されるようになった[78]。ということは，人間の尊厳はいうほどに不可侵ではないのか。もちろん，ドイツの胚保護論にも決して矛盾がないわけではないことは認めざるを得ない[79]。それとも，このような分野においてさえ，差別化を認めなくてはなら

---

sätze, Köln 2004, § 11；比較的明確な事件類型および問題分野については同書，Rn. 569 ff. 参照。

74) *Martin Borowsky*, in：Charta der Grundrechte der Europäischen Union, hrsg. von *Jürgen Meyer*, Baden-Baden, 2. Aufl., 2006, Art. 1, Rn. 37.

75) *Streinz*：EUV/EGV-Kommentar, Art. 3 GRCharta, Rn. 5.

76) 欧州共同体第7次研究・技術開発枠組計画（2007～2013年）に関する2006/12/18の欧州議会および理事会の決議1982/2006/EG, ABl. EU 2006 Nr. L 412/1, Art. 6, Abs. 3.

77) これについては（意見が分かれている）*Höfling, Wolfram*, in：Grundgesetz-Kommentar, hrsg. von *Michael Sachs*, München, 4. Aufl., 2007, Art. 1, Rn. 25,（引用文献記載）；*Herdegen, Matthias*, in：GG-Kommentar (Loseblatt), hrsg. von *Theodor Maunz* und *Gunter Dürig*, München 2006, Art. 1 Abs. 1, Rn 99 等参照。

78) これは *Herdegen, Matthias*：Die Europäische Union als Wertegemeinschaft：aktuelle Herausforderungen, in：Festschrift für *Rupert Scholz*, Berlin 2007, S. 139, 146 f.

79) これについては *Herdegen*, in GG-Kommentar (Loseblatt), Art. 1 Abs. 1, Rn. 103 ff. および特に着床前診断（PID）に関する論争については同書，Rn. 106；および *Höfling*, in：Sachs, Art. 1, Rn. 26 f. 参照。もっともな主張と思われる妊娠中絶のケースに対して Höfling は，自分の意志に反した妊娠の場合には常軌を逸した葛藤に陥ることになり，安易に比較することはできないと的確に指摘している。

ないのか。なぜならこれは，ドイツの当局および裁判所がレーザー銃を使って他のプレーヤーを「殺人」するレーザーゲーム用のレーザードロームと呼ばれる施設の設置を人間の尊厳の冒瀆を理由に禁止したことは，開業およびサービスの自由に照らして問題がないと判断した欧州司法裁判所が，加盟国独自の基本思想を認める余地を残したのとは，質が異なるレベルの話だからである[80]。基本権憲章第3条第2項に定められた不可侵性の権利の一環として禁止されている優生的処置，中でも人の選別を目的とする優生的処置の禁止や，人間の身体やその一部を利益を得るために利用することの禁止，ヒトの生殖クローニングの禁止などは，本当に統一された形で実施されるのか。そしてまた，見解の一致が得られていないその他の形態のクローニングについてはどうなのか[81]。加盟国が治療クローニングの国内禁止を実施するために，治療クローニングを禁止していない他の加盟国からの輸入を禁ずることは今後も法的に許されるのか，それとも最後には法政策上の圧力によって，「競争」のためにこのような禁止制度を廃止することにつながるのか。

　国連の拷問等禁止条約でも定義されているにもかかわらず[82]，「拷問」という概念やその禁止の範囲についても見解はまったく統一されておらず[83]，正直なところ極端な事例（人命を救助する唯一の可能性であってそれが予防的措置である

---

80) 欧州司法裁判所判決 EuGH, Rs. 36/02 (Omega Spielhallen- und Automatenaufstellungs-GmbH/Oberbürgermeisterin der Bundesstadt Bonn), Slg. 2004, 19609, Rn. 31 ff.；これを的確に指摘しているのが *Skouris* : Vorrang des Europarechts, S. 39.

81) これについては *Borowsky*, Art. 3, Rn. 46 参照。

82) 1984/12/10 の拷問等禁止条約第1条第1項，BGBl. 1990 II, S.2 46.

83) これについては *Hilgendorf, Eric* : Folter im Rechtsstaat, in ; Juristenzeitung (JZ) 2004, S. 331 ff. 参照；その他の引用文献を記載しているのが *Rengeling/Sczekalla* : Grundrechte in der Europäischen Union, Rn. 566. 学際的な考察を行う種々の論文を掲載しているのが *Beestermöller, Gerhard/Brunkhorst, Hauke* (Hrsg.) : Rückkehr der Folter. Der Rechtsstaat im Zwielicht?, München 2006；「比較衡量不能な」人間の尊厳の相対化という問題については *Hanschmann, Felix* : Kalkulation des Unverfügbaren Das Folterverbot in der Neu-Kommentierung von Art. 1 Abs. 1 im Maunz-Dürig, in : Rückkehr der Folter. Der Rechtsstaat im Zwielicht?, hrsg. von

場合には容認するが，それをその後の抑圧的措置に利用することは禁止）についてはドイツ国内ですら意見がまとまっていない[84]。不可欠な要請である権利の保護の問題についても見解はまったく一致しておらず，特に難しい問題である，国連の個人に対する狙い撃ち制裁（targeted sanction もしくは通称 smart sanction）の共同体および国内での実施にどう対処するかという問題に限られた話ではない[85]。自由と安全の位置づけは，自由と安全，法の共同体を目指す欧州にあっても円積問題となっているのである。また，次第に疑わしくなってきているのが，欧州レベルで規制しようとする傾向が強まっている点で，そのような傾向が現れているのは一般に差別禁止指令と呼ばれている指令[86]やいわゆるヘルス

Gerhard Beestermöller und *Hauke Brunkhorst*, München 2006, S. 130 ff. 参照。

84) *Brugger, Winfried* : Vom unbedingten Verbot der Folter zum bedingen Recht auf Folter?, in : JZ 2000, S. 165 ff. 参照；ders : Darf der Staat ausnahmsweise foltern?, in : Der Staat 35/1996, S. 67 ff. 参照。

85) これについては判例から欧州司法裁判所判決 EuGH, Rs. C 84/95 (Bosphorus), Slg. 1996, 13953, 欧州第一審裁判所判決 EuG, Rs. T 306/01 (Yusuf), Slg. 2005, II 3533（この判決に対して欧州司法裁判所に上訴，Rs. C 415/05, ABl. 2006 Nr. C 48/11 f.）および欧州人権裁判所判決 EGMR, Urteil vom 21.9.2005 (Bosphorus/Irland), in : NJW 2006, S. 197 および *Streinz* : Die Europäische Union als Rechtsgemeinschaft, S. 408 ff.（多岐にわたる文献から引用文献記載）参照。

86) 人種および民族出自の違いなき平等待遇原則適用のための 2000/06/29 の理事会指令 2000/43/EC, ABl. EU 2000 Nr. L 180/22；雇用および職業における均等待遇実現に向けた一般枠組制定のための 2000/11/27 の理事会指令 2000/78/EC, ABl. EU 2000 Nr. L 303/16；雇用・職業教育および職業上の昇進の可能性ならびに労働条件に関する男女均等待遇原則実現のための理事会指令 76/207/EEC 改正のための 2002/09/23 の欧州議会および理事会の指令 2002/73/EC, ABl. EU 2002 Nr. L 269/15；物およびサービスの入手可能性および供給における男女平等待遇原則実現のための 2004/12/13 の理事会指令 2004/113/EC, ABl. EU 2004 Nr. L 373/37；指令 76/207/EEC は，労働問題および雇用問題における男女の機会平等および均等待遇の原則実現のための 2006/06/05 の欧州議会および理事会の指令 2006/54/EC, ABl. EU 2006 Nr. L 204/23 によって具体化されている；ドイツではこれらの指令が，通称一般平等待遇法（AGG）と呼ばれている，2006/08/14 の平等待遇原則実施のための欧州指令実施のための法律第 1 条によって実施された。この法律は各方面か

クレーム規則[87]に限らない。

　そしてまた，この「価値共同体」の現状をよく表しているのが，欧州憲法条約には「神」の居場所がなかったばかりか[88]，「精神」を具現するものは一切盛り込まず，どちらかといえば一般的な決り文句のみに留めているという事実である。トゥキディデスのペロポネソス戦争戦史から引用されていたペリクレスの葬送演説の一節も，条約に盛り込むことに意味があるかどうかの（実際にも行われている）議論[89]は別として，やはり削除されている。欧州が，紆余曲

　　ら批判を浴びたが，これは欧州法が要求している内容を超えた「行き過ぎ」の部分と，要求を満たしていない部分があるためで，欧州委員会もドイツに対して（ドイツは該当指令の実施が遅れていることに対してすでに違反判決を受けていた）条約違反手続を開始している。

87) 食品の栄養価および健康に関する表示に関する 2006/12/20 の欧州議会および理事会の規則（EC）1924/2006, ABL. EU 2006 Nr. L 404/9；これが許可留保つきの禁止という，抜本的な制度の変更を意味していたことについては *Sosnitza, Olaf*, in : Lebensmittel und Futtermittelgesetzbuch (LFGB)―BasisVO : Verordnung (EG) Nr. 178/2002. Kommentar, hrsg. von *Alfred Hagen Meyer* und *Rudolf Streinz*, München 2007, § 12 LFGB, Rn. 79 参照。

88) これについては *Streinz, Rudolf* : Gott im Verfassungsrecht―warum nicht im EU-Verfassungsvertrag?, in : Gedächtnisschrift für Dieter Blumenwitz (im Druck) ; *Weninger, Michael H.* : Europa ohne Gott? Die Europäische Union und der Dialog mit den Religionen, Kirchen und Weltanschauungsgemeinschaften, Baden-Baden 2007, S. 197 ff. 参照。

89) これについては *Streinz, Rudolf* : Kompetenzabgrenzung zwischen Europäischer Union und ihren Mitgliedstaaten, in : Eine Verfassung für Europa. Die Rechtsordnung der Europäischen Union unter dem Verfassungsvertrag, hrsg. von *Rainer Hoffmann* und *Andreas Zimmermann*, Berlin 2005, S.71 ff. 参照。これについて，またこの一節に関するさまざまな見解について詳しくは Klein, *Hans Hugo* : Die Antike kehrt nicht wieder! Überlegungen zu dem den Konventionsentwurf für einen Vertrag über eine Verfassung für Europa einleitenden Zitat aus der Gefallenenrede des Perikles, in : Festschrift für *Christian Starck*, Tübingen 2007, S. 579 ff. を見よ；また（批判的な）*Heit, Helmt* : Universale Werte und partikulare Identitätspolitik in der EU-Verfassung, in : Konstitutionalisierung und Governance in der EU. Perspektiven einer europäischen Verfassung, hrsg. von *Christiane Lemke, Jutta*

折と戦争，残忍な歴史を経ながらも，数百年来続く信仰と人道の伝統が染みついた欧州価値共同体を形成するものであることを，欧州憲法条約と改革条約の文言における欧州連合条約の前文において想起させるのは，長引いた激しい論争の末にようやく前文勘案事由の2項目目として挿入された，条約締結国の代表者たちが，「不可侵かつ不可譲な人間の権利ならびに自由，民主制，平等，法の支配などの普遍的な価値を生んだ欧州の文化・信仰・人道の遺産を源泉として」欧州連合を創設することを決定したというくだりだけである。

 それでも，基本権憲章の前文にはなかった[90]「信仰」の伝統という概念が，同じ拘束力を有するすべての言語版に記載されている。このテーマに関する政治的見解の大きな隔たりと，加盟各国の憲法の状況を考えれば[91]，これが精一杯のところであった。

VII. 今後の展望

1. 欧州統合を脅かす危険

 欧州統合の成功は当然のことと受け取られているが，まさにこの当たり前感が，欧州統合成功の歩みを脅かす危険となる。欧州構想は，第二次世界大戦後，戦争の苦い教訓から生まれたものである。東西の対立といわゆる東側陣営の脅威は，NATOの軍事同盟だけでなく，経済統合をも推進する結果となった。ヨーロッパの東西分断が解消してからは，このように「マイナスの」理由がなくなった。商品の自由な流通や人の移動の自由，出入国検査の廃止など，

Joachim und *Ines Katenhusen*, Münster u.a. 2000, S.67, 71 ff. も参照。

90) これについては *Meyer, Jürgen*, in : Charta der Grundrechte der Europäischen Union, hrsg. von *Jürgen Meyer*, Baden-Baden, 2. Aufl., 2006, Präambel, Rn. 25 （引用文献記載）参照。

91) これについては *Streinz* : Gott im Verfassungsrecht 参照。

域内の国境をなくした統一市場の成立，そして何よりも平和が長続きしており，それに起因する経済成長などといったプラスの面は，もはや意識されることがなくなり，その価値を評価することもなくなっている。そのかわりに「欧州」は失業などのマイナス要素の原因とみなされるようになっているのだが，確かに競合や，場合により生じている製造の移転などは域内の国境をなくした統一市場の結果である。それに加えて，さまざまな無意味と思われる活動に関する不満，過剰規制や，特に農業政策などの悪用されやすい助成制度における補助金詐欺，必ずしも事実であるとは限らないさまざまな不祥事に対する鬱憤が募っている。このような認識の偏りを正す努力が必要で，第一には適切な政策を実施すること，そしてまた問題点とそれを解決する可能性を正しく伝えることが大切である。

　共同体ないし連合と各加盟国の間のバランスを保つことも，適切な政策のひとつである。この意味で欧州司法裁判所は，これまでのように統合の原動力としてではなく，憲法裁判所としての機能を果たすことが求められている[92]。補完性の原則は真摯に捉えるべきものであって，政治的なキャッチフレーズとして濫用しないことも当然その一環である。

　さらに，欧州統合がどこまで可能なのかという限界を問い直す必要もある。拡大と深化が問題なく両立できるという考えが幻想に過ぎないことはすでに判明したといってよいであろう。欧州連合の「最終性」という問題に満足な答をだすことができるかどうか，答を出す必要があるのかどうかは，加盟国の見解にかなりの食い違いがあることから，疑わしいところである。

2．欧州憲法条約からリスボン改革条約へ

　欧州憲法条約第Ⅳ-443条第4項をみると，抽象的にではあるが十分に想定内であったものと思われる，フランスおよびオランダで起きた「批准事故」は，各国首脳の頭を悩ませると同時に，研究者たちの関心事ともなっているの

---

92)　これについては *Streinz*：Europarecht, Rn. 566 参照。

だが，それぞれがさまざまな結論を導き出している。欧司裁をはじめとする共同体の機関が，欧州憲法条約の一部を，現在有効な「憲法」，すなわち現行の諸条約に基づき，実質的に実現しようとする動きがあった[93]。これは欧州理事会も自ら認めているところで，理事会の戦略の一部であった。フランスのサルコジ大統領は，中期的な対応策として「簡略化した」条約（いわゆる "Treaty light"）を，欧州憲法条約の第Ⅰ部に基づいて作成することを提案した[94]。サルコジは基本的に国民投票を支持している（もしくは支持することもある）が，この提案では，フランスで再度国民投票を実施すること（フランスでは国民投票は義務づけられていないので）を避けようとしたものと思われる。これに対してドイツのアンゲラ・メルケル首相は，本来の欧州憲法条約の発効を目指し，必要とあれば「社会的影響に関する声明」を添えることで，フランスでの国民投票をめぐる議論のなかで浮かび上がってきたそのような影響に関する懸念に対応しようとした[95]。理事会議長国の任期中にドイツが重視していたのは，行き詰まった憲法制定プロセスの「突破口」を見出すことであり，その目標を達成するためには妥協点を見出す必要があった。そして程なく，理事会での表決方式とならんで，「憲法思想」そのものが問題であるということが明確になってきた。この憲法思想を諦めることで，欧州憲法条約の実体的内容をできる限り改革条約として残そうとしたわけだが，それが実際に奏功している[96]。これは，一旦採択されたローマの欧州憲法条約をすでに批准していた17ヵ国の加盟国も受け入れられる内容であった。表決方式をめぐる論争は，時間稼ぎと（やや複雑で不透明な）例外規定によって収拾された。条約を一本化するという

---

93) 欧州司法裁判所判決 EuGH, Rs. 105/03 (Pupino), Slg. 2005, 15285 (rahmenbeschlusskonforme Auslegung); EuGH, Rs. C 176/03 (Kommission und Europäisches Parlament/Rat), Slg. 2005, 17879 (Abgrenzung der Kompetenzen EG/EU); これについては*Streinz, Rudolf* : Alles klar zu den Rahmenbeschlüssen? Nach Pupino, Kommission/Rat (EuGH) und Darkazanli (BVerfG), EWS 10/2005（第1頁）参照。

94) *Wuermeling/Koch* : Europa Ziele geben, S. 16 f.（引用文献記載）参照。

95) 同書，S. 17（引用文献記載）参照。

96) 7.3の章を見よ。

目標は断念された。その長さが批判の的となった欧州憲法条約第III部は，ECとEU各分野の実体法すべてを包括するものであることから，EU条約とEC条約を維持する必要が出てきたのである。後者の名称を「欧州連合の機能に関する条約」に改めることで，連合の統一性を明確にすると共に，従来の「第三の柱」をEU条約からEU機能条約に移行（EU機能条約第V目第67条～第89条参照。このうちEU機能条約第82条～第89条がEU条約から移行された内容にあたる）する一方で，共通外交安全保障政策および防衛政策は引き続きEU条約（改革条約の文言におけるEU条約第21条～第46条）に規定されている。

欧州憲法条約では第I部と第III部の調整が不十分だったため，不要な反復があり，一部には矛盾も生じているが，改革条約では部分的にいくらか改善されているようである。条文の長さを問題とするのであれば，短縮の可能性はこの部分にあったかもしれない。たとえば，新しいEU条約には55カ条の条文があり，旧条約よりも二つ増えている。欧州憲法条約の第I部と比べると五つ少なくなっているものの，欧州憲法条約第IV部の12カ条を経過規定および最終規定として加えなくてはならないので，全体としては欧州憲法条約の対応する部分よりも7カ条多いことになる。

欧州連合の機能に関する条約には358カ条が含まれているが，これは（EC条約第181 a条を考慮に入れた場合）EC条約よりも43カ条多く，欧州憲法条約の第III部よりは36少ない。条約「軽減」の対象となったのが欧州憲法条約の第II部であるが，EU条約第6条第1項に基本権憲章を引用するだけで，その重要性を適切に反映することができるかどうかには，諸条約と同じ法的拘束力が基本権憲章にもあることを認めているとはいえ，疑問の残るところである。基本権憲章は独立した第三の文書としておいたほうが整理がつくかもしれないが，当初の条約一本化という目標からはさらに離れることになり，条約体制の「スリム化」になっているとは言い難い。これに加えて，諸条約の一部を成す13の議定書や，（欧州憲法条約の場合と同様）欧州原子力共同体設立条約（EAEC条約），そして解釈の手助けとなる65の声明がある。まるで「重箱の隅をつつく」かのようであるが，これ自体は決して批判としてではなく，ただ

単に，スリム化の目標も達成されていないということ，またほとんどの場合において有意義な形での達成は不可能であったことを示すことが私の意図である。

3．欧州憲法条約と比べてリスボンの改革条約は何が新しいのか

1　欧州理事会の負託を履行した議長国ドイツ

　改革条約の反対派は特にイギリスに多いが，リスボンの改革条約が実は装いを変えただけの欧州憲法条約にほかならないというのがその批判の内容である[97]。このような批判の背景には，欧州憲法条約に関する国民投票を行うという約束を労働党政権が守らなかったという事情があり，欧州憲法条約はもはや議論する必要がないというのが政府の説明であった。欧州憲法条約は「新しい」条約，すなわち改革条約に置き換えられたため，もう国民投票の必要はないというのだが，もちろん国民投票をすれば否決されることを恐れているのである。実際のところ，憲法によって国民投票が義務づけられているアイルランドと，あとはせいぜいデンマークの可能性がある以外は[98]，改革条約について国

---

97) *Peers, Steven* : Statewatch analysis―The Proposed „Reform Treaty" for the European Union（2007/06/23）参照：„The difference structure of the Reform Treaty (i.e. amendments to the current EC and EU Treaties compared to the Constitutional Treaty means that the two treaties will look quite different. However, the content, as proposed in the draft mandate, is largely the same." これと同じ見解を示していたのが，欧州憲法条約および改革条約におけるその存続に反対していたチェコのヴァーツラフ・クラウス大統領で，改革条約はうわべを変更しただけで，基本的文書はそのままであるという意見であった（The Guardian, 2007/06/13）。したがって，„The Constitutional Treaty has been abandoned"（Hansard, 2007/07/03）という（形式的な観点からみれば確かにその通りの）見解を示したイギリスのデイヴィッド・ミリバンド外相の立場は，かなり孤立したものであった。政界の反応をまとめたものが *Smith, Nicolai/Schofield, Alan* : Beware the grip of the Euro monster, in : Sunday Times, 2007/10/21, S. 12.

98) アイルランドでは，欧州共同体への加盟および条約の改正には必ず憲法の改正を必要とし（アイルランド憲法第29条第4項第3号～第11号参照），憲法の改正には国民投票を必要とすることが憲法第46条第2項に定められている。1937/07/01

民投票を行う国がほかにあるかどうかはまったく不透明である。これに関する議論においては，欧州憲法条約と改革条約の内容がどこまで共通しているのかが重要な役割を果たすことになろう。その逆に欧州憲法条約の賛成派は，「憲法」という概念自体を含む憲法的要素がすべてなくなってしまったことは残念なものの，欧州憲法条約の実体的内容がかなりの部分について維持されたことに安堵している[99]。

　実際にドイツの議長国任期中には，2006年6月15日・16日のブリュッセルでの欧州理事会の負託[100]を履行することに成功し，2国間交渉と複数加盟国

制定・2004/06/24改正のアイルランド共和国憲法ドイツ語訳は *Peter Christian Mayer-Tasch*, in: Verfassungen der EU-Mitgliedstaaten: Textausgabe mit einer Einführung und einem Sachverzeichnis, hrsg. von *Adolf Kimmel* und *Christiane Kimmel*, München, 6. Aufl., 2005, Nr. 8, S. 255 ff. デンマークでは，1953/06/05制定のデンマーク王国憲法第20条に，憲法によって王国の機関に付与されている権限（ドイツ基本法第23条第1項第2文でいう高権にあたる）の委譲には，デンマーク国会の議員の6分の5以上の多数による承認が必要である。この多数が得られなくても，一般の法案承認に必要な多数には達している場合で，政府がその法案を堅持するという時は，憲法第42条に定められた国民投票に関する規定に則って，国会議員選挙の有権者にその法案の賛否を問うことになっている。これについてはドイツ語訳参照: Verfassungen der EU-Mitgliedstaaten, S. 41 ff.

99) アンゲラ・メルケルは，条約の実体的内容が維持されたことに満足を示した。Telegraph, 2007/06/29参照；同様の発言をしているのがスペインのホセ・サパテロ首相，欧州委員会のマルゴット・ヴァルストルム委員，憲法コンベンションの議長を務めたフランスのジスカール・デスタン元大統領などであるが，欧州議会も2007/07/10の決議（EU理事会，Dokument 11626/07, PE 230—POLGEN 84）で，欧州理事会の負託が欧州憲法条約の実体的内容を確保するという事実を歓迎している。このように評価が二分されていることについて（批判的な）*Hänsch, Klaus*: Ende gut—alles gut? Anmerkungen zum Reformvertrag, in: integration 30/2007, S. 499参照。

100) 2006/06/15・16の欧州理事会（ブリュッセル）議長総括: EU-Nachrichten, Dokumentation 2/2006, S. 10, Nr. 46 f.:「昨年の熟慮期間を経て，今回は具体的な成果を上げることに重点をおくべきと考える。（中略）欧州理事会の議長は2007年前期に，各加盟国との緻密な協議に基づく報告書を提出するものとする。この報告書には，欧州憲法条約に関する質疑の現状評価を記載し，予測される今後の

との会合を重ねた結果まとめられた草案が，2007年6月20日・21日の最終サミットで，激しい論争と粘り強い交渉の末，ポルトガルが議長国を務める次回の政府間交渉に向けた具体的な負託として採択された。この草案は，憲法コンベンションと，欧州憲法条約の最終的な文言が合意された2004年の政府間会合の成果を基盤としている。しかし，憲法を連想させることを防ぐため，2007年6月の負託では，常に政府間会合を引き合いに出しており，欧州憲法条約には触れていない[101]。2007年6月21日と22日の理事会は，2007年6月23日の早朝になってようやく妥結に至ったが，その課程では以下にあげるようなさまざまな交渉のテクニックや説得手段をかなり巧妙に組み合わせて用いている。2004年の政府間会合で得られた結論（すなわちそれに基づいた欧州憲法条約も同様）の大部分を議長国ドイツはすでに取り決められた揺るぎない"acquis"であると宣言し，交渉の余地はないとした。ベルリン宣言を基盤として，欧州連合に憲法ないし国家のごとき性格を与えかねない文言はすべて削除された。いくつかの争点については，該当する加盟国に例外（"Opt-outs"）を適用することで棚上げされた。理事会での多数決表決方式の見直しをはじめとするその他の争点については，新しい規定の発効を遅らせ，さらに特別規定を設けることで懐柔を図った。欧州議会の投票日という期日を設定することで，中期的な時間のプレッシャーを与え，これが諸条約改革の最後のチャンスであるという印象を持たせようとした[102]。

2 欧州憲法条約と比べて改革条約の新しい点

改革条約では，現行の諸条約（EU条約およびEC条約，ただしEAEC条約は除く）を廃止し，「憲法」と名づけられた単一の条約に置き換えることを前提とした憲法構想を明確に放棄している。これまでになかった新しい点で，2004

展開を示すものとする。」
101) 負託案（脚注9），S. 9 ff., Nr. 1, 2, 4, 6, 7-16, 18-24：「政府間会合に由来する新規事項」などの表現を参照。
102) 的確なのが *Wessels/Faber*：Vom Verfassungskonvent, S. 378.

年の政府間会合で採択され，実際にも欧州憲法条約の実体をなすものとなっている内容については，基本的に継承されており，その結果が改正された後も同じ名称のままの EU 条約と，改正後に欧州連合の機能に関する条約（TFEU）に改称された EC 条約である。両条約はいずれも同等の法的な位置づけにあることが明記されている（改正 EU 条約第 1 条第 3 項第 2 文）。これにより，「機能条約」が二次的な性格のものではないことが明確になり，憲法コンベンションでも審議の対象となったが最終的には採用されなかった，両条約がいわば基本条約と機能条約の関係にあり，機能条約については条約改正手続が簡易化できるといった考え方をきっぱりと否定するものとなっている。「共同体」という（美しい）表現が一貫して「連合（Union）」という表現に置き換えられているのは，一本化された連合が欧州共同体に代わってその権利承継者となるからである（改正 EU 条約第 3 条第 3 項第 2 文）。3 本の柱による構造は，欧州憲法条約と同様解消されている。ただし，共通外交安全保障政策の特別な位置づけは，改正後も欧州連合条約の規定（改正 EU 条約第 21 条～第 46 条）に明確に表れており，（現在の刑事に関する警察・司法協力（EU 機能条約第 82 条～第 89 条）などの分野のように）欧州連合の機能に関する条約には反映されていない。このような特別な扱いを裏づけているのが，各加盟国の管轄が存続することを明言する声明であり，その中では EU 加盟国が国連安全保障理事会の理事国になっている（フランスおよびイギリス）ことも考慮されている[103]。象徴的な形ではあるがこの分野における加盟国の慎重な姿勢が表れているのは，「連合の外務大臣」のことをそう呼ぶのではなく，「欧州連合外務安全保障政策上級代表」と呼んでいる点であるが，実際にはそれまでの EC の外交担当委員が担当していた業務を引き継ぐものである（将来版 EU 条約第 27 条，第 15 条第 2 項および第 6 項第 2 段）。連合は（欧州憲法条約（第 I-7 条）におけるのと同様に）法人格を有する（将来版 EU 条約第 47 条）ことになるが[104]，これは従来 EC の法人格も明文化されてい

---

103) 共通外交安全保障政策に関するリスボン条約最終文書声明第 13 号および第 14 号参照。

104) 賢明にも最終規定の中に隠されている。これと対照的な欧州憲法条約第 I-7 条

る（EC条約第281条）ことや連合として一本化されることを考えれば筋の通った話である。

　憲法構想を放棄したため，「憲法」という名称は一貫して用いられていない。改革条約には，EUの連合旗や連合歌，連合の標語（欧州憲法条約第I-8条参照）などは含まれていない。（その実態をより的確に表すものであることから本来なら有意義なはずの）これまでの規則に対して欧州法，また指令に対しては欧州枠組法という名称を用いる案は採用されていない。興味深いのは，これと関連して，欧州憲法条約第I-6条で初めて明確に保障された連合法の優位性を盛り込んでいない点が指摘されていることである[105]。これに加えて（欧州憲法条約では第I-6条を補足する形で）予定されていた欧州憲法条約に関する声明（第1号）は，欧州司法裁判所の関連判例を拠り所にあげるものであったが，その内容は継承されている[106]。その理由として考えられるのは，加盟国は連合法の優位性も自らの授権に基づくものであることに重きを置いているが，その優位性自体が疑問視されることは基本的になく，実践においては抵触も問題とはならないと考えられているということである。

　欧州連合基本権憲章は将来版EU条約第6条第1項において法的に条約と同等とされているものの，条文には盛り込まれていない。別の議定書に，イギリスおよびポーランドについては，該議定書に基づき憲章の拘束力がないことが規定されている。ポーランドについては，政権交代後も，改革条約の調印を脅かさないためにこの規定が維持された。イギリスでは，基本権憲章の賛成派と反対派の双方から強い批判を受けている。実際の影響は限られたものであるとしても，欧州連合の「法的共同体」としての対外的な立場という点においては問題がある[107]。

　　　を参照。これについては欧州連合の法人格に関するリスボン条約最終文書声明第24号も参照。
105) 負託案（脚注9), S. 9, Nr. 3.
106) 優位性に関するリスボン条約最終文書声明第17号。
107) *Goulard* : Europäische Paradoxien, S. 506 も参照。

諸制度に関する欧州憲法条約の規定は，そのほとんどが継承されている。最も大きく意見の分かれている（といってもポーランドだけが固執しているだけの）問題である理事会表決の多数決制に関しては，二重特定多数決方式の導入が2014年11月1日に先送りされるとともに，特別な経過規定が2017年3月31日まで設けられ，さらに阻止少数に関するヨアニナ決議が継承されている（改正EU条約第16条第4項および第5項；EU機能条約第238条第2項および第3項参照）。

　連合と加盟国の間の権限分担に関する欧州憲法条約規定は，その内容が継承されている。特に強調されているのが，各加盟国の主権と国家としての地位が存続することと，連合は加盟国を基盤として成り立っており，連合の権限は加盟国に由来するものであるという点である。ただしこれは，伝統的な国際法の文言に倣った改正EU条約第4条第2項も含め[108]，既に欧州憲法条約に盛り込まれていた内容である。欧州憲法条約では「憲法」が「欧州連合」を「市民と国家の意思により」成立させるのに対し（欧州憲法条約第I-1条第1項），改正EU条約第1条第1項では，「主権国家たる条約締結国」の間で欧州連合が設立される。

　改革条約には，欧州憲法条約にはなかった新しい要素も取り入れられているが，これは環境政策やエネルギー政策の分野での最近の動向に起因するものである。たとえば，EU機能条約第191条第1項では，連合の環境政策は，地域的および世界的な環境問題を克服するための国際的措置を促進するという目標の追求に貢献するという欧州憲法条約第III-233条第1項dの文言をそのまま継承しつつ，「特に気候変動と闘うための」という文言が追加された。欧州憲法条約第III-256条に規定されている連合のエネルギー政策には，「加盟国間

108）「連合は諸条約のもとでの加盟国の平等と，地域および地区の自治体も含めた，各国の政治および憲法の基本的構造に顕現する国家の同一性を尊重する。連合は，領土の不可侵性の擁護，公序の維持，国の安全保障をはじめとする国家の基本機能を尊重する。特に，国の安全保障は，今後も各加盟国の専管事項とする。」欧州憲法条約第I-5条にある部分的にこれと同一の文言参照。

の連帯精神に則って」行うという文言と,「エネルギー系統の相互接続を推進する」という目標が追加された（EU機能条約第194条第1項d）。これは，第三国からのエネルギー輸入への依存問題の影響を念頭に置いたもので，第三国がその立場を政治的な目的にも利用し，EUの個々の加盟国との特殊な関係を構築するまでに至っていることを反映しているのだが，自国のエネルギー資源の利用条件やエネルギー源の選択，エネルギー供給体制を決定するのは，今なお各加盟国の権限であるという事情がある。

　フランスのサルコジ大統領の強い要求により，1957年に欧州経済共同体が設立されて以来「正当な競争」ないし「歪みなき競争」という表現で共同体の目標のひとつに掲げられていた（EEC条約前文にある勘案事由の4つ目，第3条f参照）「自由かつ障害のない競争」（欧州憲法条約第I-3条第2項）という文言が削除されている[109]。しかし，だからといって競争政策の変更につながるとは限らない。もちろん競争がすべてではないし，いずれにしてもそれが最終目標ではない。しかし，国内経済を守ろうとする保護主義は，域内に国境の存在しない単一市場とは真っ向に対立するものである。

4．欧州憲法条約，改革条約，そして欧州連合の行く末

　ニース条約に基づいた欧州連合には，その拡大を考えるならば，将来性がないといわれてきた。しかし，2003年2月1日に発効したこの条約と，2003年および2005年の加盟条約による改正によって加盟国が12ヵ国増えた現在でも，欧州連合は存続しており，欧州憲法条約がないことを嘆く声もほとんど聞かれない。27名の委員のための職務分野を設けたことによる欧州委員会の肥大化といった問題は，政治的に解決すべきものである。この件で摩擦が生じる可能性は改革条約以降もなくなったわけではなく，改正EU条約第17条第4項で，各加盟国から1名の委員を任命する方式を当面保持することを規定した上で，第5項では2004年11月1日以降委員会の定員を加盟国数の3分の2に

---

109) これについて批判的なのが *Goulard*: Europäische Paradoxien, S. 505 ff.

減らすことを定めているものの，欧州理事会が全会一致で決議した場合にはその数を変更できるという留保つきである。一部では欧州憲法条約を今後の拡大の条件とすることが検討されていたが，それが改革条約の批准にも当てはめられるとなれば，相互に足を引っ張る結果になりかねない。なぜならば，すべての加盟国で改革条約が批准されるかどうかも，アイルランドと場合によってはデンマークでも国民投票が行われる以外に，どの加盟国で国民投票が実施されるかが不明であり，議会が批准する場合と比べて国民投票の結果は予測がつきにくいことから，確実とはまったくいえないからである[110]。欧州連合の「憲法危機」は，しばしば「憲法の陥穽」とも呼ばれているが[111]，この問題や，またほかにも多少の不都合があるからといって，未曾有の成功の道を歩んできたという全体像を見失ってはならない。この危機が，欧州連合の存続を脅かすようなことはない。とはいえ，改革条約まで失敗に終わるようなことになれば，それが大きな痛手となることは間違いなく，「ニース」体制で当面何とかなるといっても，そのような事態は「その場凌ぎ」と受け取られて，統合の前途を脅かすものという印象を与えかねない。

　しかし，そうなりかねないという恐怖が，かえって改革条約の承認を容易にしてくれるかもしれないわけで，連合と各加盟国の間のバランスを重視する条約の規定が，机上の空論に終わらずに，実践に移されるようになればさらにチャンスは大きくなるであろう。

---

110) 現実的な評価をしているのが *Hänsch* : Ende gut—alles gut?, S. 502. ハンガリーが議会としては最初に2007年12月のうちにリスボン条約を承認しており，それにマルタ，スロベニア，ルーマニアの議会が続いた。フランスでは，国民議会と元老院が憲法を改正し，（フランス憲法第885条に加盟条約について定められている）国民投票を回避した。これについてはEU-Nachrichten 5/2008, S. 1参照。しかし，問題のあるケースはまだこれからである。ドイツでは，新しい承認法が公布され次第，憲法異議が提訴される可能性があるが，今回は連憲裁の判断にはそれほど時間がかからないであろう。発効日としては，リスボン条約第6条第2項記載の2009年1月1日が予定されている。

111) そう呼んでいるのが *Diedrichs/Wessels* : Die Europäische Union.

リスボン条約——欧州の憲法*

　欧州憲法条約が頓挫した後,「熟慮期間」を経て, リスボン条約の合意が行われた。新しい条約では憲法という概念および憲法構想が放棄されているものの,（ECないしEUの設立条約もそうであったように）この条約はEUの「憲法」にあたるものである。その内容をみると, 制度および実体法上の改革が盛り込まれた欧州憲法条約の大部分を継承するものとなっている。EU条約とEU機能条約, そしてEU基本権憲章は, 法的に同格の条約とされている。連邦憲法裁判所（連憲裁）は, リスボン条約について, その判決理由に示された内容を前提として合憲判断を示している。判決理由では, 統合のための授権の制約や（どちらかといえば理論上のものに過ぎない）連憲裁の審査権留保を強調すると同時に, 親族法などに関するEUの権限拡大を制限的に解釈している。

I. 欧州憲法条約の失敗からリスボン条約へ

　欧州のための憲法を制定する条約[1]の調印式は2004年10月29日にローマで行われた。条約の発効には, すべての加盟国がそれぞれの憲法の規定に則して批准する必要があった。フランスとオランダでは, 義務づけられていない国民投票が行われ, 条約が否決された。反対の理由にはさまざまなものがあるが, 統合を促進する効果を期待して用いられた「憲法」という概念も, 間違いなくその大きな理由のひとつになっている[2]。何はともあれ, 加盟国の首脳は, 欧州憲法条約の蹉跌後に設けられたいわゆる熟慮期間の終わりを告げるこ

---

　*Der Vertrag von Lissabon-eine Verfassung für Europa, Familie・Partnerschaft・Recht, 11, 2010.
　1） ABl. EU 2004 Nr. C 310/1; EU-Nachrichten, Nr. 39/2004, 1.
　2） *Schild*, Ein Sieg der Angst—das gescheiterte französische Verfassungsreferen-

とになった2007年6月の負託において，その中に記載されている改革条約と呼ばれる条約には「憲法としての性格はない」ことを明言し，憲法的な要素とみなされた項目は欧州憲法条約から継承しないことを具体的に規定したのである[3]。すなわち，憲法という言葉が用いられていないだけでなく，諸条約の規定をひとつの「憲法」と呼ばれる文書に一本化するという憲法構想を断念することにもなっており，2007年12月13日に調印されたリスボン条約[4]では，EU条約（TEU）の名称はそのまま残しながらも内容を改正し，法的に同位にあるEU機能条約（TFEU）によってその内容が補足された。それ以外の点では欧州憲法条約の内容のほとんどを維持することを目指していたが，それが実現された[5]ことで（それぞれの立場によって）さまざまな反響を呼んだ[6]。

ということは，リスボン条約を「欧州の憲法」[7]と呼ぶことはできるのであろうか。これは，憲法概念をどう理解するかによる。**欧州司法裁判所（欧司裁）**

---

dum, integration 28 (2005), 187 (198 ff.) 参照；統合方法としては不適切な憲法戦略については *Diedrichs/Wessels*, Die EU in der Verfassungsfalle?, Analysen, Entwicklungen und Optionen, integration 28 (2005), 288 (291 f.) 参照。

3） 2007年6月21日と22日の欧州理事会（ブリュッセル）議長総括，欧州理事会の負託案，Anlage 1, EU-Nachrichten, Dokumentation Nr. 2/2007, S. 9 (Nr. 3). たとえば欧州憲法条約第I-33条で予定されていた法行為に関する（本来なら適切といえる）新名称である，これまでの規則に代わる「欧州法」と指令に代わる「欧州枠組法」という名称の導入もそのひとつである。EU機能条約第288条第II段および第III段では，従来の名称が引き続き使用されている。また，欧州憲法条約第I-8条に定められていた共同体の象徴（旗，共同体歌，標語）の条文化も見合わされたが，実際には引き続き使用されている。

4） AB1EU 2007 Nr. C 306/1；最新の校正版は AB1EU 2010 Nr. C 83/1.

5） 欧州憲法条約とリスボン条約の比較は *Streinz*, Verfassungsvertrag und Vertrag von Lissabon: Alter Wein in neuen Schläuchen?, in: *Hummer/Obwexer*, Der Vertrag von Lissabon, 2009, S. 451 (458 ff.).

6） これについては *Streinz*, Die „Verfassung" der EU nach dem Scheitern des Verfassungsvertrages und dem Vertrag von Lissabon, ZG 23 (2008), S. 105 (106 f.) 参照。

7） ここでいう「欧州」とはEUを指す。1949年に設立された欧州評議会には現在47ヵ国が加盟している。

はすでに EEC 条約のことを「共同体の憲法文書」と呼んでおり[8]，このような考え方はその時点ですでに新しいものではなかった[9]。憲法概念が国家に関連づけられている主な理由が，国家という形態の政治支配には，憲法によって秩序を確立し制約を加えることが必要であった，そして現在でも必要があるからだという点を認識し，憲法概念を制度化された政治支配のあらゆる形態に関するものと考えるならば，憲法概念を広義にとらえるべきことがわかり，(国家ではないながらも) 多くの分野において「国家機能」を果たすようになった EU には秩序と統制が必要なことから，EC 法もその範疇に含まれることになる[10]。したがって，「憲法」という名称が用いられていなくても，またこれとは逆の政治的意図の表明が行われていても，その障害とはならないのである[11]。ただし，EU の特色である，国家との違いといった点[12]をこれによって覆い隠そうとするものでもなく，場違いの演繹を行うべきではない。

批准手続は，リスボン条約でも簡単には進まず，国民投票が義務づけられているアイルランド以外では国民投票が行われなかったにもかかわらず容易なものではなかった。**連憲裁**がドイツの承認法について合憲判断を下し，アイルランドで 2 回目の国民投票によって可決されたことを受けて，ポーランドの大統

---

8) 欧州司法裁判所判決 EuGH, Rs. 294/83, Parti écologiste Les Verts/Europäisches Parlament, Slg. 1986, 1339, Rdnr. 23.

9) *Pernice*, Europäisches und nationales VerfassungsR, VVDStRL 60 (2001), S. 148 (150 f.)；*Streinz*, in：*Streinz/Ohler/Herrmann*, Der Vertrag von Lissabon zur Reform der EU, 3. Aufl. (2010), S. 6（引用文献記載）参照。

10) *Huber*, Europäisches und nationales Verfassungsrecht, VVDStRL 60 (2001), S. 194 (198 f.) 参照。EU に関する「憲法問題」の議論については *Häberle*, Europäische Verfassungslehre, 6. Aufl. (2009), S. 198 ff.（引用文献記載）参照。

11) *v. Bogdany/Bast*, Der verfassungsrechtliche Ansatz und das Unionsrecht, in：*v. Bogdany/Bast*, Europäisches Verfassungsrecht. Theoretische und dogmatische Grundzüge, 2. Aufl. (2009), S. 1 (2) 参照。

12) これについては *Streinz*, Die Verfassung Europas：Unvollendeter Bundesstaat, Staatenverbund oder unvergleichliches Phänomen?, in：FS *Nehlsen*, 2008, S. 750 (758 ff.) 参照。

領と，最後まで反対を続けたチェコの大統領も抵抗を諦め，条約は 2009 年 12 月 1 日に発効した。

II. リスボン条約の構成と内容

1．リスボン条約の構成要素

「欧州連合条約および欧州共同体設立条約の改正のためのリスボン条約」には，今回一本化された EU（「連合」）の法基盤として，EU 条約（TEU）および EU 機能条約（TFEU）が定められている。この二つの条約は法的に同位にある（EU 条約第 1 条第 III 段第 1 文および第 2 文）。「基本条約」と簡易手続により場合によっては多数決で改正可能な条約という形で両者を差別化するという案は，すでに憲法コンベンションで不採用となっている[13]。リスボン条約にも残っているのは簡易条約改正手続の可能性[14]であるが，**連憲裁**のリスボン条約判決によれば，この手続には連邦議会と連邦参議院のより強力な関与が必要となる[15]。同じ一次法としての地位を有しているのが，ローマン・ヘルツォークが主導してまとめた 2000 年 12 月 7 日制定の EU 基本権憲章[16]で，現在は 2007 年 12 月 12 日にストラスブールで修正された文言[17]が有効である。EU 条約第 6 条第 I 項に基本権憲章が引用されていることは，欧州憲法条約第 II 部に憲章

---

13) この案の賛成派は，全会一致および批准を必要とする条約改正手続では自由がきかないことをその理由に挙げたのに対して，権限付与権限（この意味するところについては下記 III 2 の項参照）の問題が生じるというのが反対派の主張であった。

14) EU 条約第 48 条第 VI 項，第 VII 項と欧州憲法条約第 IV-444 条および第 IV-445 条を比較参照。

15) 連憲裁判決 BVerfGE 123, 267 (434 ff.) = NJW 2009, 2267 = EuGRZ 2009, 339, Rdnrn. 412 ff.；これについては下記 III 3 の項参照。

16) AB1EU 2000 Nr. C 364/1.

17) AB1EU 2007 Nr. C 303/1；AB1EU 2010 Nr. C 83/389.

の文言が盛り込まれていたのと同じ法的な効果を持つ[18]。この憲章は，三重に保障されている基本権を擁護する三つの要素のひとつに過ぎないものであって，このほかに，**欧司裁**が人権と基本的自由の保護のための条約（欧州人権条約）および加盟国に共通する憲法の伝統を法源に，共同体法の一般原則として確立した連合基本権（EU 条約第 6 条第 III 項）と，（EU 条約第 6 条第 II 項に定められている連合の条約加盟の後は）[19] ストラスブールにある**欧州人権裁判所（欧人裁）**による権利保護体制を含む欧州人権条約自体があと二つの要素である。一次法としての地位を有する諸条約には，それに付属する議定書および附属書も含まれる（EU 条約第 51 条）。その中にはたとえば，EU 内での各国議会の役割に関する議定書[20]や，補完性原則および相当性原則の適用に関する議定書[21]などがある。それに対して，政府間会合の最終文書に添えられた各種の声明[22]は，諸条約の解釈のために参考にすることしかできない。

2．制度上の変更点

いわゆるポスト・ニース・プロセスの目標のひとつに，不透明だとして批判を受けていたマーストリヒト条約体制のいわゆる柱構造からの脱却があった。

---

18) *Schima*, in : *Hummer/Obwexer*（上記脚注 5），S. 325 (326 ff.) 参照。諸条約の条文から外したさまざまな理由と憲章改正の問題についても同所。議定書第 30 号（ABlEU 2010 Nr. C 83/313）によるポーランドとイギリスの例外規定は，チェコにも適用されることになっているが，これについては *Streinz*（上記脚注 9），S. 126 f. 参照。
19) 欧司裁 EuGH, Gutachten 2/94, Slg. 1996, 11759, Rdnrn. 6, 27 ff. によれば，これまでそのための権限基盤が存在しなかった。欧州人権条約に第 59 条第 II 項を挿入する議定書第 14 号（GBl II 2006, 138）が 2010/06/01 に発効したことで，EU の加盟が可能になっている。しかし，その条件についてはまだこれから交渉が必要である。これについては，欧州人権条約第 6 条第 II 項に関する議定書（第 8 号）（ABlEU 2010 Nr. 83/273）および 2010/05/19 の欧州議会決議，EuGRZ 2010, 362 および 2010/05/05 の欧司裁の Reflection Paper, EuGRZ 2010, 366 参照。
20) 議定書第 1 号，ABlEU 2010 Nr. C 83/203.
21) 議定書第 2 号，ABlEU 2010 Nr. C 83/206.
22) ABlEU 2010 Nr. C 83/336 ff.

リスボン条約体制では，（欧州原子力共同体（EAEC）は並行して存続しているが）ひとつの連合として一本化されている。この連合はECの権利承継者であり（EU条約第1条第III段），法人格を有することが明文化されている（EU条約第47条）。しかしながら，柱構造の解消の度合いには差がある。刑事に関する警察・司法協力（PJCCM／これまでの第3の柱）が，これまでにアムステルダム条約によって「共同体化」された，すなわちEC条約によって規定された諸分野と合わせて，EU機能条約の自由・安全・正義の領域の章（EU機能条約第67条～第89条）に盛り込まれたのに対し，共通外交安全保障政策（CFSP／これまでの第2の柱）については，EU条約にいわばそのための「特別規定」が設けられている（EU条約第23条～第46条）ことから，相変わらず特別扱いとなっていることがわかる。CFSPの特徴となっているのは，政府間協議の性格が維持されていることで，基本的に全会一致の原則をとっていることや，加盟国が互いに協議する欧州理事会および閣僚理事会（EU条約第32条参照）による主導，立法行為が排除されていること（EU条約第31条第I項参照）などにそれが表れている。これに対して，従来のPJCCMは，実体法上もこれまでに「共同体化」された分野に組み込まれているが，この分野においても特殊な点はまだ残されている。理事会が全会一致で採択し，欧州議会の意見は聞くだけだった（旧EU条約第39条第I項参照）これまでの枠組決定（旧EU条約第34条第II項第1段b参照）とは違い，刑事に関する司法協力（EU機能条約第82条第I項第2段および第II項，第83条第I項第1段，第85条第I項第2段参照）および警察協力（EU機能条約第87条第II項，第88条第II項参照）の措置は，原則的に通常立法手続（EU機能条約第289条第I項，第294条参照）によって決定，すなわち特定多数決方式により，欧州議会も共に連合立法者として（EU条約第14条第I項第1文，第16条第I項第1文参照）決定する。欧州議会が関与することになったため，ダルカザンリ事件の判決[23]における**連憲裁**の第1の柱と第3の柱の差別化に基づいた

---

23) 連憲裁判決 BVerfGE 113, 273 (299 ff.) = NJW 2005, 2289 参照；これに関して *Streinz*, EuropaR, 8. Aufl. (2008), Rdnr. 231 参照。

議論はその基盤を失ったわけだが，その一方で多数決による議決に基づく刑法規定の制定には懸念が表明されている[24]。政治的摩擦が生じる恐れが特に大きな措置や，対象範囲の拡大にあたっては，全会一致原則が適用され，欧州議会の意見は聞くだけの場合（EU機能条約第83条第Ⅰ項第3段，第89条第2文参照）と欧州議会の承認が必要な場合（EU機能条約第86条第Ⅰ項第1段第2文参照）があるが，いわゆる「非常ブレーキの仕組み」（統合責任法IntVG第9条に用いられている用語）を発動する可能性がある（EU機能条約第82条第Ⅲ項第1段第1文，第83条第Ⅲ項第1段第1文参照）[25]。

「制度的枠組」はこれまで3本の柱の間で整合性を確保するために必要なものとされていたが（旧EU条約第3条第Ⅰ段参照），EU条約第13条第Ⅰ項では，連合の価値を振興し，連合の目標達成を目指し，連合の利益，すなわち連合の「市民（Bürgerinnen und Bürger）」[26]の利益および諸加盟国の利益のために尽くし，「連合の政策および措置の整合性，効率性，継続性を確保する」目的を持つものとされている。外交政策にも要求されている，遵守が義務づけられたさまざまな価値（EU条約第21条参照）の間での調整を含む，さまざまな政策分野間で調整を行う必要があることは，柱構造脱却後も変わらない。この整合性原則は，EU機能条約第7条に限定個別授権原則（EU機能条約第5条第Ⅰ項およ

---

24) これについては連憲裁判決BVerfGE 123, 267 (406 ff.) = NJW 2009, 2267 = EuGRZ 2009, 339, Rdnrn. 352 ff.参照；連合の立法者が制限的な解釈の要求（同書Rdnr. 358参照）に応えるかどうかは疑わしいところである。多数決原則と対置させる形で「非常ブレーキ条項」が盛り込まれた（*Zerdick*, in : LenzIBorchardt, EUVerträge, 5. Aufl. (2010), Art. 82 AEUV Rdnr. 38参照）が，これを効果的に活用すれば，少数の加盟国からなるグループでの協力を強化することも可能である。これについては*Satzger*, Internationales und Europäisches StrafR, 4. Aufl. (2010), § 9 Rdnr. 46参照。
25) 非常ブレーキ手続および統合責任法の該当規定に対する憲法上の要件については下記Ⅲ3の項を見よ。
26) 市民という一語にも男女両形を表記しなければならないドイツ語と比べ英語はcitizensの一言ですむので楽である。

び第II項参照）との関連において明確に規定されている[27]。連合の機関になる従来のECの機関に，これまでのEUの領域（旧EU条約第4条参照）から欧州理事会が加わり，これまで各国の首脳が持ち回り方式（閣僚理事会では引き続き持ち回り方式がとられている。EU条約第16条第IX項参照）で担当していた議長に代わって，欧州理事会が選任する任期2年半で再選は一回だけ可能な議長（現職議長はファン・ロンパイ）が欧州理事会の議長を務めることになった（EU条約第15条第V項および第VI項参照）。欧州理事会は，EU条約第18条第I項に基づき，特定多数をもって，欧州委員会委員長承認のもと，「欧州連合外務安全保障政策上級代表」（現職はアシュトン女男爵）を任命（および解任）するが，欧州憲法条約（第I-28条参照）で用いられていた「連合の外務大臣」という名称を使うことは許されない。上級代表の立場が，「外務」理事会の議長であると同時に，欧州委員会の副委員長も努めるという二重の役職であることから（EU条約第18条第III項および第IV項），その任命は欧州理事会が欧州委員会の承認のもとに行う。対外的に目に見える形で統一性のある連合の代表を行うことを目指しているわけだが，そのためには，欧州理事会の議長と外務上級代表，欧州委員会委員長，さらに閣僚理事会のその都度の議長が意見の調整を行う必要がある。民主原則の強化（EU条約第9条以下も参照）を行うことにより，欧州議会の権限拡大を目指すと共に，各国の議会の参加（EU条約第12条参照）をも意図している。欧州議会においては個々の加盟国の国民の代表が「累減比例」制である（EU条約第14条参照）ため平等選挙とはなっていないことは，欧州連合が「国家間連結（Staatenverbund）」[28]なればこそ容認できるものだが，理事会の表決において人口の要素が考慮される（EU条約第16条第IV項および第V項参照）ことでその点は緩和されている。欧州中央銀行がEUの機関となる

---

27) 三柱構造を念頭に置いた旧EU条約第3条第I段からの意味合いの変化については Kotzur, in : Geiger/Khan/Kotzur, EUV/AEUV, 5. Aufl. (2010), Art. 7 EUV Rdnr. 2 参照。

28) 連憲裁判決 BVerfGE 123, 267 (371 ff.) = MW 2009, 2267 = EuGRZ 2009, 339, Rdnrn. 278 ff. 参照。

が，その法的な独立性を失うことはない（EU 機能条約第282条第III項参照）。いずれにせよ肝心なのは，実際にその独立性が保たれるかどうかである。

ポスト・ニース・プロセスでもうひとつの重要事項となっていたのが，連合と加盟国の権限の明確な棲み分けである。EU 条約の第5条では，これまで以上に明確に，限定個別授権原則と，補完性原則および相当性原則による権限行使の制約が前面に押し出されている。これに関連して採択された議定書[29]では，各国の議会を関与させ（これは一般に早期警戒態勢と呼ばれている），いわゆる補完性の訴[30]の可能性を開くという手続き上の手法をとっている。EU 機能条約第2条〜第6条では，これまでの関連文献における研究の成果や，**欧司裁**の判例を参考にして，権限の類型を規定し，これに基づいて各種権限の分類を行っている。

3．実体法上の変更点

欧州憲法条約と比較して，リスボン条約で実体法上変更されている点はほんの僅かであり，変更の内容は環境政策やエネルギー政策の分野での最近の動向に起因するものである（EU 機能条約第191条第I項，第194条第I項d参照）。視点の転換をもたらすことを意図したものと思われるのが，フランスのサルコジ大統領の強い要求による，1957年に欧州経済共同体が設立されて以来のEEC条約ないしEC条約から欧州憲法条約まで一貫して目標に掲げられていた「歪みなき競争の体制」[31]という文言の削除である。しかし，歪みなき競争が域内の国境がない単一市場としてのEUの基盤をなすものであることには変わりがなく，保護主義とは相容れない。この原則が域内市場および競争に関する議定

---

29) 議定書第2号，ABlEU 2010 Nr. C 83/206；上記脚注20を見よ。
30) これについては *Langguth*, in : *Lenz/Borchardt*（上記脚注24），Art. 5 EUV Rdnrn. 16 ff.；*Geiger*, in : *Geiger/Khan/Kotzur*（上記脚注27），Art. 5 EUV Rdnrn. 15 f. 参照。
31) EEC 条約第3条f（マーストリヒト条約以降は EC 条約第3条g）にある以下の文言参照：「共同市場内の競争を歪みから守る体制の確立」；欧州憲法条約第I-3条：「自由かつ歪みのない」域内市場。

書[32]において一次法により保障されており，競争に関する規定（EU機能条約第101条以下）の内容が維持されている限りは，法的には何も変わりがない[33]。従来のニース条約に基づく連合法との比較で最も重要なのは，PJCCMがこれまでに「共同体化」されている分野に実体法上も組み込まれたことである。既にアムステルダム条約の時点で「共同体化」されている民事に関する司法協力[34]については，EC条約第65条にはまだ含まれていた域内市場との関連づけがなくなったことで，その影響の大きさが明確になってきたが，親族法に関しては，その法文化的な特殊性や，確立されてきた伝統，市民の基本権に大きく抵触するものであることなどを考慮して，手続上の制約を設けており，これは主権を維持しようとする加盟国の意向を汲んだものとなっている[35]。この分野では理事会が欧州議会の意見を聞いた上で，全会一致で決議するのが原則である（EU機能条約第81条第Ⅲ項第1段第2文）。親族法の特定の項目に関して通常立法手続を適用するためには，同じ手続による決議が必要（EU機能条約第81条第Ⅲ項第2段）で，さらにどの加盟国の議会にも拒否権が認められている（EU機能条約第81条第Ⅲ項第3段）。

Ⅲ．2009年6月30日の**連憲裁判決がドイツに及ぼす影響**

1．連憲裁のリスボン条約判決の対象

連憲裁のリスボン条約判決[36]の対象となったのは，リスボン条約の批准であり，憲法機関の訴および憲法異議が，承認法とそれに付随する法律である基本

---

32) 議定書第27号，ABlEU 2010 Nr. C 83/309.
33) *Streinz*（上記脚注5），S. 466 f. 参照。
34) *Kotzur*, in : *Geiger/Khan/Kotzur*（上記脚注27），Art. 81 AEUV Rdnr. 2 参照。
35) *Kotzur*, in : *Geiger/Khan/Kotzur*（上記脚注27），Art. 81 AEUV Rdnrn. 15 ff.（引用文献記載）参照。
36) 連憲裁判決 BVerfGE 123, 267 ＝ NJW 2009, 2267 ＝ EuGRZ 2009, 339.

法改正のための法律および欧州連合関連事項における連邦議会および連邦参議院の権利の拡大と強化に関する法律について提起された。**連憲裁**が要件に欠けるものとして却下，ないし理由がないものとして棄却した憲法機関の訴は，連邦議会議員ないし連邦議会自体の権利の侵害を主張するものであった。憲法異議については，**連憲裁**のマーストリヒト条約判決によれば，EU の諸設立条約の改正のための法律に対して，ドイツ連邦議会の選挙権（基本法第38条第Ⅰ項，第Ⅱ項）がその法律により形骸化することで侵害されるという主張の根拠を示すことで申立を行うことが許されることから[37]，要件を具備するものと判断された。

2．リスボン条約の内容に関する「判決理由に示す内容を前提とした」合憲判断

連憲裁の見解によれば，リスボン条約（の内容）とそのために制定された承認法は，**連憲裁**が詳細に示している憲法上の要件を「判決理由に示す内容を前提として」満たすものである[38]。その判決理由で**連憲裁**は，引き続き有効な限定個別授権原則によって，連合の権限付与権限は阻止され，各加盟国が「条約の主（あるじ）」であることが裏づけられているという立場を明確に打ち出している[39]。これまでになかった新しい内容となっているのが，基本法の前文および第23条第Ⅰ項には「欧州政治体制の最終的な性格」[40]について明確に定められていないが，欧州連邦国家への移行（「同一性の変更（Identitätswechsel）」）

---

37) 連憲裁判決 BVerfGE 89, 155 (171) — Maastricht ; 連憲裁判決 BVerfGE 123, 267 (329 f.) = NJW 2009, 2267 = EuGRZ 2009, 339, Rdnrn. 173 ff でもその判断が再確認されている。

38) 連憲裁判決 BVerfGE 123, 267 (369) = NJW 2009, 2267 = EuGRZ 2009, 339, Rdnrn. 273.

39) 連憲裁判決 BVerfGE 123, 267 (347 ff.) = NJW 2009, 2267 = EuGRZ 2009, 339, Rdnrn. 226, 233, 298.

40) 連憲裁判決 BVerfGE 123, 267 (347) = NJW 2009, 2267 = EuGRZ 2009, 339, Rdnrn. 227.

には，憲法に基づく権力による基本法の改正では十分とはいえず，むしろ基本法第146条に定められた制憲権力による新憲法に関する決定が必要であるという判断である[41]。共同体法（現在の連合法）の優位性は憲法に基づく授権によって成立するものであることを理由に，**連憲裁**は連合権限の行使に対して，ドイツ憲法の最低要件を満たしているかどうかについてのいわゆる同一性審査を行うことを留保しているが[42]，これは恐らくすでに打ち出されている基本権に関する審査[43]の留保と並行して存在するものと思われ，またいわゆる「逸脱する法行為」に対しては「権限外行為審査」[44]も留保している。ただし，いずれの審査権も**欧司裁**の権限が存在することを踏まえ，また「共同体法秩序の機能性を保護するため」にも，あくまでも最終手段かつ「予備権限」[45]として極めて制限的に行使すべきものである[46]。**連憲裁**は，経済的・社会的・文化的生活環境を政治的に形成するために十分な余地が各加盟国に残されていなくてはなら

---

41) 連憲裁判決 BVerfGE 123, 267 (332) = NJW 2009, 2267 = EuGRZ 2009, 339, Rdnr. 179；同書, Rdnrn. 230 ff., 232 も参照。

42) 連憲裁判決 BVerfGE 123, 267 (353 f.) = NJW 2009, 2267 = EuGRZ 2009, 339, Rdnr. 240（引用文献記載）；これについては *Streinz*, ZfP 2009, 467 (478 ff.)；*Calliess*, ZEuS 2009, 559 (569 ff.) 参照。

43) これについては連憲裁判決 BVerfGE 37, 271 = NJW 1974, 2176（Solange I／その限りにおいて判決 I）参照；連憲裁判決 BVerfGE 73, 339 (LS 2) = NJW 1987, 577（Solange II／その限りにおいて判決 II）で逆転している審査要件；連憲裁判決 BVerfGE 102, 147 = NJW 2000, 3124（Bananenmarktordnung）で示された制約によって，このような審査を行う意味が実際のところ失われているが，連合と加盟国であるドイツとの間の関係の基本的な理解という観点からは，原則的に審査の留保があることは意義がある；これについては *Streinz*（上記脚注23），Rdnrn. 247 f. 参照。

44) 連憲裁判決 BVerfGE 123, 267 (353 f.) = NJW 2009, 2267 = EuGRZ 2009, 339, Rdnr. 240（引用文献記載）；これについては *Streinz*, ZfP 2009, 467 (480)；*Calliess*, ZEuS 2009, 559 (566 ff.) 参照。

45) 連憲裁判決 BVerfGE 123, 267 (401) = NJW 2009, 2267 = EuGRZ 2009, 339, Rdnr. 341.

46) 連憲裁判決 BVerfGE 123, 267 (354 f.) = NJW 2009, 2267 = EuGRZ 2009, 339, Rdnr. 241.

ないとし[47]，「一憲法国家の民主的自己形成能力にとって特に微妙な」領域として，刑法の実体法および手続法，対内的には警察による，対外的には軍による権力独占，公庫の歳入および（社会政策的な動機づけも十分に考えられる）歳出などに関する財政上の原則決定や，生活環境の福祉国家的な形成，文化的に特に重要性の高い親族法や学校教育制度，宗教共同体への対応などに関する決定をあげている[48]。

3．附帯法には修正の必要

　連憲裁は，基本法第79条第III項の規定に基づく評価の対象となる基本法の改正については何も問題点を指摘していない[49]。それに対して修正の必要があるとされたのは，連合諸条約改正およびそれと同じ扱いのケース，すなわち簡易条約改正手続，いわゆる橋渡し条項およびいわゆる柔軟性条項（EU機能条約第352条，これまでのEC条約308条）における連邦議会と連邦参議院の参加についてである。これに関しては，連邦議会および連邦参議院がその「統合責任」を積極的に果たす必要があり，場合によっては基本法第23条第I項第2文および第3文でいう法律の制定によってこれを行う[50]。一部においてEU条約に定められているような（EU条約第48条第VII項第3段），連邦議会が単に沈黙を守るというだけでは十分ではない[51]。非常ブレーキ条項（EU機能条約第

---

47) 連憲裁判決 BVerfGE 123, 267 (267 f.) = NJW 2009, 2267 = EuGRZ 2009, 339, Leitsatz 3.
48) 連憲裁判決 BVerfGE 123, 267 (359) = NJW 2009, 2267 = EuGRZ 2009, 339, Rdnr. 252；ここの項目についての詳細は同書，Rdnrn. 253 ff.
49) 連憲裁判決 BVerfGE 123, 267 (431 ff.) = NJW 2009, 2267 = EuGRZ 2009, 339, Rdnrn. 401 ff., 基本法第23条第Ia項および第45条第3文について。
50) これに関する詳細は連憲裁判決 BVerfGE 123, 267 (384 ff.) = NJW 2009, 2267 = EuGRZ 2009, 339, Rdnrn. 306 ff. 参照。
51) 連憲裁判決 BVerfGE 123, 267 (435) = NJW 2009, 2267 = EuGRZ 2009, 339, Rdnrn. 413 参照。憲法により要求される補足が連合法の要件を具備しているかどうかについては Streinz, ZfP 2009, 467 (486) 参照；これを超える拒否権の行使については統合責任法（IntVG）第10条参照。

48条第II段，第82条第III項，第83条第III項）の枠内では，連邦政府は連邦議会および場合により連邦参議院の指示によってのみ行動することが許される[52]。連邦議会の要求内容は，2009年9月22日の統合責任法[53]によって満たされている。これに加え，欧州連合関連事項における連邦議会および連邦参議院の参加に関する諸法律が改正されている[54]。

IV. 結論と今後の展望

リスボン条約は，上に解説したような意味において EU の「憲法」であり，これまでの条約改正をめぐる状況を考えると，当面の間はその状態が続くであろう。財政危機や多くの加盟国の債務超過問題の克服などの新たな課題は，したがって現行の諸条約の枠内で克服しなくてはならないのだが，この枠組を拡大（過大？）解釈するためのアイデアは決して少なくない。さまざまな法的問題の陰には政治的な問題，すなわち権力争いがあり，たとえば EU 機能条約第290条および第291条の実践における欧州委員会と理事会，欧州議会の関係がそのよい例である。条約は実施されることが重要であり，それは現在も変わりがないが，すでに実施がかなり進んでいる分野もあり，大きな障害を乗り越える必要があった分野も例外ではない。たとえば，欧州対外行動局の設置（EU条約第27条第III項）などは，欧州委員会出身の職員と各国の外務省出身の職員をまとめることに成功している。摩擦解消や危機克服の方法は必ずしも満足

---

52) 連憲裁判決 BVerfGE 123, 267 (436) = NJW 2009, 2267 = EuGRZ 2009, 339, Rdnrn. 418 f.；統合責任法（IntVG）第9条で実現されている。

53) BGBl I 2009, 3022；統合責任法（IntVG）第2条〜第8条参照。

54) 2009/09/22 の改正法の文言における連邦政府とドイツ連邦議会の欧州連合に関する事項における協力に関する法律（EuZBBG）および連邦と各州の欧州連合に関する事項における協力に関する法律（EuZBLG）。*連憲裁*がこれに関して問題を指摘していたのは連邦と州の間の取り決めにより規定されているという点だけであった。連憲裁判決 BVerfGE 123, 267 (433 f.) NJW 2009, 2267 = EuGRZ 2009, 339, Rdnr. 410 参照。

のゆくものではなかったかもしれない。欧州統合は、それでもいくつもの危機を乗り切ってきた。

連憲裁によるリスボン条約判決の波紋は大きく、欧州統合を危ぶむ声さえあった[55]。しかし、さまざまな点が見落とされており、また過大評価されている点もある。**連憲裁**は、原告ないし異議申立人の条約批准の合憲性に対する抗弁をつきつけられて、その内容を取り上げて、かかる主張に理由なきことを示さざるを得ない立場にあったのである。こう考えれば、特定の「本質的な」国家の役割について結論を出すに至っていない理由も理解できるわけで、そのような点についてはもちろんさらなる論争の可能性もあった。統合責任を各国の議会が果たすことは、リスボン条約自身が要求している内容であり（EU条約第12条）、実のところ**連憲裁**の示した命題の多くはリスボン条約によって裏づけられているのである。各種の審査権を留保することで摩擦が生じる可能性があることは、**連憲裁**自ら認識している。**連憲裁**ができる限り摩擦を回避しようとしていることは、最近ではハニーウェル事件の決定[56]が証明している。

したがって、リスボン条約は「欧州の憲法」としての第一の関門を突破したといえる。しかし、これからも試練は続く。

---

55) これについてはたとえば *Streinz*, ZfP 2009, 467 (487 f.)（引用文献記載）を参照。
56) 連憲裁判決 BVerfGE, NZA 2010, 995；EuGRZ 2010, 497, Rdnrn. 58 ff. 反対意見 *Landau*, Rdnrn. 94 ff.

君の信心や如何に──欧州人権裁判所の十字架像事件判決に寄せて*

Ⅰ. 序　　章

標題の問いは，ゲーテのファウストでグレートヒェンがファウストに問いかける有名な文句[1]だが，裁判所も同じ問いの答を出さなければならないことがある[2]。何故なら，信教の自由は法的な問題でもあり[3]，その複雑な構造のた

---

*Wie hast du's mit der Religion? Anmerkungen zum Kruzifix-Urteil des Europäischen Gerichtshofs für Menschenrechte, FS *Fiedler*, 2011.
Prof. Dr. *Fiedler*（フィードラー教授）には，私の助手時代に，German Yearbook of International Law の発行人として私の初期の論文（"Succession of States in Assets and Liabities"）を 1983 年に掲載していただき，また 1986 年にはズデーテン出身ドイツ人連盟（Sudetendeutsche Landsmannschaft）の奨励賞授賞式でも祝辞をいただくなど大変お世話になった。そのご恩を忘れることなく，本論にも教授へのお礼の気持ちが込められている。

1) 　*Goethe*, Urfaust : Gretchen : „Wie hast du's mit der Religion?, Faust, Erster Teil : Margarete : „Nun sag, wie hast du's mit der Religion?" Zitiert nach *Erich Trunz* (Hrsg.), *Goethes* Werke, Hamburger Ausgabe, 1998, Bd. Ⅲ, S. 405 (Vers 1107) bzw. S. 109 (Vers 3415).

2) 　ドイツ国内の判例を参照。最近では連邦憲法裁判所判決 BVerfG, Urt. v. 1. 12. 2009, GewArch 2010, 29（ベルリン市内のクリスマス前 4 週の日曜日の商店営業）；憲法による日曜日の擁護については *Peter Häberle*, Der Sonntag als Verfassungsprinzip, 1988；ベルリン行政裁判所判決 VG Berlin, Urt. v. 29. 9. 2009, NVwZRR 2010, 189（学校内でイスラム教の祈りを捧げる権利）；リューネブルク高等行政裁判所決定 OVG Lüneburg, Beschluss vom 7.12.2009, NVwZRR 2010, 219（一般住宅街におけるイスラム礼拝堂による近隣住民の騒音迷惑）．

3) 　信教の自由のさまざまな側面については *Martin Heckel, Walter Kasper, Wolfgang Loschelder* und *Jochen Abr. Prowein*, Religionsfreiheit, in : Görres-Gesellschaft

めに，大きく意見の分かれる問題だからである。誰もが「信心は思い通りに」[4]することを認める個人の権利であると考えれば，一見誰もが「己の流儀に従って信教の喜びを得る」[5]ことができるかのように思われる。しかし，だからといって問題がまったくないと考えるのは早合点というものである。というのは，信教の自由には，各種集団および宗教団体の相互関係や，国家との関係を考慮に入れて初めて実現可能となる側面もあるからである[6]。この点が浮き彫りになったのが，連邦憲法裁判所の1995年5月16日判決[7]および欧州人権裁判所（欧人裁）の2009年11月3日判決[8]における「学校の十字架像をめぐる論争」である。

信教の自由は人権の基本要素のひとつであり，よって実体法の意味における憲法国家の憲法では必ず保障されている[9]。欧州連合の全加盟国に共通する憲

(Hrsg.), Staatslexikon, 7. Aufl. 1988, Bd. 4, 1988, Spalte 820 ff. 参照。

4） *Gerhard Anschütz*, Die Religionsfreiheit, in : *Gerhard Anschütz/Richard Thoma* (Hrsg.), Handbuch des Deutschen Staatsrechts, Bd. II, 1932, S. 675,「グレートヒェンの問い（Gretchenfrage）」を念頭に置いた表現。

5） フリードリヒ大王が1740年6月22日にローマカトリックの学校をこの宗派の兵士の子弟のために残すべきかどうかという問題について書き記した言葉：「信教はすべて寛容に取り扱わなくてはならぬ。ただし，信教同士が阻害しあうことなきよう代官が目を配ること。なぜなら我が国では，何人も己の流儀に従って信教の喜びを得ることができなくてはならぬ。」引用の出典は *Georg Büchmann*, Geflügelte Worte. Der Zitatenschatz des deutschen Volkes, Atlas Verlag Köln, o.J., S. 348.

6） *Axel Frhr.* von *Campenhausen*, Religionsfreiheit, in : *Josef Isensee/Paul Kirchhof* (Hrsg.), Handbuch des Staatsrechts, 3. Aufl. 2009, Bd. VII (Freiheitsrechte), § 157, Rn. 3.

7） 連憲裁判決 BVerfGE 93, 1.

8） 欧人裁第2法廷 EGMR, Zweite Kammer, Beschwerde Nr. 30814/06 (Lautsi/Italien).

9） *Christian Starck*, in : *Hermann* von *Mangoldt/Friedrich Klein/Christian Starck* (Hrsg.), Kommentar zum Grundgesetz, 6. Aufl. 2010, Art. 4 (S. 447) にある一覧および *Charlotte Gaitanides*, Gedanken, Gewissens und Religionsfreiheit, in : *Sebastian M. Heselhaus/Carsten Nowak* (Hrsg.), Handbuch der Europäischen Grundrechte, 2006,

法の伝統の一環として，欧州連合基本権憲章第 10 条[10]に信教の自由が定められている[11]。これは，ローマン・ヘルツォークが中心となって憲章を策定した基本権コンベンションも明言しているように[12]，人権と基本的自由の保護のための欧州条約（欧州人権条約）の第 9 条を参考にしている[13]。欧州人権条約によって信教の自由が地域レベルにおいて国際法で保障されているわけだが，同様なものに米州人権条約第 12 条[14]やアフリカ人権憲章第 8 条[15]などがあり，また現在ではアラブ人権憲章の第 30 条[16]も加わっている。世界的なレベルで

§ 29 (S. 805) 参照。

10) 当初の文言は ABl. 2000 Nr. C 364/1，修正された，2007/12/13 のリスボン条約が 2009/12/01 に発効した時点から諸条約と同じ拘束力を有するようになった文言は ABl. 2007 Nr. C 303/1 および ABl. 2010 Nr. C 83/389。これについては *Rudolf Streinz/Christoph Ohler/Christoph Herrmann*, Der Vertrag von Lissabon zur Reform der EU. Einführung mit Synopse, 3. Aufl. 2010, S. 118 ff. 参照。

11) これについては *Norbert Bernsdorff* in : Jürgen Meyer (Hrsg.), Charta der Grundrechte der Europäischen Union, 2. Aufl. 2006, Art. 10 GRCh, Rn. 1 f. 参照。

12) 基本権コンベンションでの議論については *Bernsdorff*（脚注 11），Art. 10 GRCh, Rn. 6 ff. 参照。

13) 1950/11/04 の欧州人権条約。現在の文言は Sartorius II, Internationale Verträge—Europarecht, Loseblatt (1. 12. 2009), Nr. 130.

14) 1969/11/22 の米州人権条約。ILM 9 (1970), 673. ドイツ語訳は EuGRZ 1980, 435 ; *Bruno Simma/Ulrich Fastenrath* (Hrsg.), Menschenrechte Ihr internationaler Schutz, 5. Aufl. 2004, Nr. 83.

15) 1982/06/27 の人及び人民の権利に関するバンジュール憲章。ILM 21 (1982), 59. ドイツ語訳は Jahrbuch für afrikanisches Recht 2 (1981), S. 243 ; EuGRZ 1986, 677 ; *Simma/Fastenrath*（脚注 14），Nr. 85.

16) 2004/01/15 にアラブ連盟が採択した憲章（英語版は Boston International Law Journal 24 (2006), S. 149 und International Human Rights Report 12 (2005), S. 893）は，発効に至らなかった 1994/09/15 のアラブ人権憲章（信教の自由の権利は第 26 条に定められていた）に手を加えたものである。憲章は 2008/03/15 にアルジェリア，バーレーン，ヨルダン，リビア，サウジアラビア，パレスチナのほか，イエメン，カタール，アラブ首長国連邦について発効した。これについては *Matthias Herdegen*, Völkerrecht, 8. Aufl. 2009, S. 354 f. 参照。

は，1948年12月10日の世界人権宣言第18条[17]に信教の自由が盛り込まれており，国際法として拘束力を持つ形では，市民的及び政治的権利に関する国際規約の第18条[18]で信教の自由が保障されている。このような欧州化および国際化について，ヴィルフリート・フィードラーは，1999年にハイデルベルクで開催されたドイツ国家法講師協会の大会での講演で研究者の立場から検証を行い，特に人権の普遍性の問題を指摘するとともに[19]，欧州評議会加盟国の中にも差異があることや，欧人裁の対応を評価している[20]。欧人裁による十字架像事件判決に対しては賛否両論が交錯し，イタリアの請求によって欧人裁大法廷が判決を審査することになっているが[21]，議論の基盤を確立することになったこの講演が参考になる。

II. 欧人裁の十字架像事件判決

　欧人裁はラウツィという女性の個人によるイタリア共和国を相手取った申立によりこの事件を審理することになった。ラウツィさんは，イタリア国籍を持つフィンランド系の女性で，当時11歳と13歳だった自分の子供たちが通っていたアバノ・テルメという町の公立学校の教室にかけてあった十字架像を取り外すことを求めていた。学校がその要求に応じなかったため彼女は訴を提起し，行政裁判所からイタリア憲法裁判所に違憲審査呈示されたが[22]，イタリア

---

17)　ドイツ語訳は Sartorius II（脚注13），Nr. 15.
18)　ドイツ語訳は Sartorius II（脚注13），Nr. 20.
19)　*Wilfried Fiedler*, Staat und Religion, in : VVDStRL 59 (2000), S. 199 (202 ff.).
20)　同書，S. 207 ff. 参照。
21)　イタリアによる本件の大法廷への移送の申立（欧州人権条約第43条第1項）は，2010/03/01 に欧州人権条約第43条第2項に基づいて認められ，欧州人権条約第43条第3項に従って大法廷（欧州人権条約第27条第1項，第31条参照）が判定を下すことになる。
22)　ヴェネト州行政裁判所の 2004/01/14 の決定。これについては欧人裁判決 EGMR（脚注8），Tz. 11 参照。

憲法裁判所は訴訟手続上の理由から実体法上の問題を審査せず[23]，行政裁判所によって棄却された[24]。この判決に対する控訴は奏功しなかった[25]。ラウツィさんはその後，自らの名と2人の子供の名において，イタリア共和国を相手取り，欧州人権条約第34条に基づき個人として欧人裁に提訴した。2009年11月3日の判決で欧人裁第2法廷[26]は，イタリアが十字架像を取り付けることを公立学校に命じた法規命令が，欧州人権条約議定書第1号第2条および欧州人権条約第9条に違反するという判断を全会一致で下し，欧州人権条約第41条に基づく5,000ユーロの賠償金を原告に支払うことを命じた。欧州人権条約議定書第1号の第2条には，何人に対しても教育の権利を拒否することは許されないことが定められている。国は，教育および授業の領域において国が担っている職務の行使にあたって，両親が自らの信じる信教および世界観に従った教育および授業を確保する権利を尊重しなくてはならない。欧州人権条約第9条には，あらゆる者に思想・良心・信教の自由の権利があることが定められている。この権利には，自らの信教ないし世界観を，単独もしくは他の者とともに，公の場ないし個人の場で，礼拝や授業，慣習・儀式の実行によって示す自由が含まれる。またその逆に，いわゆる消極的な信教の自由もこの権利によって保護されている[27]。欧人裁はその判決の中で，欧州人権条約第8条の信教に

---

23) 2004/12/15の決定。これについては欧人裁判決 EGMR（脚注8），Tz. 26参照。

24) ヴェネト州行政裁判所の 2005/03/17 の判決。これについては欧人裁判決 EGMR（脚注8），Tz. 13参照。

25) 国務院の 2006/02/13 の判決。これについては欧人裁判決 EGMR（脚注8），Tz. 15参照。

26) 判事構成は Tulkens（ベルギー），Barreto（ポルトガル），Zagrebesky（イタリア），Jociene（リトアニア），Popovic（セルビア），Sajo（ハンガリー），Karaka（トルコ）。

27) 欧人裁判決 EGMR, Urteil vom 13.8.1981 (Young, James und Webster/Vereinigtes Königreich), EuGRZ 1981, 559, Tz. 52 ff., これを欧人裁はラウツィ事件（脚注8），Tz. 47で引用している。また *Jochen Abr. Frowein*, in : ders / *Wolfgang Peukert*, EMRK-Kommentar, 3. Aufl. 2009, Art. 9, Rn. 7 および同書，Rn. 3（自由の思想の自

関する内容は，信者の同一性とその生活構成にとって最も重要な要素のひとつであると同時に，欧州人権条約第8条はまた，無神論者や不可知論者，懐疑論者，無関心者などを保護する極めて貴重な規定にあたることを強調している[28]。この具体的な事例において欧人裁は，十字架像がイタリアの歴史と文化の表現であり，よってイタリアの同一性であるとともに，平等・自由・寛容などの原則を象徴するものであるというイタリア政府およびイタリア行政裁判所の主張を退けている。欧人裁は，カトリック教義は1985年にイタリアの国教ではなくなっていると指摘した[29]。判決の主な理由は結局のところ，信教の問題に関する国の中立義務と，親権者および義務教育の学校で十字架像を目にせざるを得ない子供たちの権利の侵害，公立学校の教育の使命である[30]。原告が指摘した，投票所に十字架像を設置することは許されないという，イタリア破毀院の判例[31]については，欧人裁は取り上げなかった[32]。

由による消極的な信教の擁護）；*Christoph Grabenwarter*, in：*Wolfram Karl* (Hrsg.), Internationaler Kommentar zur Europäischen Menschenrechtskonvention, Loseblatt, Art. 9 EMRK, Rn. 55 ff.；ders, in：*Karl Korinek/Michael Holoubek* (Hrsg.), Österreichisches Bundesverfassungsrecht, Loseblatt, 6. Lieferung 2003, Art. 9 EMRK, Rn. 21 ff., Rn. 17；*Gaitanides*（脚注9），§ 29, Rn. 17 なども参照。

28) 欧人裁判決 EGMR, Urteil vom 25.5.1993, Beschwerde Nr. 14307/88（Kokkinakis/Griechenland), Series A Nr. 260, Tz. 31＝ÖJZ 1994, 59.

29) 欧人裁判決 EGMR（脚注8），Tz. 23。1985/03/25 の法律第121号および1929/02/11 のラテラノ条約改定のためのイタリアとバチカン市国の間の1984/02/18 の条約が引用されており，ラテラノ条約ではカトリック教会がイタリア国家唯一の宗教とされていたが（同書，Tz. 21 f. 参照），1984年の条約ではっきりと改定された。また，欧人裁判決（脚注8），Tz. 26 に引用されている1989年のイタリア憲法裁判所の判決第203号も参照。

30) 欧人裁判決 EGMR（脚注8），Tz. 48 ff.

31) イタリア破毀院，2000/03/01 の判決。これについては欧人裁判決 EGMR（脚注8），Tz. 7 参照。

32) 投票所は裁判所と同様に，学校とは評価が異なる。裁判所については連憲裁，1973/07/17 の決定参照，BVerfGE 35, 366 (375 f.)：法廷内に十字架像を取り付けることを一概に禁止するものではないが，ユダヤ人としての基本権を侵害されたと感じる訴訟当事者が十字架像を取り外すことを請求する権利を認めた。連憲

III. 欧人裁判決の反響

　予測通り、この判決は、宗教的シンボルの反対派からは歓迎され、教会側および政界では批判を受けた[33]。欧州連合サイドでは、欧人裁が欧州評議会の機関であって、欧州連合の機関ではないことをはっきりとさせる必要性に迫られることになり、これはマスコミの一部でルクセンブルクにある欧州連合司法裁判所と、ストラスブールにある欧州人権裁判所を混同して報道されたためである。イタリアでの批判は殊に激しいものであった。イタリアでは、国内の裁判所で十字架をめぐる論争が行われたのを受けて、国民のおよそ80パーセント

　裁の判断およびヘッセン行政高裁（VGH）の判断（Beschluss vom 4.2.2003, NJW 2003, 2471/2473 und Beschluss vom 1. 6. 2005, NJW 2006, 1227：郡議会議場の十字架）について、大人に対する宣教的効果がないことから批判的なのが *Juliane Kokott*, in：*Michael Sachs* (Hrsg.), Grundgesetz-Kommentar, 5. Aufl. 2009, Art. 4, Rn. 52. 差別化した見解なのは *Starck*（脚注9），Art. 4 Abs. 1, 2, Rn. 25（法廷内に十字架があっても消極的信教の自由の侵害にはあたらない／無神論者の請求があった場合には郡議会議場から十字架を取り外す権利を認める可能性あり）。特殊なケースにおいて法廷から十字架を取り外すことに対して根拠ある理解を示しているのが *Christoph Link*, Stat Crux？——Die Kruzifix-Entscheidung des Bundesverfassungsgerichts, NJW 1995, 3353 (3356).

33）　激しい批判を行ったのはイタリア政府、バチカン市国（2009/11/03 の Focus-online 掲載："Vatikan kritisiert Urteil des EGMR" 参照）、イタリア司教会議およびドイツ司教会議（Academia 6/2009, S. 373（"Bischofskonferenz kritisiert Straßburger Kruzifix-Urteil"）参照）、また CSU 党の政治家、たとえばバイエルン州議会議長 *Barbara Stamm*、バイエルン州文部相 *Ludwig Spaenle*、欧州議会議員 *Manfred Weber* や、オーストリアなどで、オーストリアでは国民議会が 2009/11/03 に判決を批判し、イタリアの立場を支持する決議を採択している。リトアニア議会（外交委員会）やポーランド議会（本会議）の決議には、イタリアが本件を欧人裁大法廷に提訴したことを支持することが明記されている。2010/01/14 の Salzburger Nachrichten 紙参照。激しい批判を行っているのがオーストリアの国際法学者 *Karl Zemanek*、2009/11/22 の Die Presse 紙（「この判決は馬鹿げている（中略）内容的に誤った、法政策上愚かな判定である」）。

が学校に宗教の象徴を備えることに賛成していたという事情がある。欧人裁の判決があった後，イタリア全国で抗議のため公共の場に多数の十字架が据え付けられ，自治体が公共施設に必ず十字架がかけられていることを確認したという。イタリア政府は本件を欧人裁の大法廷に移送（欧州人権条約第 43 条第 1 項に基づくいわば「控訴」にあたる）することを申し立てた。この申立を欧人裁は 2010 年 3 月 1 日に認めている[34]。リトアニアおよびポーランドの議会が，欧人裁でイタリアを支援することを表明している[35]。

IV. 1995 年 5 月 16 日の連邦憲法裁判所による十字架像事件判決との比較

　大きな波紋を呼び，激しい批判があったのは，連邦憲法裁判所（連憲裁）が 1995 年 5 月 16 日に下した通称「十字架像事件判決」[36]も同じである。欧人裁の最終判決は，個別の事件に関する決定であり，その直接の法的効果はその事件に限られたものであるとはいえ，この判決を根拠とする訴訟が今後予測されることから[37]，その意味合いは個別事件を超えるものであり，連邦憲法裁判所の判決との比較を行うことには意義があろう。欧人裁の判決には，いくつかの手法において連憲裁の判決との共通点がある。連憲裁の判決では，5 名の裁判官が賛成し，反対した 3 名は反対意見を示している[38]。判決を支持する過半数

---

34) 2010/03/02 の欧人裁プレスリリース第 177 号参照。閲覧アドレス http://cmiskp.echr.coe.int/tkp 197/view.asp?item＝2＆portal=hblcin＆action―html＆highlight=Lautsi＆ sessionid＝5215 1510 ＆skin=hudoc-pr-en（2010/04/27 に最終確認）．

35) 2010/01/14 の Salzburger Nachrichten 紙：Litauen, Italien und Polen gegen Kruzifix-Urteil 参照。

36) 連憲裁判決 BVerfGE 93, 1.

37) その効果については下記 V. を見よ。

38) *Seidl, Söllner, Haas* の 3 裁判官の反対意見，BVerfGE 93, 1 (25 ff.).

の裁判官は，信教問題における国家中立の要請を強調している。十字架像はキリスト教[39]固有のシンボルであり，国家もしくは欧州文化の一般的同一性構成要素とみなすことはできないというのである。信教の自由の消極的側面は，義務教育の学校において子供たちが「十字架のもとでの学習」を強いられることを禁じるものであるという[40]。

しかし，連憲裁[41]とは異なり，欧人裁は欧州人権条約第9条が強調している信教の自由の積極的側面には触れていない。そのため，消極的信教の自由と積極的信教の自由を実際にどのように一致（Konkordanz）させるかについての論述がない。十字架像事件判決の冒頭に添えられた頭注は揺るがしようのないものであり[42]，「行き過ぎの表現」と捉えるのも無理はないが，実際には個人の良心の葛藤となるような場合に十字架を避けることができない状況を批判しているに過ぎず，異議規定による解決を促すものであったと考えるのが妥当であろう[43]。このような結論をバイエルン州の立法者も十字架像事件判決から導出しているが，連憲裁を含む司法側からの指摘があったわけではない[44]。一般的にいって連憲裁は，欧人裁よりも自らの立場の根拠を明らかにするように努めている。このように理由の説明が十分でないことや，それだけでも問題がある

---

39) カトリック教会は国教ではなくなったといっても，イタリアでは十字架像は**カトリック教会**の象徴であろう。

40) 連憲裁判決 BVerfGE 93, 1 (16 ff., 18).

41) 連憲裁判決 BVerfGE 93, 1 (21 ff.) 参照。

42) 「宗教学校ではない国立の義務教育学校に十字架ないし十字架像を取り付けることは，基本法第4条第1項に違反する。」

43) この見解は *Markus Möstl*, in : *Josef Franz Lindner/Markus Möstl/Heinrich Amadeus Wolff* (Hrsg.), Verfassung des Freistaates Bayern. Kommentar, 2009, Art. 135-137, Rn. 15. 後に憲法裁判所のヘンシェル（Henschel）判事が行った，基本法第4条第1項違反にあたるのは，国立義務教育学校の教室に国の命令により十字架ないし十字架像を取り付けることのみであるという「明確化」も参照。*Kokott*（脚注32），Art. 4, Rn. 50 参照。各種の裁判所も判決を同様に解釈している。たとえば連邦行政裁判所判決 BVerwG, Urteil vom 21.4.1999, BVerwGE 109, 40 (44 ff.) ＝ NJW 1999, 3063 等を参照。

44) これについては下記 V. 4. を見よ。

連憲裁の「十字架のもとでの学習」[45]という表現よりもさらに感情を傷つけるような欧人裁の言葉遣い（人権侵害／教化であるという非難がその陰にちらつく子供の教育に対する批判）が，判決の受容度を下げることにつながったのであろう。

V. 効　　果

1．欧人裁判決の具体的な効果

　大法廷が第2法廷の判決を有効とした場合には，この判決は確定（欧州人権条約第44条第1項）し，イタリアにとっても拘束力を有することになる。なぜなら，欧州人権条約第46条で，主権国家たる条約締結国は，当事者となっているすべての事件において，欧州人権裁判所の最終判決に従うことを確約しているからである。これまでのところは，欧人裁の判決に批判や受容の問題があっても，判決に従うのが通例となっている。たとえばドイツでは，カロリーヌ・フォン・ハノーファー事件（言論の自由と人格権の比較衡量）[46]での欧人裁判決について，欧人裁と連憲裁の間で論争があったものの[47]，判決の内容が尊重されている[48]。しかし，希にではあるが例外もある。その一例をあげると，欧人裁判決執行の監視を所掌する欧州評議会の閣僚委員会は，ロシアが勝

---

45) これは連憲裁判決 BVerfGE 93, 1 (18). 否定的なのはたとえば *Josef Isensee*, Bildersturm durch Grundrechtsinterpretation. Der Kruzifix-Beschluß des BVerfG, ZRP 1996, 10 (11 f.), 結論において肯定的なのがたとえば *Ludwig Renck*, Zum rechtlichen Gehalt der Kruzifix-Debatte, ZRP 1996, 16 (16 ff.). この論争に関する引用文献の記載が *Kokott*（脚注32），Art. 4, Rn. 37 ff. などにある。

46) 欧人裁判決 EGMR, Urteil vom 24.6.2004 (Caroline von Hannover／Deutschland), EuGRZ 2004, 404, Nr. 76 ff.

47) 連憲裁判決 BVerfG, Urteil vom 15.12.1999, BVerfGE 101, 361—Caroline von Hannover.

48) *Rudolf Streinz*, Zur Europäisierung des Grundgesetzes, in : *Peter M. Huber* (Hrsg.), Das Grundgesetz zwischen Stabilität und Veränderung, 2007, S. 33 (51) にある引用文献および最近では BVerfGE 120, 180, *Dieter Dörr* の分析掲載，JuS 2008,

訴した原告の女性[49]を解放するための措置をとらなかったことから[50]，各加盟国に対しロシアに対して措置をとるように2006年5月10日に求めたケースがある。イタリアのベルルスコーニ首相は，判決には決して従わないと通告している。

2．欧州人権条約の他の加盟国に与える影響

　欧人裁のこの判決も個別の事件についての決定であることには変わりがない[51]。しかし，その原則的な論旨においては，当該事件を超えた意味合いが他の締約国にとっても生じることになる。その両面を欧人裁の広報官は強調している。欧人裁の大法廷がそのような判断を示すか[52]，またその判決にイタリアがどう対応するかはまだわからない。また，同様の訴訟が続いた場合に，他の加盟国がどう反応するかもわからない。というのも，この判決がきっかけとなって，そのような訴訟が提起される可能性があるからである。実際にポーランドではヴロツワフの学校の生徒たちが，欧人裁判決を引き合いに出して十字架像を取り外すことを要求して学校側に拒否されたほか，シフィノウイシチェではマチエエフスキという男性が欧人裁判決を根拠として公共の場からすべての十字架を排除することを要求したことが報じられている。国家と教会の関係

　　　1107 参照。
49) 欧人裁判決 EGMR, Urteil vom 8.7.2004 (Ilascu/Moldawien und Russland), HRLJ 2004, 332.
50) これについては *Frowein*, in : *Frowein/Peukert*（脚注27），Art. 46, Rn. 22 参照。
51) 欧人裁判決の法律上の効果については *Frowein*, in : *Frowein/Peukert* (Fn. 27), Art. 46, Rn. 1 ff. 参照。いわゆる「制度上の問題」があり，それが立法の問題である場合には，国が法律改正によって解決しなくてはならない（同書，Rn. 12 f., 引用文献記載）ただし，欧人裁はその裁判管轄から生じる制約を考慮する必要があるが，ゲルギュリュ（Görgülü）事件では，原告にその子供に会うことを許さなくてはならないという欧人裁の命令が，過去の事実に基づくものであり，その後の事情を考慮していないという点においてその要件を満たしていない。同書，Rn. 10 参照。
52) 口頭弁論は2010/06/30に行われた。2010/07/01のSZ紙，S. 7 参照。

をどう捉えるかは，欧州評議会加盟国間および欧州連合加盟国間で大きく異なっており，厳格に政教分離を行う世俗主義から国教会まで，また両極の間に位置するさまざまな協力モデルがある[53]。同様に欧州人権条約の47加盟国間で大きな差があるのが，信教の自由に関する規定である[54]。したがって，この問題をめぐって摩擦が生じる可能性は大きい。

3．欧人裁判決の受容度に与える影響

イタリア政府による警告を発する内容の陳述にもかかわらず[55]，欧人裁は締約国にまったく評価の余地（"margin of appreciation"; "marge d'appreciation"）を与えなかった。ここで目に付くのは，この評価の余地という論旨の概念を，まさにこのような「同一性問題」のために，各国で異なる伝統や評価を勘案して展開してきたストラスブールの欧人裁が[56]，このところその点において，ルクセンブルクにある欧州連合の欧司裁よりも制約的であるように思われる点である。欧司裁はたとえばオメガ事件（「レーザードローム」）において，ドイツでは人間の尊厳に特別な意味合いがあることを，公序のために基本的自由を制約す

---

53) これについては *Christian Waldhoff* in : *Christian Calliess/Matthias Ruffert* (Hrsg.), Verfassung der Europäischen Union. Kommentar der Grundlagenbestimmungen, 2006, Art. 152, Rn. 3 ff.（引用文献記載）参照。

54) これについては *Bernsdorff*（脚注11），Art. 10, Rn. 2 にある概要を参照。

55) 欧人裁判決 EGMR（脚注8），Tz. 38 参照。ギリシャでは国家の式典にギリシャ正教関係者が出席することや，「政教分離主義」をとるフランスの一地方でありながらアルザスでは聖金曜日に事務所や商店が休業していることなどが指摘された。同書，Tz. 39 参照。

56) その基盤となっているのが欧人裁判決 EGMR, Urteil vom 7.12.1976 (Handyside/Vereinigtes Königreich), Serie A, Nr. 24 ; EGMR, Urteil vom 26.4.1979 (Sunday Times/Vereinigtes Königreich), EuGRZ 1979, 386. その分析は *Dietrich Murswiek*, JuS 1980, 523. 特に信教の自由については欧人裁判決 EGMR, Urteil vom 20.9.1994 (Otto-Preminger-Institut/Österreich), HREJ 1994, 371 = ÖJZ 1995, 194. これについては *Frowein*, in : *Frowein/Peukert*（脚注27），Vorbemerkung zu Art. 811, Rn. 13 ff. 参照。信教の自由に関する欧人裁判例を特に取り上げているのは *Fiedler*（脚注19），S. 217 ff.

るものとして受け入れている[57]。しかしながら，欧州評議会が1989年から1990年にかけての「東西統合」後に拡大されてからの欧人裁の判例については，この点についてさらに細かい分析が必要であり，事件の状況と法廷の判事構成によって差があるかどうかについても確認する必要がある。基本的に欧人裁には閣僚委員会[58]以外の執行手続がないため，判決が受け入れられることに依存しており，欧州人権条約によって保障されている権利の保護と各加盟国の評価の余地との間のバランスを維持ないし場合によっては回復しなくてはならない。評価の余地の範囲のほかにも，歴史や伝統の影響が色濃い信教の自由の捉え方を考えると，「歴史によって培われてきた地域的特殊性を原則的に受け入れる用意」[59]があるのかどうかという疑問が生じることになる。

4．欧人裁判決の考慮に関する連憲裁の司法判断を踏まえたドイツへの影響

このような欧人裁の判例をみると，連憲裁が原則的には欧人裁およびその判決について肯定的な姿勢を示しており，国内の裁判所がそれに従わなかった場合の憲法による，すなわち憲法裁判所による対応も行われているのに[60]，ゲルギュリュ事件判決には留保事項が盛り込まれたのも理解できる。その判決によれば，ドイツの裁判所は欧人裁の判決を「十分に考慮」しなくてはならないが，その際には憲法による制約を守ることという但し書きがついている[61]。したがって，最終的には基本法に定められた規定に優位性があることになる。こ

---

57) 欧司裁判決 EuGH, Urteil vom 14.10.2004, Rs. C 36/2 (Omega Spielhallen- und Automatenaufstellungs-GmbH/Oberbürgermeisterin der Bundesstadt Bonn), Slg. 2004, 19609, Rn. 28 ff., 37 ff. その分析は *Rudolf Streinz*, JuS 2005, 63.

58) 欧州人権条約第46条第2項。これについては *Frowein*, in : *Frowein/Peukert*（脚注27), Art. 46, Rn. 16 ff. 参照。

59) *Fiedler*（脚注19), S. 219.

60) 2004/02/26の欧人裁判決 EGMR vom 26.2.2004 (Görgülü/Deutschland), EuGRZ 2004, 700を無視したナウムブルク高裁判決 OLG Naumburg vom 30.6.2004, EuGRZ 2004, 749の（一部）破棄，BVerfGE 111, 307 (330 ff.) 参照。

61) 連憲裁判決 BVerfG, Urteil vom 14.10.2004, BVerfGE 111, 307（頭注／Leitsätze 1

の連憲裁の留保は，競合する権利に対する配慮がなかったり，十分でなかったりした場合の，競合する権利を実際に一致（Konkordanz）させるという問題を念頭に置いているものと思われる。たとえばゲルギュリュ事件のようなケースでは，子供の最善の利益と父親の権利を考慮に入れ，比較衡量する必要がある[62]。いわゆる「十字架像関連事件」については，積極的信教の自由と消極的信教の自由がこれにあたる[63]。この実際上の一致[64]という点を考えるならば，ドイツ，特にバイエルン州で十字架像事件判決の後に見出された対立の解決策は欧州人権条約の規定に適合しているとみなすことができよう。連憲裁の判決後に改正されたバイエルン州の教育授業法には，「バイエルン州の歴史的および文化的な特色を踏まえ」教室には必ず十字架を取り付けるものの，理由ある対立が生じた場合には取り外さなくてはならないことが定められている[65]。バイエルン州憲法裁判所は，まさのこの対立解決法があることを理由として，この規定をバイエルン州憲法と相容れるものと判定し[66]，連憲裁はその決定に対

---

und 2). これについては *Rudolf Streinz*, Das Grundgesetz : Europafreundlichkeit und Europafestigkeit. Zum Lissabon-Urteil des Bundesverfassungsgerichts, ZfP 2009, 465 (483 ff.) 参照。

62) この判決について的確かつ行き届いた見解を示しているのが *Gertrude Lübbe-Wolf*, ECHR and national jurisdiction—The Görgülü Case, HFR Contribution 12/2006, S. 1 (1 ff.).

63) 学校礼拝に関するこの二つの側面の実際の一致については，連憲裁判決 BVerfG, Urteil vom 16.10.1979, BVerfGE 52, 223 および最近のベルリン行政裁判所判決 VG Berlin, Urteil vom 29.9.2009, NVwZRR 2010, 189 (190 f.)（引用文献記載）参照。

64) この概念を打ち出したのは *Konrad Hesse*, Grundzüge des Verfassungsrechts der Bundesrepublik Deutschland, 20. Aufl. 1995, Rn. 317 ff.

65) 教育および授業制度に関するバイエルン法第 7 条第 3 項，2000/05/31 公告による文言。連憲裁の十字架像事件判決の後，1995/02/23 の法律（GVBl. S. 850）で挿入された。これについては *Heinrich Amadeus Wolff* in : Lindner/Möstl/ Wolf（脚注43），Art. 107, Rn. 44 ; *Möstl*, 同書, Art. 135137, Rn. 15 参照。異議規定の合憲な取扱については *Kokott*（脚注 32）, Art. 4, Rn. 49 ff. 参照。

66) バイエルン州憲法裁判所判決 BayVerfGH, Urteil vom 1.8.1997, VerfGHE Bd. 50, 151 (156) = NJW 1997, 3157 = BayVBl. 1997, 686.

して提訴された憲法異議を却下した[67]。連邦行政裁判所（連行裁）は，異議の理由に対する要件が行き過ぎたものでなければ，考え方の違う者にとって妥当かつ非差別的な回避方法があるものと判示した[68]。ただし，この具体的な事件については前審判決[69]を破棄し，バイエルン州に対して，両原告の娘が通常授業を受けている学校の各部屋から十字架を取り外す命令を下すことを義務づけている[70]。この異議による解決法は，連邦憲法に合憲な形で解釈すべきものであり，すなわち，異議申立人が真摯な理解できる信仰ないし世界観の理由を根拠としており，双方の合意が成立せず，そのほかに妥当かつ非差別的な回避方法がない場合には，最終的には異議申立人の申立を認めなくてはならないという[71]。この事件では原告が確固たる無神論者であったことから，この条件が満たされているものと連行裁は判断したのである。しかし同時に，世界観に無関心であることは異議の理由とはならず，自由な拒否権があるわけではないことも強調している。また，予見可能な対立はできる限りはじめから避けるべきであり，必要とあらば学級編制の時点でも適切な秘密保持の上で考慮すべきものとしている[72]。ある事件ではあくまでも「特殊」な事例としてではあるが，バイエルン州高等行政裁判所が教師の請求に従ってその教師が授業を行う時間中に十字架を取り外す命令を下しており[73]，また別の事件では，アウグスブルク

---

67) 連憲裁決定 BVerfG, Beschluss vom 27.10.1997, NJW 1999, 1020.
68) 連行裁判決 BVerwGE 109, 40（頭注／Leitsätze および S. 51 ff.）＝ NJW 1999, 3063.
69) ミュンヘン行裁およびバイエルン州行高裁の判決 VG München und BayVGH, Urteil vom 22.10.1997, BayVBl. 1998, 305.
70) 連行裁判決 BVerwGE 109, 40 (42).
71) 同書，頭注／Leitsatz 2, バイエルン州憲裁判決 BayVerfGH, Urteil vom 1.8.1997 BayVBl. 1997, 686 ＝ VerfGHE Bd. 50, 151 ＝ NJW 1997, 3157 を引用．
72) 連行裁判決 BVerwGE 109, 40（頭注／Leitsätze 3 und 4）．
73) バイエルン州行高裁判決 BayVGH, Urteil vom. 21.12.2001, NVwZ 2002, 1000 (1007 ff. および頭注／Leitsatz 6). 教師の立場は親権者よりも弱く，なぜなら教師は基本権を有する人であると同時に，公職者であって，法律により規範化された学校の十字架の意味合いを容易に無視することはできないとした（同書，頭注／Leitsatz 5）．

行政裁判所が無神論者の教師が提起した訴を棄却し，教室に十字架があるからといって，例外規定を正当化するような深刻な精神的負担となっているとは思えないとしている[74]。残念なことに欧人裁は，競合する権利の思慮深い調整という問題には踏み込んでいない[75]。もちろん，そのような考え方は訴訟当事者の陳述にもなかったのだが。子供を十字架のない私立校に通わせたり，自宅で授業を受けさせればよいというようなイタリア政府の主張は[76]，ほとんど無意味であった。

VI. 結論と今後の展望

　欧人裁の判決は，その結論においても，またその理由においても納得のゆくものではない。十字架像を教室に取り付けることが人権を侵害するという判定は，大きな波紋を呼んだ。しかしこの判決主文は，欧人裁にいわせれば，人権と基本的自由の保護のための欧州条約から導出されるものである。とはいえ判決理由には，無意味な侵害内容もあげられており，その論拠に説得力がないのは，欧州人権条約第9条で保障された，国家も擁護すべき積極的信教の自由がまったく考慮されていないことがその最大の理由である。この点と，特定の宗教を憲法に謳っている欧州人権条約締約国に与える影響，また欧人裁の判決には受け入れが不可欠であるということを，大法廷が当事者間で競合する権利の

---

74) アウグスブルク行裁判決 VG Augsburg, Urteil vom 14.8.2008 (Az. Au 2 K 07. 347).

75) 的確な批判を行っているのが *Christian Walter*, Die Hoheit unter dem Kreuz. 欧州司法裁判所は，国家と宗教の関係における自らの役割を過大評価している。十字架像事件判決，FAZNET 2010 をみればそれがわかる。また，子供に与える影響について，キリスト磔像のついた十字架像と，何もついていない十字架との違いを的確に指摘している。連憲裁の十字架像事件判決では，実際に高さ80センチの十字架像で，60センチの磔像がついているものが問題となった。連憲裁判決 BVerfGE 93, 1 (3) 参照。ただし，連憲裁は，十字架像と（単なる）十字架のいずれも明記している。

76) 欧人裁判決 EGMR（脚注8），Tz. 37 参照。

思慮深い調整の可能性を探る際に考慮すべきであろう[77]。なぜなら,「常に肝要なのは個別の事例における多数者と少数者の関係を具体的に形成することであって,少数者を支持する立場を機械的にとることではない」[78]からである。

---

77) 必須科目「キリスト教,宗教と哲学」においては明らかにキリスト教が特別扱いされていることから,かなり難しい事件であった Folgero u. a./Norwegen (Beschwerde Nr. 15472/02) で,2007/06/29 の大法廷の判決は賛成9票,反対8票というぎりぎりの結果であったことを指摘する *Walter*(脚注75)参照。Folgero 事件については *Christoph Grabenwarter*, Europäische Menschenrechtskonvention, 4. Aufl. 2009, § 22, Rn. 78 参照。また *Ivo Augsberg/ Kai Engelbrecht*, Staatlicher Gebrauch religiöser Symbole im Licht der Europäischen Menschenrechtskonvention. Zur Entscheidung des EGMR vom 3.11.2009 in der Rs. Lautsi, JZ 2010, 450 (458) も参照。

78) *Fiedler*(脚注19), S. 221.

リスボン条約判決およびハニーウェル事件判決後の欧州司法裁判所に対する連邦憲法裁判所による審査留保*

I. 序　　章

　「委譲行為の憲法上の制約とその法律上の効果を特定することが，基本法に関する憲法上の最大の課題のひとつであることは今も昔も変わらない。」これはクラウス・シュテルンが1984年に発表したドイツ連邦共和国の国家法を題材とする記念碑的大作[1]の一節であるが，このような認識は現在の状況にも相変わらずあてはまる。連憲裁はその後，「その限りにおいて判決 II（Solange II）」[2]やマーストリヒト条約判決[3]，バナナ市場規則判決[4]，そして最近ではリスボン条約[5]および欧司裁のマンゴルト事件判決[6]に関する判決などの基本判

---

*Der Kontrollvorbehalt des BVerfG gegenüber dem EuGH nach dem Lissabon-Urteil und dem Honeywell-Beschluss, FS *Stern*, 2012.

1) *Klaus Stern*, Das Staatsrecht der Bundesrepublik Deutschland, Bd. I, 2. Aufl. 1984, S. 535.
2) 連憲裁判決 BVerfGE 73, 339 (274 ff.) und LS／頭注 2.
3) 連憲裁判決 BVerfGE 89, 155 (188) und LS／頭注 7.
4) 連憲裁判決 BVerfGE 102, 147, LS／頭注 1 und 2.
5) 連憲裁判決 BVerfGE 123, 267 (347 ff., 396 ff.) = EuGRZ 2009, 339, Tz. 226 ff., 331 ff. und LS／頭注 1.
6) 連憲裁判決 BVerfG, EuGRZ 2010, 497 Landau 判事の反対意見あり，同書，S. 506 ―Honeywell，欧司裁判決 EuGH, Rs. C 144/04 (Mangold/ Helm), Slg. 2005, I-9981 について。欧司裁判決の後，連邦労働裁判所 BAG が改めて欧司裁に審査呈示することなく下した判決（BAGE 118, 76―Honeywell）に対する憲法異議に基づく判決。連労裁の判決については *Lüder Gerken/ Volker Rieble/ Günter H. Roth/ Torsten Stein/*

決において，統合のための授権の制約（当時は基本法第24条第1項の解釈によるものであったが，現在は基本法第23条第1項に具体化されている）に基づく，共同体法ないし現在の連合法の設定行為および執行々為に対する審査留保を繰り返し表明しており，欧州統合の要件に関してその内容を明確化かつ差別化してきた。このような背景から，クラウス・シュテルンが提起した課題に従って，現状の確認を行う時期がきたものと考える。

II. 連憲裁の審査留保の根拠

1．憲法による授権に基づく連合法の優位性

連憲裁が審査を留保する基盤となっているのは，（諸条約（EU条約およびEU機能条約）にはいまだに明記されていないものの[7]，基本的に受け入れられている立場である）今は連合法になった共同体法の優位性が，各加盟国の憲法における高権委譲に基づくものであり，よってこの授権の範囲内でのみ成立するという点である。このことを連憲裁は，リスボン条約判決においても明確に再度確認している[8]。

2．統合のための授権の制約

従来から欧州共同体についても基本法第24条第1項に含まれていた統合の

　　Rudolf Streinz, Mangold—ein „ausbrechender Rechtsakt", 2009, S. 57 ff.参照。
 7）　失敗に終わった欧州憲法条約（ABl. 2004 L 310/1）第I-6条の規定は，意図的にリスボン条約には盛り込まれなかった。そのため従来の法的状況に変化はなく，基本判決となったCosta/ ENEL（Rs. 6/64, Slg. 1964, 1251 (1269)）事件判決以降の欧司裁のこれまでの原則的に受け入れられている判例法を基盤として，リスボン条約が採択された政府間会合の最終文書に添えられた優位性に関する声明（第17号）（ABl. 2010 L 83/344）によって確認されている。
 8）　連憲裁判決 BVerfGE 123, 267 (347, 349 f., 400, 402) = EuGRZ 2009, 339, Tz. 226, 233 f, 339, 343.

ための授権に対する制約は，当初連憲裁の判例によって確立されたものである[9]。それがマーストリヒト条約を契機として基本法第23条第1項に固定化された。ドイツが所属することが許される（かつ義務づけられている（「参加する」）[10]）欧州連合は，「民主制の原則，法の支配の原則，社会的原則，連邦制の原則と補完性の原則の遵守を誓い，基本法に実質的に相当する基本権の擁護を保障する」ものである。これはただ単に「ドイツ連邦共和国が統合された欧州においてどのような構造を目指しているのかを記述した」[11]ものではなく，管轄するドイツの各憲法機関に対して，このような条件を満たす連合にのみ参加することを憲法により義務づけるものである。したがって，その際に存在する政治的形成の裁量に適用される基準の留保は，積極的に方向性を示すものであると同時に，消極的な限界を規定するものでもある[12]。

3．「憲法の番人」としての連憲裁

基本法第23条第1項第1文にあるこの構造確保条項[13]と，基本法第79条第3項にある最低限の制約が審査基準であって，この基準をもって連憲裁は欧州統合のドイツでの基盤を成す統合関連法を評価するのであり，それが「憲法の番人」としての義務なのである。この任務を引き受けるかどうかは，連憲裁の

---

9) 明示的なのが連憲裁判決 BVerfGE 58, 1 (40)—Eurocontrol. これについては *Rudolf Streinz*, Bundesverfassungsgerichtlicher Grundrechtsschutz und Europäisches Gemeinschaftsrecht, 1989, S. 231 ff. 参照。

10) 連憲裁判決 BVerfGE 123, 267 (346 f.) = EuGRZ 2009, 339, Tz. 225 で明確化されている：「基本法第23条第1項および前文から導出される統合された欧州を実現するという憲法の負託は（中略）ドイツの憲法機関等にとって，欧州の統合に参加するか否かは自らの裁量の範囲内にはないことを意味する。基本法は欧州統合と国際的平和秩序を求めている。」

11) これは連邦政府の見解，BTDrs. 12/3338, S. 4.

12) *Ondolf Rojahn*, in: *Ingo* von *Münch/Philip Kunig*, Grundgesetz-Kommentar, Bd. 2, 5. Aufl., 2001, Art. 23, Rn. 17.

13) こう明記されているのが連憲裁判決 BVerfGE 123, 267 (363) = EuGRZ 2009, 339, Tz. 261.

自由にはならない。ドイツには，統治行為論はない。連憲裁が自ら行動を起こすことはあり得ない。連憲裁は，基本法に定められた手続の何れかによって提示された問題はすべて取り扱わなくてはならず，決定を下さなくてはならない。しかし，この点においても，マーストリヒト条約判決で展開された基本法第 38 条第 1 項第 1 文に関する理論が，憲法異議を提起する可能性を万人に開くことになり[14]，その結果欧州憲法条約[15]やリスボン条約[16]も連憲裁が審理することになったように，解釈の余地が存在する。さらに，統合のための授権の制約には内容の特定が必要であり，審理の密度においては，特にぞれぞれのパートナーの利益を考慮しなくてはならない欧州政策を含む外交政策などにおける政治的形成の余地と，憲法規定との適切なバランスをとる必要がある。連憲裁は，外交および欧州政策に関する事項について，司法の自己抑制（judicial self-restraint）によってこれを実践している[17]。

審査の対象となり得るのは，ドイツ公権力の行為のみであり，よって連合法のドイツによる設定行為および執行行為ということになる[18]。ただし，ドイツの高権行為が連合法によって決定されている場合には，その連合法も必然的に間接的に審査の対象となる[19]。ここに，諸条約（EU 条約および EU 機能条約）の

---

14) 連憲裁判決 BVerfGE 89, 155 (171 ff.)—Maastricht；最近連憲裁判決 BVerfGE 123, 267 (328 ff.) = EuGRZ 2009, 339 Tz. 168 ff.—Lissabon で再度確認された。

15) 憲法異議については EuGRZ 2005, 340 参照。欧州憲法条約が失敗に終わったことで憲法異議手続が自ずと片付いてしまうまで連憲裁が判決を引き延ばした理由について批判的なのが *Rudolf Streinz/ Christoph Herrmann*, Missverstandener Judicial Self Restraint oder : Einmischung durch Untätigkeit, EuZW 2007, 289.

16) 憲法異議と憲法機関係争手続が同時に行われた。BVerfGE 123, 267 (268 ff.) 参照。

17) 下記 IV. 2. を見よ。

18) 該当するものに連憲裁判決 BVerfGE 22, 293 (295 ff.)；不明確なのが連憲裁判決 BVerfGE 89, 155 (LS 7 S. 1 und 2)—Maastricht. これについては *Rudolf Streinz*, Europarecht, 8. Aufl. 2008, Rn. 242 ff. 参照。

19) これについては *Rudolf Streinz*, Das Grundgesetz : Europafreundlichkeit und Europafestigkeit, ZfP 2009, 467 (470 ff.) 参照。

解釈および適用における法の遵守，すなわち連合法の遵守を管轄する欧司裁との対立が生じる可能性がある[20]。

4．ドイツの独り歩きではない

連憲裁はこの審査留保を，該当する憲法異議や裁判所による違憲審査呈示，憲法機関の訴などがあったために，ほかよりも明確かつ頻繁に表明してきたかも知れない。しかし，国内での連合法適用に対する審査留保は，"querelle allemande"[21]（ドイツ人の口論），すなわちドイツだけの話ではない。私の知る限り，あくまでも「仮説」とした上であるが，最初にこのような留保をしたのはイタリアの憲法裁判所であった[22]。各加盟国の憲法には統合のための授権の制約があり，各国の憲法裁判所もそれを明確に示している[23]。

---

20) 下記 IV. 1. を見よ。
21) たとえば基本権の問題に関する *Hans-Peter Ipsen*, Europaisches Gemeinschaftsrecht, 1972, S. 716 ff. などを参照。
22) Corte Costituzionale, 1973/12/27 の 判 決, Giurisprudenza Costituzionale 1973, 2401 (2420)—Frontini；ドイツ語訳は EuGRZ 1975, 311 (315) EEC がイタリア憲法の原則に違反し越権行為となる可能性について："in tale ipotesi sarebbe sempre assicurata la garanzia del sindacato giurisdizionale di questa Corte sulla perdurante compatibilita del Trattato con i predetti principi fondamentali". （仮にこのような場合においては，当該条約が前述の諸基本原則と常に相容れるものであるかどうかを，当裁判所は必ず司法審査することになろう。）連憲裁の判例とイタリア憲法裁判所の現在有効な司法判断の，対立防止に関する共通点や，まだ残されている各種の留保（controlimiti 論），また協力関係の要件などについては *Antonio Tizzano*, Der italienische Verfassungsgerichtshof (Corte costituzionale) und der Gerichtshof der Europäischen Union, EuGRZ 2010, 1 (2 ff.) 参照。
23) 各国のリポートに基づく比較一覧があるのが *Peter M. Huber*, Offene Staatlichkeit : Vergleich, in : *Armin* von *Bogdandy/Pedro Cruz Villalön/ders*. (Hrsg.), Handbuch Ius Publicum Europaeum, Bd. II : Offene Staatlichkeit - Wissenschaft vom Verfassungsrecht, 2008, § 26 (S. 403 ff.), Rn. 34 ff. *Christoph Grabenwarter*, Staatliches Unionsverfassungsrecht, in : *Armin* von *Bogdandy / Jürgen Bast*

III. 審査留保の各種要素

1. 基本権審査

　基本権に関する審査が，連憲裁が行った最初の留保であり，早くも1973年の「その限りにおいて（Solange）判決 I」におけるものであった。当初その根拠となったのは，基本権の一覧が成文化されていなかったために，基本権の保護が不十分とみなされたことによる[24]。しかし，この理論はその後まず相対化されて[25]，「その限りにおいて判決 II」では「その限りにおいて判決 I」とは構図が逆転したことでこの理論は破棄されるに至り[26]，その代わりに，欧司裁との「協力関係」を前提条件とした[27]連憲裁の「予備権限」という理論に置き

(Hrsg.), Europäisches Verfassungsrecht. Theoretische und dogmatische Grundzüge, 2. Aufl., 2009, S. 121 (123 ff.) にある差別化された概説を見ると，共同体法の包括的な優位性を認めているオーストリアなどの国でも，「基本原則」については，共同体法（現在の連合法）下への「従属」は否定されていることがわかる（同書，S. 124）。

24) 連憲裁判決 BVerfGE 37, 271（LS／頭注 1）。この判決の意義については Stern（脚注1）, S. 537 ff. 参照。

25) 連憲裁判決 BVerfGE 52, 187 (202 f.)——通称「場合により（Vielleicht）判決」これについては Stern（脚注1）, S. 539 参照。

26) 連憲裁判決 BVerfGE 73, 339（LS／頭注 2）。「その限りにおいて判決 I」の要件が，欧司裁判例などのそれ以降の経過を念頭に，実体的に満足されているものとみなしている。基本権一覧が連合法で成文化されたのは，リスボン条約が2009/12/01 に欧州連合基本権憲章（ABl. 2010 Nr. C 83/389）とともに発効してからのことである。EU条約第6条第2項に定められているEUの欧州人権条約加盟の後は，欧州人権条約もこれに加わることになる。これまでは欧州人権条約が，欧司裁が展開する共同体基本権論の法源となってきたが，共同体基本権は今後も連合基本権として存続することがEU条約第6条第3項に定められており，EU基本権憲章および欧州人権条約とともに，欧州連合の3本立ての基本権保護体制を形成することになる。

27) この表現は 89, 155（LS／頭注 7 S. 3）。

換えられている[28]。実体法上の審査基準は軽減されて[29]，欧州法によって規定された基本権に関する案件を連憲裁が審査するための要件が大幅に厳しくなった[30]。

2．同一性審査

　連憲裁は，基本法の憲法としての同一性が保たれているかどうかを，基本法第23条第1項第3文および第79条第3項に則して審査する[31]。リスボン条約判決で示されたこのような要件は，新しいものではない。連憲裁は，ダルカザンリ事件判決の名をあげて引用している[32]。これは基本的に確立された判例法であり，「憲法の同一性」という表現もすでに使用されている[33]。新しいのは，「同一性審査」という言葉である。また，連憲裁は，この言葉の意味するところをさらに細かく説明しており，いくつかの側面を区別している。リスボン条約判決で連憲裁は初めて，論争の的となっており，マーストリヒト条約判決では連憲裁が答を出していない問題である[34]，ドイツの欧州連邦国家への統合が合憲であるかどうかという点[35]についての立場を示し，ドイツ連邦共和国を

---

28)　この表現は連憲裁判決 BVerfGE 123, 267 (401)＝EuGRZ 2009, 339, Tz. 341.
29)　これは，基本法第23条第1項第1文にも表れている。これについては下記 IV. 2. b) を見よ。
30)　連憲裁判決 BVerfGE 102, 104—Bananenmarktordnungsbeschluss（バナナ市場規則判決）これについては下記 IV. 2. c) aa) を見よ。
31)　連憲裁判決 BVerfGE 123, 267 (268, 400 f.)＝EuGRZ 2009, 339 LS／頭 注4 und Tz. 340.
32)　連憲裁判決 BVerfGE 123, 267 LS 4 S. 2 auf BVerfGE 113, 273 (296) に記載。
33)　連憲裁判決 BVerfGE 37, 271 (279)—Solange I（その限りにおいて判決 I）参照：「その同一性の基盤を成す憲法の基本構造」これについては *Streinz*（脚注18）Rn. 230参照。自らの判例を引用している連憲裁判決 BVerfGE 123, 267 (353 f.)＝EuGRZ 2009, 339, Tz. 240 も参照。
34)　連憲裁判決 BVerfGE 89, 155 (188).
35)　争点については *Rudolf Streinz*, in : *Michael Sachs* (Hrsg.), Grundgesetz. Kommentar, 5. Aufl., 2009, Art. 23, Rn. 86（引用文献記載）参照。

「欧州連邦国家の構成国家」として再編成することは「同一性の変更」にあたり、これは基本法の範囲外であって、制憲権力による決定が必要であるとした。連憲裁はその中で、ドイツ国民が自由な決定により採択した憲法が発効した場合には、基本法はその有効性を喪失することを定めた基本法第 146 条を引用している。「第 146 条は、基本法第 23 条第 1 項第 1 文に定められた実体的要件とならんで、ドイツ連邦共和国が欧州統合に参加する範囲の究極の限界を規定している」[36]。このような「非国家化」に対しては、基本法の枠内において（基本法第 38 条第 1 項第 1 文に基づき）憲法異議を連憲裁に申し立てることができるという[37]。連邦国家への移行に向けた決定的な一歩となるのは、権限付与権限の委譲であるが、これを基本法は禁じているとした[38]。基本法は確かに、かなりの範囲について欧州連合への高権委譲を行うことを立法者に授権している。しかし、その授権には条件があり、主権国家としての憲法国家たる性格が、限定個別授権原則に基づく統合計画を基盤として、加盟国としての憲法上の同一性を尊重の上で、維持されること、またそれと同時に、各加盟国が自己責任において政治的および社会的に生活環境を形成する能力を失わないことがその条件であるという[39]。民主制の原則は、高権の委譲に関して、内容的な限界も規定するものであり、その限界とは、憲法制定権力を用いることができず、国家に主権があるということのみから導出されるものではないという。「主権国家の条約による連合」（というのが、マーストリヒト条約判決の中で欧州連

---

36) 連憲裁判決 BVerfGE 123, 267 (332) = EuGRZ 2009, 339, Tz. 179. やはり"pouvoir constituant"（制憲力）が必要と考えていたのが *Peter M. Huber*, Recht der Europäischen Integration, 2. Aufl., 2002, S. 48 ff.; *Rojahn*（脚注 12）, Art. 23, Rn. 16（引用文献記載）も参照。

37) 連憲裁判決 BVerfGE 123, 267 (332) = EuGRZ 2009, 339, Tz. 180.

38) 連憲裁判決 BVerfGE 123, 267 (349) = EuGRZ 2009, 339, Tz. 233. 連憲裁判決 BVerfGE 89, 155 (187 f., 192, 199)—Maastricht、連憲裁判決 BVerfGE 58, 1 (37)—Eurocontrol、連憲裁判決 BVerfGE 104, 151 (210)—Neues Strategisches Konzept der NATO を引用。

39) 連憲裁判決 BVerfGE 123, 267 (347) = EuGRZ 2009, 339, Tz. 226.

合の性格を表すために用いられた「国家間連結（Staatenverbund）」という表現の定義である）[40]においては，経済的・社会的・文化的生活環境を政治的に形成するために十分な余地が各加盟国に残されていなくてはならないという。これが特に重要なのが，市民の生活環境に関わる領域であり，中でも基本権によって保護された自己責任と個人的および社会的安全に大きな影響をあたえる分野や，文化・歴史・言語などの背景に強く依存し，政党政治および議会政治によって構成された公の政治的な議論によって生み出される政治的決断などである。民主的形成の本質的領域として連憲裁があげているのは，「主に国籍，文民および軍事の権力独占，借入を含む歳入と歳出，刑事司法における自由の剥奪や収容措置などをはじめとする基本権への重度の介入の場合のような，基本権の実現のために決定的となる介入要件」などのほか，「また，言語の自由や家族と教育環境の形成，言論・報道・集会の自由や信教ないし世界観の取扱」である[41]。「本質的な」国家の役割をこのような形で（未完結なまま）具体的に示したことが，批判を浴びた[42]。しかし，連憲裁にとって，この文脈において根拠

---

40) 同書，頭注1：「連結という概念は，主権を維持した国家間の，緊密な，長期的に構想されたつながりを表し，条約に基づいて公権力を行使するものだが，公権力の基本秩序は各加盟国のみの自由になるものであり，各加盟国の国民（すなわち各国の国籍を有する市民）が民主的正当性の主体であることには変わりがない。」欧州連合の性格と法的な本質については *Rudolf Streinz*, Die Verfassung Europas : Unvollendeter Bundesstaat, Staatenverbund oder unvergleichliches Phänomen?, in : FS *Nehlsen*, 2008, S.750 (758 ff.) 参照。超国家法および欧州共同体が "phénomène nouveau"（新種の現象）であって，「国内法の段階的な法規構造と，国内法と国際法の二元論という凝り固まった路線から脱却するため」には，新たな理論や法的概念が必要であることについては *Stern*（脚注1），S. 540 がすでに指摘しているが，また同時に，基本法第79条第3項による憲法存続の保障の重要性はいまだに大きいことを強調している。これについては *Josef Isensee*, Vorrang des Europarechts und deutsche Verfassungsvorbehalte offener Dissens, in : FS *Stern*, 1997, S. 1239 (1239 ff., 1248 ff.) も参照。

41) 連憲裁判決 BVerfGE 123, 267 (357 f.) = EuGRZ 2009, 339 Tz. 249.

42) たとえば *Christoph Schönberger*, Lisbon in Karlsruhe : Maastricht's Epigones at

となっていたのは「国家性」ではなく，民主原則である。ただし，この両者には，欧州連合には2本立ての民主的正当性が必要とされることから，相関々係がある。さらに連憲裁は，異議申立人の批判点を採用した上で[43]，リスボン条約が（連憲裁が示した理由により，すなわち当然連憲裁の解釈において）憲法によって許された統合の限界をまだ超えていないと理由づけた[44]。しかし，連憲裁のように，「国家性」の存続が基本法第79条第3項によって保護されていると考えるのであれば，国家性の本質とは何かを少なくとも説明する必要がある[45]。同様のことが，ドイツ連邦議会には，「実質的な政治的重要性」のある職務および権限が残されていなくてはならないという要件についてもいえる[46]。この要件は連憲裁がマーストリヒト条約判決で初めて示したものだが[47]，おそらくこれは，マーストリヒト条約によって通貨主権という極めて重要な，枠組となる条件を守る限りは合憲とみなされる[48]主権の委譲が行われたという背景があるのであろう。通貨同盟を実際に脅かすほどの莫大な国家債務を目の前にして，現在行われている通貨同盟保全をめぐる議論をみていると，このあと一体どこまで欧州連合に権限を委譲してよいものか，各国の議会にある予算主権に対する介入権まで許していてもよいのかという疑問が湧いてくる[49]。

Sea, German Law Journal 2009, 1201 (1210 f.)；*Christian Calliess*, Das Ringen des Zweiten Senats mit der Europäischen Union : Über das Ziel hinausgeschossen…, ZEuS 2009, 549 (570 ff.)；*Armin* von *Bogdandy*, Prinzipien der Rechtsfortbildung im europäischen Rechtsraum. Überlegungen zum Lissabon-Urteil des BVerfG, NJW 2010, 1 (3 f.) などを参照。

43) 連憲裁判決 BVerfGE 123, 267 (305 ff.) = EuGRZ 2009, 339, Tz. 100 ff. 参照。
44) 連憲裁判決 BVerfGE 123, 267 (369 ff.) = EuGRZ 2009, 339, Tz. 273 ff.
45) ドイツ各州の「国家性」については連憲裁判決 BVerfGE 34, 9 (19 f.)—Beamtenbesoldungsstruktur；BVerfGE 87, 181 (196 f.) 参照。これについては *Sachs*, in : 同著（脚注35），Art. 79, Rn. 43（引用文献記載）参照。
46) 連憲裁判決 BVerfGE 123, 267 (356) = EuGRZ 2009, 339, Tz. 246.
47) 連憲裁判決 BVerfGE 89, 155（LS／頭注4）．
48) 連憲裁判決 BVerfGE 89, 155 (203 ff.)—Maastricht 参照。通貨同盟の収斂基準の評価について批判的なのが *Streinz*（脚注18），Rn. 1056.
49) 欧州委員会の提案については，そのためには条約改正が必要と考える *Ulrich*

3．権限外行為審査

　連憲裁の審査は，憲法上委譲可能なものについてのみならず，諸設立条約およびその改正の承認法によって委譲されたものもその対象となる[50]。審査にあたって連憲裁は，統合共同体の特殊な点を認識し，受け入れている。「統合を期待する者は，連合の機関が独自の意思形成をするようになることを想定しなくてはならない」。したがって，過去の蓄積を維持しようとする傾向（アキ・コミュノテール）や，アメリカ合衆国の黙示的権限論（doctrine of implied powers）でいうような権限の実効的解釈の傾向は容認しなくてはならない（中略）これは，基本法が意図する統合の負託の一端をなす」[51]。しかし，連憲裁はまた憲法上の制約も加えている。「ただし，統合メカニズムの建設的な力に対する信頼は，憲法による限り無限ではあり得ない。欧州統合プロセスにおいてその一次法が機関により変更ないし拡大解釈される場合には，憲法上有意な緊張状態が，限定個別授権原則および各加盟国が担う憲法上の統合責任との間に生じることになる」。不特定に，その展開にまかせる形で立法および行政管轄を委譲することは，欧州連合の機関が予め規定された統合計画の範囲を超えて，自らの権限を定めるという権限が確立されてしまう危険を内包している。「憲法に基づく限定個別授権原則と各加盟国に帰属する構想上の統合責任の一線を越える恐れがあるのは，欧州連合の機関が無制限に，（たとえそれが非常に控えめで例外的な場合のみに発動されるものであっても）外部の統制なしに条約法の解釈につ

　　Häde, Kommissionsentwürfe für offensichtliche Ultra-vires-Akte, EuZW 2010, 921 参照。予算主権，延いては各国議会の政治的形成の自由を制約する可能性の限界の問題は，これを超えるものである。

50）　たとえばマーストリヒト条約判決以前にも連憲裁判決 BVerfGE 75, 223 (243 f.)—Kloppenburg がある。これについては *Rudolf Streinz*, Der Verfassungsstaat als Glied einer europaischen Gemeinschaft, DVBl. 1990, 949 (954) 参照。否定的なのが *Eckart Klein*, Der Verfassungsstaat als Glied einer europäischen Gemeinschaft, VVDStRL 50 (1991), S. 56 (68 f.).

51）　連憲裁判決 BVerfGE 123, 267 (351 f.) = EuGRZ 2009, 339, Tz. 237.

いて決定することが可能となる場合である」[52]。連憲裁の見解によれば，統合条約を適切に構成することによって予防的にこれに対処することが，「したがって憲法により要求されている」[53]。さらに，ドイツの裁判管轄の範囲内で，「欧州連合による管轄の所掌において明らかな越権行為があった場合においては」権限外行為審査を行うことが可能でなければならず，その条件として「欧州連合レベルで権利の保護が得られない場合」をあげている[54]。

IV. 欧司裁との対立の可能性を緩和

1．対立が生じる恐れがある理由

　連憲裁と欧司裁の間で対立が生じると考えられる原因は，憲法による統合のための授権の制約が守られていない場合にそれを確認するのは連憲裁の管轄であるのに対し，その際に間接的に審査の対象となる連合法の拘束力を伴う解釈は欧司裁の管轄にあることである。この管轄は，EEC条約（マーストリヒト条約後はEC条約）第164条，ないしアムステルダム条約以降はEC条約第220条，現在はEU条約第19条第1項第2文により，欧司裁に委譲されたものである。よって連憲裁には憲法上の問題における「最終決定権」[55]があり，欧司裁には連合法上の問題における最終決定権がある。憲法上の拘束と連合法上の拘束の間でアポリアが生じることがないよう，そのような対立を事前に回避する方法を模索しなくてはならない。それに貢献しているのは連憲裁であるが，最近では欧司裁も協力的になっている[56]。

---

52) 連憲裁判決 BVerfGE 123, 267 (352) = EuGRZ 2009, 339, Tz. 238.
53) 連憲裁判決 BVerfGE 123, 267 (353) = EuGRZ 2009, 339, Tz. 239.
54) 連憲裁判決 BVerfGE 123, 267 (353) = EuGRZ 2009, 339, Tz. 240.
55) こう明記されているのが連憲裁判決 BVerfGE 123, 267 (381) = EuGRZ 2009, 399, Tz. 299. また（欧司裁が適切に任務を遂行することを基本的に信頼しているにもかかわらず）BVerfGE 123, 267 (399) = EuGRZ 2009, 339, Tz. 337（引用文献記載）も参照。
56)「基本的に不可避な緊張状態」を緩和するために相互の配慮が必要であることに

2．連憲裁の手法

1　最後の手段としての審査留保

リスボン条約判決で明白となったのは，連憲裁が自ら規定した審査権限がどのような結果につながるかを承知しているという点である。憲法裁判所による審査によって確保されるのは「連合法の優先適用は存続する憲法による授権に基づいて，またその範囲においてのみ有効」[57]であり，よって無制限のものではないということであるから，権限外行為審査や同一性審査の結果として，「共同体法ないし今後の連合法がドイツでは適用不能とされる」[58]可能性がある。しかし連憲裁はそのために，「共同体秩序の機能を守るため」適切な「欧州法に好意的な憲法適用」を行うことで，憲法の拘束と連合法の拘束がこのように遊離してしまう事態を回避しようと努力しており，欧州法関連案件における連憲裁の審査は，あくまでも「予備権限」[59]であって，「この手段によってのみ憲法の柱となる諸原則の違反を防ぐことが可能であることを前提とする」[60]ことを明言している。審査留保の発動は，最後の手段でしかない。この「欧州法に好意的な」[61]審査留保の適用というのは，第一に審査基準の軽減を意味しているが，それに加えて手続上の対応も行われている。

　　については BVerfG, EuGRZ 2010, 497, Tz. 57 参照。欧州法が定める欧司裁の義務および判例については下記 IV. 4 を見よ。
57)　連憲裁判決 BVerfGE 123, 267 (397) ＝ EuGRZ 2009, 339, Tz. 332. 憲法による授権に基づく優位性については *Streinz*（脚注18), Rn. 212 ff. 参照。
58)　連憲裁判決 BVerfGE 123, 267 (354) ＝ EuGRZ 2009, 339, Tz. 241.
59)　連憲裁判決 BVerfGE 123, 267 (401) ＝ EuGRZ 2009, 339, Tz. 341：「憲法の要請である連邦憲法裁判所の予備権限」
60)　連憲裁判決 BVerfGE 123, 267 (400 f.) ＝ EuGRZ 2009, 339, Tz. 340 には国際法条約に関する連憲裁の判例が引用されている。ここではゲルギュリュ（Görgülü）事件の欧州人権条約についてのもの。BVerfGE 111, 307 (317 f.)
61)　良く耳にする国際法に好意的という表現に似たこの言い回しはリスボン条約判決で初めて用いられた。BVerfGE 123, 267 (347, 354, 400 f.) ＝ EuGRZ 2009, 339, Tz. 225, 241, 340 und LS／頭注 4 S. 3

2 実体的対応——審査基準の軽減

　実体的対応として連憲裁は審査基準を軽減している。軽減されたのはまず基本権擁護についてで，基本法に定められたものと完全に一致しなくても，「実質的に同等」であればよいとされ，この文言は基本法第23条第1項第1文に採用されている。基本権をこのように相対化することは，欧州の公益をドイツの基本権保護の法理に盛り込むことで大概が可能である[62]。また，この基準は連憲裁の見解によれば「一般に」守られていればよいとされ，すなわち連憲裁が行うのは単なる否定的明白性審査である上に，個別事例の審査も行わないのである[63]。基準の相対化が行われた背景には，民主制の原則に要求される条件が一国家を念頭に置いていることがあり，これは適切な対応といえる。というのは，欧州連合のような「国家共同体」においては，「この意味において民主的正当性を，ひとつの国家憲法により統一かつ完結した形で規定された国家秩序におけるのと同じ形態で得ることはできない」[64]からである。そのため要求

---

62) これについては Streinz（脚注9），S. 247 ff., 295；同著（脚注18），Rn. 233, 246 参照。

63) こう明言されているのが連憲裁判決 BVerfGE 102, 147 (LS 1 und 2) Bananenmarktordnung（バナナ市場規則判決）これについては下記 IV. 2. c) aa) を見よ。個別事例審査の放棄に批判的なのが Streinz（脚注18），Rn. 247.

64) 連憲裁判決 BVerfGE 89, 155 (182). 連憲裁判決 BVerfGE 123, 267 (371)＝EuGRZ 2009, 399, Tz. 278—Lissabon でも繰り返し確認されている：「欧州連合は民主制の原則を満足している。なぜなら，欧州連合の役割および統治組織を定性的に分析すると，国家と同様の構造とはまったくなっていないからである。」これについて批判的なのがたとえば Matthias Jestaedt, Warum in die Ferne schweifen, wenn der Maßstab liegt so nah? Verfassungshandwerkliche Anfragen an das Lissabon-Urteil des BVerfG, Der Staat 48 (2009), 497 (510 f.) 連憲裁判決 BVerfGE 123, 267 (370)＝EuGRZ 2009, 339, Tz. 276 und 289 を引用。確かに，欧州連合の民主的正当性を，現在はリスボン条約で明確に義務づけられた欧州議会と各国議会という2本立てで構成することが，欧州連合の特殊な構造に見合ったものであり，そのため連憲裁も民主制に不備があるとは認めていないということをさらに明確にしたほうがよかろう。この意味で，欧州議会の役割も否定的にではなく肯定的に捉えることで，「民主制に不備あり」というワンパターンの主張に対抗すべきであろう。これに関し，連憲裁が欧州議会の役割を否定的に評価していることに対して

されているのは，その構造に合わせた，基本法の諸原則との原則の一致のみに過ぎず，この点もやはり基本法第23条第1項第1文（「諸原則」）に反映されている[65]。ちなみに，連憲裁がマーストリヒト条約判決で要求している欧州議会および各国議会を通じた2本立ての民主的正当性[66]については，リスボン条約も各国の議会が「連合の良好な機能のために」（EU条約第12条）「積極的に」貢献することを強調していることから，これを明確に裏づけるものとなっている。また，欧州法に基づく義務よりも憲法が優先されるのは，「自らの同一性に関わる根本的事項」[67]に限定されているので，同一性審査についても同様に軽減されていると考えられる。ここで特筆に値するのは，連憲裁が共通点を指摘している欧司裁のカーディ事件判決で，国連安全保障理事会決議の国際法上の適用請求権に対して，欧州共同体の基盤となる法原則を抗弁とする可能性があるという内容となっている[68]。

権限外行為審査がどのようなものであるべきかという点について，連憲裁はハニーウェル事件判決において，限定個別授権原則の違反が明らかなのは，「欧州の機関がその権限の範囲を，限定個別授権原則そのものに抵触するような形で超えた場合（基本法第23条第1項），言い換えるなら権限違反が十分に要件を満たしている場合」[69]に限られるという立場を示している。この中で連憲

的確な批判をしているのが Christoph Schönberger ; Die Europäische Union zwischen „Demokratiedefizit" und Bundesstaatsverbot. Anmerkungen zum Lissabon-Urteil des Bundesverfassungsgerichts, Der Staat 48 (2009), 535 (551 f.) であるが，もちろん基本法第23条第1項の要件が変更されたことで欧州連合の特殊な構造に対応していることは考慮に入れていない。これが必要であるということについてはすでに Stern（脚注1），S. 540 が書いている。

65) これについては Streinz（脚注18）Rn. 324 参照。
66) 連憲裁判決 BVerfGE 89. 155 (185 f.).
67) 連憲裁判決 BVerfGE 123, 267 (400 f.) = EuGRZ 2009, 399, Tz. 340.
68) 同書。根拠としているのは欧司裁共同審理事件判決 EuGH, verb. Rs. C 402/P und C 415/05/P, Kadi und Al Barakat/Rat und Kommission, Slg. 2008, 16351, Rn. 278 ff. = EuGRZ 2008, 480 = EuR 2009, 80.
69) 連憲裁判決 BVerfG, EuGRZ 2010, 497, Tz. 61.

裁は，連合には「連合独自の合法性判断手法」があることを受け入れ，欧司裁にはいわば「誤差許容権」があると明確に述べている[70]。そして「連合法の解釈の問題について，通常の法学議論の枠内での方法論に基づく法解釈を行った場合にさまざまな異なる結論が得られるような場合に，欧司裁の解釈を自らの解釈に差し替えること」は，連憲裁の役割ではないとした。もうひとつの累積的な制約の条件として，たとえ第一の条件が満たされている場合であっても，条約基盤の解釈が「権限体制の重大なシフトを伴わず，個別事例に限られたもので，基本権の負担となる効果が生じない場合，またはそのような負担を国内で調整することを阻害しない」ものである場合には，その解釈を容認しなくてはならないとした[71]。つまり，権限の違反は何らかの形で「体制に影響を及ぼす」ものではくてはならない。この点が，ランダウ判事の反対意見[72]などで，第2法廷のリスボン条約判決から逸脱するものとみなされている[73]。しかし「連合機関独自の意思形成」や「権限の実効的解釈」（これは明らかに欧司裁の「実効性（effet utile）判決を念頭に置いている」）を含む欧州法の特殊性については，その中でもすでに基本法が求める統合の必然的な結果として受け入れられている[74]。また明白性審査という理論も唐突なものではない[75]。しかし実際には，「各加盟国と超国家機関との間の構造上有意な権限体制のシフト」という累積的要件[76]はそれを超えるものなのだが，この点がまた，基本権擁護に関して連

---

70) 連憲裁判決 BVerfG, EuGRZ 2010, 497, Tz. 66. 誤認許容についてはすでに *Klein*（脚注50）S. 66 f. に明記されている。

71) 連憲裁判決 BVerfG, EuGRZ 2010, 497, Tz. 66.

72) 連憲裁判決 BVerfG, EuGRZ 2010, 508, Tz. 95 ff., 102 ff.

73) *Claus Dieter Classen*, Anmerkung, JZ 2010, 1186 (1186 f.) などを参照。またその中にある，このような違いがあることの考えられる理由として，そうしなければリスボン条約判決が（望ましいとされていた）全会一致では得られなかったであろうという説も参照。

74) 連憲裁判決 BVerfGE 123, 267 (351 f.) ＝ EuGRZ 2009, 339, Tz. 237.

75) この理論を支持する文献が BVerfG, EuGRZ 2010, 497, Tz. 61 に記載されているのを参照。

76) これは *Landau* 判事の反対意見，EuGRZ 2010, 508, Tz. 102.

憲裁が下したバナナ市場規則判決に見られる傾向を裏付けており，最終決定権を「主張するのは紙の上だけ」で，「実際に効果のある行使となると怯んでしまう」[77]ように思われる。このことから，権限外行為審査についても，連憲裁が審査を行うための要件が同様に厳しくなるのであろうかという疑問が生じる[78]。

3　手続上の対応

a) 憲法異議および違憲審査呈示の要件の引き上げ

「欧州法関連案件」における連邦憲法裁判所による審査に対する過剰な期待を抑え，また自らの作業負担を軽減するという意図もあってか，連憲裁はバナナ市場規則判決で憲法異議（基本法第93条第1項第4a号）および違憲審査呈示（基本法第100条第1項）に対する要件を大幅に厳しくしている。その要件によれば，憲法異議および裁判所による審査呈示で，欧州共同体の二次法による基本法に定められた基本権の侵害を主張するものは，1986年に「その限りにおいて判決Ⅱ」が下されてからの欧司裁の判例を含む欧州法の展開が，必要とされる基本権水準を下回っていることを理由に示さない限り，はなから要件を満たさないものとみなされる。そのため，審査呈示ないし憲法異議の理由には，それぞれの場合において排斥し得ないものとして要請されている基本権擁護が一般に担保されていないことを，詳細に説明する必要がある。そのためには，「その限りにおいて判決Ⅱ」で連憲裁が行ったような，国内レベルと共同体レベルでの基本権擁護の比較対照が必要だという[79]。基本権擁護が一般に担保されているかどうかを基準とすることで，連憲裁は個別事例の審査は行わないことを明確化した。異議申立人ないし専門裁判所に説明責任が課されたことで，二次法のドイツの執行行為，すなわちEU規則の執行および（これは連憲裁が

---

77) 同書，Tz. 104.
78) これについては下記 IV. 2. c) aa)および IV. 3. を見よ。
79) 連憲裁判決 BVerfGE 102, 147（LS／頭注1 und 2）―Bananenmarktordnung 連憲裁判決 BVerfGE 73, 339（378381）を引用。

後の諸判決で明確化している)[80] EU 指令の実施行為の連邦憲法裁判所による審査は，それが欧州法によって規定されるものである限り，事実上もはや行われることがなくなり[81]，審査留保があるということだけが連合と各加盟国との原則的な関係を物語るものとなって，そのような意味合いでの審査留保の重要性は今後も維持されることになる。

b) 連憲裁の独占

権限外行為審査および同一性審査はいずれも，共同体法がドイツでは適用不能と判断される可能性があることから，連憲裁は「共同体法秩序の機能性を保護するため」権限外行為の確認および憲法同一性違反の確認に関する決定を（基本法第 100 条第 1 項の法思想に従い）自ら連憲裁の独占とした[82]。これは praeter legem（法規外）ではあるが[83]，基本法第 100 条第 1 項に相当するものと考えることはできる。なぜなら，これによりまず，加盟国間のみならず，一加盟国内においてすら連合法の適用が統一されていないという事態が生じることを防ぐことになる。また，連合の機関による決定から場合により逸脱するという決定を行うことができるのは，ドイツの最高裁判所のみであり，その「統合責任」[84]を果たす形で，然るべき責任感を以て判断を下さなくてはならないからである。対象となり得る手続として連憲裁があげているのは，抽象的規範統制審査（基本法第 93 条第 1 項第 2 号），具体的規範審査（基本法第 100 条第 1 項），機関争議（基本法第 93 条第 1 項第 1 号），連邦・州間争議（基本法第 93 条第 1 項第 3 号），憲法異議（基本法第 93 条第 1 項第 4 a 号）などである。「権限外行為審査お

---

80) 連憲裁判決 BVerfGE 118, 79 (95 ff.)（引用文献記載）—Treibhausgasemissionen.

81) 出場のチャンスがない補欠選手のようだといううまい表現をしているのが *Udo Steiner*, Richterliche Grundrechtsverantwortung in Europa, in: FS *Maurer*, 2001, S. 1005 (1013).

82) 連憲裁判決 BVerfGE 123, 267 (354) = EuGRZ 2009, 339, Tz. 241.

83) *Josef Isensee*, Integrationswille und Integrationsresistenz des Grundgesetzes. Das Bundesverfassungsgericht zum Vertrag von Lissabon, ZRP 2010, 33 (35).

84) これについては *Pascal Hector*, Zur Integrationsverantwortung des Bundesverfassungsgerichts, ZEuS 2009, 599 (610 ff.) 参照。

よび同一性審査のためだけに用意された憲法裁判所の手続を，越権行為または同一性侵害にあたる連合法行為をドイツの諸機関が場合により適用しない義務の確立のため，立法者により」策定させるという連憲裁の考察（「考えられる」）は[85]，かえって「欧州法関連案件」における連憲裁の権限を制限ないし完全に廃止するといった議論を招く結果になり[86]，結局立ち消えになっている。

c) 事前に欧司裁に呈示

ハニーウェル事件判決で連憲裁は，欧司裁の判決には原則的に連合法の拘束力のある解釈として連憲裁も従わねばならないという点を明示しているのに加えて，そのため欧州の機関による権限外行為があったものと想定する前に，欧司裁に対し，EU機能条約第267条に定められた先決裁定手続を通じて，条約の解釈を示し，問題となっている法行為の有効性および解釈に関する裁定を下す機会を与えなくてはならないことも明確化している。それまでは連憲裁が連合法の適用不能性を認定することはできないとしている[87]。そしてその根拠としてリスボン条約判決を引用している。しかしリスボン条約判決には，このような内容が明記されていたわけではない[88]。その点についての批判に応える形で行われたこのような明確化[89]の重要性は高く，この呈示義務を法律によって

---

85) 連憲裁判決 BVerfGE 123, 267 (355) = EuGRZ 2009, 339, Tz. 241. これはあくまでも一案に過ぎなかった。
86) これについては *Heiko Sauer*, Kompetenz und Identitätskontrolle von Europarecht nach dem Lissabon-Urteil. Ein neues Verfahren vor dem Bundesverfassungsgericht?, ZRP 2009, 195 (197 f.) 参照。
87) 同書，Tz. 60.
88) 連憲裁判決 BVerfGE 123, 267 (353) = EuGRZ 2009, 339 (363 f.), Tz. 239 ff. に引用されている一節を参照。
89) 必要不可欠な司法対話にとっての呈示手続の重要性については Thomas von Danwitz, Kooperation der Gerichtsbarkeiten in Europa, ZRP 2010, 143 (144 f.) 参照。共同体法（現在の連合法）ないし欧司裁の司法判断とは異なる決定を下すことを意図する場合には，事前に呈示が必要であることについては，*Streinz*（脚注9），S. 157 参照。

明文化するべきだという主張[90]に固執していないのは（関与を義務づけることにより審査留保が法律によって固定化されてしまうという欧州法上の懸念もあり）[91]適切なことであった。

3．審査対象による区別

　基本権審査および同一性審査は，基本法に基づき委譲可能なもの，権限外行為審査はドイツの承認法によって委譲されたものを審査対象としている。したがって，審査対象による原則的な区別を行うことが要請されているのかどうか，また要請されているとしたらどこまでが要請されているのかが疑問である。連憲裁の独占も，事前の欧司裁呈示も，すべての審査対象に適用される。またこれは連憲裁が明確な立場を表明しているわけではないが，ハニーウェル事件判決を見ると，憲法異議および違憲審査呈示の要件の引き上げについても同様のことが言えよう。これはすなわち，連憲裁が今後バナナ市場規則判決で示した理論を採用し，憲法異議手続（基本法第93条第1項第4a号）の異議申立人ないし具体的規範審査手続（基本法第100条第1項）における呈示する側の裁判所が，「十分に要件を満たす」違反があったことを説明し，「連合権力による権限違反行為が明白であり，被疑行為が加盟国と連合の間の権限体制において限定個別授権原則と法の支配に基づく法律の拘束力に関して極めて重要なものであること」を示すよう連憲裁が求めていることを意味する。このような場合にのみ連憲裁は実体審査に入るわけであるから，これは確かに筋の通った話ではある。しかしこれは，異議申立人や呈示する側の裁判所にとって，理由説明

---

90) *Jan Bergmann/ Ulrich Karpenstein*, Identitäts- und Ultra-vires-Kontrolle durch das Bundesverfassungsgericht―Zur Notwendigkeit einer GESETZLICHEN VOR-LAGEVERPFLICHTUNG, ZEuS 2009, 529 (539) で引用されている呼びかけ参照（大文字による強調は原文通り）。

91) これについては *Carl Otto Lenz*, Brauchen wir ein neues Kontrollverfahren für das Recht der Europäischen Union vor dem BVerfG?, ZRP 2010 22 (23 f.) も参照。

の負担が甚大となることを意味しており，基本権審査に続いて権限外行為審査も事実上不可能となるであろう[92]。

4．欧司裁の役割——相互の配慮

EC条約第10条は加盟国の義務にしか触れていないものの，欧司裁はこの忠誠義務を相互のものとして，すなわち加盟国に対する連合の義務も含むものとして的確に捉えている[93]。リスボン条約では，EU条約第4条第3項第1段でこの点を明確化している[94]。これによれば，一加盟国の裁判所である連憲裁と連合の機関である欧司裁（EU条約第13条第1項第2段）には，相互に配慮する義務がある。諸条約に基づく欧司裁の職務で，その履行にあたって加盟国を尊重しなくてならないものには，リスボン条約で特に強調されており[95]，権限類型の規定と各種権限の分類によって明確化された[96]連合と加盟国の間の権限秩序を守ること，ならびに「各国の国家的同一性」の尊重（EU条約第4条第2項第1文）などが含まれることになる。連合に授権を行う規定の解釈と，延いてはその範囲の特定を行う権限は，欧司裁にあることが明記されている[97]。この点に関しては欧司裁自身も「当事者」であり，連合の権限を幅広く，時には

---

92) *Classen*（脚注73），DVBl. 2010, 1186 f. も参照。

93) これについては *Rudolf Streinz*, in : ders, EUV/ EGV, Kommentar, 2003, Art. 10 EGV, Rn. 6（引用文献記載）参照。

94) これについては *Rudolf Streinz*, in : ders, EUV/AEUV, Kommentar, 2. Aufl., 2012, Art. 4 EUV, Rn. 4参照。

95) 限定個別授権原則がEU条約第5条第1項および第2項で強調されていることを参照。この条文がEU条約第4条第1項などにも引用されている。また，補完性の原則と相当性の原則の適用に関する議定書（第2号）で明確化されている補完性原則と相当性原則の権限行使制約（EU条約第5条第3項および第4項）についても参照。これについては *Streinz*（脚注94），Art. 5 EUV, Rn. 2 ff. 参照。

96) EU機能条約第2条〜第6条

97) EU条約第19条第1項第1段第2文の原則規範のほか，EU機能条約第263条，第264条（二次法の無効を宣言する権限）およびEU機能条約第267条（解釈および有効性の問題における先決裁定）などを参照。

ultra vires（権限外）的に解釈し，納得のゆく理由を必ずしも示していないという批判を受けないためには[98]，欧司裁は自らの役割を，少なくともこの分野においては「統合の原動力」[99]としてではなく，連合の権限と加盟国の権限の間の均衡を保つためのいわば「憲法裁判所」と捉えるべきであろう[100]。なぜなら，このような前提があったからこそ，「中立の」権限裁判所を設置すべきだという主張[101]が，賢明なことにリスボン条約では採用されなかったからである[102]。原則判決といっても過言ではないタバコ広告禁止事件判決[103]が，権限の問題においては多くの期待を裏切るものであった一方で[104]，基本権の問

---

98) この批判について差別化した議論をしているのが *Rudolf Streinz*, Die Auslegung des Gemeinschaftsrechts durch den EuGH. Eine kritische Betrachtung, ZEuS 2004, 387 (398 ff.).

99) 共同体確立の過程にあっては適切であったこのような役割については *Peter M. Huber*, Das Verhältnis des EuGH zu den nationalen Gerichten, in : *Detlef Merten/ Hans-Jürgen Papier* (Hrsg.), Handbuch der Grundrechte in Deutschland und Europa, Bd. VI/2, 2009, § 172, Rn. 92 参照。

100) *Rudolf Streinz*, Die Rolle des EuGH im Prozess der Europäischen Integration. Anmerkungen zu gegenläufigen Tendenzen in der neueren Rechtsprechung, AöR 135 (2010), 1 (27) 参照。

101) *Siegfried Broß*, Bundesverfassungsgericht—Europäischer Gerichtshof— Europäischer Gerichtshof fur Kompetenzkonflikte—Zugleich ein Beitrag zur Lehre vom ausbrechenden Rechtsakt und vom Kooperationsverhältnis, VerwArch 2001, 425 (429) ; *Ulrich Goll/ Markus Kenntner*, Brauchen wir ein Europäisches Kompetenzgericht ? Vorschläge zur Sicherung der mitgliedstaatlichen Zuständigkeiten, EuZW 2002, 101 (105 f.) などを参照；「補完性裁判所」を提唱しているのが *Christian Koenig/ Ralph Alexander Lorz*, Stärkung des Subsidiaritätsprinzips, JZ 2003, 167 (172).

102) これについては *Rudolf Streinz/ Christoph Ohler/ Christoph Herrmann*, Der Vertrag von Lissabon zur Reform der EU. Einführung mit Synopse, 3. Aufl. 2010, S. 105 参照。

103) 欧司裁判決 EuGH, Rs. Deutschland/ Europäisches Parlament und Rat, Slg. 2000, 18419, Rn. 76 ff.—Tabakwerbeverbot I.

104) 欧司裁判決 EuGH, Rs. C 380/03, Deutschland/ Europäisches Parlament und Rat, Slg. 2006, 111573, Rn. 36 ff., 92 ff.—Tabakwerbeverbot II による。これについ

題においては各加盟国の特殊な事情に配慮し[105]，連合立法者に対しても基本権審査の内容の明確化と強化を行う[106]傾向が十分に認められる。

V. 結　　　論

　連憲裁は，リスボン条約判決およびハニーウェル事件判決において，統合のための授権の制約が守られているかどうかについての憲法に根ざした審査留保を繰り返し再確認している一方で，連合法の統一性を担保するために留保の発動には高いハードルを設けており，対立防止のために欧司裁との協力関係を権限外行為審査にも広げることを明示し，連合法ないし欧司裁の司法判断とは異なる裁定を下そうとする場合に連合法の要請である呈示義務を認めることでさらに明確化している。よって連憲裁は，（さまざまな批判とは裏腹に）当初からの，統合のための授権の制約を強調はしていても基本的に「欧州法に好意的な」姿勢[107]を引き続き維持している。欧司裁も，諸条約の解釈および適用にあたっての法の遵守義務（EU条約第19条第1項第1段第2文）の一環として対立の防止に努めていることから[108]，連憲裁と欧司裁は敵対関係にあるわけではな

　ては *Jörg Gundel*, Die zweite Fassung der Tabakwerberichtlinie vor dem EuGH : Weitere Klärungen zur Binnenmarkt-Harmonisierungskompetenz der Gemeinschaft, EuR 2007, 251 (257 f.)（引用文献記載）などを参照。

105）　主に欧司裁判決 EuGH, Rs. C 36/02, Slg. 2004, I-9609──Omega Spielhallen- und Automatenaufstellungs-GmbH/Oberbürgermeisterin der Bundesstadt Bonn (Laserdrome), Rn. 30 ff.を参照。

106）　欧司裁共同審理事件判決 EuGH, Urteil vom 9.11.2010, verb. Rs. C 92/09 und C 93/09──Volker und Markus Schecke GbR und Hartmut Eifert/ Land Hessen, EuGRZ 2010, 707 参照。

107）　これについては *Michael Gerhardt*, Europa als Rechtsgemeinschaft : Der Beitrag des Bundesverfassungsgerichts, ZRP 2010, 161 (162 f.) 参照。

108）　これについては *Vassilios Skouris*, Vorrang des Europarechts : Verfassungsrechtliche und verfassungsgerichtliche Aspekte, in : *Winfried Kluth* (Hrsg.), Europäische Integration und nationales Verfassungsrecht, 2007, S. 31 (39)；*Thomas* von *Dan-*

く，共に「欧州憲法裁判所連結」[109]を構成している。このような精神をもってすれば，まだ十分に存在する問題分野[110]を克服することができる。こうしてはじめて，従来の形態の国際法および憲法とは一線を画した（クラウス・シュテルンの言葉を借りるなら）phénomène nouveau（新種の現象）[111]であり，（リスボン条約がまさに示しているように）これまでの展開を経ても新種の現象であることに今なお変わりがない連合に相応しいものとなる。

witz, Funktionsbedingungen der Rechtsprechung des Europäischen Gerichtshofs, EuR 2008, 769 (784)；*Peter M. Huber*, Unitarisierung durch Gemeinschaftsgrundrechte—Zur Überprufungsbedürftigkeit der ERT-Rechtsprechung, EuR 2008, 190 (199)などを参照。

109) この表現は *Andreas Voßkule*, Der europäische Verfassungsgerichtsverbund, NVwZ 2010, 1 (5 ff.). 同じく *Skouris*（脚注108），S. 39 ff. 難しい関係となる可能性があるのは，最近「司法積極主義（judicial activism）」の傾向が見られる欧人裁との連憲裁の関係であり，連合が欧州人権条約に加盟した後は欧司裁の欧人裁との関係についても同様である。これについては EuGRZ 2010, 368：「退任する連憲裁 H.-J. Papier（パピヤー）長官が，欧人裁に対し，その判決の受容と判決に従おうとする姿勢が揺らいでいることは危険であると警告」を参照。

110) これについては von *Danwitz*（脚注89），ZRP 2010, 146 f. 参照。個人情報保護の分野において連憲裁判決 BVerfG, NJW 2010, 833 (839 f.)—Vorratsdatenspeicherung を踏まえた対立の可能性を緩和する必要性については *Gerhardt*（脚注107），ZRP 2010, 164 f. 参照。この分野を欧司裁は特に重視しており，それは加盟国に対しても（欧司裁判決 EuGH, Rs. C 518/07, Kommission/Deutschland, EuGRZ 2010, 58—unzureichende Umsetzung der Datenschutzrichtlinie 95/46/EG 参照），また連合の機関に対しても（欧司裁共同審理事件判決 EuGH, verb. Rs. C 92/09 und C 93/09—Volker und Markus Schecke GbR und Hartmut Eifert/ Land Hessen, EuGRZ 2010, 70 参照）同様である。

111) *Stern*（脚注1），S. 540.

第 2 部

欧州法事例研究

欧州連合市民権――移動・居住の自由の制限*

EU 機能条約第 29 条／指令 2004/38/EC｜公租公課債務未納による自国の欧州連合市民の出国の自由の制限

1. 連合法は，一加盟国の法規定で，行政官庁が該当国の国籍者に該当国を出ることを禁じることを，その者が取締役を務める会社の公租公課債務が未納であることを理由に許すものを阻害しないが，そのためには二重の条件があり，該当する措置の対象が，未納金の種別や金額などから生じる可能性のある特定の特殊な状況において，社会の基本的利益に抵触する現実かつ現在の甚大な危険に対処することであって，かつそれにより達成しようとする目標が単に経済的な目的のためだけのものでない場合である。
2. 国の領域を出ることを禁じる措置が，指令 2004/38/EC[1] 第 27 条第 1 項の条件に基づいて発せられたものであっても，この規則[2] の第 27 条第 2 項の条件がそのような措置を阻害するのは，
　―その措置が，原告が取締役を務める会社の公租公課債務の存在と，取締役という役職のみに基づくものであって，該当者本人の挙動について特定した判定が行われることなく，公序を脅かすような何らかの危険が該当者から生じることが示されていない場合，および
　―国の領域を出ることの禁止が，禁止により達成しようとする目標の達成を担保するために妥当なものではなく，この目標の達成に必要なものを超えて

---

*Europarecht : Unionsbürgerschaft—Beschränkung der Freizügigkeit, Jus 7/2012.
1） 欧州連合市民とその家族の加盟国の領域内を自由に移動し滞在する権利に関する 2004/04/29 の欧州議会および理事会の指令 2004/38/EC, ABlEU 2004 Nr. L 299/35（FreizügigkeitsRL／自由移動・居住指令 ; Sart. Nr. 177）．
2） 正しくは「指令」（編集者注）。

いる場合。

3．これが原手続において該当するかどうかを審査するのは，それぞれの呈示裁判所の職務である。（頭注一部割愛）

欧司裁判決 EuGH, Urt. v. 17. 11. 2011—C434/10, EuZW 2012, 75, Schwerdtfeger の注釈つき, EuZW 2012, 56—Aladzhov

1．事件の状況

ブルガリア身分証明書法（ZBLD）によれば，憲法でも保障されている権利である，EU の他の加盟国に向けて国の領域を出る権利は，たとえば特定の公租公課債務が未納となっている場合に存在しない。ブルガリアの国籍を有するＡが，取締役を務める会社による公租公課債務未納を理由として，出国を拒否されたため，Ａは訴を提起した。管轄の裁判所は，このブルガリアの規定が連合法に適うものであるかどうかに疑問を抱き，*欧司裁*に該当案件を呈示した。

2．問題点の概要

人の移動の自由は，連合法の核心的な要素である。欧州連合市民権によって，経済活動に結びつけられていた基本的自由（被用者の移動・居住の自由，開業の自由，サービス提供の自由）に，EU 機能条約第 21 条に定められた一般的移動・居住の自由が加わった。連合法に基づく自由移動・居住権は，事実関係が国家間に関わるものであり，よってその事例が連合法の適用範囲内にある場合には，内国民の自国に対する権利としても存在する。対象となるのは入国の自由および（国外退去に対する）滞在の自由の保護のほか[3]，出国の自由も保護さ

---

3) 早いものでは欧司裁判決 EuGH, Slg. 1975, 1219＝NJW 1975, 1096—Bonsignore；さらに EuGH, Slg. 1999, 111＝NJW 1999, 2262＝JuS 1999, 1120 (Streinz)—Calla（犯罪行為を理由とする国外退去）参照。

れる[4]。この権利にも特定の制約があり，その内容は自由移動・居住指令で具体化されている。しかしながら，**欧司裁**には今もさまざまな争点が呈示されている。

3．判決の構成

I. 欧州連合市民権に基づく移動・居住の自由（EU 機能条約第 20 条，第 21 条）
  1．人に関する適用領域
  2．物に関する適用領域
  3．指令 2004/38/EC による裏づけ
  4．連合法の優先適用
  5．指令 2004/38/EC の直接的効力
II. 制　　約
  1．二次法による具体化：指令 2004/38/EC
  2．各加盟国の実施における裁量の余地
  3．連合法による統制
    a）狭義の例外
    b）相当性原則
  4．正当化事由
    a）公序
    b）動機が単に経済的なものでないこと
III. この具体的事例への適用
  1．相当性原則（指令 2004/38/EC 第 27 条第 2 項）
  2．措置の妥当性
  3．措置の必要性
IV. 結　　論

---

4) EuGH, EuZW 2012, 72, *Schwerdtfeger* の注釈つき，EuZW 2012, 56—Gaydarov（第三国における刑事有罪判決を理由とする出国の禁止）参照。

4. 論述と分析

欧司裁はまず，欧州連合市民権から導出される移動・居住の自由に対する権利に関する自らの司法判断を総括している。欧司裁は，Ａが

「ブルガリアの国籍を有することから，EU 機能条約第20条に基づき欧州連合市民であり，よって自らの出身国である加盟国に対しても，欧州連合市民権に伴う権利を根拠とすることができ，EU 機能条約第21条に定められた，諸加盟国の領域内を自由に移動し滞在する権利もそのひとつである。欧州連合市民の移動・居住の自由には，自らの出身国である加盟国以外の加盟国に入国する権利ならびに，自らの出身国である加盟国を出る権利のいずれもが含まれている。すでに**当裁判所**が判示しているとおり，出身国である加盟国が自らの国籍を有する者に対し，他の加盟国の領土に入るために，その領土を出ることを，揺るぎない正当な理由なく禁ずることができるとしたら，条約によって保障された基本的自由の実体が奪われてしまうことになろう。」と指摘している。

欧州連合市民権はいわば「市場なしの基本的自由」[5]であり，「従来の」基本的自由とは，経済活動との関連性を前提としてないという点において異なるものである。しかし，事実関係が国家間に関わるものでなくてはならないのは同じである。他の加盟国に向けて出国することを禁止していることから，この条件は満たされている。指令 2004/38/EC 第 4 条第 1 項にあるこれを裏づける規定は，すべての欧州連合市民には，有効な身分証明書ないし旅券を携帯している限り，一加盟国の領域を出て，もうひとつの加盟国に入る権利があるというものに過ぎない。本件を呈示した裁判所が，

---

5) *Wollenschläger*, Grundfreiheit ohne Markt, Die Herausbildung d. Unionsbürgerschaft im unionsrechtl. Freizügigkeitsregime, 2007.

指令 2004/38/EC 実施のための国内法は，自国民には適用されないことを指摘したのに対し，欧司裁は連合法の優先適用の効果を以下のように繰り返し説明しているが，どうやらこのような説明は相変わらず必要なようである。

「しかしそのような事情があっても，国内の裁判所が，（中略）原手続で適用の対象となる連合法の規範である指令 2004/38/EC 第 27 条等の完全なる効力が発揮されるよう計らうことを阻害するようなことは決してない。したがって，管轄裁判所は必要とあらば，連合法と矛盾する国内法の規定を，たとえば，当該規定に基づき下された個別事例の行政決定を無効とすることなどを通じて不適用としなくてはならない。また，加盟国に対し，その国籍を有する個人が本条の規定を根拠とすることができ，本条規定には条件はなく，その内容も十分に明確なものである。」

指令 2004/38/EC 第 27 条は，指令が直接的効力を有するために必要な条件を満たしているのである。

しかし，指令 2004/38/EC には，EU 機能条約第 21 条第 1 項に定められた「制約と条件」も明確に規定されている。

「ただし，欧州連合市民の移動・居住の自由の権利は制約のないものではなく，条約およびその実施に関する規定に定められた制約と条件の対象となることがある。このような制約と条件が，主に指令 2004/38/EC 第 27 条から生じ，その中では各加盟国が欧州連合市民およびその家族の移動・居住の自由を，公序，安全，健康の事由から制限することができるものとされている。ただし，本条の文言に従えば，これらの理由を「経済的目的」のために用いることはできない。」

すなわち，国内の制限措置の正当化事由として考えられるものとして「公序」が挙げられており，排除要件としては「経済的目的」の追求があげられている。前者はすべての人の移動の自由に該当し，後者はすべての基本的自由に該当する。経済的な保護主義のようなものは，欧州域内市場とははなから相容れないものであろう。このような**連合法**に基づく正当化事由のみが判断の基準となる。ブルガリア憲法に記載されている事由は問題とはならない。

「不特定の法的概念」である公序には，具体化の必要がある。これは各加盟国の義務責任であり，**欧司裁**も比較的幅広い政治的な裁量を認めているが，連合法上の制約に対する制約の対象となり，その遵守を統制するのは**欧司裁**の役割である。

> 「当裁判所が常に強調してきたように，各加盟国が自国内の要求課題（これは加盟国とその時点により異なる可能性がある）に従って，何が公序および安全のために必要であるかを規定するのは，今後も実質的に自由であるが，これらの要件は，連合の文脈においては，特にそれが根本原則である人の移動・居住の自由の例外を正当化するものである場合，狭義に理解すべきものであり，その範囲について各加盟国が一方的に連合の機関による統制なしに規定することはできない。たとえば**当裁判所**が明示しているのは，公序という概念には必ず，法律の違反に例外なく伴う社会的障害のほかに，社会の基本的利益に抵触する現実かつ現在の甚大な危険が存在することが前提条件となるという点である。」

公租の取り立ての場合には，基本的にこの条件を満足することが肯定されている。しかしながら，基本的自由に対する重大な介入であることから，相当性の原則が要求される。

> 「確かに，公租公課債権を取り立てないことが公序の必要条件に該当する

可能性は（ちなみに欧人裁も認めているように（中略））[6]完全に否定できない。しかし，欧州連合市民の移動・居住の自由に関する連合法の規定を鑑みるに，その可能性があるのは，社会の基本的利益に抵触する現実かつ現在の甚大な危険が存在する場合に限られ，その危険とは，たとえば問題となっている金額の大きさや，脱税対策の必要性などに関連するものなどである。さらに，租税などの公法上の債権の取り立ては，該当する国家の総合的な経済政策および社会政策の表現たる各種の決定に基づく国家行為の資金調達を確保するという目的を有するものであるから，公の官庁がその取り立てを確保するためにとった措置も，指令 2004/38/EC 第 27 条第 1 項でいうところの経済的な目的のためだけにとられた措置と必ずしもみなすことはできない。」

基本的に注目に値するのは，EU 条約第 6 条および EU 基本権憲章第 52 条によって実現ないし（その加盟後に）意図された EU の基本権擁護の欧州人権条約との結びつきの強化との関連において，欧人裁の判決が引用されている点と[7]，制約措置に経済的な側面があるからといって，必ずしもそれが不当な経済的な動機による正当化事由として評価すべきものであるとは限らないという判示内容である[8]。しかし，**欧司裁**が明示しているのは連合法上の規定のみである。これらの規定が具体的な事例において満足されているかどうかを審査するのは，本件を呈示した国内の裁判所の義務責任である。満足されている場合には，その措置が相当性の原則に適うものでなくてはならない。これはすでに一次法により**欧司裁**の判例を通じて保障されているものであり[9]，二次法によ

---

6) 欧人裁判決 EGMR, BeckRS 2012, 10752―Riener ./. Bulgarien.
7) たとえば欧司裁判決 EuGH, EuZW 2010, 939（*Guckelberger* の注釈つき）＝ JuS 2011, 278 (*Streinz*)―Schecke などを参照。
8) この点を*欧司裁*は Ciola 事件，Slg. 1999, I-2517 (Rdnrn. 15 f.)＝NJW 1999, 2355 ＝ JuS 2000, 809 (811) (Streinz) では見落としている。
9) これについては *Streinz*, EuropaR, 9. Aufl. (2012), Rdnrn. 811 ff. 参照。

り以下の通り具体化されている。

　「指令 2004/38 第 27 条第 2 項には，公序または安全を事由とする措置にあたっては，相当性の原則を守る必要があり，該当者本人の挙動のみが決定的事由として認められることが定められている。それに加え（中略）該当者の挙動が，社会の基本的利益に抵触する現実かつ現在の甚大な危険となるものである必要がある。個別事例から切り離された事由や一般的予防を掲げる事由は許されない。このような条件の下では，国内の法律ないし行政規則の規定で，公租公課債務が存在するという理由だけで，該当者本人の挙動を考慮することなく，国の領域を出ることを禁止するという決定に自動的につながるようなものは，連合法の要件を満たすものとは言えない。」

　この具体的な事例で**欧司裁**が批判しているのは，該当者の挙動についての個別の判定を行うことが国内法において義務づけられておらず，実際にもそのような判定が行われていないことである。しかし，国内の措置が連合法に適合しているかどうかを判定するのは，欧司裁の職務ではないとしている。本件を呈示した裁判所が，この適合性の判定に必要な事実認定を行わなければならないという。**欧司裁**は，事実認定を行うにあたっての注意点をかなり具体的に示している。

　「相当性原則が守られているかどうかの審査にあたっては，国の領域を出ることの禁止が，禁止により達成しようとする目標の達成を担保するために妥当なものであり，この目標の達成に必要なものを超えていないかどうかも確認する必要がある。該当する債務の取り立てが不可能になることが，社会の基本的利益に抵触する現実かつ現在の甚大な危険にあたる場合であっても，本件を呈示した裁判所は，問題となっている禁止が，外国での職業活動の一部を行う可能性を A から奪い，よって彼の所得の一部を

奪うことにより，この禁止によって達成しようとする租税の取り立てを担保するのに妥当であるかどうか，そしてそのために必要であるかどうかについてを，特に審査する必要がある。さらにまた審査の必要があるのは，国を出国することの禁止のほかにも，取り立てを達成するために同じような効果をもたらす措置が，移動・居住の自由を阻害することなく可能ではなかったかという点である。このような他の措置には，国内官庁がたとえば国内裁判所より指摘のあった指令2008/55/EC[10]に基づきとることのできる措置も含まれる可能性がある。しかしいずれにせよ，該当加盟国の債権がこの指令の適用範囲内にあるかどうかについて審査するのは，国内裁判所の任務である。」

5．教育・試験・実務への影響

実務にとっては，**欧司裁**の判示内容は重要なものである[11]。試験については，本判決は必須科目（移動・居住の自由，優先適用の効果，相当性原則，*欧司裁*／国内裁判所の関係，欧州人権条約の影響）の基本事例として適しており，二次法（指令2004/38/EC）を含めれば専攻科目にも適している。

参考文献：*Angela Schwerdtfeger*, Ausreiseverbot—ja, aber unter engen Voraussetzungen, EuZW 2012, 56.

---

10) 特定の公課，関税，公租およびそのほかの措置に関する債権取り立てにおける相互支援に関する2008/05/26の理事会指令2008/55/EC ABlEU 2008 Nr. L 150/28.
11) ドイツ法については*Schwerdtfeger*, EuZW 2012, 56 (58 f.) 参照。

自由な商品の移動——輸入数量制限禁止の，商業的性格の独占に関する規定との区分[*]

EU 機能条約第 34 条，第 37 条｜タバコ小売業者に対する他の EU 加盟国からのタバコ製品の輸入禁止の不当性

　EU 機能条約第 34 条は，本件の原手続において争点となっているような，タバコおよび収入印紙の販売所の所有者に対し，他の加盟国からタバコ製品を輸入する行為を禁じる国内規定を阻害するものと解釈しなくてはならない。

欧司裁判決 EuGH, Urt. v. 26. 4. 2012—C—456/10, EuZW 2012, 508, Thomas Streinz の注釈つき—ANETT./. Administracion de Estado

1．事件の状況

　スペインでは法律 13/1998 によって，タバコ製品の製造・輸入・卸売の独占が基本的に廃止された。しかしその後も，そしてまたこの法律が改正された後も，国王の政令 1199/1999 により，タバコ小売業者がタバコ製品を他の加盟国から輸入することは禁じられたままであり，卸売業者のみに許されていた。この政令に対して原手続の原告は訴を提起したが，この規定に対する責問は行わなかった。訴は *Tribunal Supremo*（スペイン最高裁）により棄却された。続いて原告は国王の政令 1199/1999 を改正する国王の政令 1/2007 に対して提訴し，この改正によって EU 機能条約第 34 条に違反する輸入禁止が廃止されなかったことを責問した。**スペイン最高裁は司裁に，EU 機能条約第 34 条がス**

---

[*]Europarecht : Freier Warenverkehr-Abgrenzung des Verbots mengenmäßiger Einfuhrbestimmungen zu den Bestimmungen über Handelsmonopole, Jus 8/2012.

ペインの規定を阻害するかという設問を呈示した。

2．問題点の概要

　手続き上これは，呈示された設問が判決を下すために必要なものかどうかについての，**欧司裁**による再審査にあたるが，呈示設問が判決に必要なものであるかを判定するのは EU 機能条約第 267 条によれば呈示する側の裁判所の義務責任（「該裁判所が必要とみなす場合」）である。**欧司裁**は，呈示された設問を却下するのは，原則的に例外的な場合に限られることを再確認している。実体的判定としては，**欧司裁**は判決の中で，Rosengren 事件判決を（法務官の見解とは裏腹に）固持し，また欧州委員会の見解とは裏腹に，EU 機能条約第 34 条に対する第 37 条の制約的な解釈を固持している。その動機は実際のところ，「条約の主（あるじ）」たる各加盟国の意志に従って今なお存続する商業的性格の独占の影響を，できる限り軽減しようという意図があるものと思われる。

3．判決の構成

I.　呈示要件：判決を下すために必要であること
II.　措置の連合法違反
　　1．EU 機能条約第 37 条と第 34 条の区分
　　2．EU 機能条約第 34 条の違反
　　　a）輸入数量制限と同じ効果を有する措置
　　　b）正当化
　　　　aa）考えられる正当化事由
　　　　bb）相当性
　　　c）結論

4．論述と分析

　呈示された設問は，**スペイン最高裁**の判決が確定していることから，もはや判決を下すために必要なものではあり得ないという抗弁に対し**欧司裁**は，自

らのこれまでの司法判断を以下のように再確認している。

「国内の裁判所が呈示する設問は判決を下すために必要なものであるという推定が働き，国内裁判所はその設問を連合法の解釈のために法および事実の枠内で提起するのであり，その枠組が正しいものであるかどうかを審査するのは当裁判所の役割ではない。国内裁判所の要請を当裁判所が却下することが可能なのは，要請されている連合法の解釈に，現実との関連性ないし原訴訟の対象との関連性がないことが明白な場合，その問題が仮説上のものである場合，呈示された設問に適切な答を出すために必要な事実および法的な情報が当裁判所にはない場合に限られる。」

欧司裁は疑義ある場合には[1]呈示された設問を受け入れる。

「確かに原手続においては，当該禁止規定が連合法に適合しないものであると判定された場合に，国王の政令 1/2007 の合法性に影響があるかどうかが不明であり，その理由は，該政令がこの禁止を規定するものではなく，前記の禁止を定めた国王の政令 1199/1999 に対する訴は，すでに**スペイン最高裁**によって棄却されているからである。しかしながら，呈示決定書を全体として見る限り，当裁判所の回答が，原訴訟の判決にとって有益なものである可能性を完全には否定できない。このような状況では，上記のような観点だけでは（中略）判決を下すために必要なものであるという推定を排除するに十分とはいえない。」

EU 機能条約第 37 条と第 34 条の区分を**欧司裁**は以下のように行っている。

---

1) 欧司裁自身が判決を下したい問題である場合には、疑義ある場合に限られた話ではない。欧司裁判決 EuGH, Slg. 2005, I-9981 = NWJ 2005, 3695 = JuS 2006, 357 (*Streinz*)—Mangold 参照。

「独占の存在およびその仕組みはEU機能条約第37条により評価すべきものであり，該条文は，国家による商業的性格の独占がその排他権を行使する場合に特定されたものである。これに対し，国内規則のその他の規定で，独占の仕組みからは分離することができるものについては，たとえそれが独占に影響を及ぼすものであっても，連合内の取引に与える影響をEU機能条約第34条により評価する。」

該当する独占が有する特殊な機能とみなされるのは，

「被許諾者のみにタバコ製品を小売する排他的権利を与えることであり，ただし，該当者に該当製品の輸入を禁ずることを意味するものではない。よって，原手続で問題となっている禁止は，前記製品をスペインの領域に輸入することを阻止するものであることから，連合内における自由な商品の移動には抵触するものの，該当する独占に帰属する排他的権利の行使を規定するものではない。よって，この措置は該当する独占の特殊な機能に抵触せず，したがって，独占の存在に関わる措置とみなすことはできない。」

タバコ小売業者にタバコ製品の輸入を禁ずることは，該当する小売業者の需要が認可された卸売業者に流れる効果をもたらし，この独占の仕組みに影響を与える可能性がある。しかしこの措置は，

「独占の機能から分離することができ，なぜならこの措置はスペイン領域におけるタバコ製品の小売販売の条件に関するものではなく，該当製品の前段となる市場に関するものだからである。というのは，独占が製品を選択する体制を組織化しようとする措置ではないからである。また，前記の措置は，該当する独占の販売網や，独占によって販売される製品の市販や宣伝を対象としたものでもない。したがって，原手続で問題となっている

禁止は，独占の存在および仕組みに関わる措置とみなすことはできない。」

よってEU機能条約第37条ではなく，EU機能条約第34条が適正な審査基準となる。**欧司裁**は，まず最初に，ダッソンヴィル事件判決主文内容[2]を再確認し，商品移動の自由を差別および制限の禁止として捉え，相互の認定と市場開放という要素があるものとしている。

「これまでの判例によれば，加盟国の商業規定で，連合内における取引を直接ないし間接に，実際または潜在的に阻害するものは例外なく，EU機能条約第34条でいうところの輸入数量制限と同じ効果を有する措置とみなすべきものである。これまでの判例ではまた，EU機能条約第34条が，非差別の原則や，他の加盟国内で合法に製造され流通に供された製品の相互認定の原則を守ると同時に，連合に由来する製品に対する国内市場の開放を担保するという義務を反映するものであることが判示されている。これに従えば，一加盟国の措置で，他の加盟国からの製品の待遇を悪くすることを目的としたり，そのような効果をもたらす措置は，輸入数量制限と同じ効果を有する措置とみなすべきものであり，製品が満たさなくてはならない条件に関する規定も，たとえ当該の規定が差別なくすべての製品に適用されるものであっても同様である。同じくこの概念の範疇に入るのは，その他のあらゆる措置で，一加盟国の市場への他の加盟国からの製品の流入を阻害するような措置である。」

直輸入を小売業者に禁止することは差別ではないものの，明らかに市場の開放を阻害する重荷となり，よって一種の制限にあたることから，これには連合法による正当化が必要となる。差別のない措置であれば，正当化は，EU機能

---

2) 欧司裁判決 EuGH, Slg. 1974, 837 (Rdnr. 5) = GRURInt 1974, 467—Dassonville.

条約第36条に記載されている正当化事由および**欧司裁**の判例において，内容が拡大されたカシス事件判決主文[3]で展開された正当化事由（「やむを得ない必要性」）によって行うことができるが，国内措置が，達成しようとする目標の達成を担保するために妥当なものでなくてはならず，そのために必要なものを超えてはならない（相当性原則）。**欧司裁**が，主張されていた事由である関税統制・租税統制・衛生統制・公平な競争・消費者保護などを，理ある事由とみなさなかったのは正当なことである。消費者保護に関する陳述にはまったくもって筋の通らないものもあったが，**欧司裁**に該当措置を相当性に欠けるものと評価するに留めている。原則的な重要性が認められるのは，基本的自由に制約を加える加盟国の説明責任に関する論述である。加盟国には，

「連合法において保障された原則から逸脱する措置を定める場合には，それぞれの個別事例において，該措置がそれにより達成しようとする目標の達成を担保するために妥当なものであり，その達成に必要なものを超えていないことを証明する義務責任がある。よって，加盟国が主張することのできる正当化事由に加え，加盟国が定めた措置の妥当性および相当性に関する検証および自らの陳述を裏づける正確な情報を提出しなくてはならない。」

本件ではこれが奏功していないことから，**欧司裁**はEU機能条約第34条が該措置を阻害するものと判示した。

5．教育・試験・実務への影響

EU機能条約第37条の規定は確かに特殊分野であり，専攻科目において取り上げる内容である。しかし，それ以外の点において本事例は，先決裁定手続

---

3) 欧司裁判決 EuGH, Slg. 1979, 649 (Rdnr. 8) = NJW 1979, 1766—Cassis de Di jon. これについては *Streinz*, EuropaR, 9. Aufl. (2012), Rdnrn. 839 ff. を見よ。

に関する必要知識や，必須科目である欧州法の中核的分野に属する商品移動の自由に関する知識の学習に適している。実務にとっては，正当化事由の説明責任に要求される条件が重要である。今後の状況を見極める必要があるのは，加盟国がほとんどの場合（かつ大抵が正当にも）不奏功に終わっている，審査呈示の正当性を否定しようとする試みをやめるかどうかである。

参考文献：*Bungenberg*, Das gemeinschaftsrechtswidrige schwedische Alkoholeinfuhr-monopol, EuR 2008, 232 ; *Thomas Streinz*, Anm. zu diesem Urt., EuZW 2012, 511.

指令に適合する解釈，指令の直接的効力，国家賠償請求権[*]

EU 機能条約第 288 条第 3 項；指令 2003/88/EC 第 7 条

1. 労働時間の編成の特定の側面に関する 2003/11/04 の欧州議会および理事会の指令 2003/88/EC の第 7 条は，国内の規定ないし慣行で，有給年次休暇の請求権が，基準となる期間中の実効最低労働時間が 10 日または 1 ヶ月であることに依存するものを阻害するものとして解釈しなくてはならない。
2. 本件呈示裁判所が，指令 2003/88/EC 第 7 条の完全な効力を担保し，該指令の意図する目標と一致する結論に至るためには，Code du travail（仏労働法）第 L 223-4 条をはじめとするすべての国内法を考慮の上で，その法に基づいて一般に認められた解釈手法を適用した際に，その法が，通勤中の事故が原因で生じた被用者の欠勤期間を，仏労働法の前記条項に記載されている構成要件のいずれかと同等のものとみなすことを許すものであるかどうかを審査する必要がある。

そのような解釈ができない場合には，該国内裁判所は，原手続の被告の法的地位を鑑み，被告に対し指令 2003/88/EC 第 7 条第 1 項の直接的効力を行使することができるかどうかを審査しなくてはならない。

国内裁判所が指令 2003/88/EC 第 7 条に定められた結論に達することができない場合には，国内法が連合法に適合していないことにより被害を被った当事者は，1991/11/19 のフランコヴィッチ事件（C-6/90 および C-9/90）判決を根拠として，発生した被害の賠償を求めることができる。

---

[*]Europarecht : Richtlinienkonforme Auslegung, unmittelbare Wirkung von Richtlinien, Staatshaftungsanspruch, Jus 9/2012.

3．指令2003/88/EC 第7条第1項は，国内の規定で，病欠届を提出した被用者の欠勤の原因によって，有給年次休暇を該指令によって保障された最低期間である4週間よりも長くするか，これと同じ長さにすることを定めるものを阻害しないものとして解釈しなくてはならない。

欧司裁判決 EuGH, Urt. v. 24. 1. 2012―C―282/10, NJW 2012, 509 – Maribel Dominguez ./. Centre informatique du Centre Ouest Atlantique

1．事件の状況

労働時間の編成の特定の側面に関する2003/11/04の欧州議会および理事会の指令2003/88/EC[1]には，労働時間編成にあたっての安全と健康の保護のための最低基準に関する規定が含まれており，最低年次休暇に関する規定もそのひとつである。該指令の第7条には，すべての被用者が最低4週間の有給年次休暇を，各国の法規則および／または各国の慣行で定められた休暇の利用条件および付与条件に従って得るために必要な措置を各加盟国がとることが定められている。有給の最低年次休暇は，雇用関係終了の場合を除き，経済的報酬によって代えることは許されない。逸脱は認められない。ただし，より有利な条件の法律や賃金協約はこの影響を受けない。原手続の管轄裁判所は，フランス法の規定が該指令に適合するものであるかどうか，またどのように審査を行うべきかについて疑問を持った。そのため欧司裁に3件の設問を呈示し，それに対する回答が上記の頭注にまとめられている。

2．問題点の概要

この事例は第一に，連合法が労働法に及ぼす影響の大きさを克明に物語るものである。このような影響は，一次法で規定された被用者の移動・居住の自由（EU機能条約第45条）およびEU機能条約第157条第1項に基づく基本権（男

---

[1] ABlEU 2003 Nr. L 299/9.

女平等の報酬）に基づくものであるが，現在ではこれに EU 基本権憲章に定められた各種基本権（EU 基本権憲章第 21 条，第 23 条，第 27 条～第 34 条参照）も加わっており，またその一方で，EU 機能条約第 19 条，第 157 条第 3 項および第 153 条第 2 項第 1 段 b を根拠とするものと考えられる幅広い二次法にも基づくものである[2]。この事例はまた，指令に基づく連合法の規定を遵守するための様々な手法や手順を示すものでもあり，国内法における指令の実施が（特に EU 機能条約第 153 条第 2 項第 1 段 b で唯一許されている最低基準規定で，その範囲を探る必要がある裁量の余地が加盟国に与えられている場合に）不明確ないし不備がある場合の，指令に適合する解釈から，直接的効力および直接適用，さらに連合法違反による国家賠償請求権まで取り上げている。

3．判決の構成

I. 指令の規定内容
II. 指令に適合する解釈
　　1．義務
　　2．一次法の規定
　　　　a）一般的法原則
　　　　b）EU 基本権憲章（第 31 条第 2 項）
　　3．制約
　　4．国内法のあらゆる手段を尽くすこと
III. 直接的効力と直接適用
　　1．市民対国家の垂直的関係において
　　2．水平的関係において
V. 国家賠償責任

　2）　これについてはたとえば *Fuchs/ Marhold*, Europ. ArbeitsR, 3. Aufl. (2010); *Schaub*, ArbR-Hdb., 14. Aufl. (2011), § 4 (UnionsR u. ArbeitsR); *Thüsing*, Europ. ArbeitsR, 2007 などを参照。実務上の意義の大きさを，Europ. Zeitschrift f. ArbeitsR (EuZA) の特別号が物語っている。

VI. 指令 2003/88/EC 第 7 条第 1 項の解釈

4．論述と分析

　第一の設問は，指令 2003/88/EC 第 7 条第 1 項の解釈に関する。欧司裁がまず強調しているのは，これまでの判例によれば

　　「すべての被用者が有する有給年次休暇の請求権は，連合の社会法において特に重要な原則とみなすべきものであり，この原則からの逸脱は許されず，国内の管轄機関はこの原則を，労働時間の編成の特定の側面に関する 1993/11/23 の理事会の指令 93/104/EC[3]が成文化された指令 2003/88/EC の中で明確に定められている範囲内でのみ実施することが許される。」

　これはすなわち，**欧司裁**が一次法によって保障された連合法の一般的法原則が存在することを前提としているものと思われるが，ここで**欧司裁**は言及していないものの，この原則は現在 EU 基本権憲章第 31 条第 2 項で保障されているものである[4]。ただし，これが EU 基本権憲章第 52 条第 2 項でいうところの原則にあたるのか，それとも「真の基本権」であるのかは議論が分かれるところであり，真の基本権といえどもその内容は「慎重に」規定しなくてはならず，第三者効を持つものではないという[5]。一次法の規定によって指令の解釈が決まることになる。

　3）　ABlEG 1993 Nr. L 307/18.
　4）　EU 基本権憲章第 31 条第 2 項は *ratione temporis*（**時間的管轄**）の理由でまだ適用できなかった。これについて詳しいのは，解釈の参考ともなり，また一般的法原則の導出およびその範囲についての記述がある GA（法務官）*Trstenjak*, SchlA（意見）v. 8. 9. 2011, Nrn. 5 f., 71 ff. sowie Nrn. 89 ff.
　5）　この見解は *Jarass*, Charta d. Grundrechte d. EU, 2010, Art. 31 Rdnr. 2（引用文献記載），単なる「原則」に過ぎないと想定する逆の見解についても参照。第三者

「指令93/104/ECはよって，すべての被用者に認められている有給年次休暇の請求権を，特定の被用者がこの請求権から排除される効果をもたらすような前提条件をこの請求権について設定することによって一方的に制限することを加盟国に禁ずるものと解釈しなくてはならない。」

指令には最低条件の既定しか含まれていないため，各加盟国には実践にあたって裁量の余地が存在する。しかし，その請求権自体を排除したり，条件を課したりすることは許されない。

「各加盟国が，その国内の法規則において，この請求権の行使および実施に関する条件を定めることは自由であるが，この請求権の成立自体を，なんらかの条件によって左右することは許されない。すなわち，指令2003/88/ECにより成文化された指令93/104/ECの規定を実施するために必要な施行規定および適用規定には，有給年次休暇の請求権行使に関する条件についてある程度の差があっても構わないが，該指令は各加盟国がすべての被用者に明示的に認められている権利の成立そのものを排除することは許さない。」

指令に明確な規定が含まれている限り，加盟国が一方的に逸脱することはできない[6]。

「つまるところ指令2003/88/ECでは，基準となる期間中に勤務を病欠していた被用者と，同期間中に実際に働いていた被用者とを区別しておら

効のない基本権とみなしているのがGA（法務官 *Trstenjak*, SchlA（意見）v. 8. 9. 2011, Nrn. 76 ff., 80 ff.
6） 加盟国のこのような試みが棄却された例としてすでに欧司裁判決 EuGH, Slg. 1994, 13717 (Rdnrn. 17 ff.) = NV, vZ 1994, 1093―Bund Naturschutz in Bayern e. V. ./. Freistaat Bayern (UVP-RL u. UVPG) などがある。

ず，これは，各加盟国が指令2003/88/ECに基づきすべての被用者に認められている有給年次休暇の請求権に，正規に病欠届を提出した被用者について，その国家が定めた基準期間中に実際に働いたという条件をつけることはできないことを意味する。」

第二の設問は，指令の水平的効力，すなわち私人同士の係争における効力に関するものである。**欧司裁**はまず，国内法の規定の非適用による連合法の優先適用を行う前に，国内法を連合法に適合する形で解釈する試みを行わなければならないという規則があることを強調している。続いて欧司裁は，各国の裁判所に，連合法に適合する解釈に至るために国内法のあらゆる手段を尽くすことを義務づけた判例を再確認している。

「これまでの判例によれば，各国の裁判所は，国内法の適用に際して，できる限りその文言と指令の目的に即してこれを解釈することで，指令に定められた目的を達成し，延いてはEU機能条約第288条第3項の要請に応えなくてはならない。国内法を連合法に適合する形で解釈する義務は，EU機能条約の体制に内在するものであり，なぜならこれにより国内裁判所が，係属中の係争について決定を下すにあたり，その管轄の枠内で連合法の完全な効力を確保することが可能になるからである。」

しかし，これは無制限に適用されるわけではない。

「すなわち，国内法の関連規定の解釈および適用にあたって指令の内容を参酌するという各国の裁判官の義務は，一般的法原則による制約を受けるものであり，国内法の *contra legem* （法に反した）解釈の根拠として利用することは許されない。」

これまでのところ**欧司裁**は，刑法規定に関して，法に反する解釈を否定する

のみならず，連合法に違反するものとみなしている[7]。欧司裁は，法的安定性の原則が連合法の一般的法原則であり，よって解釈の制約となるという的確な立場をとっている[8]。そのため，連合法に適合する解釈に関する**連通裁**の司法判断は，少なくとも懸念すべきものと言える[9]。というのは，**連通裁**は法律の文言および立法者が表明している規定意志に反した法律の解釈を，その内容を変更することによって行っており，その根拠は，立法者は「本来は」指令に従おうとしていたというもので，そのような解釈は正当かつ連合法の要請する「法の向上形成」であるとしている[10]連合法に適合する解釈の原則が求めているのは

「国内裁判所は，すべての国内法を考慮の上で，その中で一般に認められた解釈手法を適用のもと，自らの管轄にあるあらゆる手段を尽くして，問題となっている指令の完全な効力を担保し，該指令により意図された目標と一致する結論に至ること」

であるが，その際には国内法の制約も，連合法の制約も破ることは許されない。この具体的な事例においては，**欧司裁**は本件を呈示した裁判所に対し，判決頭注の2に記載されているように，まず解釈を試みた上で，それから指令2003/88/EC第7条第1項に直接的効力があるかどうか，そして原告が使用者

---

7) 欧司裁判決 EuGH, Slg. 2005, 13565 (Rdnr. 74) = EuZW 2005, 369, m. Anm. Gross —Berlusconi.
8) 欧司裁判決 EuGH, Slg. 2008, I-2483 (Rdnrn. 100 ff.) = NZA 2008, 581—Impact が引用されている。
9) *Herdegen*, EuropaR, 14. Aufl. (2012), § 8 Rdnr. 43 ; *Streinz*, EuropaR, 9. Aufl. (2012), Rdnr. 501 参照。
10) これは連通裁判決 BGHZ 179, 27 = NJW 2009, 427 (*Pfeiffer* による注釈つき, N 27 2009, 412) = JuS 2009, 274 (*Faust*)—Quelle. これについては *Kruis/ Michl*, EuZW 2009, Heft 2, S. V. 参照。このほかにも連通裁判決 *BGHZ* 150, 248 = NZM 2002, 539 = JuS 2002, 1021 (*Emmerich*)—Haustürgeschäfte über Verbraucherkredite 参照。

に対して該規定を根拠とできるかどうかについて審査するよう勧告している。**欧司裁**は，そのために自ら確立した前提条件を再述している。

> 「すなわちこれに関しては**当裁判所**のこれまでの判例から，指令の規定が無条件かつ十分に明確なすべての事例において，国家が該指令を期限内に国内法で実施しなかったか，実施が不十分である場合には，個人が国内裁判所で国家に対し該当する規定を根拠とすることができることになる。」

指令 2003/88/EC 第 7 条は，その中で定められている有給年次休暇の請求権の行使および許諾の条件制定にあたって各加盟国に一定の裁量の余地を認めているものの，この基準を満たしている。

欧司裁は，文献には反対する意見もある中で維持されてきたこれまでの判例である，指令それ自体が個人の責務を成立させることはなく，よって個人に対して指令自体を根拠とはできないという立場を守っている[11]。よって指令の直接的な水平的効力は否定されている。その一方で垂直的効力は，国家に対しすべての行為形態において存在する。

> 「しかし個人が，私人に対してではなく，国家に対して指令を根拠とする

---

11) 欧司裁の基本判決を引用 EuGH, Slg. 1994, 13325 (Rdnr. 20) MW 1994, 2473—Faccini Dori；また Slg. 2010, 1365 (Rdnr. 46) NJW 2010, 427, *Link* による注釈つき—Kücükdeveci；Slg. 2004, 18835 (Rdnr. 108) = NJW 2004, 3547 = JuS 2005, 357 (*Streinz*)—Pfeiffer u. a.；Slg. 1996, 14281 (Rdnr. 1. 5) NJW 1996, 1401—El Corte Ingles. 賛同しているのが GA（法務官）*Trestenjak*, SchlA（意見）v. 8.9. 2011, Nr. 63 だが，積極的直接的効力と消極的直接的効力の区別は否定している。そうはいっても私法関係に及ぼす影響があることについては欧司裁判決 EuGH, Slg. 2000, I-7535 (Rdnrn. 50 ff.) = EuZW 2001, 153 (*Gundel* の注釈つき，EuZW 2001, 143) = JuS 2001, 809 (*Streinz*)—Unilever Italia 参照。これについては *Streinz*（上記脚注 9），Rdnr. 492 を見よ。

ことができるのであれば, どのような立場で (使用者であろうと高権者であろうと) 国家が行動していようが構わない。なぜなら, いずれの場合においても, 国家が連合法の非遵守により便益を被ることを阻止しなくてはならないからである。すなわち, その法的形式によらず, ある機関が国家の法行為に基づき国家の監督下で公益のために労務の給付を行うことが定められており, そのために私人同士の関係に適用される規定を超える特別な権利を与えられている場合には, 該機関は, 直接適用することのできる指令の規定をもって対抗することのできる法主体のひとつである。」

これらの条件が揃っているかどうかを審査するのは, 本件を呈示した国内の裁判所の義務責任である。**欧司裁**は, その結論如何によって異なる法律上の効果を示している。

「そうなっている場合には, 国内裁判所は, 指令 2003/88/EC 第 7 条が直接的効力を有するために必要な条件をすべて満たしていることから, すべてのこれに反する国内規定を非適用としなくてはならないことになる。そうなっていない場合には, 明確かつ詳細で無条件の指令の規定が, 個人に権利を付与したり, 義務を課すものであったとしても, 私人のみが相対している係争の枠内において, そのような規定として適用することはできないことを念頭に置く必要がある。ただし, そのような状況において, 国内法が連合法に適合していないことにより被害を被った当事者は, 1991/11/19 の判決[12] (中略) に基づく判例法を根拠として, 発生した被害の賠償を求めることができる。」

第三の設問も, 指令 2003/88/EC 第 7 条の解釈に関する。この点に関して**欧司裁**は, 判決頭注の 3 に記述されているような裁量が各加盟国に認められるこ

---

[12] 欧司裁判決 EuGH, Slg. 1991, I-5357 = NJW 1992, 165—Francovich.

とを確認している。

5．教育・試験・実務への影響

　この事例は**欧司裁**のこれまでの判例を再確認する内容となっている。詳細で体系的に構成された法務官の意見も含めるのであれば，連合法の基本的問題点（優先適用，一次法に適合した解釈および指令に適合した解釈，基本権憲章および一般的法原則の影響，指令の直接的効力，国家賠償請求権）を取り上げているという点において，特に必須科目である欧州法の労働法に関する試験などに適している。

　参考文献：*Streinz*, EuropaR, 9. Aufl. (2012), Rdnrn. 498 ff.；*Herrmann*, Richtlinienumsetzung durch d. Rspr., 2003.

第3部
食　品　法

ドイツと欧州の食品法は文化的同一性の表現になり得るか*

I. 序　章

「食と文化的同一性―欧州の観点から」というのが，本学会のテーマである。今回取り上げられている各種の分野や個々のテーマを見て気がつくのは，全欧的な展開も十分に認められ，その意味では欧州に共通するひとつの食文化を語ることにも正当性があるということだが[1]，やはり食文化といえば，それは第一に一国ないし一地方の同一性の表現である（各国の代表的料理やその地方独特の料理が，文化社会的自己観を仲介する役割を果たす）。また，多様性こそが「欧州」という概念を規定する決定的要素であり，国々の多様性のみならず，文化の多様性においても，ヤーコプ・ブルクハルトのいう「discordia concors（調和する不調和）」が成立する。これは食文化にも，いやもしかすると食文化だからこそ特にあてはまることかも知れず，欧州共同体委員会もその点を認識し，調和と相互承認を組み合わせることによる域内市場確立のための「新戦略」の根拠のひとつとして次のように説明している。

「10ヵ国（12ヵ国）の欧州諸国の食の豊かさに籤を嵌めるようなことは，不可能であるし，また望ましいことでもない。食品の原材料に関する法規定に少しでも硬直的な部分があれば，新たな製品の開発の障害となり，

---

*Das deutsche und europäische Lebensmittelrecht als Ausdruck kultureller Identität? Essen und kulturelle Identität, 1996.

1）　本書に掲載されている *Gerhard Neumann* の論文 „Das Gastmahl als Inszenierung kultureller Identitat : Europäische Perspektiven" を参照。

よって革新の妨げとなる。消費者の嗜好や要望は，法律によって規定すべきものではない。」[2]

これにより委員会は，通称「レシピ法」と呼ばれる，食品の原材料や製造方法を定める規定の制定を断念することを表明した。

しかし委員会のこのような声明は，これまでの方針の転換を意味するものであることからも，欧州食品法が基本的に各国の食品法を制約するものであるという事実がかえって露呈している。したがって，各国の食品法が文化的同一性の表現であるという観点においては，欧州法の発達は食文化の多様性を脅かすものとして我々の目に映り，これは食品加工の法規制が進むことにより食文化の多様性がさらされている脅威の一面である。疑問なのは，いわばその代わりとして，欧州食品法が文化的同一性の表現となるかどうかである。恐らくその答は否であろう。欧州食品法には，むしろほかの役割がある。

以下，国内の食品法が文化的同一性の表現として認識されていた事例をいくつか紹介するが，どれもその同一性が欧州法の発達により脅かされていた事例ばかりである。私が説明したいのは，このような脅威が必然的に生じてしまう仕組みと，共同体法によってその脅威をできる限り緩和しようとする手法についてである。そして最後に，委員会が欧州で統一された取引通念の確立を試みた例も紹介したいと思う。無論，そのような試みが行われたのは文化的な理由からではなく，相互承認に対する留保が各国にまだ認められている状況を収拾しようという動機からであった。

2） Dok. KOM (85) 603 endg., S. 9, Nr. 17. 1995/01/01 には加盟国が 15 ヵ国になっている。

II. 文化的同一性の表現としての国内食品法——欧州共同体司法裁判所の判決にみる

1. テーマの範囲限定

　法とは、ヨーゼフ・コーラーの論文の題名を借りるなら、ひとつの「文化現象」である[3]。これはあらゆる法の領域についていえることであるが、規定しようとする対象が文化ならではの表現といえるような専門法の分野であればその題材には事欠かず、食品もそのような分野であることは間違いない。しかし、ここではその議論に立ち入ることはできない。またここでは、欧州共同体加盟国、ないし欧州諸国全般の食品法に数多く見られる共通点や、その意味で欧州共同体の法としての欧州食品法の共通点を解説することも、またその差異を明らかにすることも、たとえ食品法のいわば「総則」部分に限定したとしてもここでは不可能である。共通しているのは健康保護と消費者保護という目標であるが、たとえば添加物や照射、誤認の危険性に関する基準や認定方法などについての評価には大きな差がある。この点においては、域内市場を統合するからには、共通の食品法が各国の食品法に取って代わる必要がある。それにより生じる恐れのある文化的損失は限られたものである。今日私が取り上げたいのは、国内の食品法がその国に独特の製造法を反映するものであって、該当する製造法を保護しようとする姿勢から共同体法との対立に陥った事例である。

2. 事　例

　ドイツに関係するある事例がおそらく最もよく知られている事例で、ドイツのビールに関する純粋令である。この純粋令は1516年に当時のバイエルン全

---

3) *Josef Kohler*, Das Recht als Kulturerscheinung, 1885. これについては *Peter Haberle*, Verfassungslehre als Kulturwissenschaft, Berlin 1982, S. 35 ff. 参照。

土に発布されたもので，それ以前から存在していたミュンヘンやランズフートなどの政令を基盤としており，ビールの醸造には，大麦，ホップ，水以外には何も使用してはならないことが定められていた。後に酵母も加えられている。現在の純粋令は 1906 年に制定されたものだが，ちなみにドイツ全国に適用されてきた。この規定は当初，より品質の高い北ドイツ産のビールがドイツ帝国全土でバイエルン産のビールと競合していたことが背景にもあって制定された。この規定が盛り込まれているのはビール税法である。「ビール」という名称での流通が許されていたのは，ドイツ連邦共和国では（ちなみに当時の東独では状況は異なっていたが）この純粋令に準拠した飲料のみであった。

　欧州共同体の他の加盟国では，それ以外の原材料や添加物を使った「ビール」の醸造が許されている。あるフランスのビール会社が，魅力的なドイツ市場への参入を目論んで，EC 委員会に対してこのような「貿易障壁」があることを指摘した。その結果，条約違反手続が提訴されるに至り，1987 年にドイツ連邦共和国の敗訴により終結している[4]。

　この訴訟におけるドイツ純粋令の弁護は，文化的な議論によるものではなく，EC 条約第 30 条／第 36 条に基づき本件にも基本的に適用される消費者保護および健康保護の抗弁によるものであった。いずれの抗弁も相当性原則のために不奏功に終わり，消費者保護の抗弁は，適切な表示を行えば消費者に十分な情報を提供できるという理由でまったく認められず，健康保護の抗弁は，外国の製造業者に対し添加物の認可を申請する可能性を与えなくてはならないという理由で一部しか認められなかった。これを受けてビール税法が改正され，新たにビール政令[5]が公布されて，ドイツ産のビールについては純粋令を維持するが，輸入品については，純粋令からの逸脱を適切に表示すれば十分とする措置がとられている。しかし，論争はいまだに収拾されていない。委員会は，

4）　EuGH（欧州共同体司法裁判所），Rs.（Rechtssache／事件）178/84—Kommission/Bundesrepublik Deutschland—，Rspr. (Sammlung der Rechtsprechung) 1987, S. 1227.

5）　1990/07/02 の BGBl.（Bundesgesetzblatt／連邦官報）I, S. 1332.

必要に応じてそれがわかるような流通呼称を用いるという規定を行き過ぎとみなしている。

　次の事例は，フランス産のある生乳チーズの例である。この伝統的な産物は，衛生上の懸念があるとされ，厳しい連合法の規定により根絶の危機に直面することになった。健康保護は不可分なものでなくてはならないことから，各種指令を通じた調和によって健康保護は実現されており，指令には全共同体で統一された製造条件が定められている。その例外としていわゆる「選択的調和」がある。選択的調和とは，国内の製造について，共同体法の規定よりも厳しい規定を定めることを許すものである。そのような選択的調和を試みた例としては，EC の甘味料指令によってドイツのビール純粋令の存続がドイツ国内のビール生産についても危うくなった時のケースがあるが，結局は，しばしばその影響力が過小評価され，自らも装っているほどに無力とは決して言えない欧州議会が該当規定の成立を阻止したため無用となった。しかし，フランス産の生乳チーズの場合には，フランスの食文化の重要な要素とされているこのチーズを救済するためとあって，選択的調和ならぬ，いわば「下方」選択的調和の提案にすら至っており，それはフランスのチーズ生産者は厳しい EC 指令を守らなくてもよいというものであった。このような例外がもし認められていたとしたら，共同体法の規定体制全体を崩壊させることになったであろう。共同体食品法に留まる問題ではない。この問題はなんとも奇妙な形で解決が図られることになり，チーズもその対象に含まれる食品群に適用される衛生基準をひとつの EC 指令[6]によって調和する一方で，例外の許可を行うことを認める期限付の授権がもうひとつの指令[7]に定められた。これはつまるところ，「下方」選択的調和が一定の移行期間（1997/12/31 まで）について認められたことを意味しているが，その対象は国内市場に限られていた。

---

6) Richtlinie Nr. 92/46/EWG des Rates vom 16.6.1992 mit Hygienevorschriften fur die Herstellung und Vermarktung von Rohmilch, warmebehandelter Milch und Erzeugnissen auf Milchbasis, ABl.（Amtsblatt der Europaischen Gemeinschaften／欧州共同体官報）1992 Nr. L 28, S. 1.

ここで紹介したい三つ目の事例は，イタリアのパスタに適用される純粋令である[7]。この規定によれば，イタリアで流通が許されているのは，デュラム小麦のセモリナから製造されたパスタのみである。ドイツのビール純粋令やその他の純粋令（牛乳やソーセージなど）と同様に，この規定も貿易障壁との批判を受けた。今日のテーマの観点から興味深いのは，その批判に対する弁護の内容で，イタリア政府のみならず，（イタリア出身の）マンチーニ法務官もこの規定を弁護する主張を行っている。ちなみにマンチーニ氏は現在欧州司法裁判所（欧司裁）の裁判官になっている人物である。さまざまな突拍子もない主張により，ちょうど判決が下されたばかりのドイツのビール純粋令との違いをとにかく示そうとした中で，マンチーニ氏は以下のような論述を行っている。

「パスタ，パスタの種類，パステ：イタリアもイタリア語もよくわかっていない者は，どれも同じものを指す言葉ばかりというであろう。しかしそうではないのである。*Dizionario enciclopedico Treccani*（トレッカーニ百科事典）によれば，パスタには，「硬く小振りになるまで適切に撹拌した小麦粉の混合物」というだけでなく，「小麦粉またはセモリナ粉の混合物で，発酵せずにさまざまな形状に加工して乾燥させ，各種のパスタ（*paste alimentari*）を形成するもの」という意味もある。パスタという「単数形」（前記出典文献にこう記載されている）は，「一般的な総称としての意味を有するのに対し，複数形のパステは，流通においてさまざまな種類と形状のパスタすべてを指すためにのみ用いられる」」[8]

---

7) Richtlinie Nr. 92/47/EWG des Rates über die Gewahrung von zeitlich und inhaltlich begrenzten Ausnahmen von den besonderen Hygienevorschriften der Gemeinschaft für die Produktion und Vermarktung von Rohmilch und Erzeugnissen auf Milchbasis vom 16.6.1992, ABl. 1992 Nr. L 268, S. 33.

8) 欧司裁に対する法務官の意見 Schlußantrag zu EuGH, Rs. 407/85―3 Glocken GmbH und Kritzinger/USL Centro-Sud und Provincia autonoma di Bolzano―, und Rs. 90/86―Zoni―, Rspr. 1988, S. 4246 ff. (4252 f.).

法務官はさらに，イタリア人はパスタをアルデンテ，すなわちアンドレ・ジッドの小説にもあるように"glissant des deux côtés de la fourchette"（フォークの両側を滑るような）状態で食べるのを最も好むとも記している。スパゲッティはシャンパンのようなもので，「ドイツのシュミットさんも，オランダのヴァン・ダイクさんも，この言葉（スパゲッティ）がパスタの包装に書かれているのを見て思い浮かべるのは，「ビヤホール」でも「風車」でもなく，ローマの街角にあるトラットリアや，ヴェスヴィオ山を背景に流れるギターの音色」であり，また，他の加盟国ではパスタとは何かと聞けば「スパゲッティ」という答が返ってくるのが普通だが，ナポリやミラノではすぐに最低でも数十種類の名称（ヴェルミチェッリ，ブカアティーニ，マッケローニ，リガトーニ，フズィッリ，ペンネ，リングイーネ，オレッキエッテ，マッロレッドゥス，ニョッキ，ラビオリ，カッネローニなど）が答として返ってくるという。したがって，パスタはイタリア国外では種類別名称であるかも知れないが，イタリア国内では違う。委員会は「唖然とするほどに無知」なあまり，このようなことを何も考慮しておらず，だいたいが本手続きにおいて委員会は，まるで「ヘミングウェイの「老人と海」の漁師サンチャゴのように何度も「眠り込んではライオンの夢を見ていた」」[9]とまで書いている。

欧州司法裁判所は，このようなほぼ40頁にも及ぶ（ちなみにEC条約第166条第2項によればイタリアの利益ではなく，共同体の利益を守ることが本来の職務であるはずの法務官による）弁論に対して，自由な商品の移動という冷めた議論で応えるしか術を知らなかったのである。

「パン小麦またはパン小麦とデュラム小麦の混合物から製造されたパスタの販売禁止を輸入された製品にまで拡大する，イタリアパスタ法に含まれる規定は，EEC条約第30条および第36条と相容れない。」[10]

---

9) 同書，S. 4253, 4260 ff., 4267, 4269 参照。
10) Rspr. 1988, S. 4283.

III. 共同体法の対応

1. 欧州食品法の基盤

　欧州司法裁判所が出したこのような解答は，欧州の食品法では必然的なものであると同時に，欧州食品法を象徴するものである。一見してまず驚くのは，食品法が欧州共同体法によって特に大きな影響を受ける実体法の分野のひとつであるという事実である。というのは，「食品」という言葉はEC条約のどこにも見当たらないからである。限定授権原則によれば，ECの活動は，この条約の中でECに与えられた権限と設定された目標の範囲内に限られている。そのような権限の根拠を探しても，せいぜい見つかるのは農業に関する目（EC条約第37条以下）ぐらいのもので，それは農産物は食品でもあるという理由からである。実際にも過去および現在EC条約第43条を根拠とする一連の規則があり，主に農業政策上の目的を持つものであるが，食品法上の目的も含まれている。そのような例としては，販売時の牛乳および乳製品の名称の保護に関する規則[11]や，有機農業および農産物と食品の然るべき表示に関する規則（通称エコ規則）[12]，農産物と食品の特殊な特徴の証明に関する規則（通称特産品規則）[13]，農産物と食品の地理的表示および原産地呼称の保護に関する規則[14]などがある。しかし，「本来の」共同体食品法の基盤となるのは，自由な商品の移動の効果である。EC条約第30条には，加盟国間の貿易において数量制限および同じ効果を有する措置を禁ずることが定められている。食品は，この共

---

11) Verordnung Nr. 1898/87/EWG vom 2.7.1987, ABl. 1987 Nr. L 182, S. 36 ff.
12) Verordnung Nr. 2092/91 des Rates vom 24.6.1991, ABl. 1991 Nr. L 198, S. 3 ff., zuletzt geändert durch Verordnung Nr. 2083/92/EWG, ABl. 1992 Nr. L 208, S. 15.
13) Verordnung Nr. 2082/92/EWG des Rates vom 14.6.1992, ABl. 1992 Nr. L 208, S. 9 ff.
14) Verordnung Nr. 2081/92/EWG, ABl. 1992 Nr. L 208, S. 1 ff.

同体内の商品移動において大きな割合を占めている。数量制限はもう長いこと問題とはならなくなっているが，欧州内の食の多様性には，流通が許される食品に対するやはり多様な法的要件が伴っており，それぞれの食品を形成してきた特別な伝統が，それぞれの国内規則にも反映されているのである。そのため食品法の規則が，EC 条約第 30 条でいうところの数量制限と「同じ効果を有する措置の典型」と呼ばれるのは無理がないところである[15]。その際に該当する規定が，消費者の保護ないし文化的伝統の保護とならんで，保護主義的な目的も有する（ないしそれが主眼である）かどうかは問題とはならない。しかし，このような分析自体がすでに EC 条約第 30 条のひとつの解釈に基づくものであって，このような解釈は決して自明でもなければ，当初は意外とさえ受け取られたものである。その解釈とは，欧州共同体司法裁判所がダッソンヴィル事件[16]およびカシス・ド・ディジョン事件[17]（いずれも食品法，正確にはアルコール飲料に関わる事件，この分野はただでさえ自由な商品の移動に関する司法判断に最も大きな影響を与えている）[18]の判決で明示した，国内製品と輸入品の差別なく適用される措置であってもその対象となり得るというものである。したがって，法律で定められた食品に関する要件はどのようなものであっても，同じ効果を有する措置となる可能性があり，その場合には正当化が必要となる。その正当化事由として考えられるのは，健康の保護（EC 条約第 36 条）および消費者保護（EC 条約第 30 条に内在する制約）である。

---

15) *Dieter Eckert*, Die Auswirkungen gemeinschaftsrechtlicher Vorgaben auf das deutsche Lebensmittelrecht. In : *Rudolf Streinz* (Hrsg.), Deutsches und Europäisches Lebensmittelrecht. Die Auswirkungen des Rechts der Europäischen Gemeinschaften auf das deutsche Lebensmittelrecht, Bayreuth 1991, S. 57 ff. (59).

16) 欧司裁判決 EuGH, Rs. 8/74―Staatsanwaltschaft/Dassonville―, Rspr. 1974, S. 837 (852), Rdnr. 5.

17) 欧司裁判決 EuGH, Rs. 120/78―Rewe/Bundesmonopolverwaltung für Branntwein Rspr. 1979, S. 649 (664), Rdnr. 15.

18) これについては *Reinhard Priebe*, Der Alkohol in der Rechtsprechung des Europäischen Gerichtshofs. In : Gedachtnisschrift für *Nagelmann*, Baden-Baden 1984, S. 149 ff. 参照。

国の文化財の保護についてはEC条約第36条にも記載されている。しかし芸術的または歴史的または考古学的な価値のあるものでなくてはならず，食文化がそれに含まれないのは間違いない。健康の保護という根拠が主張された場合には，委員会は直ちに調和の実現に努めている。一方，消費者保護の場合には，基本原則のみの調和が行われ，それぞれの製法自体は相互承認の対象となっている。特殊性のある特産品である場合には，さらに産業財産権および商業財産権の保護（EC条約第36条）が適用される可能性もある。後者を欧州司法裁判所は最近，**トゥロン・デ・ヒホナ**と**トゥロン・デ・アリカンテ**について認める判決を下しているが，このふたつはスペインとフランスの協定によって保護されていたものである[19]。

2．相互承認の理論

委員会は，その「新戦略」においても強調しているように，食の多様性をECの規制により阻害することは望んではいない。また，「欧州どこにいっても同じ混淆」を推進，いや要求しているとさえ言われている批判をかわす狙いもある。相互承認の理論は，それぞれ加盟国は自国の食品製法規則を維持してもよいが，他の加盟国産の製品に対してこれを適用することは許されないという考え方に基づいている。これにより生じる問題は明らかで，国産品は輸入品よりも厳しい要件を満たさなくてはならなくなり（逆差別），競争によって市場から排除される危険が生じることになる。その結果国内の規則は，共同体法と衝突することはないものの，憲法との問題が生じ，いずれにせよ政治的な圧力を受けることになる。今後の傾向として予測されるのは，伝統的な産品にのみ共同体法による名称の保護を行い，それ以外の産品については，国内生産者にも外国と同じ製法での生産を認めるというものであろう。

このような方向性で進んでいるのは，上記の各種EC規則だけでなく，調和済の分野の伝統産品の保護も同様である。これは，ドイツのビール純粋令を巡

---

19) 欧司裁判決 EuGH, Rs. C 3/91—Exportur SA LOR SA und Confiserie du Tech—, Rspr. 1992 I, S. 5529 ff.

り，**甘味料指令**でも問題となっている。現在では，第3a条が**添加物枠組指令**に挿入されたことで，結果的に「伝統産品」（これにあたる産品の条件は詳細に定められている）の名称保護につながっている[20]。

IV. 欧州共通の取引通念

　その一方で，欧州共通の取引通念も存在するといえるのだろうか。そしてまた，それが欧州文化の同一性の表現といえるのか。それを肯定する根拠もある程度は認められる。たとえば，共同体法により調和された分野には統一された欧州の取引通念が存在している。それが最も良く該当するのは，健康保護に関連する事項で，中でも添加物の認可についてそれがいえる。そしてまた，製品の原材料に関する一連の規定もある。広義には，市場秩序法の一環である品質規定もそのひとつに数えることができる。しかしこれは主に個々の産品の製法に関する規定や，特定の流通呼称（の使用許可もしくは使用義務）を該当産品の特定の原材料構成に結びつけるものである。その例には，ココアおよびチョコレート製品[21]，蜂蜜[22]，果汁およびいくつかの類似した製品[23]，コーヒー抽出物およびチコリー抽出物[24]，ジャム・ゼリー・マーマレード・マロンクリーム[25]，天然ミネラルウォーター[26]などに関する各種のEC指令がある。これら

---

20) EC Food Law monthly Nr. 22, 1993, S. 2 参照。
21) Richtlinie Nr. 73/241/EWG des Rates vom 24.7.1973, ABl. 1973 Nr. L 228, S. 23. Zuletzt geandert durch Richtlinie Nr. 89/344/EWG, ABl. 1989 Nr. L 142, S. 19.
22) Richtlinie Nr. 74/409/EWG des Rates vom 22.7.1974, ABl. 1974 Nr. L 221, S. 10.
23) Richtlinie Nr. 75/726/EWG des Rates vom 17. 11. 1975, ABl. 1975 Nr. L 311, S. 40, abgelost durch Richtlinie Nr. 93/77/EWG des Rates vom 21.9.1993, ABl. 1993 Nr. L 244, S. 23.
24) Richtlinie Nr. 77/436/EWG des Rates vom 27.6.1977, ABl. 1977 Nr. L 172, S. 20, geandert durch Richtlinie Nr. 85/573/EWG, ABl. 1985 Nr. L 372, S. 22.
25) Richtlinie Nr. 79/693/EWG des Rates vom 24.7.1979, ABl. 1979 Nr. L 205, S. 5, geändert durch Richtlinie Nr. 88/593/EWG, ABl. 1988 Nr. L 318, S. 44.
26) Richtlinie Nr. 80/777/EWG des Rates vom 15.7.1980, ABl. 1980 Nr. L 229, S. 1.

の指令は，特に政治家が好んで，欧州共同体とその活動を笑いものにしたい時に常に引き合いに出すものであるが，それがもっとも言わざるを得ない部分もあるのは確かである。しかしながら，その中で規定されている内容は，どれも既に各国の規定に含まれているものであって，共同の市場ないし域内市場を確立するためには，相互承認または調和するか，さもなければ完全に廃止するしかない項目ばかりなのである。「新戦略」ではそのような垂直的調和は基本的に行わない方針であったが，その方針が最後まで貫かれることはなかった。補完性原則を巡る議論の中でこれらの指令の一部を廃止しようとする試みは，関係各方面の抵抗に遭って失敗に終わっている。なぜなら，伝統的な国内生産を支える国内の規定は，文化的同一性の表現ともみなされることがあり，そのような規定を共同体レベルで固定化することが好都合な場合もあったからである。そう考えれば，あるイギリスのマーマレード製造者団体がジャム指令について "We want to keep the directive—it has done a lot to maintain quality levels."（我々は指令を維持したいと考えている—該指令は品質水準の維持に大きく役立っている）[27]という発言をしているのも不思議はないことである。該当する指令では，「マーマレード」という名称が，ミカン属の果実を使った製品にのみ認められている。また，欧州共通の取引通念を，欧州標準化委員会の規格（CEN規格）や，該当する生産者各方面の自主的な協定（「欧州基本指針」）などを通じて確立する可能性も検討されている。

　いずれの場合においても，実際にひとつの欧州取引通念が成立することになろう。これはもちろん自由な商品の移動のためのものであり，その実現に主眼が置かれていることは間違いないが，そのいわば副作用として，ある意味で欧州に共通する食文化というものの発達に貢献することになる可能性も十分に考えられる。このような側面をひとつに結びつける考え方は，その解釈のしようによっては，上記の各種EC規則冒頭に掲げられている勘案事由からも読み取ることができるわけで，その中では必ず，欧州内で一定の最低水準を担保する

---

[27] EC Food Law monthly Nr. 13/1993, S. 3.

ことで，該当製品の高い評価を維持する必要があるとされているのである。

　このようないわば「実体的」な欧州取引通念と区別する必要があるのは，誤認の危険性に関する基準や認定方法を策定する際に基準となる各国の消費者像が必要に応じて次第に歩み寄りを見せている点である。

　統一された「欧州取引通念」なるものを確立ないし規定したいというのは，委員会が1991年に示した食品の流通呼称に関する解釈通達[28]でも表明されているところである。その中で問題となっているのは次のような事情である。欧州司法裁判所の判決によれば，加盟国が種類別名称（「ビール」，「パスタ」，「酢」など）を国内製品のみに認めることは許されていない。しかし，このような種類はそれぞれ，「別物」とは区別する必要があり，別物が偽りの種類を装って横行することを阻止しなくてはならない。そこで重要となるのが，加盟国がそのための規制を行う可能性を具体的に示すことである。「共同体法上批判に耐えうる」基準を規定しようとする委員会の姿勢そのものは，基本的に歓迎できる。しかし，そのために引き合いに出されている定性的な基準はほとんど役に立ちそうもない。その最たるものが関税表であるが，どれぐらいの加盟国において特定の種類の範囲が他の加盟国よりも狭くなっているかという，定量的な観点についてもいえる。まったく説得力がないのが，加盟国が独自に特定の流通呼称の使用を禁止することが認められるケースとして委員会があげている例である。なぜなら，どの事例においても，流通呼称に直接結びついた表示を行うことで，いくつかの加盟国の「自国内での」取引通念とは異なるものであることを，消費者に知らせることは十分にできるからである。たとえば，「サーモンキャビア」という名称は，その流通呼称を見ただけでそれがチョウザメの卵ではないことがわかるので，この名称を禁止する必要はない。ともすると「馬鹿でも安心な保護」になる嫌いがあるドイツの競争法でさえ，これで十分とみなすであろう。

28）　ABl. 1991 Nr. C 270, S. 2.

V. 今後の展望

　文化的同一性の表現たる各国の食品法が，欧州共同体法の影響を被ることは避けられない。ひとつの共同市場ないし域内市場を確立するためには，諦めざるを得ない慣習もある。もっとはっきり言うなら，従来のものとならんで，見知らぬものも，たとえ名称が同じであっても市場には出回っているという状況に慣れるしかないということである。しかし逸脱には適切な表示が必要である。このような相互承認という方法は，欧州の食の多様性に生き残りのチャンスを与える唯一の道である。しかし最終的な展開としては，伝統的産品に，共同体法で保障された名称の保護のみ（とはいえそれだけでも大したもの）を与えるという方向に向かうであろう。またその一方で，伝統的産品に関する議論を通じてその特殊性（延いてはその「非凡性」）が浮き彫りにされることは，よい宣伝ともなり，販売の機会が広がると同時に，その伝統に結びついた文化的同一性の基盤を固める効果がある。その良い例がドイツのビール純粋令で，厚生省の計画[29]では，国内で醸造されるビールについてももう適用されることはなく，今や単なる宣伝文句でしかない[30]はずの純粋令でさえそのような効果をもたらしている。これに対し，統一された欧州取引通念の確立は，何よりもまず，ひとつの共同市場ないし域内市場内における自由な商品の移動を確保するために役立つものである。しかし，これが欧州品質基準の表現となり，延いては欧州食文化の表現となる場合も考えられる。

---

29) ビール政令改正のための第2政令案／Entwurf einer Zweiten Verordnung zur Änderung der Bierverordnung vom 2.3.1994. 1994/12/07公布，BGBl. I, S. 3743.

30) このような展開になるであろうことは，1982年に委員会が条約違反手続を開始した時点ですでに予測できた；*Michael Schweitzer* und *Rudolf Streinz*, Reinheitsgebot für Bier und Freier Warenverkehr. In : Recht der Internationalen Wirtschaft 1984, S. 39 ff. (47 f.) 参照.

第4部
民　　法

民法秩序欧州化の基盤*

I. 序章——道程と草分け

　私法は長いこと，欧州共同体の法（共同体法）の影響を受けない法と思われてきた。そのため，民法秩序の「欧州化」に関する論文[1]が見られるようになったのもそれほど以前のことではないのだが，このような思い込みが失当なものであることは直ちに証明され，さらにそのような状況はもうかなり以前から続いていることも明らかになった。実際にも（当初はまだ疎らにではあったが）すでに欧州経済共同体が1957年3月27日のローマ条約によって設立されてから間もなく，この（当時はまったくもって）新しい法が民法の領域に与える影響が認識されているのだが，民法は（最初から盛り込まれることになっていたカルテル法とは違い）[2]設立条約自体の対象とはなっていなかった[3]。主に基本的自由による影響が，原則的に各加盟国の権限として残されている領域にあることがこれほど早い時期に認識されていたという事実は，長いこと一般にはそのような

---

*Grundlagen der Europäisierung der Zivilrechtsordnung, FS *Spellenberg*, 2010.

1) たとえば *Leible*, Wege zu einem europäischen Privatrecht. Anwendungsprobleme und Entwicklungslinien des Gemeinschaftsprivatrechts, Habil. Bayreuth 2001, S. 1 などを参照。

2) 欧州石炭鉄鋼共同体（ECSC）条約第65条～第66条；この条約は2002/07/23に失効している；EEC条約第85条～第90条，後のEC条約第81条～第86条，現在のEU機能条約第101条～第106条。これについては *Emmerich*, Kartellrecht, 11. Aufl. 2008, S. 20 ff. などを参照。

3) *Hallstein*, Angleichung des Privat- und Prozeßrechts in der Europäischen Wirtschaftsgemeinschaft, RabelsZ 28 (1964), S. 211 ff.; *Beitzke*, Probleme der Privatrechtsangleichung in der Europäischen Wirtschaftsgemeinschaft, ZfRV 5 (1964), S. 80 (89) 参照。

認識がなかったことからも注目に値するもので，最近でも欧司裁のボスマン事件判決[4]に対して驚きが広がったことがそれをよく物語っている。しかし，スポーツも文化も，そして信教や（タニヤ・クライル事件[5]で明らかになったように）軍事も「共同体の手が及ばない」[6]領域ではなく，それは民法も同じである。そのような領域を抽象的に規定することはまず不可能であろう。欧司裁は1999年のある判決ではまだ，そのような領域の確固たるものとして離婚法および離婚効果法をあげていたが[7]，各種の婚姻に関するEC規則[8]が制定された今となっては，それも完全には通用しなくなっている[9]。しかし欧司裁はすでに1993年の時点でも，ある戸籍法の規定（身分証明書のギリシア文字のアルファベット書き換え）を基本的自由の規範に照らして審査することに何ら躊躇している様子はない[10]。戸籍法がその性格からして各加盟国の権限内にあることは疑問の余地がないにもかかわらずである。最近の欧司裁判決も基本的自由が及ぼす

4） 欧司裁判決 EuGH, Urt. v. 15.12.1995, Rs. C-415/93 (Union royale beige des societes de football association u.a./Jean-Marc Bosman), Slg. 1995, I-4921.

5） 欧司裁判決 EuGH, Urt. v. 11.1.2000, Rs. C-285/98 (Tanja Kreil/Bundesrepublik Deutschland), Slg. 2000, I-69. その分析は *Streinz*, JuS 2000, S. 489.

6） これについては *Streinz*, Frauen an die Front, DVBl. 2000, S. 585 (589 f.) 参照。

7） 欧司裁判決 EuGH, Urt. v. 10.6.1999, Rs. 430/97 (Jutta Johannes/Hartmut Johannes), Slg. 1999, I-3475, Rn. 30.

8） 婚姻事件および両親の責任に関する手続における決定の権限および承認・執行に関する規則（EC）第1347/2000号廃止のための2003/11/27の理事会規則（EC）第2201/2003号（通称 EuGVO／欧州裁判管轄・執行規則，ブリュッセルIIa規則と呼ばれる），ABl. 2003 Nr. L 338/1.

9） 婚姻欧州裁判管轄・執行規則については欧司裁判決 EuGH, Urt. v. 16.7.2009, Rs. C-168/08 (Laszlo Hadadi/Csilla Marta Mesko, verheiratete Hadadi)；欧司裁判決 EuGH, Urt. V. 23.12.2009, Rs. C-403/09 PPU (Jasna Detecnek/Maurizio Sgueglia) を参照。

10） 欧司裁判決 EuGH, Urt. v. 30.3.1993, Rs. C-168/91 (Christos Konstantinidis), Slg. 1993, I-1191. *Christos* 氏は，アルファベットの Hrestos という表記を拒否していた。これについては *Streinz*, Gemeinschaftsrecht und deutsches Personenstandsrecht, StAZ 1993, S. 243 (245 ff.).

このような影響を確認する内容となっており，現在では基本的自由に欧州連合市民権から導出されるいわば「市場なしの基本的自由」[11]である一般的な移動・居住の自由も加わっているのだが[12]，この事例で影響を受けることになったのは氏名権であった[13]。したがって，個別事例に即して共同体法ないし現在の連合法[14]の適用範囲を特定することが，構成要件の前提として（例えばEC条約第12条，現在のEU機能条約第18条について）重要となる[15]。この理由からだけでも，権限目録，ましてや「否定的」権限目録などを制定することが，欧州のための憲法を制定する条約[16]と，該条約失敗後のリスボン条約において断

---

11) これについては F. *Wollenschläger*, Grundfreiheit ohne Markt. Die Herausbildung der Unionsbürgerschaft im unionsrechtlichen Freizü gigkeitsregime, 2007 参照。

12) 欧司裁判決 EuGH, Urt. v. 17.9.2002, Rs. C-413/99 (Baumbast und R/Secretary of State for the Home Department), Slg. 2002, I-7091, Rn. 84：欧州連合市民権には移動・居住の自由の設権的効果がある。その分析は *Streinz*, JuS 2003, S. 494 参照。欧司裁が移動・居住の自由を基本的自由として明示しているのはたとえば欧司裁判決 EuGH, Urt. v. 9.11.2000, Rs. C-357/98 (Nana Yaa Konadu Yiadom), Slg. 2000, I-9265, Rn. 25. これについては *M. Schweitzer*, Artikel 18 Abs. 1 EGV - Die fünfte Grundfreiheit, in：Festschrift für *Michael Bothe*, 2008, S. 1159 参照。

13) 欧司裁判決 EuGH, Urt. v. 2003, Rs C-148/02 (Garcia Avello), Slg. 2003, I-11613, Rn. 25；欧司裁判決 EuGH, Urt. v. 14.10.2008, Rs. C-353/06 (Stefan Grunkin u.a.―"Leonhard Matthias Grunkin-Paul"), NJW 2009, 135；分析は *Streinz*, JuS 2009, 257.

14) 2007/12/13 のリスボン条約（ABl. 2007 Nr. C 306/1；改正反映版条文は ABl. 2008 Nr. C 115/1）が 2009/12/01 に発効したことにより，現在の統一された欧州連合が欧州共同体の権利承継者となった（第1条第3項第3文）。よって欧州共同体設立条約（EC 条約）は廃止された。その実体的部分はほとんどが欧州連合の機能に関する条約（EU 機能条約）に継承されている。マーストリヒトで締結された欧州連合条約（EU 条約）は文言が改正されて存続している。

15) 的確な見解を示しているのが *Leible*（脚注1）, S. 176.

16) 2004/10/29 にローマで調印された。ABl. 2004 Nr. C 310/1 で公刊されている。欧州憲法条約には，その第 IV-447 条の規定により，全加盟国（当時25ヵ国）がそれぞれの憲法規定に基づいて該条約の批准を行う必要があった。フランスおよびオランダの国民投票で否決され，条約は失敗に終わった。リスボン条約に至るまでのその後の展開については *Streinz*, in：ders/*Ohler/Herrmann*, Der Vertrag von Lissabon

念された[17)]のは賢明なことであった。民法規定に関する明確な一次法の基盤は，当初よりEC条約ないし現在の欧州連合の機能に関する条約で直接規定されているカルテル法（EC条約第81条，第82条，現在のEU機能条約第101条，第102条）のほかにも，主に労働法において，男女平等報酬の一次法に基づく規定（EEC条約第119条第1項，後のEC条約第141条，現在はEU機能条約第157条）などがあったが，これはまずEEC条約第100ないし第235条（後のEC条約第94条／第308条）[18)]に基づく労働問題および雇用問題における男女の機会平等および均等待遇の原則実現のための諸指令により補足されており[19)]，アムステルダム条約ではEC条約第141条第3項（現在のEU機能条約第157条）にその法的根拠が明文化された。この指令により例えば民法典では，性別に関わる差別の罰則を定めた第611a条を加える必要が生じ，その後数回にわたる改正を経てようやく該規定が指令に適合する構成となっている[20)]。このほか直接影響を受けた領域として

---

zur Reform der EU. Einführung mit Synopse, 3. Aufl. 2010, S. 24 ff. 参照。

17) これについては *Streinz*, Kompetenzabgrenzung zwischen Europäischer Union und Mitgliedstaaten, in : *R. Hofmann/A. Zimmermann* (Hrsg.), Eine Verfassung für Europa. Die Rechtsordnung der Europäischen Union unter dem Verfassungsvertrag, S. 71 (100 f.) ; *Ohler*, in : *Streinz/ders/Herrmann*（脚　注16）, S. 103 ff. 参照。

18) 現在のEU機能条約第115条ないし第352条。そのための法的根拠を追加するアムステルダム条約が1999/10/02に発効してからは必要がなくなっている。

19) 特記すべきは，雇用，職業訓練および昇進へのアクセス並びに労働条件についての男女均等待遇原則の実施に関する1976/02/09の理事会指令76/207/EEC（ABl. 1976 Nr. L 39/40）であるが，この指令は度重なる改正の末，2009/08/15に失効しており，雇用および職業における男女の機会均等及び均等待遇の原則の実施に関する指令2006/54/EC（ABl. 2006 Nr. L 204/23）──通称均等待遇指令──に置き換えられた。この指令冒頭の勘案事由の1には，それまで即事例的に欧司裁が行っていた規定内容（これについては *Streinz*, Europarecht, 8. Aufl. 2008, Rn 1099, Fn. 39 にある引用文献を参照）を成文化することを意図するものであることが記されている。

20) 現在では一般平等待遇法（AGG）第11条で，第1条ならびに第15条を引用する第7条第1項を引用した上で規定されている。その内容は兎も角として，このような引用の複雑さは極めて「市民に優しい」ものといえよう。司法および立法の推移については *Streinz*（脚注19），Rn. 459参照。

は，甚大な影響があった会社法（EC 条約第 44 条第 2 項 g, 現在の EU 機能条約第 50 条第 2 項 g 参照）をはじめとして，労働保護法（EC 条約第 137 条, 現在の EU 機能条約第 153 条），運送法（EC 条約第 71 条第 1 項 b および d, 現在の EU 機能条約第 91 条），また特定の側面に関する消費者保護法（EC 条約第 153 条, 現在の EU 機能条約第 169 条）などがある。EC 条約第 30 条（現在の EU 機能条約第 36 条）ないし EC 条約第 28 条（現在の EU 機能条約第 34 条）に内在する制約により，通称「カシスの原則」[21]と呼ばれる判例に基づいて認められる加盟国による制限措置は，相当性原則を満たす必要があり，これが不正競争法（競争法）などに大きな影響を及ぼすことになった[22]。（一般的な）法律近似化の権限（EC 条約第 94 条, 域内市場に関しては EC 条約第 95 条）[23]または EC 条約第 308 条にある補充的権限の規範[24]が，産業財産権の保護に関する指令や規則の根拠となっている。商法および会社法については，情報開示指令[25]および決算指令[26]のほか，

---

21) この原則の名付け親となっているのは欧司裁の基本判決である EuGH v. 20.2. 1979, Rs. 120/78 (Rewe-Zentral AG/Bundesmonopolverwaltung für Branntwein), Slg. 1979, 649.

22) これについては *Heermann*, Warenverkehrsfreiheit und deutsches Unlauterkeitsrecht, 2004 ; *Emmerich*, Unlauterer Wettbewerb, 8. Aufl. 2009 参照。

23) リスボン条約以降は域内市場のみとなっており，EU 機能条約第 115 条（旧 EC 条約第 94 条）も EU 機能条約第 114 条（旧 EC 条約第 94 条）も，その対象としているのは域内市場である。その違いは分野（公租，移動・居住の自由，被用者の権利と利益）にあり，EU 機能条約第 114 条第 2 項に，これらの領域については，通常立法手続が排除され，理事会での全会一致と欧州議会の諮問が必要な特別立法手続をとることが定められている。

24) *Streinz*, in : Streinz (Hrsg.), EUV/EGV-Kommentar, 2003, Art. 308 EGV, Rn. 1 参照。

25) EEC 条約第 58 条第 2 項（現在の EC 条約第 48 条第 2 項）でいうところの会社に対し，社員および第三者の利益のために各加盟国で定められている保護規定の調整のための 1968/03/09 の理事会の第 1 号指令で，該当規定の均等化を目的とする。ABl. 1968 Nr. L 65/8.

26) たとえば資本会社の年次決算に関する 1978/07/25 の理事会の第 4 号指令 78/660/EEC, ABl. 1978 Nr. L 222/11 などを参照。これまでに何度も改正されている。その概要およびその他の指令については *Habersack*, Europäisches Gesellschaftsrecht,

代理商指令[27]に規定が定められている。一般的な民法は，1985年に製造物責任指令[28]および訪問販売指令[29]によってその対象となっている。これはその後消費者に関連する私法のその他の領域にも広がって，不公正条項指令[30]および消費財売買指令[31]，そして通信販売指令[32]によって，私法の中核部に至り[33]，それがドイツの債務法改革の目標にも影響を与えた。大きな物議を醸したのが，現在でも意見が分かれているEC条約第13条（現在のEU機能条約第19条）に基づく一連の反差別指令の実施である[34]。大幅な拡大をもたらすきっかけとなったのは，アムステルダム条約に盛り込まれた民事に関する司法協力を規定する権限である[35]。

---

3. Aufl. 2006, S. 82 ff.

27) 個人事業主の代理商に関する加盟国の法規定調整のための 1986/12/18 の理事会指令 86/653/ECC, ABl. 1986 Nr. L 382/17.

28) 瑕疵ある製品に対する賠償責任に関する加盟国の法規定および行政規則の近似化のための 1985/07/25 の理事会指令 85/374/EEC, ABl. 1985 Nr. L 210/29. 1999/05/10 の指令 1999/34/EG, ABl. 1999 Nr. L 141/20 により改正。

29) 営業所外で締結された契約の場合における消費者保護に関する 1985/12/20 の理事会指令 85/577/EEC, ABl. 1985 Nr. L 372/31.

30) 消費者契約における不公正条項に関する 1993/04/05 の理事会指令 93/13/EEC, ABl. 1993 Nr. L 95/29.

31) 消費財売買および消費財の保証の特定の側面に関する 1999/05/25 の欧州議会および理事会指令 1999/44/EC, ABl. 1999 Nr. L 171/12.

32) 通信販売での契約締結時の消費者保護に関する 1997/05/20 の欧州議会および理事会指令 97/7/EC, ABl. 1997 Nr. L 144/19.

33) W.-H. Roth, Europäisches Recht und nationales Recht, in : Festgabe 50 Jahre BGH, Bd. II, 2000, S. 847 (847) 参照。

34) 人種および民族出自の違いなき平等待遇原則適用のための 2000/06/29 の理事会指令 2000/43/EC（ABl. EU 2000 Nr. L 180/22）；雇用および職業における均等待遇実現に向けた一般枠組制定のための 2000/11/27 の理事会指令 2000/78/EC（ABl. EU 2000 Nr. L 303/16）；物およびサービスの入手可能性および供給における男女平等待遇原則実現のための 2004/12/13 の理事会指令 2004/113/EC（ABl. EU 2004 Nr. L 373/37）；EC 条約第 141 条第 3 項に基づく労働問題および雇用問題における男女の機会平等および均等待遇の原則実現のための 2006/07/05 の欧州議会および理事会指令 2006/54/EC（ABl. EU 2006 Nr. L 204/23）。

民法学界では，欧州法のこのような影響がやがて数人の「先駆者たち」によって取り上げられるようになる。ここで紹介しておきたい研究者の一人が**エルンスト・シュタインドルフ**で，氏が教授を務めるミュンヘン大の講座は，学内の欧州法研究の中心となり，民法中心の研究から国際法や公法にまでその範囲が広がっている。また Kölner Schriften zum Europarecht の発行人である**ボード・ベルナー**，後の**ヴルフ・ヘニング・ロート**や，私の知る限り 1975 年に**ヤン・クロップホラー**が初めて用いた概念である「共同体私法」[36]を明確に定義した[37]**ペーター・クリスティアン・ミュラー・グラーフ**なども挙げられる。一般的民法が 80 年代末から 90 年代にかけてその対象に含まれるようになったことで，ドイツ私法の近年の展開において，この分野の「欧州化」のプロセスが最大の関心事となっている[38]。このことは，たとえば**マルティン・フランツェン**[39]，**アンドレアス・フラー**[40]，**エヴァ・マリア・キーニンガー**[41]，

---

35) EC 条約第 65 条。アムステルダム条約でマーストリヒト条約の第 3 の柱（司法・内務協力／JHA，マーストリヒト版 EU 条約第 K.1 条第 6 号）を継承する形で追加された。これについては *Leible*, in : Streinz（脚注 24），Art. 65, Rn. 1（引用文献記載）参照。この規定の目的については同書，Rn. 4 参照。現在の（拡張された）EU 機能条約第 81 条。

36) *Kropholler*, Internationales Einheitsrecht. Allgemeine Lehren, 1975, S. 36.

37) *Müller-Graff*, Privatrecht und Europäisches Gemeinschaftsrecht—Gemeinschaftsprivatrecht, in : *Müller-Graff/Zuleeg* (Hrsg.), Staat und Wirtschaft in der EG, 1987, S.（同標題で単独で刊行 1989, 2. Aufl. 1991）.

38) *Franzen*, Privatrechtsangleichung durch die Europäische Gemeinschaft, 1999, S. 1.

39) 脚注 38（=Habil. FU Berlin 1998/99）を見よ。

40) *Furrer*, Zivilrecht im gemeinschaftsrechtlichen Kontext. Das Europäische Kollisionsrecht als Koordinierungsinstrument für die Einbindung des Zivilrechts in das europäische Wirtschaftsrecht, 2002（=Habil. St. Gallen 2000）.

41) *Kieninger*, Institutioneller Wettbewerb und Binnenmarkt. Studien zur Privatrechtskoordinierung in der Europäischen Union auf den Gebieten des Gesellschafts- und Vertragsrechts, 2002（=Habil. Hamburg 2001）.

シュテファン・ライブレ[42]，ブリギッタ・ルルガー[43]，オリバー・レミーン[44]，カール・リーゼンフーバー[45]，ベティーナ・ハイダーホフ[46]，トルステン・ケルバー[47]などの教授資格取得論文や，多数の学位論文[48]，モノグラフ，論文集などで，原則問題に関するものや[49]，「共同欧州」法[50]の個々の分野に

---

42) 脚注1（Habil. Bayreuth 2001）を見よ。
43) *Lurger*, Grundfragen der Vereinheitlichung des Vertragsrechts in der Europä ischen Union, 2002（=Habil. Graz 1999）.
44) *Remien*, Zwingendes Vertragsrecht und Grundfreiheiten des EG-Vertrages, 2003（=Habil. Hamburg 1999/2000）.
45) *Riesenhuber*, System und Prinzipen des Europä ischen Vertragsrechts, 2003（=Habil. Erlangen-Nurnberg 2002）.
46) *Heiderhoff*, Grundstrukturen des nationalen und europäischen Verbrauchervertragsrechts. Insbesondere zur Reichweite europäischer Auslegung, 2004（=Habil. Leipzig 2003）; 2. Aufl. 2007.
47) *Körber*, Grundfreiheiten im Privatrecht, 2004（=Habil. Göttingen 2003）.
48) たとえば *Gebauer*, Grundfragen der Europäisierung des Privatrechts, 1998（=Diss. Heidelberg 1996）; *L Klauer*, Die Europäisierung des Privatrechts. Der EuGH als Zivilrichter, 1998（=Diss. St. Gallen 1997）; *Dohrn*, Die Kompetenz der EG im Internationalen Privatrecht, 2004（=Diss. Bielefeld 2003/2004）などを参照。
49) たとえば *Steindorff*, EG-Vertrag und Privatrecht, 1996; *Grundmann* (Hrsg.), Systembildung und Systemlü cken in Kerngebieten des Europäischen Privatrechts, 2000; *Müller-Graff* (Hrsg.), Gemeinsames Privatrecht in der Europäischen Gemeinschaft, 2. Aufl. 1999; *Taupitz*, Europäische Privatrechtsvereinheitlichung, 1993; *Martiny/Witzleb* (Hrsg.), Wege zu einem europäischen Zivilgesetzbuch, 1999 などを参照。
50) たとえば von *Bar*, Gemeineuropäisches Deliktsrecht, Bd. I 1996; Bd. II 1999; *Kötz*, Europäisches Vertragsrecht I. Abschluß, Gültigkeit und Inhalt des Vertrages—Die Beteiligung Dritter, 1996; *Grundmann*, Europäisches Schuldvertragsrecht Das europäische Recht der Unternehmensgeschäfte, 1999; *Grundmann/Medicus/Walter* (Hrsg.), Europäisches Kaufgewährleistungsrecht Reform und Internationalisierung des deutschen Schuldrechts, 2000; *Reich/Micklitz*, Europäisches Verbraucherrecht. Eine problemorientierte Einführung in das europäische Wirtschaftsrecht, 4. Aufl. 2003; *Riesenhuber*, Europäisches Vertragsrecht, 2. Aufl. 2006 などを参照。欧州民事訴訟法については各種のコンメンタールがある。たと

関するものがあることをみればわかる。また，**シュタインドルフ**が1996年に書いていた，この分野ではドイツの筆者が主導権を握っている[51]という状況もそれほどではなくなってきている[52]。各種の教本[53]や「欧州私法誌／Zeitschrift für Europäisches Privatrecht (ZEuP)」[54]，また最近刊行された専門誌「共同体私法／Gemeinschaftsprivatrecht」[55]なども，独自の重要な法学分野が確立されたことを物語っている。

えば *Geimer/Schütze*, Europä isches Zivilverfahrensrecht, 3. Aufl. 2010；*T Rauscher* (Hrsg.), Europäischer Zivilprozess und Kollisionsrecht, 2009；*P. Schlosser*, EU-Zivilprozessrecht, 3. Aufl. 2010など。

51) *Steindorff*（脚注49）, S. 36参照。

52) von *Bar/Clive/Schulte-Nölke* (Hrsg.), Draft Common Frame of Reference, Principles, Definitions and Model Rules of European Private Law, Outline Edition 2009 (Full edition, 6 Bde. 2009) 参照。この共通参照枠案を作成したStudy Group on a European Civil Code や esearch Group on EC Private Law (Acquis Group) は，欧州連合の事業では当然のことながら，多国籍の構成となっている。また *F. Chirico/ P. Larouche* (Hrsg.), Economic Analysis of the DCFR, 2009；*M. W. Hesselink*, CFR & Social Justice, 2008；*M. Loos/O. Bueno Diaz*, Manfate Contracts, 2009；*K. Lilleholt u.a.* , Lease of Goods, 2007；*E. Hondius* ほか， Sales, 2008なども参照。

53) たとえば *K. Langenbucher* (Hrsg.), Europarechtliche Bezüge des Privatrechts, 2. Aufl. 2008；*Gebauer/Wiedmann* (Hrsg.), Zivilrecht unter europäischem Einfluss, 2005などを参照。教育用文献にはたとえば，*Franck/Möslein*, Fälle zum Europäischen Privat- und Wirtschaftsrecht, 2005 ; *Magnus / Wurmnest*, Casebook Europäisches Haftungs- und Schadensrecht, 2002；*Saenger*（Hrsg.）, Casebook Europäisches Gesellschafts- und Unternehmensrecht, 2002；*M. Schlachter* (Hrsg.), Casebook Europä isches Arbeitsrecht, 2005；*Basedow*, Grundlagen des europä ischen Privatrechts, JuS 2004, 89などがある。

54) 1993年に *Basedow, Blaurock, Flessner, R. Schulze, R. Zimmermann* が創刊。共同体法および私法に関する欧司裁判決に関する記事を掲載している。*Hakenberg/Seyr*, Gemeinschaftsrecht und Privatrecht. Zur Rechtsprechung des EuGH im Jahr 2004, ZEuP 2005, S. 832 ff., *Kohler/Denkinger/Seyr*, Gemeinschaftsrecht und Privatrecht. Zur Rechtsprechung des EuGH im Jahr 2007, ZEuP 2009, S. 322 ff. などを参照。

55) 2003/2004年に *Schmidt-Kessel, Baldus, Jung, Najork, R. Schumacher* が創刊。

このような展開に古希を迎えられたウルリッヒ・シュペレンベルク氏も，研究者および大学教授という二つの立場から大きく貢献している。氏の関連論文の中からここでは，ミュンヘン版コンメンタールに含まれているローマⅠ規則およびローマⅡ規則の項[56]をあげるに留めておく。また，氏の「弟子」の中では，イエナ大学で大活躍した後，バイロイト大学でシュペレンベルク先生の後任を務めることになったシュテファン・ライブレ氏[57]と，ロバート・フライターク氏[58]のみをあげておきたい。

民法の現場における欧州法の「受容」はさまざまで，時には尻込みしているかのような場合もあった。ユルゲン・バセドウは1993年のこと，あのパラントに「欧州最悪賞」を与えると言い出したが[59]，これは外国人にとってわかりにくい略称の多用を批判していただけではなく（ドイツ人も外国人も略称に慣れる必要があるのは同じ），民法典の規定には共同体法の基盤があることを考慮していないこともその理由のひとつであった。この点は現在では改善されてい

---

56) 早いものでは *Spellenberg*, Das Europaische Gerichtsstands- und Vollstreckungsübe reinkommen als Keim eines europäischen Zivilprozeßrechts?, EuR 1980, S. 329 (329 ff.) および最近の ders, in : Säcker/Rixecker (Hrsg.), Münchener Kommentar zum Bürgerlichen Gesetzbuch, Bd. 10 : Internationales Privatrecht, 10. Aufl. 2010 : Art. 10-13, 17, 18 Rom I-VO, Art. 12 Rom II-VO を参照。

57) 教授資格取得論文（脚注1）のほかにも *Leible / Kieninger*, Plädoyer für einen „Europawissenschaftlichen Ausschuß für Privatrecht", EuZW 1999, S. 37 ; *Leible*, Die Rolle der Rechtsprechung des EuGH bei der Entwicklung des europäischen Privatrechts, in : *Martiny/Witzleb* (Hrsg.), Auf dem Weg zu einem Europäischen Zivilgesetzgebung, 199, S. 53 ; ders, Das Herkunftslandprinzip im IPR—Fata Morgana oder neue Metaregel?, in : *Nordhausen* (Hrsg.), Neue Entwicklungen in der Dienstleistungs- und Warenverkehrsfreiheit, 2002, S. 71 ; ders, Die Angleichung der nationalen Zivilprozessrechte. Vom „Binnenmarktprozess" zu einer europäischen ZPO?, in : *Müller-Graff* (Hrsg.), Der Raum der Freiheit, der Sicherheit und des Rechts, 2005, S. 55 などを参照。

58) たとえば *Freitag*, Der Einfluß des Europäischen Gemeinschaftsrechts auf das Produkthaftungsrecht, 2000 (= Diss. Bayreuth 2000)を参照。

59) *Basedow*, Euro-Zitrone für den Palandt !, ZEuP 1993, S. 656 f.

る60)。80年代末にはまだ，ミュンヘン高裁が，共同体法の規定の解釈にあたって，民訴法第293条でいう「法廷が不知である」ところの「他国で適用される法」に関する証拠調べを鑑定により行おうとしたという逸話がある61)。EEC条約第177条（EC条約第234条，現在のEU機能条約第267条）のことを，高裁はどうやら本当に知らなかったようである。ドイツ国内で有効な法秩序の構成要素である**法廷は自ら法を知る**（*iura novit curia*）というのは，共同体法，現在の連合法については，反証可能な推定に過ぎないのであろうか。これに比べてまだましだったのが，あるEC規則の条文を持参することを原告に義務づけたある地方裁判所の決定である。ちなみに，これまでの経験からも，そのような条文を念のため常に持参するに越したことはない。似たような話が，各地の刑事裁判所62)や行政裁判所，果ては連邦行政裁判所63)にまであるのである。いまだにドイツの裁判所では，EC法に基づく主張に対して，「ドイツではドイツ法を適用する！」という答が返ってこないとも限らない。しかしその一方で，ドイツの裁判所が欧司裁に先決裁定の呈示を行う事例を見ていると（もちろん差別化した評価が必要だが），問題意識が高まりつつあるように思われる64)。ドイツの裁判所には，「共同体法裁判所」65)としての共同体法ないし連合法を守

---

60) たとえば *Palandt*, BGB-Kommentar, 69 Aufl. 2010 を参照。今は注釈の中にそれぞれ該当規定が実施しようとする連合法の規定が引用されている。

61) ミュンヘン高裁決定 OLG München, Beschluss v. 22.6.1988, EuR 1988, S. 409. これについてのコメントは *Nicolaysen*, EuR 1988, S. 411.

62) 租税刑法の事実構成要件に関してEC指令による共同体法規定を考慮するなどもってのほかと考えたボン地裁の 1986/06/12 の判決参照。これについては連通裁刑事判例集 BGHSt 37, 168 (174 f.) 参照。

63) 連行裁判決 BVerwG, NJW 1999, S. 2752 に掲載されている，非常に制約的な連憲裁の司法判断（連憲裁判決 BVerfG, RIW 1994, S. 519/529，連司裁判決 BVerfG, GRUR 2005, S. 51 以降さらに制約的になっている）によってさえ欧司裁への呈示を行わなかったことが「横暴」とみなされた例を参照。その結果基本法第101条第1項第2文に基づく憲法異議が奏功することになった（BVerfG, EuZW 2001, S. 255 f.）。

64) これについては *Roth*（脚注33），S. 851 f.（引用文献記載）参照。

65) 連合法の執行にあたり実効性のある権利の保護を確保する加盟国の義務（欧司裁

る[66]責任が民法の分野においてもあることは，消費者の権利についていうなら，連通裁の呈示に基づいて欧司裁がディーツィンガー事件[67]およびハイニンガー事件[68]で下した判決によって裏づけられており，商法および会社法に関してはダイハツ事件[69]，トムベルガー事件[70]，ユーバーゼーリング事件[71]などがある。共同体法を遵守しないことで，そのような場合についてフランコヴィッチ事件判決[72]で国家賠償請求権が成立したことにより，納税者にとって高くつく結果となる可能性があることが，ボン地裁の呈示[73]に基づき欧司裁がディレンコーファー事件[74]で下した判決で明らかになっている。ツアー会社の倒産により被害を受けた旅行者 9,000 件について（和解した 250 件を除き）対応が必要

判決 EuGH, Urt. v. 25.7.2002, Rs C-50/00 P （Unión de Pequenos Agricultores), Slg. 2002, I-6677, Rn. 42 参照）は，EU 機能条約第 19 条第 1 項第 2 段に明文化された。

66) これについての一般論は *Streinz*（脚注 19）Rn. 649 ff. 参照。

67) 欧司裁判決 EuGH, Urt. v. 17.3.1998, Rs. C-45/96—Bayerische Hypotheken und Wechselbank/Edgar Dietzinger-, Slg. 1998, I-1199. この事件については *Bittner*, in : *Micklitz* (Hrsg.), Europarecht case by case. Vorlageverfahren deutscher Gerichte an den EuGH, 2004, S. 46 ff. 参照。

68) 欧司裁判決 EuGH, Urt. v. 13.12.2001, Rs. C-481/99 (Heininger/Hypo- und Vereinsbank AG), Slg. 2001, I-9945. この事件については *Basler*, in : *Micklitz*（脚注 67），S. 65 ff. 参照。

69) 欧司裁判決 EuGH, Urt. v. 4.12.1997, Rs. (Daihatsu Händlerverband e.V./Daihatsu GmbH), Slg. 1997, I-6843. この事件については *Pieler*, in : *Micklitz*（脚注 67），S. 93 ff. 参照。

70) 欧司裁判決 EuGH, Urt. v. 27.6.1996, Rs. C-234/94 (Tomberger/Gebrüder von den Wettern GmbH), Slg. 1997, I. この事件については *Micklitz/Weis*, in : *Micklitz*（脚注 67），S. 110 ff. 参照。

71) 欧司裁判決 EuGH, Urt. v. 5.11.2002, Rs. C-208/00 (Überseering), Slg. 2002, I-9919. この事件については *Basler*, in : *Micklitz*（脚注 67），S. 137 ff. 参照。

72) 欧司裁共同審理事件判決 EuGH, Urt. v. 19.11.1991, verb. Rs. C-6/90 und C-9/90 (Andrea Francovich u.a./Italienischer Staat), Slg. 1991, I-2867.

73) ボン地裁決定 LG Bonn, Beschluss v. 6.6.1994, EuZW 1994, S. 442.

74) 欧司裁判決 EuGH, Urt. v. 8.10.1996, verb. Rs. C-178/94, C-179/94, C-188/94, C-I 89/94, C-190/94 (Dillenkofer u.a./Bundesrepublik Deutschland), Slg. 1996, I-4845. この事件については *Basler*, in : *Micklitz*（脚注 67），S. 17 ff. 参照。

となったのである[75]。この国家賠償責任は行政に「十分に要件を満たす違反」があれば成立し，これはドイツの立法[76]および（賠償責任規範が「明白な違反」に軽減されているものの）司法[77]にも適用される国家賠償法とは異なるものである。

II. 民法秩序欧州化の理論

1.「欧州化」という概念

「欧州化」という概念は，国内法について，すなわちドイツ法についていう場合にも，一般に欧州法が加盟国の法秩序に与える影響を指すが，ここでいう欧州法とはいわば「狭義における」[78]欧州法であって，欧州共同体の法ないし現在の欧州連合の法を意味している。その際に見逃してはならないのは，いわば「広義における」欧州法である，その他の欧州の機関の法，たとえば欧州評議会の枠内で合意された国際法の条約なども，やはり国内法に影響を与え，民法もその例外ではないという点である。最も重要な条約である1950年11月4日の人権と基本的自由の保護のための欧州条約（欧州人権条約）[79]を例にとるなら，欧州人権裁判所（欧人裁）が2004年6月24日にカロリーヌ・フォン・ハノーファー（モナコ）事件で下した判決がこのことを明白に語っており，該判

---

75) *Stöhr*, Schadensersatzansprüche wegen verspäteter Umsetzung der EG-Pauschalreiserichtlinie―eine Bilanz, NJW 1999, S. 1063 参照。

76) 欧司裁共同審理事件判決 EuGH, Urt. v. 5.3.1996, verb. Rs. C-46/93 und C-48/93 (Brasserie du Pécheur und Factortame), Slg. 1996, I-1029.

77) 欧司裁判決 EuGH, Urt. v. 30.9.2003 (Köbler/Republik Österreich), Slg. 2003, I-10239.

78) この表現については *Streinz*（脚注19), Rn. 1 参照。

79) BGBl. 1952 II S. 685. 議定書第11号の文言における新公告 Neubekanntmachung i.d.F.d. Prot. Nr. 11 BGBl. 2002 II S. 1154. 補足する議定書およびその他の議定書を含む現行の文言は Sartorius II, Internationale Verträge―Europarecht (Loseblatt), Nr. 130 ff.

決では，連憲裁が行った一般的人格権（基本法第2条第1項，第1条第1項引用）と報道の自由（基本法第5条第1項）の（人格権については連通裁の判断[80]とも異なっている）比較衡量[81]が，欧州人権条約第8条（私生活および家族生活尊重の権利）および第10条（言論の自由）に照らして問題があるものと判示された[82]。この判決は，報道すなわちマスコミ自身が関連していたこともあって，大きな波紋を呼び，欧人裁の判決がどのような効果を持つのかという疑問が生じることになった。連憲裁が別の事件において示したその答は，欧人裁判決はドイツの裁判所を厳密に拘束するものではなく，特に基本法の規定をないがしろにするようなことはあり得ないが，「十分に考慮」すべきというものである[83]。そうはいっても，欧州人権条約に定められた民事手続法を含む手続法に関する国際上の規定[84]を無視することは許されない。しかしこれを見ると，根本的な違

---

80) 連通裁判決 BGH, Urt. v. 19.12.1995, NJW 1996, S. 1128.
81) 連憲裁判決 BVerfG, Urt. v. 15.12.1999, BVerfGE 101, 361.
82) 欧人裁判決 EGMR, Urt. v. 24.6.2004 (Caroline von Hannover/BR Deutschland), NJW 2004, 2647. これについて批判的なのが *Grabenwarter*, Europäische Menschenrechtskonvention, 4. Aufl. 2009, § 22, Rn. 55 („mit wenig überzeugenden Argumenten" gegenüber der „differenzierten Rechtsprechung des BVerfG"／「差別化された連憲裁の司法判断」に比べ「ほとんど説得力のない議論により」)（引用文献記載）ドイツ国内の司法に与える影響については *Streinz*, Zur Europäisierung des Grundgesetzes, in : *P. M. Huber* (Hrsg.), Das Grundgesetz zwischen Stabilität und Veränderung, 2007, S. 33 (50 f.) 参照。
83) 連憲裁判決 BVerfG, Urt. v. 14.10.2004, BVerfGE 111, 307 (319)—Görgülü. これについては *Streinz*, in : Sachs (Hrsg.), Grundgesetz—Kommentar, 5. Aufl. 2009, Art. 59, Rn. 65 a（引用文献記載）参照。
84) これについては *Streinz*, Verfahrensgarantien der Europäischen Menschenrechtskonvention und ihre Auswirkungen auf das deutsche Recht, in : *Matscher* (Hrsg.), Erweitertes Grundrechtsverständnis. Internationale Rechtsprechung und nationale Entwicklungen—EGMR, EuGH, Österreich, Deutschland, Schweiz, 2003, S. 139 (176 ff.)（引用文献記載）参照。民訴法第580条第8号によれば，原状回復の訴が行われるのは，欧州人権条約ないしその議定書の違反を欧人裁が認定し，判決がこの違反に基づくものである場合などである。

いがあることがわかり，欧州人権条約は，基本法第 59 条第 2 項に基づく欧州人権条約および欧人裁判決に適合する基本権の解釈[85]を通じた実質上の優位性という理論があるものの，通常の連邦法と同じ格付けとなっているのに対して，共同体法（現在の連合法）には（一部憲法上の留保が残っているものの）[86]加盟国の法に対する優位性があるのである。この優位性は，欧司裁が共同体法上の必要条件として要求しているもので[87]，各加盟国の法秩序により，基本法に明確な規定がない（基本法第 23 条参照）ドイツ法も含め，暗黙のうちに了承されている[88]。この優位性は，2004 年 10 月 29 日の欧州のための憲法を制定する条約[89]の第 I-6 条で明文化される予定であったが，リスボン条約には継承され

---

85) 連憲裁判決 BVerfG, Urt. v. 26.3.1987, BVerfGE 74, 358 (370) 参照。これについて詳しくは *Streinz*（脚注 83), Art. 59, Rn. 65 a（引用文献記載）参照。

86) これについては *Streinz*, Verfassungsvorbehalte gegenüber Gemeinschaftsrecht - eine deutsche Besonderheit? Die Schranken der Integrationsermächtigung und ihre Realisierung in den Verfassungen der Mitgliedstaaten, in : Festschrift für Helmut Steinberger, 2002, S. 1437 (1456 ff.) ; *Franz C. Mayer*, Kompetenzüberschreitung und Letztentscheidung. Das Maastricht-Urteil des Bundesverfassungsgerichts und die Letztentscheidung über Ultra vires-Akte in Mehrebenensystemen. Eine rechtsvergleichende Betrachtung von Konflikten zwischen Gerichten am Beispiel der EU und der USA, 2000, S. 87 ff, 273 参照。各国のリポートに基づく比較一覧があるのが *P. M. Huber*, Offene Staatlichkeit : Vergleich, in : von Bogdandy/Cruz Villalón/P. M. Huber (Hrsg.), Handbuch Ins Publicum Europaeum, Bd. II : Offene Staatlichkeit―Wissenschaft vom Verfassungsrecht, 2008, § 26 (S. 403 ff.), Rn. 34 ff. *Grabenwarter*, Staatliches Unionsverfassungsrecht, in : von Bogdandy/Bast (Hrsg.), Europäisches Verfassungsrecht. Theoretische und dogmatische Grundzüge, 2. Aufl., 2009, S. 121 (123 ff.) にある差別化された概説を見ると，共同体法の包括的な優位性を認めているオーストリアなどの国でも，「基本原則」については，共同体法（現在の連合法）下への「従属」は否定されていることがわかる（同書，S. 124）。

87) 基本判決となるのが欧司裁判決，Urt. v. 15.7.1964, Rs. 6/64 (Costa/ENEL), Slg. 1964, 1251.

88) 基本判決となるのが連憲裁判決 Grundlegend BVerfG, Beschluss v. 9.6.1971, BVerfGE 31, 145 (174)―Lütticke.

89) ABl. 2004 Nr. L 310/1.

ていない[90]。その結果として，直接適用することのできる EC 条約ないし現在の欧州連合の機能に関する条約（EU 機能条約）の規定や，各種の規則，さらに直接的効力を有する指令が，それに反する国内法を排除（「直接効」および「阻止効果」）し，それ以外の指令も，国内法をそれに適合させる必要があり，国内法を指令に適合する形で解釈しなくてはならないという意味において国内法を規定するものとなる[91]。このような欧州化の範囲の広さを強調するためにしばしば引用されるのが，明らかに正確なデータに基づくものではなく，差別化も必要であるが，決してあり得ない話ではない元欧州委員会委員長ジャック・ドロール氏の 1988 年の発言で，10 年後には経済法，場合によっては税法・社会法もその 80 パーセントが共同体法になるだろうというものである[92]。この予測がどこまで的中したかについて，最近論争が行われているが[93]，統計では

---

90) これについては *Streinz*, Die „Verfassung" der Europäischen Union nach dem Scheitern des Verfassungsvertrages und dem Vertrag von Lissabon, ZG 2008, S. 105 (112 ff.).

91) 共同体法の優位性の効果については *Streinz*, „Gemeinschaftsrecht bricht nationales Recht". Verlust und Möglichkeiten nationaler politischer Gestaltungsfreiheit nach der Integration in eine supranationale Gemeinschaft, aufgezeigt am Beispiel des Lebensmittelrechts, insbesondere der sog. Novel Food-Verordnung, in : Festschrift für *Söllner*, 2000, S. 1139 (1149 ff.) 参照。

92) *Delors*, Rede im Europäischen Parlament／欧州議会での演説，BullEG Nr. 7/8-1988, S. 124 ; ABl., VerhEP, Nr. 2–367 v. 6.7.1988, S. 154 (157). 連憲裁のマーストリヒト条約判決 BVerfGE 89, 155 (172 f.) で憲法異議申立人の陳述の中で（一部誤った形で）引用されている。*Roth*（脚注 33），S. 848 も参照。

93) これについては *Joho*, Der 80%―Mythos auf dem Prüfstand : Wie europäisch ist die nationale Politik?, integration 2009, S. 398 (398 ff.) ; *Töller*, Mythen und Methoden．Zur Messung der Europäisierung der Gesetzgebung des Deutschen Bundestages jenseits des 80―Prozent-Mythos, ZParl 2008, S. 3 (3 ff.) ; *T. Hoppe*, Die Europäisierung der Gesetzgebung : Der 80―Prozent-Mythos lebt, EuZW 2009, S. 168 (168 ff.) ; *T König/L. Mäder*, Das Regieren jenseits des Nationalstaates und der Mythos einer 80―Prozent-Europäisierung in Deutschland, Politische Vierteljahresschrift (PVS) 2008, S. 438 (438 ff.) ; *Göler*, Europäisierung hat viele Gesichter. Anmerkungen zur Widerlegung des Mythos einer 80―Prozent-Europä is-

常にそうであるように，何をどうやって数えるかによって変わってくる。議論の余地がないのは，ほぼあらゆる領域に連合法が大きな影響を与えているという点であり，たとえそれが「本来は」加盟国の権限内に残されている領域であっても，たとえば直接の税制や基本的な社会政策などもその例外ではないということである。

2．民法への影響——「共同体私法」ないし「連合私法」

このような欧州化は，すでに述べた通り，民法や民事訴訟法にまで及んでいる。現在でも広範囲に及ぶ一次法および二次法の規定が存在し，カルテル法という意味における競争法[94]，商法[95]，会社法[96]，労働法[97]，不正競争法という意味における競争法[98]，産業財産権の保護，著作権法[99]，民事手続法[100]，最

---

ierung, PVS 2009, S. 75 (75 ff.) などを参照。

94) これについては *Wagner-von Papp*, in : Langenbucher（脚注53），§ 10, S. 451 (454 ff.)；用語の区分については同書，S. 454；*Mäger*, Kartellrecht, in : *R. Schulze/M. Zuleeg* (Hrsg.), Europarecht. Handbuch für die deutsche Rechtspraxis, § 16, S. 499 (502 ff.)；*Emmerich/Hoffmann*, Kartellrecht, in : *Dauses* (Hrsg.), Handbuch des EU-Wirtschaftsrechts (Loseblatt), Bd. 2, Teil H などを参照。

95) これについては *Riehm*, Handelsrecht, in : *Langenbucher*（脚注53），§ 4, S. 191 ff.；*Schmidt-Kessel*, Handelsrecht—Unternehmensrecht, in : *Schulze/Zuleeg*（脚注94），S. 679 (683 ff.) などを参照。

96) これについては *Engert*, Gesellschaftsrecht, in : Langenbucher（脚注53），§ 5, S. 225 ff.；*T.M.J. Möllers*, Gesellschafts-und Unternehmensrecht, kleine und mittlere Unternehmen, in : *Schulze/Zuleeg*（脚注94），§ 18, S. 626 (632 ff.) などを参照。

97) これについては *D. Neumann*, Arbeitsrecht, in : *Langenbucher*（脚注53），§ 7, S. 334 ff.；*M. Schlachter*, Arbeitsrecht, in : *Schulze/Zuleeg*（脚注94），§ 39, S. 1690 (1694 ff.) などを参照。このテーマでは2008年に *M. Franzen, A. Junker, S. Krebber, R. Rebhahn, V. Rieble, M. Schlachter* らにより専門誌 Europäische Zeitschrift für Arbeitsrecht (EuZA) が創刊されている。

98) これについては *Wagner-von Papp*（脚注94），S. 513 ff.；*Glöckner*, Europäisches Lauterkeitsrecht, in : *Schulze/Zuleeg*（脚注94），S. 570 (575 ff.) などを参照。

99) これについては *Haedicke*, Recht des geistigen Eigentums, in : *Schulze/Zuleeg*（脚注94），§ 21, S. 793 (796 ff.)；*Streinz*, Primärrechtliche Grundlagen des

近では私法の核心をなす債務契約法,責任法,物権法[101]などにまで及んでいることを考えると,このような分野はいずれも,連合法を考慮に入れずしては取り扱うことはできず,そうして初めてドイツ国内で本当に有効な法を掌握できるということは明白である。「共同体私法」(現在ではおそらく「連合私法」というべきであろう[102]))は,それ自体が独自の分野であるが,同時にそれぞれ該当する国内法の分野の一部をなすものでもある。その意味で欧州法とは,欧州連合の「憲法」としてのいわば横断的分野であり,このような欧州化の基本原則(立法・私法・行政という国家機能に対応する連合の機能,法源,権利の保護,基本的自由)を捉え,教えるものなのである[103]。

Europäischen Urheberrechts ; *T. Dreier*, Das Internationale Urheberrecht als Grundlage und Bestandteil des Gemeinschaftsrechts ; *Reinbothe*, Der acquis communautaire des Europäischen Urheberrechts : Stand und Entwicklung der Rechtsangleichung und Harmonisierungskonzept, alle in : *K. Riesenhuber* (Hrsg.), Systembildung im Europäischen Urheberrecht, 2007, S. 11 ff., 39 ff., 77 ff. などを参照。

100) これについては *Mäsch*, Zivilprozessrecht, in : *Langenbucher* (脚注53), § 9, S. 420 ff. ; A. Staudinger, Internationales Privat—und Zivilverfahrensrecht, in : Schulze/Zuleeg (Fn. 94), § 22, S. 819 (832 ff.) ; *K. Kreuzer/R. Wagner*, Europäisches Internationales Zivilverfahrensrecht, in : Dauses (脚注94), Bd. 2, Teil Q などを参照。

101) これについては *Herresthal*, Vertragsrecht, in : *Langenbucher* (脚注53), § 2, S. 41 ff. ; *Riehm*, Gesetzliche Schuldverhältnisse, ebd., § 3, S. 165 ff. ; *Schulte-Nölke*, Verbraucherrecht, in : *Schulte/Zuleeg* (脚注94), § 23, S. 923 (927 ff.) などを参照。

102) 欧州「共同体」がなくなるのに伴い,「共同体法」や「共同体法上の」といった内容を的確に表現する素晴らしい言い回しも*法的*には姿を消すことになり,それは「共同体私法」も同様だが,共同の欧州私法という意味合いを表現するためには,今後もこの表現を学界および現場で使用すべきであろう。

103) これについては *Streinz*, Auswirkungen des vom EuGH "ausgelegten" Gemeinschaftsrechts auf das deutsche Recht—Aufgezeigt an den Folgen des Francovich-Urteils für das deutsche Staatshaftungsrecht, Jura 1995, S. 6 (14) 参照。

民法秩序欧州化の基盤　*239*

III. 欧州化の手法

1．EC 条約（現在の EU 機能条約）の私法に関する内容を含む法規の適用

　民法の欧州化は，EEC 条約の私法に関する内容を含む法規によって直接規定されていたものである。これはまず，EEC 条約第 85 条（競争を阻害する取り決めや決定の禁止）および第 86 条（市場を支配する地位の濫用）に定められたカルテル法に表れている。これらの規定はそのまま EC 条約第 81 条ないし第 82 条に継承されており，現在では（用語の修正（「共同市場」のかわりに「域内市場」）が行われただけで）EU 機能条約第 101 条ないし第 102 条となっている。EU 機能条約第 101 条第 2 項には，この条文で禁止されている取り決めや決定は無効であることが定められており，これには幅広い民法上の効果が伴う[104]。これに相当する効果規定は EU 機能条約第 102 条にはない。しかし，ドイツ法およびオーストリア法では，これは法律による禁止にあたり，規範の目的の範囲内での違反があった場合には，該当する取り決めの無効が成立する可能性がある[105]。直接かつ例外なく（当然ながら濫用を正当化することはできない）適用されるこの禁止は，市場の取引相手や競合相手を保護する法律である。したがって，EU 機能条約第 102 条の違反は，損害賠償請求権につながる（民法典第 823 条第 2 項）[106]。また，不正競争法上の効果もある[107]。

　やはり直接の民法上の効果を伴うことになったのが，EEC 条約第 119 条に

---

104)　これについては *Eilmansberger*, in : Streinz（脚注 24），Art. 81 EGV, Rn. 81 ff.（引用文献記載）; *W. Weiß*, in : *Calliess/Ruffert* (Hrsg.), EUV/EGV-Kommentar, 3. Aufl. 2007, Art. 81 EGV, Rn. 146 ff. 参照．

105)　*Eilmansberger*, in : Streinz（脚注 24），Art. 81 EGV, Rn. 80．

106)　*W. Weiß*, in : *Calliess/Ruffert*（脚注 104），Art. 82 EGV, Rn. 73 ; *Eilmansberger*, in : Streinz（脚注 24），Art. 82 EGV, Rn. 81．

107)　*Eilmansberger*, in : *Streinz*（脚注 24），Art. 82, Rn. 82（引用文献記載）．

定められた男女賃金平等の要請であり，その理由は欧司裁が該規定に直接的効力および対世効を認めたことによる[108]。この規定はその内容がEC条約第141条第1項および第2項に継承され，現在ではEU機能条約の第157条第1項および第2項となっている。

2．基本的自由の効果

こう言うといずれにせよ誤解を招くと思われるが，基本的自由には権限の境界はない。というのも，ちょうどリスボン条約が強調している限定個別授権原則は，基本的自由によっても上書きすることは許されないからである。とはいえその効果は，確立された欧司裁判例によれば，「本来は」加盟国の権限内に残されている領域[109]にまで及んでおり，したがって連合法の対象とはならない，またはまだ対象となっていない民法の領域にまで達しているのである。その例外となっている領域はひとつもない。望ましくない拡大を防ぐためには，基本的自由の適用範囲を制限するしかなく，実際にもそのような制約が一部で行われている[110]。

3．二次法

1 法的根拠

二次法，すなわち規則および指令で，民法への影響があるものは，限定個別授権原則に従い，一次法における法的根拠を必要とする。その中で最も広い適用範囲を提供してくれるのが，域内市場確立のための一般的調和権限（EU機能条約第114条，以前のEC条約95条ないしEEC条約第100a条）と条約補充権限（EU機能条約第352条，以前のEC条約第308条ないしEEC条約第235条）である。

---

108) 欧司裁判決 EuGH, Urt. v. 8.4.1976, Rs. 43/75 (Defrenne/Sabena), Slg. 1976, 455, Rn 30/34, 38/39.

109) 早いものとしては欧司裁判決 EuGH, Urt. v. 3.7.1974, Rs. 9/74 (Casagrande/Landeshauptstadt München), Slg. 1974, 773, Rn. 6（教育政策関連）参照。

110) これについては *Kahl*, in : *Calliess/Ruffert*（脚注104），Art. 28-30, Rn. 55参照。

しかし，この二つも無制限のものではない[111]。そのほか，特定の法領域を対象とする各種の権限規範がある。

2　調和（EU 機能条約第 114 条）による域内市場の確立（EU 機能条約第 26 条）

EU 機能条約第 114 条ないしその前身となった規範（EC 条約 95 条ないし EEC 条約第 100 a 条）が，消費者保護指令[112]や製造物責任指令[113]，競争法指令[114]，知的財産権指令[115]などの根拠となっている。国内の法秩序に与えた影響は甚大なものであった。たとえば，連合法が理由となって行われた民法典の改正などがあげられるが，これはまた債務法改革の一環としてさらなる改革が行われるきっかけともなっている。

3　特定の法領域を対象とする権限規範

域内市場確立のための一般的調和権限は，個々の法領域を対象とする特殊な権限規範に対して補完的なものである。その例としてここでは，労働法に関する EU 機能条約第 153 条および第 157 条と会社法に関する EU 機能条約第 50

---

111) EC 条約第 95 条の構成要件については欧司裁判決 EuGH, Urt. v. 5.10.2000, Rs. C-376/98 (Deutschland/Europäisches Parlament und Rat), Slg. 2000, I-8419, Rn. 83 ff.――Tabakwerbeverbotsrichtlinie（タバコ広告禁止指令）参照。ただし（その後の判例が示しているように）これを過大評価することは許されない。欧司裁判決 EuGH, Urt. v. 12.12.2006, Rs. C-380/03 (BR Deutschland/Europäisches Parlament und Rat), Slg. 2006, I-および *Gundel*, Die zweite Fassung der Tabakwerberichtlinie vor dem EuGH : Weitere Klärungen zur Binnenmarkt-Harmonisierungskompetenz der Gemeinschaft, EuR 2007, S. 251 (252 ff.) を参照。EU 機能条約第 352 条については下記 C. III. 5 および D. を見よ。

112) たとえば指令 1999/44/EC（脚注 31）などを参照。*Schulte-Nölke*（脚注 101），Rn 16 にある一覧参照。

113) たとえば指令 85/374/EEC（脚注 28）などを参照。

114) たとえば不正商慣行に関する欧州議会および理事会指令 2005/29/EC, ABl. 2005 Nr. L 149/22 などを参照。*Glöckner*（脚注 98），S. 574 f. にある一覧参照。

115) たとえば知的財産権の行使に関する 2004/04/29 の欧州議会および理事会指令 2004/48/EC, ABl. 2004 Nr. L 157/45 などを参照。

条第 2 項 g（これまでの EC 条約第 44 条）をあげておく。（不完全なために開業の自由の問題を投げかけるものとなっている）[116)]会社法の調和[117)]に加え，超国家性の会社形態を確立することで，経済参加者が国境を越えた提携や欧州全域にわたる企業体制を構築することを容易ないし可能にすることが意図されていた。前者として創設されたのが欧州経済利益団体（EEIG）[118)]であるが，これには制約もある。それが魅力を損なわせている[119)]。国境を越えた企業グループの構築を容易にするのが欧州株式会社（Societas Europeae）であるが，EC 条約第 308 条に基づくその法的根拠が採択されたのは，難航した 30 年に及ぶ交渉の末（最大の争点は従業員の共同決定権の問題であった）2001 年になってからようやくのことである[120)]。2003 年には欧州協同組合（SCE）の規定が加わっている[121)]。

4 民事に関する司法協力（EU 機能条約第 81 条）

民事に関する司法協力は当初加盟国間の国際法上の協定に限定されたものであった[122)]。マーストリヒト条約によって法的基盤が「第 3 の柱」の中に設け

---

116) これについては下記 D. を見よ。
117) これについては Bröhmer, in : *Calliess/Ruffert* (Fn. 104), Art. 44 EGV, Rn. 12 にある公布された指令の一覧参照。
118) 欧州経済利益団体（EEIG）の創設に関する 1985/07/25 の理事会規則（EEC）2137/85, ABl. 1985 Nr. L 199/1.
119) 会社形態としての欧州経済利益団体が実際にどの程度受け入れられているかについては *Funkat*, Die praktische Akzeptanz der EWIV als Gesellschaftsform, EWS 1998, S. 122 (122 ff.) 参照。
120) 欧州会社法に関する 2001/10/08 の理事会規則（EC）2157/2001, ABl. 2001 Nr. L 294/1；被用者の関与に関する欧州会社法補正のための 2001/10/08 の理事会指令 2001/86/EC, ABl. 2001 Nr. L 294/22. これについて，またそのほかの計画については *Habersack*（脚注 26），S. 63 f. 参照。
121) 欧州協同組合法に関する 2003/06/22 の理事会規則（EC）1435/2003（ABl. 2003 Nr. L 207/1），EEA 合同委員会の決定 15/2004（ABl. 2004 Nr. L 116/68）により改正；被用者の関与に関する欧州協同組合法補正のための 2001/10/08 の理事会指令 2003/72/EC（ABl. 2003 Nr. L 207/25）.

られたが，第3の柱は当時まだ司法・内務協力と呼ばれていた[123]。アムステルダム条約では，その中から民事に関する司法協力の分野などが「第1の柱」に移されることでいわば「共同体化」された。したがって，リスボン条約による柱構造からの脱却は刑法のみに影響を与えるものであったが，この分野においては共通外交安全保障政策とは違い，形式上のものに留まらず，実際にも影響があった。ただしEU機能条約第81条では，EC条約第65条と比べて内容が拡大されており，域内市場の円滑な機能がもはや条件としてではなく，一例として記載されている[124]。EC条約第65条を基盤として，民事に関する国際司法共助（送達，証拠調べ）に関する規則や，判決承認・執行規則[125]，抵触法規則[126]などが制定されている。

5　条約補充権限（EU機能条約第352条）

EEC条約第235条ないしEC条約第308条は，かつては意図的かつ照準を定めて，共同体法の発達を動的に展開させるために用いられたものである。特殊な新しい権限が条約改正のたびに付与されるのに伴い，その意味合いは薄れてきたものの，この規定が無意味になったわけではない[127]。引き続きこの条項（現在はEU機能条約第352条）は欧州経済私法に関して重要なものであり，これは，欧州の法的形式（通称「第28モデル」）[128]である欧州会社[129]や欧州共

---

122) EEC条約第220条ないしEC条約第293条に基づく。これについては *Leible*, in: Streinz（脚注24），Art. 293, Rn. 12 ff. 参照。
123) これについてはEU条約（マーストリヒト条約版）第K. 1条第6号参照。
124) これについては *Ohler*, in: *Streinz* ／同著／*Herrmann*（脚注16），S. 162 参照。
125) これについては *Leible*, in. *Streinz*（脚注24），Art. 65 EGV, Rn. 7 ff.; *Rossi*, in: *Calliess/Ruffert*（脚注104），Art. 65 EGV, Rn. 9 ff.（引用文献記載）参照。
126) これについては *Leible*, in. *Streinz*（脚注24），Art. 65 EGV, Rn. 15 ff.; *Rossi*, in: *Calliess/Ruffert*（脚注104），Art. 65 EGV, Rn. 16 ff.（引用文献記載）参照。
127) *Streinz*, in: *Streinz*（脚注24），Art. 308 EGV, Rn. 55 参照。
128) *Basedow*, Ende des 28. Modells? Das Bundesverfassungsgericht und das europäische Wirtschaftsprivatrecht, EuZW 2010, S. 41 参照。
129) 上記脚注120参照。

同体商標[130]などがこの条項を明確に根拠としており，今後もこれを根拠とするさまざまな案が予定されているからである[131]。

4．スポット的（「点描的」）な手法から「一貫性のある」手法へ

連合の立法全般について言えるように，共同体私法ないし現在の連合私法についても，できる限りいわゆるスポット的（「点描的」）な手法から「一貫性のある」手法へ移行しようとする傾向が見られる。規定が散在し，調整が行われないために，方向性が逆であったり，場合によっては矛盾が生じることすらある状況から脱却し，体系的な成文化という意味における一貫性のある規定体系の構築を目指している。その一例が，欧州消費者保護法の再編成である[132]。

5．欧州化の制約

限定個別授権原則には，欧州化の制約が伴う。制約の規定は欧司裁も行っており，「現時点における共同体法の状況」における二次法の可能性が活用されていないことを再度指摘する形で，たとえば会社の転出権を転入権よりも狭いものとみなし，加盟国が転出を希望する会社に対し開業の自由をさらに制約する可能性を開いている例などがある[133]。憲法上の制約があると連憲裁がリス

---

130) 共同体商標に関する1993/12/20の理事会規則（EC）40/94（ABl. 1994 Nr. L 11/1），共同体商標に関する2009/02/26の理事会規則（EC）207/2009（ABl. 2009 Nr. L 78/1）により成文化および差し替え。

131) *Basedow*（脚注128），EuZW 2010，S. 41 : Europäische Privatgesellschaft, europäisches Versicherungsvertragsgesetz, allgemeines europäisches Vertragsrecht 参照。

132) 消費者の権利に関する指令の2008/11/08の委員会案，KOM (2008) 614 endg. これについて批判的なのが *N. Reich*, Wie „vollständig" ist die geplante „Vollständige Harmonisierung" im Verbraucherrecht?, EuZW 2008, S. V. 作業の現状と賛否両論のある議論については *Schulte-Nölke*, Arbeiten en einem europäischen Vertragsrecht—Fakten und populäre Irrtümer, NJW 2009, S. 2161 (2161 ff.) 参照。

133) 欧司裁判決 EuGH, Urt. v. 16.12.2008, Rs. C-210/06 (Cartesio), NJW 2009, S. 569. これについては *S. Otte*, EWS 209, S. 38 (38 f.) 参照。

ボン条約判決でみなしたのは，EU 機能条約第 352 条の条約補充権限の適用に関するもので，リスボン条約では適用範囲が拡大されていることから，同時に制約事項が明確化されているとはいえ[134]，国内の手続上は条約の改正と同等とみなされ，理事会におけるドイツ代表者の条約承認には，連邦議会および場合によっては連邦参議院も可決する必要のある法律に基づく授権が要求されるとした[135]。この要求に対応したものが統合責任法である[136]。これに伴い欧州の立法が難しくなることは，欧州経済私法が目指す具体的内容を鑑み，批判かつ懸念をもって受け止められている[137]。その反面，たとえば一般的欧州契約法の構想などは，影響甚大な一大計画であるので，2本立ての民主的正当性を，欧州議会と，各国の議会が統制し，場合によってはそのための授権を受けた理事会を通じて確保するのが適切といえよう[138]。肝心なのは，手続が実践的なもので，連合法により義務づけられている誠実な協力関係（EU 条約第 4 条第 3 項）に則したものとなることである。

IV．国際私法に与える影響

基本的自由の差別禁止が抵触法に与える影響は，すでにかなり早い時期に認識されている[139]。一般的に属人法が国籍と連結されていることを考えれば，それは自明のことであった。基本的自由が制約を禁止するものであるという認

---

134) 適用範囲が共通市場（現在の域内市場）を超えて「諸条約に定められた政策分野」に拡大される（EU 機能条約第 352 条第 1 項）。その一方で調和の禁止からの例外や CFSP の分野は明確に排除されている（第 3 項）。理事会の全会一致が必要な点には変わりがないが，欧州議会の承認も必要になった（第 1 項第 2 文）。

135) 連憲裁判決 BVerfG, Urt. v. 30.6.2009, EuGRZ 2009, S. 339 Tz 325 ff.

136) 2009/09/22 の欧州連合の事項に関する連邦議会および連邦参議院の統合責任遂行に関する法律（IntVG）第 8 条（柔軟性条項）（BGBl. S. 3022）。

137) こう書いているのは *Basedow*（脚注 128），EuZW 2010, S. 41.

138) 2本立ての民主的正当性については *Streinz*, Europarecht, 8. Aufl. 2008, Rn. 326 参照。各国議会の欧州決定プロセスへの参加は EU 条約第 12 条に明文化されている。

139) たとえば *Beitzke*（脚注 3）などを参照。

識から視野が広がって，活発な議論が始まった。議論の対象となったのはまず，抵触法自体が基本的自由を制約することは可能かという点で，また，基本的自由が抵触法上の独自の規定内容にあたるかについても論点となった[140]。欧州法にとっての国際私法の重要性は，法秩序が異なることにより生じる域内市場の障害を考えれば明白である[141]。EC条約第65条第1項b（現在のEU機能条約第81条）が挿入されたことによって，独自の欧州国際私法に関する権限が創設され，欧州裁判管轄・執行規則（「ブリュッセルⅠ」）[142]や婚姻裁判管轄・執行規則（「ブリュッセルⅡa」）[143]，欧州倒産手続規則[144]などがこの権限を根拠としている。これに続いて非契約債務関係の国際私法が「ローマⅡ規則」[145]により規定され，契約債務関係の準拠法に関する1980年6月19日のEECのローマ条約[146]が「ローマⅠ」規則[147]に置き換えられた。親族法については，純粋な手続法である「ブリュッセルⅡa」規則に抵触法の部（「ローマⅢ」）を

---

140) これについてたとえば von *Bar* (Hrsg.), Europäisches Gemeinschaftsrecht und IPR, 1990 参照，特に *Drobnig* の論文，Gemeinschaftsrecht und internationales Gesellschaftsrecht. „Daily Mail" und die Folgen. S. 185 ff., およびそれに続く議論リポート，S. 207 ff. を見よ；*Lagarde*/von *Hoffmann* (Hrsg.), Die Europä isierung des internationalen Privatrechts, 1996；*Sonnenberger*, Europarecht und Internationales Privatrecht, ZVglRWiss 95 (1996), S. 3 ff.；多岐にわたる文献については *Leible*（脚注1），S. 168 ff. に記載の引用文献参照。

141) これについては *Wendehorst*, Internationales Privatrecht, in：Langenbucher（脚注53），§ 8, S. 376 (381 f., 390 ff.) 参照。今では「実質的に国際私法すべてが欧州法による吟味の対象となっている」，同書，S. 407.*Staudinger*（脚注100），S. 870 ff. も参照。

142) 民事および商事事件における裁判所管轄および決定の承認・執行に関する2000/12/22の理事会規則（EC）44/2001（ABl. 2001 Nr. L 12/1）。

143) 上記脚注8参照。

144) 倒産手続に関する2000/05/29の理事会規則（EC）1346/2000（ABl. 2000 Nr. L 160/1）。

145) 非契約債務関係の準拠法に関する欧州議会および理事会規則（EC）864/2007（ABl. 2007 Nr. L 199/40）。

146) BGBl. 1986 Ⅱ S. 810；現行版は BGBl. 1999 Ⅱ S. 7.

147) 契約債務関係の準拠法に関する2008/06/17の欧州議会および理事会規則（EC）593/2008（ローマⅠ），ABl. 2008 Nr. L 177/6.

追加することが予定されている[148]。これが各加盟国の法秩序にとって極めて核心的な法領域に関わるものであることは，いわゆる「非常ブレーキ規定」がリスボン条約自体にも定められていることや，それがドイツ法などにおいてどのように具体化されているかを見ればよくわかる[149]。

V. 今後の展望

点描的な手法から脱却して一貫性のある手法を確立しようという欧州委員会の意欲的な姿勢や，規則による規定が増えていること，また，共通参照枠の拡充作業が本格的に進んでいるのをみると，我々は欧州民法典への道を歩んでいるのか，それとも各国の民法秩序を存続させつつも，その近似化を進めるという道を歩んだほうがよいのではないのかという疑問が湧いてくる。後者が域内の国境をなくした単一市場において必要不可欠であることは間違いないが，もしかするとそれで十分であり，より好ましいのかも知れない。しかしながら，そのような場合であっても，欧州化には義務的な規定というものを超えた域内への影響が伴う。法曹教育にその影響が表れるまでには比較的長い時間がかかっている。というのは，欧州法が選択科目から必須科目になったのは比較的遅かったからである。現在では，公法や民法，そしてまた刑法などの古典的な分野における法曹教育には，欧州法に関する十分な知識が不可欠といえよう。民法にとっての欧州法の重要性をいち早く認識し，伝授したことは，本日古希を迎えられたシュペレンベルク先生の大きな功績のひとつである。

---

148) 婚姻事件における管轄に関して規則（EC）2201/2003 を改正し，この分野における準拠法に関する規定を導入するための理事会規則案（KOM/2006/0399 endg.）．これについては *Freitag/Leible/Sippel/Wanitzek* (Hrsg.), Internationales Familienrecht für das 21. Jahrhundert. Symposium zum 65. Geburtstag von Ulrich Spellenberg, 2006 参照。予定されているものには，ローマ IV（夫婦財産法）規則やローマ V（相続法）規則などもある。

149) EU 機能条約第 81 条第 3 項第 3 段および統合責任法第 9 条，連憲裁判決 VerfG, EuGRZ 2009, S. 339 Tz 419 などを参照。

第 5 部
スポーツ法

「スポーツ国家」としてのドイツ——
スポーツと憲法が相互に期待するもの[*]

I. 序　　章

　ルパート・ショルツ（1937年5月23日——国家法研究者にとって実に意義深い生年月日である——ベルリン生まれ）は，今日まで常に多様な形でベルリンとの深い絆がある。学生時代や司法研修生時代には研究者として，また博士学位取得および大学教授資格取得後は公法講座主任教授として，その後ミュンヘンのルードヴィッヒ・マキシミリアン大学に移られるまで活躍され，また政界でもベルリン州議会議員，ベルリン選出の連邦議会議員，ベルリン市州の法務・連邦担当大臣などのさまざまな公職を通じてベルリンのために働き，さらに連邦制改革[1]にあたっては首都としてのベルリンの立場を強化するために尽力され，そしてまた「首都クラブ」や「老婦人ヘルタ」とも呼ばれるサッカークラブ，ヘルタBSCベルリンのためにも数十年来活動をしておられる。1996年にはルパート・ショルツはこのサッカークラブの監査役に就任，1999年から2006年までは，経済活動を行う企業であるプロサッカークラブにとって重要な役割を果たす監査役会の会長を務めている。その期間中，BSCベルリンは危うく3部に降格しそうになったこともあった（1996年）が，すぐその1年後にはブン

---

　[*]Deutschland als „Sportstaat"——Gegenseitige Erwartungen von Sport und Verfassung, FS *Scholz*, 2007.

　1）　*Scholz*, Rupert, Deutschland—In guter Verfassung?, 2004, S. 32 ff. („Von Bonn nach Berlin. Zur Rolle der Hauptstadt.") 参照。2006/08/28の基本法改正法第52号（BGBl. I, S. 2034）によって以下の文言の第22条第1項が挿入された。「ドイツ連邦共和国の首都はベルリンとする。首都における国家総体の代表活動は連邦の任務とする。詳細は連邦法により規定される。」

デスリーガ第1部に昇格，1999年にはUEFAチャンピオンズリーグの出場権すら獲得するに至っており，チャンピオンズリーグではFCチェルシーロンドンやACミランに勝ってベスト8入りを果たしている。ほかの政治家たちとは違い，ルパート・ショルツはスタジアムのVIP席の単なるお飾り的なお客様ではないのである。そのような役割は，彼の性分にも合わないであろう。研究者として，また大学の教師としてはハンス・マルティン・シュライヤー財団を通じて後進の研究者育成にも貢献し，さらに政治家としていつもそうであったように，ルパート・ショルツはスポーツ団体幹部（この言葉を良い意味で用いることも十分に可能である）としても第一線で活躍し，あまり愉快とは言えない状況のなかで，どんなに気持ちが高ぶっても，問題解決のために落ち着きと粘り強さが問われる場面にも冷静に対応してきた[2]。このような背景から，国家法を専門とする氏の活動分野のひとつであるスポーツ自体を取り上げて，スポーツと憲法の関係をめぐる短い分析を，「スポーツ国家としてのドイツ」[3]と題して試みたい。

II. 憲法におけるスポーツ

1．ドイツ憲法によるスポーツの保障

つい最近の憲法改革[4]後も，スポーツという言葉は基本法に明記されていな

---

2) たとえば2004/03/09の以下のインタビューを参照。「ルイゾンの放出は正しい判断だった」。ショルツは批判の的となっていたマネージャー，ヘルタの1部昇格に大きく貢献した（これはおそらく血筋というものだろう）ディーター・ヘーネスを擁護し，当時の，「救世主」として起用され見事成功したハンス・マイヤー監督が「当クラブにとっての幸い」であることを認識している。ちなみにマイヤー監督は現在第1 F.C. ニュルンベルクでも「幸い」振りを発揮中である。

3) この題名は *Steiner*, Udo, Bemerkungen zum Verhältnis von Staat und Sport in Deutschland, in : Festschrift für Volker Röhricht, 2005, S. 1225 (1225) : „Die Bundesrepublik Deutschland ist ein Sportstaat" (nicht weniger als sie Kulturstaat ist)/

い[5]。このことは，すでにかなり以前にも注目されており，というのもスポーツは「国家的に有意なる現実」[6]であるからである。それは「ベルンの奇蹟」のような誰もが注目する事例に限らない。もちろんベルンでドイツがW杯に優勝した時は時代的な背景もあってそのインパクトが驚異的に長続きしているのは間違いなく[7]，これは特例的なもの（「サッカー界の世紀の出来事」）[8]とみなす必要があるが，トップレベルのスポーツでは現実に政治がその栄光にあやかろ

「ドイツ連邦共和国はスポーツ国家である」（文化国家であるばかりではない）にならったもの。
4) 2006/08/28 の基本法改正法（第52号），BGBl. I, S. 2034.
5) 検討されているのは（批判的な目でみられているのももっともな）国家目標規定の拡大の一環として盛り込むことである。
6) *Steiner*, Udo, Staat, Sport und Verfassung, DÖV 1983, 173 (173). これは *Nolte, Martin* の教授資格取得論文，Staatliche Verantwortung im Bereich Sport, 2004, S. 4 f. を踏まえたもの。
7) これについては *Streinz*, Rudolf, Die verfassungsstaatliche Erwartung an den Sport, in : LandesSportBund NRW (Hrsg.), „Was ist des Sportes Wert?", 1997, S. 10 (10 f.) (引用文献記載) 参照。もうすっかり「定番」となっているヘルベルト・ツィンマーマン／*Herbert Zimmermann* の実況中継の最後の数分間が記載されているのが *Michel, Rudi* (Hrsg.), *Fritz Walter*. Legende des deutschen Fußballs, 2. Aufl. 1995, S. 66 ff. 冷静だが，全ドイツ的な感情も垣間見えているヴォルフガング・ヘンペル／*Wolfgang Hempel* の Radio DDR 中継，同書，S. 70 ff. も興味深い。これとは対照的なカール・エドゥアルド・フォン・シュニッツラー *Karl Eduard von Schnitzler*（手抜きエデ „Sudelede" というあだ名でよばれた）の解説も参照。これを引用しているのは *Seitz, Norbert*, Was symbolisiert das „Wunder von Bern"?, Das Parlament, Beilage Aus Politik und Zeitgeschichte B 26/2004, S. 3 (5). そのほか *Bertram, Jürgen*, Die Helden von Bern. Eine deutsche Geschichte, 2004 ; *Heinrich, Arthur*, Drei zu Zwei. Bern 1954 und die Selbstfindung der Bundesrepublik, Blätter für deutsche und internationale Politik 2004, S. 869 (869 ff.) ; *Kasza, Peter*, Fußball spielt Geschichte. Das Wunder von Bern 1954, 2004 ; *Michel, Rudi*, „Deutschland ist Weltmeister!"（1954年W杯のドイツサッカー連盟公式記念冊子), 2004 ; *Siemes, Christof*, Das Wunder von Bern, 2003 ; *Theweleit, Klaus*, Tor zur Welt. Fußball als Realitätsmodell, 2004 なども参照。
8) *Seitz*, Was symbolisiert das „Wunder von Bern"?（脚注7), S. 5.

うとするのが常で，成績の不振を国家的な問題とみなす傾向が強く，スポーツが在住外国人の社会統合に果たす役割の大きさは過小評価されることもあれば，過大評価されることもあり，同じことが青少年および成人のアマチュアスポーツの教育的意義や，人間の自己発現に果たす役割についてもいえる。しかしながら基本法には，スポーツにも関係する重要な一般的内容が規定されており，たとえば一般的な行為の自由（基本法第2条第1項），プロスポーツ選手が対象となる職業の自由（基本法第12条第1項），またスポーツクラブや連盟にとって重要な結社の自由（基本法第9条第1項）などがある[9]。この点を連邦政府のスポーツ報告書も（このような報告書の作成が定められている[10]こと自体が「国家的有意性」を物語っている）繰り返し指摘している[11]。疑問なのは，国家目標規定の中にスポーツを明記して保障することが「附加価値」をもたらすかどうかという点である[12]。環境保護と動物愛護が基本法第20a条で保障された際には，立法および行政の比較衡量プロセス（もちろん立法には幅広い形成の余地が残されているが）[13]においてこれらの法益の重要性が増したという経緯がある[14]。

---

9) 第2条第1項および第12条の内容的基本権を集団的に行使する「行使権」としての結社の自由については，*Scholz*, in: Maunz/Dürig, Grundgesetz—Kommentar (Loseblatt 2006/1999), Art. 9, Rn. 40.

10) 1971/05/13のドイツ連邦議会決議には，2年に1度（1979/10/19のドイツ連邦議会動議（BT-Drs. 8/3210）により1979年からは4年に1度に変更）連邦政府のスポーツ報告書を発表することが定められている。

11) 最近では連邦政府第10次スポーツ報告書／10. Sportbericht der Bundesregierung, BT-Drs. 14/9517 vom 20.6.2002, S. 14参照。

12) これについては *Nolte*, Staatliche Verantwortung（脚注6）, S. 229 ff. 参照。

13) これについては *Jarass*, in: Jarass/Pieroth, Grundgesetz-Kommentar, 8. Aufl. 2006, Art. 20 a, Rn. 18（引用文献記載）参照。

14) *Jarass*（脚注13）, Art. 20 a, Rn. 19 ff.（引用文献記載）参照。連行裁判決 BVerwG, Urt. v. 23.11.2006（3 C 30.05）によれば，基本法で動物愛護が保障されたことは，基本法第4条の要請である，宗教上やむを得ない生け贄の習慣（連憲裁判決 BVerfGE 104, 337参照）に対する例外の許可には影響を与えない。

ノルトライン・ヴェストファーレン州が1992年に，州および自治体がスポーツの育成と振興を行うことを州憲法に定めたのを契機として[15]，これまでにハンブルク州を除く全州の州憲法にスポーツ振興が国家目標規定として盛り込まれている[16]。ここでは，ルパート・ショルツの主な活動拠点であるバイエルン州[17]とベルリン州[18]のみを例にあげておく。このような規定に実際にどのような利点があるのかについてはさまざまな評価があり，「象徴的規範にすぎないものであるという疑惑が極めて濃厚である」[19]ともいわれるが，そのような懐疑論者もまったく効果がないとまでは言い切っていない[20]。

2．他国の憲法による保障

　基本法とは違い，他の国の憲法にはスポーツに関する一般的な内容や，非常

---

15) ノルトライン・ヴェストファーレン州憲法第18条第3項，1992/11/24の法律（GVBl. S. 448）によって以下の条文が挿入された。「スポーツは州および自治体により育成および振興する。」

16) これについては Steiner, Udo, Der Sport auf dem Weg ins Verfassungsrecht—Sportförderung als Staatsziel, SpuRt 1994, 2 (3 f.) ; Tettinger, Peter J., 10 Jahre Sport in der Verfassung des Landes NRW, SpuRt 2003, 45 (45 f.)（引用文献記載）; Hebeler, Timo, Das Staatsziel Sport—Verfehlte Verfassungsgebung?, SpuRt 2003, 221 (222 f.) 参照。さまざまに異なる文言については Holzke, Frank, Der Begriff Sport im deutschen und europäischen Recht, 2001, S. 179 および Nolte, Staatliche Verantwortung（脚注6），S. 218 ff.

17) 自由国家バイエルン憲法第140条第3項，1998/02/20の法律（GVBl. S. 38）によって改正。「文化的生活とスポーツは国家および自治体により振興する。」

18) 1995/11/23の（新）ベルリン憲法，GVBl. S. 779：「スポーツは振興および保護に値する生活の部面である。スポーツへの参加は，すべての住民層に可能せしめなくてはならない。」後者の規定の特殊性については Nolte, Staatliche Verantwortung（脚注6），S. 220 参照。

19) Steiner, Bemerkungen, in：FS Röhricht（脚注3），S. 1228.

20) Steiner，以下を引用する同書参照。Unger/Wellige, Sport und Verfassung. Muß Niedersachsen nun auch Dart fördern?, NdsVBl. 2004, 1 (1 ff.); Hebeler, Staatsziel Sport（脚注16），221 ff. これについての詳細は Nolte, Staatliche Verantwortung（脚注6），S. 226 ff. 参照。

に具体的な内容を含むものがある[21]。一貫してスポーツが記載されていた（ないし記載されている）のは，かつての（または現在も存続する）「社会主義」国の憲法である。たとえばかつての東独の憲法第35条には次のような規定があった。「(1) ドイツ民主共和国の市民には，自らの健康と労働力の保護権がある。(2) この権利は，計画に基づく労働および生活条件の改善，国民の保健，包括的社会政策，体育，学校スポーツおよび国民スポーツ，観光の振興により担保される。」[22]同じような規定がアルバニアやブルガリア，ポーランドなど（社会主義）人民共和国の憲法には含まれており，現在でもキューバ共和国，(北) 朝鮮民主主義人民共和国（「文化」の節で「国防スポーツ」や国家防衛のための「大衆スポーツ」の重要性が強調されている），中華人民共和国の憲法にある[23]。自由民主主義国家，すなわち実体的な意味における「立憲主義国家」[24]の憲法でいわば「スポーツ条項」が明文化されている場合についていうなら[25]，それは第1に健康の促進と青少年の育成をその根拠とするものであり，さまざまな共通点も認められるが，特筆に値する違いも見うけられる[26]。1999年版のス

---

21) これについては *Häberle*, Peter, „Sport" als Thema neuerer verfassungsstaatlicher Verfassungen, in : Festschrift für *Werner Thieme*, 1993, S. 25 (25 ff.) ; *Streinz*, Verfassungsstaatliche Erwartung（脚注7），S. 23 ff. などを参照。

22) 1968/04/06のドイツ民主共和国憲法，1974/09/27改正，Gesetzblatt der DDR 1974, Teil I, S. 432.

23) これについては *Streinz*, Verfassungsstaatliche Erwartung（脚注7），S. 23 f. にある引用文献を参照。これに対して，アルバニア共和国の1998年の新憲法第59条第1項h（英語訳はJÖR N.F. 49 (2001), 450）には，民間の活動を国が助成することやスポーツの育成の責任を国が負うことが定められている。

24) これについては *Isensee*, Josef, Staat und Verfassung, in : *Isensee, Josef/Kirchhof, Paul* (Hrsg.), Handbuch des Staatsrechts, 3. Aufl., 2004, Bd. II : Verfassungsstaat, § 15, Rn. 166 ff.（引用文献記載）参照。

25) その他の憲法には「スポーツ」という言葉の記載はないが，間接的に含まれており，たとえば「身体教育」（アイルランド共和国憲法第42条第1項参照）や「規則的な身体訓練の確保」（ハンガリー共和国憲法第70d条第2項参照）といった文言がある。

26) これについては *Streinz*, Verfassungsstaatliche Erwartung（脚注7），S. 20 ff.（引

イス連邦憲法第68条は，内容的には昔の憲法の第27条dを継承するものだが，連邦がスポーツや教育を振興することを定めている。連邦はスポーツ学校を運営し，青少年スポーツに関する規則を制定することができ，学校の体育の授業を義務づけることができる[27]。スペイン王国憲法第43条第3項は，体育およびスポーツの振興を，健康や「適切な余暇の利用」の促進とならんで記載するに留めている。全般において間口の広さに走る傾向があるポルトガルの憲法は，スポーツの記載が3ヵ所にある（第64条第2項b：健康保護の権利を実現する「学校における運動とスポーツおよび国民スポーツの振興」／第70条第1項d：「身体の鍛錬およびスポーツにあたっての」青少年の特別な保護／第79条第1項：「何人にも体育およびスポーツの権利がある」）。特筆に値するのは，「学校およびスポーツ団体・スポーツ共同体との協力により体育とスポーツの実践および普及を推進・発揚・指導・支援し，スポーツにおける暴力を防ぐ」ことが国家に義務づけられている点である。この中で要求されている協力は当然のことであり，ドイツでも実践されている[28]。しかし，この内容からは，ドイツの各州政府が国家の任務である公立学校の体育の授業をスポーツクラブに肩代わりさせようとする動きがあることには思いが及ばないであろう。ギリシャ共和国憲法第16条第2項では，「ギリシャ人の身体教育」を国家の基本任務である教育の一環に数えている。ただ問題なのは，第16条第9項第1段の規定で，スポー

用文献記載）参照。ここに引用されている欧州連合加盟国25ヵ国（2007/01/01にブルガリアとルーマニアが加盟する以前）の憲法が記載されているのが Kimmel, Adolf /Kimmel, Christiane, Verfassungen der EU-Mitgliedstaaten, 6. Aufl. 2005.

27) 1999/04/18のスイス誓約者同盟連邦憲法，Amtliche Sammlung 1999, S. 2556, 2000/01/01発効。

28) 連邦政府第10次スポーツ報告書（脚注11），S. 72 f.(„Integration durch Sport"／「スポーツによる社会統合」)，S. 77 f.(„Sport im Bildungswesen"／「教育制度におけるスポーツ」，たとえば „Jugend trainiert für Olympia"／「オリンピックを目指して青少年がトレーニング」や „Bewegungsfreundliche Schule"／「運動に優しい学校」といった事業がある）参照。また „Keine Macht den Drogen"／「麻薬に権力を握らせるな」などのキャンペーンも参照。

ツが「国家の保護および最上級監督の下にある」というものである。第2段および第3段にある付与された国の助成金の適切な用途の規制が当然の内容である一方で,「国家の最上級監督」の下にスポーツが置かれているのは,自由民主主義憲法においては奇異な印象を与え,これを根拠にスポーツ独特の事項に国が介入するようなことがあれば,国際スポーツ団体との論争が生じる恐れがあるわけで,各種の団体は国家権力の介入に常に生理的な不快感を示し,効果的な罰則を課す術も知っている。たとえば,サッカーの国際大会出場禁止をちらつかせることで,批判の対象となった国の施策が即座に取消ないし修正されたのはアルバニアやナイジェリアだけの話ではなく,最近では国際サッカー連盟(FIFA)がサッカーヨーロッパ選手権で前回優勝しているギリシャに2008年大会の予選出場を禁止すると脅かした例がある[29]。トルコ共和国の憲法は,「青少年とスポーツ」と題する条文の中で,国家があらゆる年齢層のトルコ国民の身体および精神の健康の発達のための措置を講じ,スポーツの大衆への普及を促進することに加え,国家が「優秀な成績を収めたスポーツ選手」を保護することを規定している[30]。そして,特に優秀な成績を収めたスポーツ選手に対する保護は,決して少額とは言えない[31]。諸外国で支払われる報償金の額に比べると,ドイツスポーツ扶助の報償金は控えめなものである。

　「社会主義」諸国の憲法条規は,実体的立憲主義国家におけるスポーツの扱いとは対照的なものとみなされている。社会主義の憲法では,スポーツは「個人の基本権としての自由や,自由な表現と共同体形成を象徴するものではなく,肥大化した国家権力が規律を守らせるための手段としての役割が第1である」[32]といわれる。これが条文に明記されているケースは一部に過ぎないが,

---

29) 問題となったのは,ギリシャのスポーツ法がFIFAの規約に反するものであったことである。スポーツ法はその後明確化する形で修正された。
30) 1982/11/09のトルコ共和国憲法第59条。
31) トルコ代表としてバルセロナ(1992年)およびアトランタ(1996年)で金メダルに輝いた重量挙げのナイム・スレイマノグル選手に支払われた当時の金額で100万ドイツマルクの報償金については *Streinz*, Verfassungsstaatliche Erwartung (脚注7), S. 22.

「社会主義」国家の憲法文書は，マルクス・レーニン的な基本権の概念に基づいて読み理解する必要があるものだった（ものである）ので，概してこれは正しいといえる[33]。しかし，そこで肝心なところは，基本権が「国家と国民の社会主義的統一を意識的に確立するための国家の手段」としての性格を有している点にある[34]。これが，実体的立憲主義国家がスポーツに期待する内容とは対極をなすというのであれば，特に競技スポーツに対する期待の内容について，必然的な違いはどこにあるのかを明らかにする必要がある。この点を明確に認識せざるを得ない状況となったのがまさにドイツであり，その状況は今も続いているが，さまざまなもっともともいえる理由から，旧東独の「スポーツの驚異」の中でも特に成績優秀な部門を継承ないし復活させようという案が検討され，一部は実行に移されている[35]。

3．欧州連合の憲法による保障

欧州連合，すなわちここでは欧州共同体の法がスポーツに及ぼす影響[36]とい

---

32) Häberle, „Sport" als Thema neuerer verfassungsstaatlicher Verfassungen（脚注21），S. 39.

33) これについては Streinz, Rudolf, Meinungs- und Informationsfreiheit zwischen Ost und West. Möglichkeiten und Grenzen intersystemarer völkerrechtlicher Garantien in einem systemkonstituierenden Bereich, 1981, S. 89 ff.（引用文献記載）；Brunner, Georg, Das Staatsrecht der Deutschen Demokratischen Republik, in : Isensee/Kirchhof (Hrsg.), Handbuch des Staatsrechts, 1. Aufl., Bd. I, Grundlagen von Staat und Verfassung, 1987, § 10, Rn. 10 ff. 参照。

34) これは公認されている教本 Baranowski, Georg u.a., Marxistisch-leninistische Staats- und Rechtstheorie, 2. Aufl. 1975, S. 260.

35) いわゆる「東独特典」の効果があったのは，主に陸上やカヌー，ボート競技などの種目で，1992年のバルセロナオリンピックや1996年のアトランタオリンピックでは大きな成果が上がったが，2000年のシドニーオリンピックおよび2004年のアテネオリンピック以降はその効果が大幅に薄れている。しかし，東西ドイツ統一後16年が経過してもまだはっきりとその効果が認められる分野もある。同じことが冬季競技の一部についてもいえるが，アルベールビルオリンピック（1992年）でバイアスロンリレーのいわば「東西混合」チームが成功を収めたことは，東西

えば、「ボスマン」の一言に尽きる。この事件で欧司裁が下した判決[37]は、そのきっかけとなった事例を超えて、プロのチーム競技すべてに重大な変化をもたらすことになったが[38]、ルパート・ショルツはこの判決を非常に厳しく評価している[39]。さまざまな反応が政界からもあり、1997年10月2日のアムステルダム条約では、最終文書にスポーツに関する声明が添付されている[40]。その声明の中で、加盟国政府の代表者によって構成される政府間会合は、スポーツの社会的な意義を強調し、たとえばスポーツが自己同一性の確立や人間同士の出会いにおいて果たす役割などを指摘している。そのため政府間会合は、欧州連合の決定機関に対し、スポーツに関わる重要案件を扱う際には、スポーツ団体の意見を聞くように呼びかけている。また、この関連においては、アマチュアスポーツの特殊な面に特に配慮するべきものとしている。これは（もちろんそのようなことを1本の声明で行うことはできないが）[41]スポーツの分野を共同体法の適用範囲から除外するものではない[42]。しかし、スポーツに独特の事情は、共同体法をスポーツが関連した事実関係に適用するにあたって考慮しなくては

　　　ドイツの社会統合の喜ばしい成功例といえる。ほかの多くの分野でも、同じような例が続いた。
36) これについては *Streinz*, Rudolf, Die Auswirkungen des EG-Rechts auf den Sport, SpuRt 1998, 1 ff.; 45 ff., 89 ff. 参照。
37) 欧司裁判決 EuGH, Urt. v. 15.12.1995, Rs. C 415/93 (Union royale belge des sociétés de football association ASBL u.a./JeanMarc Bosman), Slg. 1995, I-4921.
38) これについてはたとえば *Streinz, Rudolf*, Der Fall Bosman : Bilanz und neue Fragen, ZEuP 2005, 340 (341 ff.) (引用文献記載) 参照。
39) *Scholz, Rupert/Aulehner, Josef*, Die „3 + 2" Regel und die Transferbestimmungen des Fußballsports im Lichte des europäischen Gemeinschaftsrechts, SpuRt 1996, 44 (44 ff.).
40) スポーツに関する声明（第29号）／Erklärung (Nr. 29) zum Sport, ABl. 1997 Nr. C 340/136; BGBl. 1998 II, S. 438/448.
41) EU条約およびEC条約に付属する各種声明の法的な性格については *Kokott*, in: *Streinz* (Hrsg.), EUV/EGV-Kommentar, 2003, Art. 311, Rn. 7.
42) そのような分野除外規定を要求しているのが *Scholz/Aulehner*, Die „3 + 2" Regel （脚注 39), S. 47.

ならない。これは，移動・居住の自由の制約に対する制約（EC条約第39条ないし第49条）の特定や，共同体法により擁護されている基本的自由と要求されている歪みのない競争，そして団体の自治との間での調整が必要なカルテル法の構成要件にも大きな影響を及ぼす[43]。欧司裁はこのような呼びかけに多少は従っているとも言える[44]。純粋にスポーツに関する，経済的なものではない動機に基づいたスポーツ団体の規約は，その構成要件からいっても，経済活動を対象とするEC条約の適用範囲ではないが，どこに境界線を引くのかという問題が生じる[45]。欧州理事会および欧州連合閣僚理事会は，これまでにも「欧州連合とスポーツ」というテーマを度々取り上げてきている[46]。そのきっかけとなっているのは，移動・居住の自由の問題のほか，報道の分野をはじめとするカルテル法の問題や[47]，ドーピング問題，域内の国境をなくした単一市場におけるフーリガンツーリズムの問題[48]，欧州という枠組におけるスポーツの社会

---

43) 分野全般の除外と，個別事例に即したスポーツ独特の事情の配慮による適用の制限との違いについては Hannamann, Isolde, Kartellverbot und Verhaltenskoordinationen im Sport, 2001, S. 348 f.

44) これについては Streinz, Der Fall Bosman（脚注38），S. 345 ff. 参照。

45) これについては Heermann, Peter W., Verbandsautonomie versus Kartellrecht. Zu Voraussetzungen und Reichweite der Anwendbarkeit der Art. 81, 82 EG auf Statuten von Sportverbänden, causa spart 2006, 345 (345, 356 ff.)（引用文献記載）参照。カルテル法における例外と制限の違いについて詳しくは Hannamann, Kartellverbot（脚注43），S. 347 ff.

46) これについては連邦政府第10次スポーツ報告書（脚注11），S. 25 ff. 参照。

47) これについては Hannamann, Kartellverbot（脚注43），S. 393 ff.（引用文献記載）参照。

48) 1990/06/19のシェンゲン協定施行協定（BGBl. 1993 II, S. 1013；現行の文言は Sartorius II, Nr. 280）第2条第2項には，欧州連合域内の出入国検査廃止の例外として，締結国の公序および国家安全保障のために必要となった場合には，他の締結国と協議の上で，「限定された期間について，域内の国境で事情に適切な出入国検査を実施すること」を決定できることが定められている。これについては Breucker, Marius, Sicherheit bei der Fußballweltmeisterschaft 2006—Präventive Maßnahmen der Polizei und des Veranstalters, SpuRt 2005, 134 (136) 参照。

的機能などである[49]。欧州のための憲法を制定する条約[50]は，フランスおよびオランダでの国民投票で否決されたことからその発効が確実ではなくなっているが，その第III—282条にはスポーツに関する規定が明文化されている[51]。

III. 立憲国家体制をとる公共体にとってのスポーツの意義

1．連邦と各州の憲法条規が表明する期待内容

基本法には，すでに述べた通り，スポーツに関する明示がない。しかし憲法が沈黙を守っているからといって，国家法研究者も無言でいなくてはならないという掟があるわけではないので[52]，基本法からもスポーツに対する憲法の期待内容を読み取ることができないかどうかを検証してみる必要があろう。憲法の期待内容とは，憲法の前提条件と同じく，憲法というものが必ず意図的に不完全なものとなっていることから生じる結果であり，個々の憲法規定においても，憲法全体としても，このような不完全性は，何よりもまず，自ずと終わり

---

49) ニースで開催された「サミット」で採択された「スポーツの独特な性質とヨーロッパにおけるその社会的機能に関する声明」，欧州理事会，2000/12/07～09のニースでの会合，議長総括，第53号および付属書IV, Bulletin der EU 122000, 8 (16, 30 ff.). 連邦政府第10次スポーツ報告書（脚注11), S. 26 も参照。

50) ABl. 2004 Nr. C 310/1.

51) 第III-282条第2段：「連合は，スポーツの独特な性質と，自発的な活動に基づくその構造やその社会的機能および教育的機能を考慮の上で，欧州のスポーツ関連事項の振興に貢献する。」第III-282条第1項第3段 g：「連合の活動には以下の目標がある：(中略) g) スポーツ競技における公正で開放的な振る舞いを奨励し，スポーツの責任を負う諸機関の協力を促進し，特に若年のスポーツ選手をはじめとするスポーツ選手の身体と精神の完全性を保護することを通じた，スポーツの欧州的部面の育成」これについて，またその成立のいきさつについては Grodde, Meinhard, Die Aufnahme des Sports in die Europäische Verfassung, SpuRt 2005, 222 (224 ff.) 参照。

52) *Steiner, Udo*, Verfassungsfragen des Sports, NJW 1991, 2729 (2730).

なき完成プロセスを促すものとして構想されている[53]。民主制を例にとるなら，憲法の前提条件となるのは，憲法に命を吹き込む民主主義者たちであり，また，自由かつ国から独立した民間組織による報道を通じた世論形成プロセスである。連憲裁が，民主国家における意思形成のために報道が果たすいわば「公の任務」を実際にも「憲法で前提となっている任務」と呼んでいることからも[54]，憲法の前提条件が有効なものとなるためには，それに結びついた憲法の期待内容がなくてはならないということがわかる。出版人や編集者，ジャーナリスト，そして自由な報道を利用する読者がいなければ，この権利には何の効力もない。憲法とは，単なる要請事項と禁止事項の総体ではなく，期待内容の総体でもある。これが特にあてはまるのは基本権で，その「適切な使用」を期待するのが憲法であり，憲法がこれを強制することはない。何故なら，自由主義憲法であるからには強制することはできないし，また強制しようという意志もないからである。憲法の期待内容は「自由主義憲法であるからこそ，憲法を生かすために不可欠な要素」[55]であり，立憲主義国家でも公共の福祉が必要でありながら，自由主義国家では当然なことに，公共の福祉を強制する手段は欠如ないし不足しているので，そのギャップを基本権主体の自由な意志により埋めることこそが，憲法の期待の言わんとするところである。自由主義で開放的な憲法に相応しいのは，自己責任において自由を実践し，国家と社会の関係をまさに補完性の原則に即して形成する市民社会である。このような社会は基本的に自治社会であって，自己責任というものが高い水準で実現されている[56]。まさにこの点に注目しているのが連邦政府のスポーツ報告書で，「スポーツの自治」を以下のように強調している。「スポーツの自治とは，スポー

---

53) *Krüger, Herbert*, Verfassungsvoraussetzungen und Verfassungserwartungen, in : Festschrift für *Ulrich Scheuner*, 1973, S. 302.

54) 連憲裁判決 BVerfGE 54, 208 (219).

55) *Krüger*, Verfassungsvoraussetzungen und Verfassungserwartungen（脚注53），S. 304.

56) *Scholz*, Deutschland—In guter Verfassung?（脚注1），S. 79.

ツの独立と自己管理を意味する。自治は，社団や団体などの組織を構成する国民に，基本権によって保障された自由を与えるものである。ドイツのスポーツの強みは，スポーツが自らを組織し，自らの事を自らの責任において自治的に処理することにもある。そのためスポーツは，社会統合の役割を果たす社会の一部面として，公的資金の付与に法律の規範により定められた条件が課されている場合には，特に大きな責任を負うことになる」[57]。これはすなわち，基本権としての自由を活用することが期待されている一方で，公的資金の付与には特別な期待が伴うことを意味する。

　各州の憲法に定められている「スポーツ条項」を見ると，ある程度の具体化も認められる。スポーツが，ザクセン・アンハルト州憲法第36条第3項にあるように，促進すべき「すべての国民の文化的活動」のひとつとされているのは，文化という概念が広いものであることを示している[58]。憲法がスポーツに対して明確に期待する内容を示唆しているのが，ブランデンブルク州憲法第35条である。その中には，バランス良く，必要に応じた比率で，大衆スポーツと競技スポーツの振興を行い，生徒や高齢者，障害者たちの特別なニーズを配慮することが定められている。

2．一般成文法およびその他の法源

　より詳細な内容が規定されているのは，明確な連邦管轄がないために[59]管轄

---

57)　連邦政府第10次スポーツ報告書（脚注11），S. 15.1995/04/12 の連邦政府第8次スポーツ報告書，BT-Drs. 13/1114, S. 12 も参照。

58)　これに賛同しているのが Häberle, „Sport" als Thema neuerer verfassungsstaatlicher Verfassungen（脚注21），S. 40. スポーツが文化や芸術，一部では学術とも結びつけられているのは，旧東独領のいわゆる「新州」の新しい憲法にはすべて共通していることである。自由国家ザクセン憲法第11条，メックレンブルク・フォアポンメルン州憲法第16条第1項，自由国家テューリンゲン憲法第30条などを参照。ブランデンブルク州憲法第35条（「スポーツ」）は，「教育，学術，文化，スポーツ」の節（第28条以下）にある。

59)　（事案の性質および事案の関連性に基づく）連邦の不文の権限については連邦政府第10次スポーツ報告書（脚注11），S. 14 f. 参照。

を有することになる各州[60]のスポーツ振興法である。その内容をまとめると，以下のような公共の福祉のための目標があげられる。健康と体力の維持と回復／社会の基礎体験と絆の教育／公共心の育成／教育と教養への寄与／創造性と競技での力比べによる人格形成／有意義な余暇の過ごし方などである。競技スポーツについては，ブレーメン州（第1条第2項）およびテューリンゲン州のスポーツ法（第1条第5項）に明記されているが，ラインラント・プファルツ州のスポーツ振興法では，主にプロスポーツのために実施される措置について，該法律に基づく公的助成の対象から除外することが明記されている（第3条第3項）。しかしだからといって競技スポーツの助成ができないわけではなく，今日では実際のところ最高水準のスポーツは，ほとんどの種目においてプロスポーツでなくては不可能であり，それを考えれば，オリンピックのアマチュア規定などは元来から疑わしいものであったわけで，「社会主義諸国」の「国家アマチュア」と言われた選手たちが競争の歪みをもたらし，札幌の冬季オリンピックでカール・シュランツ選手が出場禁止処分を受けてからはもう笑止の沙汰でしかなくなっていた「アマチュア資格」が事実上廃止されたのも同じ理由からである[61]。もちろん，プロスポーツを助成するには法的根拠が必要であると同時に，何のために，またどの程度まで，その助成を通じて公共の福祉を増進する，すなわち「公的な」任務が果たされるのかを明らかにして正当化を行う必要もある。ここで検討する必要があるのは，立憲主義国家としてプ

---

60) これについては *Streinz*, Verfassungsstaatliche Erwartung（脚注7）, S. 26 ff.（引用文献記載）参照。スポーツの公的助成に関する州法が存在するのはラインラント・プファルツ州（Gesetz vom 9.12.1974, GVBl., S. 597），ブレーメン州（Gesetz vom 5.7.1976, S. 173），ベルリン州（Gesetz vom 24.10.1978, GVBl., S. 2105），ブランデンブルク州（Gesetz vom 10.12.1992, GVBl. I, S. 498），テューリンゲン州（Gesetz vom 8.7.1994, GVBl., S. 808），メックレンブルク・フォアポンメルン州（Gesetz vom 20.9.2002, GVBl., S. 574）である。

61) 1991年のオリンピック憲章（規則45第4号）により，すでに改正された「アマチュア規則26」で自由化されていたアマチュア規定が，事実上完全に廃止された。新しい規定では，オリンピックに出場する選手が，オリンピックの大会開催中に，自らを使った宣伝を行うのを許してはならないことだけが義務付けられている。

ロスポーツに対する特別な期待が存在するのかどうかという点である。

　これらの特殊な「スポーツ法」に加え，一般的な法律の中にもスポーツに影響を与えるものがあり，社団法，青少年法，税法，労働法などのほか，ボスマン事件で明らかになったように欧州法もそのひとつである。また環境法も例外ではなく，スポーツは音楽と同様に「常に雑音を伴うものであるから」して，「必ずしも誰もが美しいと思うとは限らない」（ヴィルヘルム・ブッシュ）という事情もある。このような観点から，スポーツが憲法でどのように取り扱われているかは，必要となる比較衡量プロセスにおいて，スポーツの「重み」がどの程度のものとなるかを決める要素となるという意味で重要なものである。

　スポーツに対する具体的な期待内容が示されている文書にはさまざまなものがあるが，その代表格が定期的に発表される連邦政府のスポーツ報告書である。「スポーツの社会政策上の重要性」と題して，「社会資本の形成」や「社会統合」，「市民活動の推進」，「一体感の醸成」，「協調性の訓練」，「成績重視原則の浸透」，「保健」，「成長過程の克服と人生の支援」などをスポーツの役割としてあげ，ドイツ連邦共和国では国家がスポーツとスポーツを支えるスポーツ団体を必要としていると述べて，その理由として「なぜなら，彼らは加速しつつある社会の変化の直中にあって，社会の安定と福祉のためにかけがえのない成果を上げているからである」[62]と記されている。そのほかにも，各種政党の政策にもそのような内容が含まれているが，このように注目を集めるテーマを政党がもちろん見逃すわけがない[63]。さらに各種スポーツ連盟の文書もある[64]。

3．立憲主義国家がスポーツに期待する内容

　ここまでに得られた結果を総合すると，立憲主義国家がスポーツに期待する

---

62) 連邦政府第10次スポーツ報告書（脚注11），S. 13 f.
63) これについては *Nolte*, Staatliche Verantwortung（脚注6），S. 55 ff.（引用文献記載）参照。
64) これについては *Streinz*, Verfassungsstaatliche Erwartung（脚注7），S. 32 f. 参照。

内容を以下のように整理することができる。その際の手がかりとなる憲法の条規は，各種のスポーツ振興法の目的規定にも取り入れられ，要約されており，（それぞれの法律の詳細な規定に基づいて）スポーツ団体の方針や政党の政策を規定するものになる。やはりこのような分析に基づいているのが連邦政府のスポーツ報告書であり，最新のものは 2002 年の第 10 次スポーツ報告である。報告書の中では，スポーツの社会的意義が体系化され，解説によって細かく規定されている。その中にあげられている項目を満足すれば，スポーツは憲法の期待に応えたことになるわけである。

1　代表と統合──「国家育成」にスポーツが果たす役割

　一般に（これに対して批判的であったり，ことによっては遺憾の念すら表明している人でも）[65] 見解が一致しているのは，強権国家のみならず，立憲主義国家であっても，「自国の」スポーツ選手が大規模なスポーツイベントにおいて対外的な国家の代表を務めることを期待すると同時に，国内においても国家統合促進効果が長続きすることを期待しているという点である。「社会主義」諸国では，この点が常にはっきりと前面に押し出されている。たとえばヴァルター・ウルブリヒトは 1966 年に次のような発言をしている。「我々の見解では，トップクラスのスポーツ選手には，党および国家の援助を受けて高水準の成績を上げられるよう準備を行わせたほうが，職場でほかの労働者たちに埋もれさせるよりも，我らが労働者・農民の国家のためにより優秀な成績を収め，我が国の威信をさらに高めるものと考える」[66]。この理論は，ドイツ連邦共和国とはまさに対照的であるが，東独がスポーツの分野でだけは西独に対抗することがで

---

65) たとえば *Digel, Helmut*, Sport und nationale Repräsentation. Spitzensport im Dienste der Politik, Der Bürger im Staat 1975, S. 195 ff.; *Winkler, Hans-Joachim*, Sporterfolge als Mittel der Selbstdarstellung des Staates, in : *Helmut Quaritsch* (Hrsg.), Die Selbstdarstellung des Staates, 1977, S. 109 (130 f.) などを参照。

66) 引用転載 *Graf* von *Krockow, Christian*, „Sieg oder Tod". Über Sport und Politik, in : *Sarkowicz, Hans* (Hrsg.), *Schneller*, höher, weiter. Eine Geschichte des Sports, 1996, S. 356 ff. (356).

きたこともあり，オリンピックに先だって東西ドイツの予選が行われた統一ドイツチームの時代[67]からすでに実践されていたもので，東独の単独チーム出場が認められた1968年のメキシコオリンピック以降はさらに強化されている。そしてよりによって1972年のミュンヘンオリンピックでは，東独に独自の国家と国旗の使用が許されることになった[68]。もしかするとスポーツは，ドイツ社会主義統一党（SED）体制の国家とある程度の一体感を市民[69]に呼び起こすことのできる唯一かつ最後のものであったのかもしれない。またよく知られているのは，計画的なプロパガンダとして1936年のミュンヘンおよびガルミッシュパルテンキルヘンでのオリンピックをナチス政権が利用したという話である[70]。このような体制を安定させる効果が特にサッカーなどのスポーツにある

---

67) 東独の「国家アマチュア」チームと西独のドイツサッカー連盟アマチュア選抜チームが対戦したサッカー予選については von *Lewinski, Kai*/von *Lindeiner-Wildau, Fabian*, Rechtsfragen der deutschen Fußball-Länderspielbilanz, SpuRt 2006, 147 (147), Fn. 1.

68) たとえば *Digel*, Sport und nationale Repräsentation（脚注65），S. 199 f.（例および引用文献記載）などを参照。

69) 反市民的な国家が「東独市民」という言葉をこれほどに重視していたというのは，いずれにせよ注目に値する。どちらかといえば奇妙なのが，ドイツ（西）が優勝した1974年のW杯での，1974/06/22に行われた第1ラウンドのグループ戦で東独チームが西独チームにシュパーヴァッサー選手のゴールで1対0で勝ったことで，これは後にも先にも1回きりの「階級闘争の敵」との対戦として東西ドイツのサッカーファンの脳裏に焼きつくことになる。*Lewinski/Lindeiner-Wildau*, Rechtsfragen der deutschen Fußball-Länderspielbilanz（脚注67），S. 147, Fn. 2および3に引用文献記載（たとえば *Kuper*, „Football against the enemy", 1984; *Blees*, „90 Minuten Klassenkampf", 1999; *Wittich*, „Wo waren Sie als das Sparwassertor fiel?, 1998; *Eichler*, Lexikon der Fußballmythen, 2000, S. 74 : „fußballpolitische Pleite") 参照。ただいつも見逃されているが，西独チームには（慎重に言葉を選ぶなら）勝つ気はまったくなかったはずで，敗戦したお陰でアルゼンチン，ブラジル，オランダというはるかに難しい決勝ラウンドのグループから逃れることができたのである。

70) これについてはたとえば *Teichler*, Hans Joachim, Sport und Nationalismus. Die internationale Diskussion über die Olympischen Spiele 1936, in : *Sarkowicz* (Hrsg.),

ことは，すでにアルゼンチンやブラジルのかつての独裁政権も認識し利用していた。また，第三世界の諸国にとっても，ひとつの国家の形成という目的を達成するためには，かつての植民地の境界線が今では国境として存続し，防衛の対象となっている状況の中で，このような効果が決定的な重要性を持っていたし，今でもそれは変わらない。アフリカのとある国の大統領が1974年のサッカーW杯に際して自国のチームに送った「勝利か死あるのみ」という電報について伝えたリポーターが，この言葉が本気でなければよいのですが，というコメントを付け加えたという話が残っている[71]。

　立憲主義国家の政治の主導者たちがこのように過激な表現を用いることはないし，立憲主義国家にはほかにも国の統合を促進する手段があるので，スポーツの対外的代表機能と対内的統合促進機能に国家の存亡がかかっているわけではない。しかしやはりスポーツは，立憲主義国家においても，少なくとも短期的に一体感を生み出す契機としては，最も顕著なもののひとつである[72]。これは，ちょうどドイツで開催されたばかりの前回のサッカーワールドカップでもよくわかったことである。そして政界もそれを良く承知しており，人気のあるこのテーマを好んで取り上げる。たとえばフランスのシャルル・ド・ゴール大統領は，1960年のローマオリンピックでフランスの成績が悪かったことを受けて，「国の恥辱」であると述べ，「スポーツの軍備増強」が必要であると主張

　　　Schneller, höher, weiter（脚注66），S. 369 ff.（引用文献記載）などを参照。
71)　*Graf* von *Krockow*, „Sieg oder Tod"（脚注66），S. 357 参照。
72)　これについては *Streinz, Rudolf*, Europäische Integration durch Verfassungsrecht, in : Villa Vigoni Communicazioni/Mitteilungen, VIII, April 2004, S. 20（32 ff.）参照。欧州統合と国家の同一性：憲法による統合というテーマについてはドイツ国家法講師協会のザンクトガレンで開催された2002年の年次総会での *Stefan Korioth* と *Armin* von *Bogdandy* の 講 演 in VVDStRL 62 (2003), S. 117 ff. bzw. S. 156 ff. および質疑応答を参照。ベルンの奇蹟とコルドバでのオーストリアの勝利（3対2でドイツを下す。3位決定戦への出場権を賭けた1978年のアルゼンチンでのサッカーW杯での試合）については *Streinz*, 同書，S. 202 f. 参照。「ドイツ人のスポーツ愛国心」については *Krüdewagen, Ute*, Die Selbstdarstellung des Staates, 2002, S. 177 ff. などを参照。

した[73]。ドイツのサッカー代表チームが2006年のワールドカップに向けたテストマッチで，（このようなテストマッチを重視する者にとっては）実際に見ていて不安になるような試合内容でイタリアに1対4で完敗した時に，ある連邦議会議員がユルゲン・クリンスマン代表監督を議会に呼び出して報告させろと本気で要求したことがあったが，監督本人は当然ながら取り合わなかった。一国の首脳がスポーツ選手の栄光にあやかろうとするのはよくある話で，たとえばアメリカのジミー・カーター大統領の，レイクプラシッドオリンピックで米アイスホッケーチームが「ソ連」（といっても相手はそのアイスホッケーチームに過ぎなかったのであるが）に当時は誰も予想しなかった勝利を収めた後の様子や，デンマークのウッフェ・エレマン＝イェンセン外相が1992年のサッカー欧州選手権決勝でデンマークがドイツに2対0で勝った時に，欧州理事会にサポーターのマフラーをつけて出席した例があり，またドイツのヘルムート・コール首相は，イギリスで開催された1996年のサッカー欧州選手権決勝でドイツが2対1で優勝した直後，選手の更衣室にまで顔を出し，首相の巨体に更衣室が「狭くなった」というある選手の言葉が残されている。コール首相は，1994年のW杯惨敗（ドイツでは準々決勝での敗退は惨敗である）後に，当時のベルティ・フォクツ代表監督に「官職」に留まるよう説得したとさえ言われる。サッカーの代表監督職について一般的に官職という言葉が使われていること自体が象徴的である。サッカーを最重要事項とみなしているのは，ゲアハルト・シュレーダーも，エドムント・シュトイバーも，アンゲラ・メルケルも同じである。無論これを政治家の見栄や自己顕示欲として片付けることもできるし，それが事実であるのも確かだが，短期的な尽力[74]や，時には（冒頭でルパート・ショルツについて紹介したような）長期的な取り組みが責任ある立場や困難な立場において行われていることも否めない。しかし，スポーツの大イベントで成功を収め

---

73) *Graf* von *Krockow*, „Sieg oder Tod"（脚注66），S. 357 参照。
74) 連邦政府の第10次スポーツ報告書（脚注11），S. 11 が，シュレーダー首相とシリー連邦内務相の2006年サッカーW杯ドイツ招致のための尽力を讃えているのはもっともなことである。

ることが，それぞれの政府の支持率アップにつながることは実証済みであり[75]，政府がその成功に実際に貢献したかどうかは関係がない。しかしその陰にはもっとさまざまな背景があるのは間違いない。

　政治の主導者側からは，与党野党の区別なく，また政党の別にも関わりなく，連邦政府のスポーツ報告書のような公式文書では尚更のこと，スポーツ選手が国家を対外的に代表することを期待する姿勢が明確に打ち出されているが，もちろん成績を上げることは選手の自由意志であることを強調した上での話である。勝ち取った成果は（いうならば「公式に」）集計して評価される[76]。このような対外的代表機能には（その都度具体的な状況に違いはあるにせよ，歴史がそれを証明しているように）[77]，一体感の高揚による対内的統合効果が伴う。これは，地方や地元のレベル[78]，しかしまた国家のレベルでも認められる現象であり，立憲主義国家でも明確に意識されていることである[79]。したがってス

---

75) *Krüger, Arnd*, Sport und Gesellschaft, 1980, S. 32 参照：1972 年のミュンヘンオリンピックによるブラント政権の人気上昇。他にも例を挙げればきりがない。

76) *Digel*, Sport und nationale Repräsentation（脚注 65），S. 196 ff.；連邦政府第 10 次スポーツ報告書（脚注 11），S. 29；連邦政府第 8 次スポーツ報告書（脚注 57），S. 8；1973/09/26 の連邦政府スポーツ報告書，BT-Drs. 7/1040, S. 10：「ドイツ連邦共和国のスポーツは，ミュンヘンとキールで開催された第 20 回オリンピックにおいて寄せられた期待を満足する成果を上げた。「メダル獲得数ランキング」で 4 位を占め，メキシコ大会での成績に比べて大幅に向上している。」などを参照。障害者スポーツの成績も集計評価されている。連邦政府第 10 次スポーツ報告書（脚注 11），S. 47 参照。

77) たとえば *Langewiesche, Dieter*, „... für Volk und Vaterland kräftig zu würken ..." Zur politischen und gesellschaftlichen Rolle der Turner zwischen 1811 und 1871, in : Grupe, Ommo (Hrsg.), Kulturgut oder Körperkult？ Sport und Sportwissenschaft im Wandel, 1990, S. 22 ff.；*Bausinger, Hermann*, Die schönste Nebensache ... Etappen der Sportbegeisterung，同書，S. 3 ff.；*Krüger*, Sport und Gesellschaft（脚注 75），S. 31 ff. などを参照。

78) ゲルゼンキルヘン市発行の書 *Meya, Heinrich*, Die Gemeinde und ihr Club. Profifußball in der Diskussion, o. J のみを挙げておく。ほかにも例をあげれば切りがない。

79) 連邦政府第 8 次スポーツ報告書（脚注 57），S. 8；連邦政府第 10 次スポーツ報告書

ポーツは，国家の存続に必要不可欠な社会統合のために重要な役割を果たしているわけだが，ルドルフ・スメンドの「統合論」をどう評価するかは意見の分かれるところである[80]。少なくともスポーツの分野においてはまだ，ヘルベルト・クリューガーが「国家育成（Staatspflege）」と呼んだもの[81]がいまだに機能しているわけだが，その中では国家の象徴（国旗や国歌）も使用されており，その重要性[82]を西独国家はこれまで過小評価することが多く，その取扱に苦慮することもあった。2006年のワールドカップで初めて，いわゆる「国旗掲揚」を歓迎する傾向が大半となったが，この時もやはり懸念を表明する声があったのはドイツではやむを得ないことであろう。もしかすると，この「育成」は国家が自ら行うものではなく，「社会」の各方面の活動を利用するものである点が，その性格を物語っているのかもしれない。立憲主義国家の立場からは，これを批判する理由はまったく見当たらない。いずれにせよ，国家はこの「育成」に金がかかることを厭わない[83]。この代表機能や統合機能が（大衆スポーツの模範機能とならんで），国家が高水準の競技スポーツのために資金を投入することを正当化するものともなっているのである。

2 民主主義思想の促進

ドイツのスポーツ団体幹部による従来の表明内容[84]とは対照的に，連邦政府

（脚注11），S. 13 f.：「地域と国家，そして国際的な代表」；「我が国の（！）トップスポーツ選手たち」の活躍は「ドイツの威信を全世界に示す」などを参照。

80) *Smend, Rudolf*, Verfassung und Verfassungsrecht, 1928, S. 9 f., S. 32 ff., S. 56 ff. 参照。

81) *Krüger, Herbert*, Von der Staatspflege uberhaupt, in : Quaritsch (Hrsg.), Die Selbstdarstellung des Staates（脚注65), S. 21 (21 ff.).

82) これについて詳細は *Klein, Eckart*, in : Bonner Kommentar zum Grundgesetz, Bd. 4 (Loseblatt, 1982), Art. 22 GG, Rn. 65 ff.; 同著, Die Staatssymbole, in : Isensee/Kirchhof, Handbuch des Staatsrechts（脚注24), § 19（引用文献記載）参照。

83) 競技スポーツ（トップレベル）の助成については *Steiner, Udo*, Sport und Freizeit, in : Isensee/Kirchhof (Hrsg.), Handbuch des Staatsrechts, 3. Aufl., Bd. IV : Aufgaben des Staates, 2006, § 87, Rn. 7 ff., 19 f. 参照。

のスポーツ報告書では，民主主義への貢献が大きく取り上げられ，民主的に選出された，中立かつほとんどの場合無償で活動する幹部が指導するクラブや連盟によるスポーツの組織化が果たす役割を評価している[85]。実際にもドイツスポーツ連盟は，会員総数約 2,680 万にのぼる 88,000 のスポーツクラブを抱えており[86]，見方によってはドイツ最大の「市民活動団体」と呼ぶこともできるのである。スポーツクラブがドイツの民主主義発展に果たした役割は，決して小さいものではない[87]。民主制が現在は一般的な国家形態となったことから，その役割も変化してきている。社会的に確立された組織で，共同体を促進するような自主活動や自己責任を基盤とするものは，民主主義国家にとっても国家の安定のために不可欠である。しかしまた，そのような組織は，憲法による規定（基本法第 21 条第 1 項第 2 文には政党について規定されているが，政党の特別な役割[88]を考えれば規定が必要である）がなくとも，その構造基盤はそれぞれ異なるにせよ，最低限の民主主義原則をその内部秩序においても遵守することが当然期待できる。

3 健康の促進

健康のためにスポーツが果たす役割は，憲法の条規からも浮かび上がってく

---

[84] Vgl. das bei *Seitz*, Was symbolisiert das „Wunder von Bern"?（脚注 7），S. 5 に引用されている当時（1954 年）のドイツサッカー連盟会長ペコ・バウヴェンス／Peco Bauwens の以下の言葉を参照。「これほどに高い理想を我々が追求するからには，民主主義は通用しない。」

[85] 連邦政府第 8 次スポーツ報告書（脚注 57），S. 8 参照。

[86] 連邦政府第 10 次スポーツ報告書（脚注 11），S. 14.

[87] これについては *Langewiesche*, „ ... für Volk und Vaterland kräftig zu würken ..."（脚注 77），S. 38 ff.（引用文献記載）参照。

[88] ドイツにおける政党の役割については *Scholz*, Deutschland—In guter Verfassung?（脚注 1），S. 119 ff. 国家構造および政党の特別な位置づけと，結社の自由に基づく団体およびその結果生じる国家的民主主義原則の適用不能については，権力分立の原則のほうがむしろ類推適用可能であると考える *Scholz*，同書，S. 90 f. 参照。

る。国民の健康の維持は国家の任務であり，その理由は，さまざまな観点から公共の福祉につながるものだからである。さらに，一般兵役義務を制定している国家においては，スポーツが兵役の準備になるという側面も加わってくる。この点はドイツでは，強権国家やほかの立憲主義国家でも行われているように，あからさまに謳われてはいないものの[89]，完全に無視されているわけでもない。それ以外の部面としては，労働力の維持，文明病の予防[90]，老後の生き甲斐などがある。このような観点は，健康保険制度のコストが暴走する状況のなかで，重要性が増している。健康保険制度改革が2000年に行われ，組織化されたスポーツを健康予防に活用するための基盤が築かれている[91]。

　スポーツによる健康の促進が強調されるのが，古来の標語である"mens sana in corpore sano"／「健全な精神は健全な身体に宿る」という思想に由来するものであるのは間違いない。しかし，すでに古代ローマにおいても，運動ならどのようなものでも，そしてどの程度のものでも健康に良いというわけではないことは知られていたし，今日では誰もが知っていることである[92]。最高水準のスポーツが必ずしも健康的なものではないことは，スポーツ医療という独自の医療分野が大きな収益を上げていることを見ただけでも明らかである。これとは状況が異なるのは，基本的には（すなわち，完全に防ぐことはできないスポーツでの怪我を除けば）の話だが，常識的に，すなわち健康を重視して行う大衆スポーツである。競技スポーツは，大衆スポーツに役立つ医学やスポーツ科学の研究材料となり，大衆スポーツを，特に児童や青少年が憧れる模範としての役割を通じて活性化する働きがあり，それが必ずしも競技スポーツの健康に与える悪い影響まで模倣することにつながるとは限らない。

---

89) *Krüger*, Sport und Gesellschaft（脚注75），S. 30 f. 参照。
90) 連邦政府第8次スポーツ報告書（脚注57），S. 8参照。
91) 連邦政府第10次スポーツ報告書（脚注11），S. 12. 社会法典第V編第20条引用を参照。
92) これについて，また以下の内容については *Krüger*, Sport und Gesellschaft（脚注75），S. 33 ff. 参照。

大衆スポーツが健康のために果たすこのような役割をみると，それが立憲主義国家の期待する典型的な内容であることがわかる。健康を意識した行動を国民がとることを，国家は促進し，正または負の慫慂[93]を通じて多少は誘導することもできるとはいえ，結局のところ無理強いすることはできない。したがって国家は，「社会」がそのような役割を果たすことを期待するしかない。もちろんだからといって，国家が公共の福祉に対する責任を完全に免れるわけではなく，国家の義務を「社会」に転嫁することは許されない。すなわち，国が行うべき体育の授業を，民間の団体による活動を期待して，無責任に減らしたり，完全に廃止したりすることは許されないのである。なぜなら，各種の団体は，自由主義国家ではその体制によって自主性が前提となっていることからも，全国民を漏れなく掌握することができないからである。スポーツ団体の手が最も届きにくいのは，健康のために「最低限度」のスポーツをまさに必要としている層である。

4　教育と人格形成への寄与――個性と公共心の醸成

憲法の条規が意図する内容には，「身体の鍛錬」という文言にあるように，健康に加え，青少年の教育も含まれている。これはまた，各種のスポーツ振興法で前面に押し出されている公共の福祉のための目的のひとつである。社会国家の原則と基本法第7条第1項（国家による学校制度の監督）から導出される国の教育義務には，人格の発現の自由（基本法第2条第1項）および職業の自由（基本法第12条第1項）の行使に必要な条件を実際に整備するための国の行動義務も伴っており[94]，これは国が適切な公共の学校制度を提供する義務という意味

---

93) たとえば，通称「高リスク種目」（パラグライダーなど）と呼ばれるスポーツに対して保険料の割り増しを導入することなどが検討されているが，すぐにどの種目が実際に高リスクなのかという論争が始まる。

94) これについてはドイツ国家法講師協会のハレ（ザーレ）で開催された1994年の年次総会での Michael Bothe, Armin Dittmann, Wolfgang Mantl, Ivo Hangartner の講演，VVDStRL 54 (1995), S. 7 ff. (17 ff.) ; S. 47 ff. (18 IT.) ; S. 75 ff. (81 ff.) ; S. 95 ff. (96 ff.)（引用文献記載）を参照。

で理解されるものであるが[95]，両親の教育義務（基本法第6条第2項第1文には子供の世話と教育が「両親の自然な権利であり，第一に[96]両親に課された義務責任である」ことが定められている）が優先される上に，他のいわば「教育者」たちとの競合関係にも陥ることになる[97]。その他の教育者には，さまざまな資格を持った者もいれば，無資格の者もおり，中には誰も頼んでいないのに勝手に教育者の役を買って出た者もいて，しかしそれが教育の対象となる児童や青少年にすっかり受け入れられていることもあり，音楽界のアイドルやスポーツの人気選手などがその例である。サッカーのスター選手として有名なオーストリアのハンス・クランクルはあるインタビューで，自分のようなアイドルには教育の義務があると述べている[98]。資格のある教育者といって間違いがないのは，スポーツを伝授するさまざまな組織で，その代表格がスポーツクラブだが，スポーツを通じて協調性の訓練，延いては人格形成のためにかけがえのない役割を果たしている。チーム競技ではこれは当然のことだが，個人競技でも同様のことがいえる。なぜなら，個人競技もルールを受け入れてそれに従い，また競争相手の存在を受け入れ，そのスポーツを競技として行うためには相手の「生き様を認める」必要があることを認識することが前提となっているからである。これは，スポーツはフェアプレーを学ぶことで人格の形成に良い影響を与えるという説を否定するあらゆる批判に対して有効な議論である[99]。というの

---

95) たとえば *Bothe*（脚注94），S. 17 f. 参照。
96) 斜体強調は筆者による。国による学校教育義務が両親の教育権の下位ではなく，等位にに置かれているのは「その領域において」のみである。そこでは両親と学校が共同で教育の任務を負い，ひとつの人格を形成することを目的とする。これは連憲裁判決 BVerfGE 34, 165 (183)—Förderstufe.
97) 「子供の責任感のある人格としての成長を，共同体の中で支援し促進する任務におけるその他の教育者たち」が，基本法第6条第2項第1文で前面に押し出されている両親のほかにもいると連憲裁判決 BVerfGE 34, 165 (182) は述べており，学校の領域も例外ではない。
98) 1969年4月24日の Der Standard 紙，S. 18. 引用は *Mantl*（脚注94），S. 76.
99) そのような批判の例としては *Krüger*, Sport und Gesellschaft（脚注75），S. 43；*Ule, Carl Hermann*, Diskussionsbeitrag, in : Quaritsch (Hrsg.), Die Selbstdarstellung

は，チーム競技で特定の種類の反則（バスケットのタクティカルファウルなど）の練習をすることもあるかも知れないが，ファウルが種目の基盤を破壊するようなものであれば，必ず絶対に許されないものと判定され，その判定が受け入れられるからである。その下のレベルで反則の防止を図り，ファウルにより不当なアドバンテージを得ることを阻止するのが，それぞれの種目で定められたルールの役割である[100]。詳細にこの複雑な問題をここで取り上げることはできない[101]。

　差別化した観点が必要なのは，スポーツの絆を生む効果に対する反論も同様で，特に国際的な絆を否定する意見がある。スポーツは元来，競技として対抗関係が必要不可欠であることからも，対立がまったく生じないというわけにはいかず，それは選手と観客のいずれについてもいえることで，ファンは極端な熱狂的ファンになったり，最悪の場合にはもっとたちが悪くなる（暴力沙汰，フーリガン）こともあるが，留意しなくてはならない点は，フーリガンのかなりの部分がスポーツイベントを活動の舞台として利用しているだけで，スポーツそのものには一切関心がないということである。すなわち，スポーツイベントも，その他の大規模な催し物と同様に，いわば彼らの「襲撃」を受けているわけで，観客とはいえないのである。もちろん，スポーツを襲うこのような現象だけでなく，スポーツをめぐる過度の熱狂も決して問題がないとはいえないが，本物のスポーツファンが過激な台詞を吐いても[102]それをあまり過大評価

---

　　des Staates（脚注 65），S. 134 などを参照。
100) サッカー種目の例：「プロフェッショナルファウル」に対する「レッドカード」，ペナルティーエリア内でのファウルの場合にはさらに PK を与える／「タクティカルファウル」に対しては「イエローカード」。
101) これについては *Pfister, Bernhard*, Autonomie des Sports, sporttypisches Verhalten und staatliches Recht, in : Festschrift für *Werner Lorenz*, 1991, S. 172 ff. (189 ff.)（引用文献記載）参照。これ以外の局面については *Lenk, Hans*, Gegen die Doppelmoral. Fünfzehn Thesen für eine neue Fairneßkultur, in : *Sarkowicz* (Hrsg.), Schneller, höher, weiter（脚注 66），S. 432 ff. 参照。
102) ファンの（確かにこれは比較的優しいほうの）台詞を集めてあるのが *Kroppach, Dieter*, „Was pfeift der Arsch denn da?!". Der Fußball-Zitatenschatz, 1995.

するべきではなく，大体がごく短い半減期で消滅し，広く一般に持続的な粗暴化をもたらすものではない[103]。したがって，スポーツは国際理解に役立つという説についても，少なくとも解釈の余地があるといえよう。しかし，まさにこの点に関していえるのは，スポーツが自らをコントロールしながら紛争を解決する習慣を身に付けるのに役立つというこである。

5　人間の自己発現

成人した人間に対して自由主義国家には教育義務はないが，国には教育を行う権利すらなく，むしろ基本権である個人の自由の本質的内容から，教育を行わない義務が導出される[104]。とはいえ自由民主主義国家にも「期待する」人間の性質があることには変わりなく，それが国家存続の前提条件となるからである。したがって自由民主主義国家にも，ある特定の人間像がある[105]。連憲裁はこれを「基本法の人間像」と呼んでいる[106]。この人間像は，「自らの責任において人生を形成する能力に恵まれた"人格"」[107]を念頭に置いているが，孤立した主権ある個人としてではなく，共同体を意識した，共同体との絆を持つ人としてであり，「ただし，それがその人独自の価値を揺るがすことはない」[108]。すでに教育との関連で詳しく解説したように，スポーツをすることは

---

103) 質的にこれを超えた，いわゆる「ファンらしい」暴動の問題については *Schild, Wolfgang*, Strafrechtliche Fragen der Ausschreitungen von Zuschauern, in : 同著 (Hrsg.), Rechtliche Aspekte bei Sportgroßveranstaltungen, 1994, S. 63 ff. (72 ff.). 参照。

104) 連憲裁判決 BVerfGE 22, 180 (219)および頭注5参照。

105) これについては *Häberle, Peter*, Das Menschenbild im Verfassungsstaat, Berlin 1988 参照。

106) 連憲裁判決 BVerfGE 4, 7 (17). これについては *Benda, Ernst*, Menschenwürde und Persönlichkeitsrecht, in : *Benda／Maihofer／Vogel*, Handbuch des Verfassungsrechts, Studienausgabe, Teil 1, 1995, § 6, Rn. 5参照。

107) 連憲裁判決 BVerfGE 5, 85 (204)—KPD-Verbot.

108) 連憲裁判決 BVerfGE 4, 7 (15 f.)—Investitionshilfegesetz ; 12, 45 (51)—Kriegsdienstverweigerung ; 65, 1 (44)—Volkszählung. 基本法の自由概念については *Scholz,*

まさに，共同体を意識した，共同体との絆を持つ人格の自己発現を助けるものである[109]。

6　文化への貢献

最近追加された憲法の条規では，スポーツがしばしば文化と関連づけら得ている点が目に付く。このような関連づけには十分な正当性が認められる[110]。その際には二つの側面を考慮する必要がある。ひとつは，スポーツ自体が文化の表現である場合で，それが明白なのは「芸術」とみなされるダンスやフィギュアスケート[111]などの種目であるが，それだけに限った話ではない[112]。もうひとつは，スポーツが「認定された」文化活動として，公的な，すなわち経済的な援助の対象となっている場合である[113]。

　　Deutschland—In guter Verfassung? （脚注1），S. 69 ff. も参照。
109) この理論を，具体的内容を示しながら，連邦政府第8次スポーツ報告書（脚注57），S. 8 も基盤としている。連邦政府第10次スポーツ報告書（脚注11），S. 14（実力主義，成長過程の克服と人生の支援）も同様である。
110) 主に Häberle, „Sport" als Thema neuerer verfassungsstaatlicher Verfassungen （脚注21），S. 40 f. および Steiner, Udo, Kulturpflege, in : Isensee/Kirchhof, Handbuch des Staatsrechts, 1. Aufl., Bd. III : Das Handeln des Staates, 1988, § 86, Rn. 26 などを参照。
111) Thom, Volker, Sportförderung und Sportförderungsrecht als Staatsaufgabe, 1992, S. 117 ff. 参照。
112) Grupe, Ommo, Sportkultur zwischen Bildungsgut und Körperkult, in : ders. (Hrsg.), Kultur und Körperkult? (Fn. 77), S. 87 (87 ff.). の理論を参照。
113) これについては Vgl. dazu Steiner, Kulturpflege（脚注110），Rn. 27（引用文献記載）; ders, Kommunen und Leistungssport—Mäzenatentum oder Daseinsvorsorge?, Deutsche Verwaltungsrundschau 1987, S. 171 (171 ff.).; ders, Bemerkungen zum Verhältnis von Staat und Sport in Deutschland（脚注3），S. 1235 („Gleichwertigkeit von Sport und Kulturförderung") ; Tettinger, Peter J., Rechtsprobleme der Subventionierung des Sports, in : ders. (Hrsg.), Subventionierung des Sports, 1987, S. 33 ff. などを参照。

IV. ドイツ連邦共和国のスポーツに対する給付

　スポーツに立憲主義国家が大きな期待を寄せているからには，逆にスポーツがその期待に応えられるように，基盤となる前提条件を国家が整え，場合によっては国自らが環境を整備することを期待するのも当然である。この観点が，スポーツの振興をあらゆるレベルにおいて国家の任務として実施することを正当化する。

1．根拠となる法律

　スポーツの振興が国家目標として掲げられているのは，各州の憲法である。このような国家目標には，あらゆる形態のスポーツが含まれており，大衆スポーツ（競技系のものと「純粋な」余暇スポーツどちらも含む），企業スポーツ，学校・大学スポーツ，障害者スポーツなどがあるが，現在では障害者のスポーツも高水準のものが出てきており[114]，（少なくとも「パートタイム」の）プロスポーツでなければ不可能というのが現実的なところである。具体的な法的根拠となるのは，各州のスポーツ振興法である。スポーツの重要性は，「我々の日常文化の中心的内容」として「すべての社会層，性別，年齢層」を巻き込み，その結果「異なる社会層の人間たちを結ぶ篭[115]」として作用し，さらには「高ランクの経済要素」であって，価値観を学ぶ場として[116]人格の育成を助けるものであることを考えれば，「包括的なスポーツ振興がドイツ連邦政府の重要な政策目標」であることにも納得がゆく[117]。スポーツ振興に関する連邦の権限は，明文化された管轄の割当がないため，「憲法意思から導出される不文の財

---

114) *Steiner*, Der Sport auf dem Weg ins Verfassungsrecht（脚注16），SpuRt 1994, 4.
115) いわば「社会の綻びの修繕」のようなものである。
116) 「良い憲法」のための価値観の重要性については *Scholz*, Deutschland—In guter Verfassung?（脚注1），S. 68 f. 参照。
117) 連邦政府第10次スポーツ報告書（脚注11），S. 10.

政管轄が，事案の性質および事案の関連性に基づく」ものとして，総国家的代表（オリンピック，パラリンピック，デフリンピック，世界選手権，欧州選手権など），対外関係，非政府中央組織の措置で，連邦領土全体にとっての重要性があり，一州が単独では効果的な支援を行うことができないもの（ドイツスポーツ連盟(DSB)，ドイツオリンピック委員会（NOK)[118]，連邦レベルの各種スポーツ連盟）の助成，所轄に属する各種機能（関連の研究事業）などの分野で存在するものとみなされている。これに加えて，連邦は自らの職員である連邦軍や連邦警察（旧連邦国境警備隊）でスポーツを振興することもできる。さらに連邦は多岐にわたる立法権限の枠内でもスポーツに配慮することが可能で，たとえば税法[119]や社会保障，国土整備，都市計画，そしてまた青少年保護や自然保護，環境法なども考えられる[120]。それ以外の分野においては，基本法第30条／第70条の一般的権限分担原則に基づき，スポーツの振興は州の管轄にあり，この関連では州の一部とみなされる自治体の管轄でもある。憲法に基づく具体的な助成請求権は存在せず[121]，一般法によってそのような請求権を認めるかどうかは，それぞれの意思決定権者の政治的裁量に任されている部分が大きい[122]。これは基本的に良いことである。次々と新たな基本権を発見しては（憲法に基づく請求権と併せて）確立することがあたかも「法曹界のスポーツ競技」[123]であるかのような様相は奨励できない。憲法が持つ直接の力を侮ること

---

118) この二つの団体は2006年に統合されている。
119) 公課法第52条第2項第2文には，スポーツ振興（ただしチェスもスポーツと「みなす」とされている）は，税制優遇の対象となる一般社会の振興として認めることが定められており，公益法の一般的条件が満たされていることがその条件となっている。これについては連邦政府第10次スポーツ報告書（脚注11)，S. 22参照。
120) 連邦政府第10次スポーツ報告書（脚注11)，S. 14 f.
121) *Tettinger, Peter J.*, Sport als Verfassungsthema, in : 同著 (Hrsg.), Sport im Schnittfeld von europäischem Gemeinschaftsrecht und nationalem Recht, 2001, S. 9 (9) 参照。
122) *Steiner*, Bemerkungen zum Verhältnis von Staat und Sport in Deutschland（脚注3), S. 1227 f. 参照。
123) この表現は *Adam, Konrad*, 1995/07/12のFAZ紙，引用は *Scholz*, Deutschland—

は許されないし,それを過信することも許されない[124]。国家が一般的児童・青少年スポーツの振興という重要な任務から無責任にも手を引くのであれば,「成長の可能性に対する児童・青少年の特別な基本権や,児童に適したスポーツ的運動のための備えを国が行うことに対する憲法に基づく権利」[125]があっても何の役にも立たない。必要なのは政治による対応である。

2．スポーツ振興の現状

スポーツ振興の規模については,連邦政府スポーツ報告書にそれぞれ情報が記載されている。2002年の第10次スポーツ報告書によれば,公的な助成が他を大きく引き離しており,2000年の国によるスポーツ助成総額はおよそ120億ドイツマルク（約62億ユーロ）となっている。この中には,公益団体であるスポーツクラブに適用される例外規定による税収減が間接的な助成にあたることは考慮されていないが,公共のインフラを提供するための経常的歳出額である106億ドイツマルク（約54億4,000万ユーロ）は算入されており,これは主に公共の施設で行われる学校スポーツや公務員の職務としてのスポーツなどに使われるものである。スポーツクラブおよびスポーツ団体には,14億ドイツマルク（約7億2,000万ユーロ）を超える補助金が支給され,スポーツが公共体のために果たす社会政策上重要な「自助努力支援」としての役割が評価されている。地方公共団体がスポーツの目的で行った投資額を含めると,スポーツ関連の国庫歳出は総額148億ドイツマルク（約76億ユーロ）となり,基本法の権限分担に相応する形で,その大部分は各州および自治体の負担となっている[126]。

In guter Verfassung?（脚注1）, S. 72.

124) *Scholz*, Deutschland—In guter Verfassung?（脚注1）, S. 75 参照。「憲法は立法の限界を規定するが,その一方で必要な政治的形成の余地を残し,立法はこの余地を自らの責任において必要とする。」

125) *Steiner*, Bemerkungen zum Verhältnis von Staat und Sport in Deutschland（脚注3）, S. 1228（引用文献記載）.

126) 連邦政府第10次スポーツ報告書（脚注11）, S. 21. 細かい一覧は同書, S. 22およ

トップレベルのスポーツに関しては，プロサッカーやテニスのように十分な収益が上がる種目は別として，連邦軍や連邦警察を通じた助成が極めて重要となる。この助成がなければ，該当する種目でドイツが，オリンピックや世界選手権，欧州選手権などで対等に戦うことなどできないであろう。メダル獲得数の内訳がそれをよく物語っている[127]。メダル獲得数が評価されていることをみると，「参加することに意義がある」というのは確かに美しい精神ではあるものの，それだけでは税金を使った助成を正当化するには十分でないことがわかる。「代表」としての役割を果たすためには，メダルを獲得することが唯一の方法であり，もちろん「潔癖な振る舞い」によりドーピングなしで[128]勝ち取らなくてはならない。「勝者」のみが大衆スポーツの模範ともなり得る。連邦による助成のほか（規模は小さいが）各州（主に州警察）や自治体の助成事業もある[129]。

V. 結　論

　スポーツは「ドイツが健全な状態」を維持するのに大きく貢献している。自由民主立憲主義国家も，スポーツに対して特別な期待を持っており，その代償としてスポーツに「お金がかかる」ことも厭わない。良好な効果をもたらすス

　　　び（さらに詳細）*Klaus Riegert, Peter Letzgus*, Dr. Kaus Rose 他の議員および CDU/CSU 会派による 2002/04/24 の大質問，BT-Drs. 14/7114 に対する連邦政府の回答 BT-Drs. 14/8865 „Zur umfassenden und nachhaltigen Förderung der Entwicklung des Sports in Deutschland", S. 47 ff. 東西ドイツ統一にあたってのスポーツ振興については 2003/09/17 のドイツ統一の現状に関する連邦政府 2003 年度年次報告書，BT-Drs. 15/1550, S. 87 f. („Goldener Plan Ost") 参照。

127) 連邦政府第 10 次スポーツ報告書（脚注 11），S. 37 ff. 参照。
128) ドーピング対策については連邦政府第 10 次スポーツ報告書（脚注 11），S. 62 ff. 参照。*Steiner*, Sport und Freizeit（脚注 83），Rn. 13 ff.（引用文献記載）も参照。
129) 自治体がスポーツ振興の「第 4 勢力」となっていることについては *Steiner*, Bemerkungen zum Verhältnis von Staat und Sport in Deutschland（脚注 3），S. 1233 f. 参照。

ポーツを助成することは，具体的な憲法に基づく請求権がなくとも，正当なものである。これには，代表機能および模範機能を伴うトップレベルの競技スポーツも含まれる。賢明なスポーツ政策とは，スポーツがその全社会的に突出した機能を果たすことを可能にするような環境を整備することにある。国際競争を勝ち抜くためには，トップレベルの競技スポーツにも適切な助成が必要である。これとは次元の違う問題なのが，財政再建が急務である状況の中で，どれだけの歳出に対して責任を持てるのかという点である[130]。一般論として常に念頭に置いておかなければならないのは，ドイツのスポーツが憲法に占める地位は，第一に自由としての地位であって，国の助成に対する請求権としての地位ではないという点である[131]。したがって，連邦政府のスポーツ報告書が，国のスポーツ政策の原則としてスポーツの自治と，国による助成の補完性，そして民間の運営機関との友好的な協力関係を強調しているのは適切なことといえる[132]。国は，この分野における市民の活動を期待し，またそれに依存しているわけで，国はその活動を助成することができるし，助成すべきものであるが，実際に行動を起こすのは市民であり，市民の自由意志でなくてはならない。数多くの有能な市民がスポーツのためのこのような活動に名乗り出てくれることを祈るばかりだが，是非ルパート・ショルツの後に続いて欲しいと思うと同時に，氏の今後より一層のご活躍をお祈り申しあげる[133]。

---

130) 2003/08/07 のドイツ連邦議会スポーツ委員会（第5委員会）の決議勧告，BT-Drs. 15/952 参照。スポーツ振興の国際比較については BT-Drs. 14/8865, S. 46 参照。

131) *Steiner*, Bemerkungen zum Verhältnis von Staat und Sport in Deutschland（脚注3), S. 1236.

132) 連邦政府第10次スポーツ報告書（脚注11), S. 15 参照。

133) FC バイエルンミュンヘン戦でない限りは，氏のクラブであるヘルタ BSC ベルリンを応援している。

PROF. RUDOLF STREINZ

Publikationsliste
(Stand 19.August 2013)

I. Selbstständige Veröffentlichungen

1. Meinungs- und Informationsfreiheit zwischen Ost und West. Möglichkeiten und Grenzen intersystemarer völkerrechtlicher Garantien in einem systemkonstituierenden Bereich, Ebelsbach 1981.

2. Die Luxemburger Vereinbarung. Rechtliche und politische Aspekte der Abstimmungspraxis im Rat der Europäischen Gemeinschaften seit der Luxemburger Vereinbarung vom 29. Januar 1966, München 1984.

3. Bundesverfassungsgerichtlicher Grundrechtsschutz und Europäisches Gemeinschaftsrecht. Die Überprüfung grundrechtsbeschränkender deutscher Begründungs- und Vollzugsakte von Europäischem Gemeinschaftsrecht durch das Bundesverfassungsgericht, Baden-Baden 1989.

4. Bundesverfassungsgerichtliche Kontrolle über die deutsche Mitwirkung am Entscheidungsprozeß im Rat der Europäischen Gemeinschaften, Berlin 1990.

5. Vergleichende Untersuchung des Asylrechts und der Asylpraxis in der Bundesrepublik Deutschland, im Königreich Dänemark, in der Republik Frankreich, in der Republik Österreich und imVereinigten Königreich von Großbritannien und Nordirland – Rechtsgutachten im Auftrag des Bayerischen Staatsministeriums des Innern, 1990 (zusammen mit Michael Schweitzer).

6. Europarecht, (Heidelberg):

   a) 1. Aufl. 1992,

   b) 2. völlig neubearbeitete Aufl. 1995,

   c) 3. neubearbeitete Aufl. 1996,

   d) 4. völlig neubearbeitete Aufl. 1999,

   e) 5. völlig neubearbeitete Aufl.2001

   ⇒ Übersetzung ins Polnische, Prawo europejskie, von M. Wladzinski und M. R. Podswiadek, Warszawa 2002

   f) 6. völlig neu bearbeitete Aufl. 2003,

   g) 7. völlig neu bearbeitete Aufl. 2005 (unter Mitarbeit von Christoph

Herrmann)

⇒ Übersetzung ins Ukrainische, Europeiske Prawo, von K. Kotiuk, Lviv 2009

h) 8. völlig neu bearbeitete Aufl. 2008,

i) 9. völlig neu bearbeitete Aufl. 2012.

7. Europäisches Lebensmittelrecht unter Berücksichtigung der Auswirkungen auf Österreich, Linz 1994.

8. Internationaler Schutz von Museumsgut. Handbuch des Museumsrechts Bd. 4, Opladen 1998.

9. Ergänzende bilanzierte Diäten, Bayreuth 2004 (zusammen mit Lars O. Fuchs).

10. Die neue Verfassung für Europa. Einführung mit Synopse, München 2005 (zusammen mit Christoph Herrmann und Christoph Onler).

11. Der Vertrag von Lissabon zur Reform der EU – Einführung mit Synopse, München (zusammen mit Christoph Ohler und Christoph Herrmann unter Mitarbeit von Tobias Kruis):

a) 1. Auflage 2008,

b) 2. Auflage 2010.

12. „Mangold" als ausbrechender Rechtsakt, München 2009 (zusammen mit Lüder Gerken, Volker Rieble, Günter H. Roth und Torsten Stein).

13. Gentechnik in der Lebensmittelproduktion – Naturwissenschaftliche, rechtliche und ethische Aspekte, Freiburg i. Breisgau 2011 (zusammen mit Klaus–Dieter Jany und Lisa Tambornino).

II. Aufsätze und Buchbeiträge

1. Bürgerbegehren und Bürgerentscheid. Zur Einführung von Plebisziten in die Kommunalverfassung, Die Verwaltung 16 (1983), S. 293–317.

2. Die Rechtsstellung der Mitglieder kommunaler Ausschüsse in Bayern,

BayVB 1. 1983, S. 705–711 und S. 744–748.

3. Reinheitsgebot für Bier und freier Warenverkehr. Materielle und prozessuale Aspekte, RIW 1984, S. 39–48 (zusammen mit M. Schweitzer).

4. Streit um das Reinheitsgebot. Gesundheitsschutz oder verschleierte Handelsbeschränkung?, Brauwelt 1984, S. 6–12 (zusammen mit M. Schweitzer).

5. Succession of States in Assets and Liabilities – a new Règime? The 1983 Vienna Convention on Succession of States in Respect of State Property, Archives and Debts. German Yearbook of International Law 26 (1983), S. 198–237.

6. Reinheitsgebot für Bier : Prozessuale und materielle Fragen bleiben offen. Zum Urteil des EuGH vom 12. März 1987 in der Rs. 178/84, Kommission/ Bundesrepublik Deutschland ("Reinheitsgebot für Bier"), JA 1987, S. 358–363 (zusammen mit M. Schweitzer).

7. Eigenart, Möglichkeiten und Grenzen der Methoden in der Staatsrechtswissenschaft, in : Philopp Schäfer (Hrsg.), Eigenart, Möglichkeiten und Grenzwn der Methoden in den Wissenschaften, Passau 1988, 87–109.

8. Materielle Präklusion und Verfahrensbeteiligung im Verwaltungsrecht. Die Anforderungen an das Verwaltungsverfahren bei der Anordnung materieller Präklusionsfolgen unter Berücksichtigung ausländischer Betroffener, VerwArch 19 (1988), S. 272–313.

9. Die Auswirkungen des Europäischen Gemeinschaftsrechts auf die Kompetenzen der deutschen Bundesländer, in : Klaus Messerschmidt/ Dirk Heckmann (Hrsg), Gegenwartsfragen des Öffentlichen Rechts, Berlin 1988, S. 15–51.

10. Grundrechtsprobleme im Gemeinschaftsrecht, in : Harry Kremer (Hrsg.), Die Landesparlamente im Spannungsfeld zwischen europäischer Integration und europäischem Regionalismus, München 1988, S. 120–154.

11. Probleme der Prozeßkostenhilfe für im Ausland wohnende Ausländer, Die Sozialgerichtsbarkeit 1988, S. 534–538 (zusammen mit O. Schuster).

12. Keine Klagebefugnis des Miteigentümers gegen Erteilung der Teilungsgenehmigung gemäß § 19 BauGB – BVerwG, JuS 1989, S. 106–109.
13. Die Bewältigung der wissenschaftlichen und technischen Entwicklungen durch das Verwaltungsrecht, BayVBl. 1989, S. 550–557.
14. Gemeinschaftsrecht und Grundgesetz. Zur Pflicht der Bundesregierung im EG –Rechtsetzungsprozeß die Verfassung zu wahren, Das Parlament 1989, Heft Nr. 50, S. 16.
15. Stellungnahme aus der Sicht des Europarechts, in : Otfried Seewald (Hrsg.), Deutsches Agrarsozialrecht. Bestandsaufnahme und Entwicklung unter Berücksichtigung des Europarechts, Passau 1989, S. 86–91.
16. Die Landesparlamente im Spannungsfeld zwischen Integration und Regionalismus, in : Club Niederösterreich, Heft 2/1990, Die Europäische Integration – Perspektiven für Österreich, S. 34–57.
17. Der Verfassungsstaat als Glied einer Europäischen Gemeinschaft, DVBl. 1990, S. 949–963.
18. Das Problem "umgekehrter Diskriminierungen" im Bereich des Lebensmittelrechts, ZLR 1990, S. 487–517.
19. Die völkerrechtliche Situation der DDR vor und nach der Vereinigung, EWS 1990, S. 171–176.
20. Medialer Grundrechtsschutz und internationaler Menschenrechtsschutz zur Gewährleistung der Kommunikationsfreiheit, in : Johannes Schwartländer / Eibe Riedel (Hrsg.), Neue Medien und Meinungsfreiheit im nationalen und internationalen Kontext, Kehl am Rhein/Straßburg 1990, S. 211–237.
21. Vertrauensschutz und Gemeinschaftsinteresse beim Vollzug von Europäischem Gemeinschaftsrecht durch deutsche Behörden. Ein Beitrag zu den Problemen der Verzahnung von Gemeinschaftsrecht und nationalem Recht, Die Verwaltung 1990, S. 153–182.
22. Die Freiheit des Personen – und Kapitalverkehrs im Gemeinsamen Markt und

im Binnenmarkt, in : Stefan Exner/ Christian Giesbrecht (Hrsg.), Wirtschaftsjurist an der Universität Bayreuth, Hof/München 1990, S. 115–120.

23. Anmerkung zur Entscheidung des Conseil d'Etat vom 24. 9. 1990 – Nr. 58657– : Vorrang sekundären Gemeinschaftsrechts vor nationalem Recht, DVBl. 1991, S. 324–329.

24. Einreise, Aufenthalt und Ausweisung von EG – Ausländern, ZfRV 1991, S. 98 –114.

25. Der Einfluß de Europäischen Verwaltungsrechts auf das Verwaltungsrecht der Mitgliedstaatendargestellt am Beispiel der Bundesrepublik Deutschland, in : MichaelSchweitzer (Hrsg.), Europäisches Verwaltungsrecht, Wien 1991, S. 241–292.

26. Gibt es eine europäische Verkehrsauffassung?, ZLR 1991, S. 242–280 = European Food Law Review 1991, S. 107–109.

27. Selbstbestimmungsrecht, Volksgruppenrecht und Minderheitenschutz im Völkerrecht der Gegenwart, in : Mitteilungsblatt des Matthesianer – Verbandes Folge 56(1991), S. 37–62.

28. Die Herstellung des Binnenmarktes im Bereich des Lebensmittelrechts. Rechtsangleichung und gegenseitige Anerkennung als ergänzende Instrumente, ZfRV 1991, S. 357–374.

29. Sicherheit in der Diätetik. Einführung, in : Diätverband (Hrsg.), Diätetische Lebensmittel in Praxis und Wissenschaft, Heft 81 (1992), S. 3–10.

30. Novel Foods. Zum Entwurf der EG – Kommission für eine Verordnung des Rates über neuartige Lebensmittel und neuartige Lebensmittelzutaten, European Food Law Review 1992, S. 99–126 (zusammen mit Stefan Leible).

31. Entwicklung und Stand der Herstellung des Binnenmarktes im Bereich des Lebensmittelrechts, ZLR 1992, S. 233–272.

32. Umfaßt der Binnenmarkt auch die Landwirtschaft?, in : Michael Schweitzer

(Hrsg.), Landwirtschaft im Binnenmarkt, Passau 1992, S. 3–36.

33. Einfuhr erlaubt – Herstellung im Inland aber verboten. "Umkehrdiskriminierung in der EG", in : Industrie und Handel 6/92, S. 8–9.

34. Selbstbestimmungsrecht, Volksgruppenrecht und Minderheitenschutz im Völkerrecht der Gegenwart, Literatur – Spiegel Nr. 36/1992, S. 1–46.

35. Das Prinzip der gegenseitigen Anerkennung und seine Auswirkungen auf die nationalen Lebensmittelrechte, ZLR 1993, S. 31–61.

36. Deutsches und Europäisches Lebensmittelrecht. Der Einfluß des Rechts der Europäischen Gemeinschaften auf das deutsche Lebensmittelrecht, Wirtschaft und Verwaltung 1/1993, S. 1–70.

37. Die Rechtsprechung des EuGH im Bereich des Lebensmittelrechts 1990–1992, JZ 1993, S. 712–721 (zusammen mit Gert Hohmann).

38. Staatshaftung für Verletzungen primären Gemeinschaftsrechts durch die Bundesrepublik Deutschland, EuZW 1993, S. 599–605.

39. Gesundheitsschutz und Verbraucherinformation im Lebensmittelrecht der Europäischen Gemeinschaften, in : Reinhard Damm/ Dieter Hart (Hrsg.), Rechtliche Regulierung von Gesundheitsrisiken, Baden – Baden 1993, S. 151–185.

40. Gemeinschaftsrecht und deutsches Personenstandsrecht. Zum Urteil des EuGH vom 30. 3. 1993 (Christos Konstantinidis), Das Standesamt 1993, S. 243–249.

41. Divergierende Risikoabschätzung und Kennzeichnung, in : Rudolf Streinz (Hrsg.), „Novel Food". Rechtliche und wirtschaftliche Aspekte der Anwendung neuer biotechnologischer Verfahren beider Lebensmittelherstellung, Bayreuth :
   a) 1. Aufl. 1993, S. 125–150,
   b) 2. Aufl. 1995, S. 131–164.

42. Economic aspects of technical regulations, European Food Law Review 1993,

S. 333-364 (auch in : F. Snyder (Hrsg.), EUI Working Paper Law No. 94/4, A Regulatory Framework for Foodstuffs in the Internal Market, San Domenico (FI) 1994, S. 82-112).

43. Europäisches Lebensmittelrecht. Die Europäisierung der nationalen Rechtsordnengen, ZfRV 1994, S. 49-71.

44. Das Maastricht - Urteil des Bundesverfassungsgerichts. Anmerkung zu BVerfG, EuZW 1994, S. 329-333.

45. Selbstbestimmungsrecht, Minderheitenschutz und Volksgruppenrecht - Möglichkeiten und Grenzen des Völkerrechts, in : Rolf Josef Eibicht (Hrsg.), Gedächtnisschrift für Hellmut Diwald, Tübingen 1994, S. 474-492.

46. Diverging risk - assessment and labeling, European Food Law Review 1994, S. 155-179.

47. Die Finanzhilfen der Länder und autonomen Gemeinschaften und die Bewahrung einer eigenständigen Rolle der europäischen Regionen - Deutschland, in : Heinz Schäffer (Hrsg.), Wirtschaftsrecht und Europäische gionen, Berlin 1994, S. 179-198.

48. Die demokratische Legitimation der Europäischen Gemeinschaft nach dem Vertrag von Maastricht und ihre Bedeutung für deren Sanktionskompetenzen, in : Gerhard Dannecker u.a. (Hrsg.), Möglichkeiten und Grenzen einer Harmonisierung des Lebensmittelstrafrechts und der Verwaltungssanktionen in der Europäischen Gemeinschaft, Köln 1994, S. 219-226.

49. Rechtsgrundlagen, Aufbau und Handlungsbefugnis der Europäischen Union, in : Waldemar Hummer (Hrsg.), Die Europäische Union und Österreich. Europarechtliche, völkerrechtliche und verfassungsrechtliche Perspektiven, Wien 1994, S. 29-46.

50. Las repercusiones juridico - comunitarias para el consepto central en el ambitodel derecho alimentario, Alimentalex, Heft 11, Juli 1994, S. 45-57.

51. Die demokratische Legitimation der Europäischen Gemeinschaft nach dem

Vertrag von Maastricht und ihre Bedeutung für das Lebensmittelrecht, ZLR 1994, S. 537–555.

52. Auswirkungen des vom EuGH "ausgelegten" Gemeinschaftsrechts auf das deutsche Recht – Aufgezeigt an den Folgen des Francovich – Urteils für das deutsche Staatshaftungsrecht –, JURA 1995, S. 6–14.

53. National Administrative Procedures for the Implementation of Community Law in Germany, in : Spyros A. Pappas (Hrsg.), National Administrative Procedures for the Preparation and Implemantation of Community Decisions, Maastricht 1995, S. 133–159 (zusammen mit Matthias Pechstein).

⇒ Französische Fassung : Procédures administratives nationales de préparation et de miseen oeuvre des décisions communautaires en Allemagne, in : Spyros A. Pappas (Hrsg.), Procédures administratives nationales de préparation et de mise en oeuvre des decisions communautaires, Maastricht 1995, S. 137–166.

54. Die Europäische Union nach dem Vertrag von Maastricht, ZfRV 36(1995), S. 1–13.

55. Verkehrsauffassung in Europa. Gemeinschaftsrechtliche Einflüsse auf einen Zentralbegriff des Täuschungsrechts im Bereich des Lebensmittelrechts, in : Meinhard Heinze/ Jochem Schmitt (Hrsg.), Festschrift für Wolfgang Gitter, Wiesbaden 1995, S. 977–991.

56. Der "effet utile" in der Rechtsprechung des Gerichtshofs der Europäischen Gemeinschaften, in : Ole Due/ Marcus Lutter/Jürgen Schwarze (Hrsg.), Festschrift für Ulrich Everling, Baden – Barden 1995, S. 1491–1510.

57. Zem Vertreibungsverbot aus völkerrechtlicher Sicht, in : Sudetendeursches Archiv, Odsun – Die Vertreibung der Sudetendeutschen, München 1995, S. 319–330.

58. Rechtliche Probleme der Novel Food – Verordnung, ZLR 1995, S. 397–415.

59. 10 % mehr Eiskrem für alle!, ZIP 1995, S. 1236–1241 (zusammen mit Stefan

Leible).

60. Rechtliche Probleme der Novel Food – Verordnung, Biologie in unserer Zeit 25 (955), S. 256–262.

61. Das " Kooperationsverhältnis " zwischen Bundesverfassungsgericht und Europäischem Gerichtshof nach dem Maastricht – Urteil, in : Jörn Ipsen/ Hans – Werner Rengeling/ Jörg Manfred Mössner/ Albrecht Weber (Hrsg.), Verfassungsrecht im Wandel, zum 180 – jährigen Bestehen der Carl Heymanns Verlag KG, Köln/Bonn/ Berlin/ München 1995, S. 663–679.

62. Die Stellung des Ausschusses der Regionen im institutionellen Gefüge der EU – Eine europarechtliche Bewertung, in : Christian Tomuschat (Hrsg.), Mitsprache der dritten Ebene in der europäischen Integration : Der Ausschuß der Regionen, Bonn 1995, S. 55–77.

63. German Membership in Supranational and International Organizations after the Maastricht and AWACS/Somalia Decisions of the Federal Constitutional Court, in : American Society of International Law. Proceedings of the 89th Annual Meeting, 1995, S. 259–264.

64. Anmerkungen zu dem EuGH – Urteil in der Rechtssache Brasserie du P êcheur und Factortame, EuZW 1996, S. 201–204.

65. Der Stand der europäischen "Novel Food" – Diskussion, ZLR 1996, S. 123–146.

66. Werbung für Lebensmittel – Verhältnis Lebensmittel – und Wettbewerbsrecht, GRUR 1996, S. 16–31.

67. Probleme des Zusammenwirkens von EG und Mitgliedstaaten beim Vollzug des Europäischen Wirtschaftsrechts, Wirtschaft und Verwaltung 1996, S. 129 –148

⇒ aktualisierte Fassung in : Rudolf Streinz et al. (Hrsg.), Die Kontrolle der Anwendung des Europäischen Wirtschaftsrechts in den Mitgliedstaaten, Bayreuth 1998, S. 35–71.

68. Das Europäische Parlament im demokratischen Legitimationsprozeß, in : Heinrich Oberreuter (Hrsg.), Parlamentarische Konkurrenz? Landtag – Bundestag – Europaparlament, München 1996, S.49–68.
69. Die Bedeutung des WTO – Übereinkommens für den Lebensmittelverkehr, Jahrbuch des Umwelt- und Technikrechts 36 (1996), S. 435–458.
70. Auswirkungen des Europarechts auf das deutsche Staatskirchenrecht, in : Essener Gespräche zum Thema Staat und Kirche 31 (1996), Münster 1997, S.53–87.
71. Das deutsche und europäische Lebensmittelrecht als Ausdruck kultureller Identität?, in : Hans Jürgen Teuteberg/ Gerhard Neumann/ Alois Wierlacher (Hrsg.), Essen und kulturelle Identität. Europäische Perspektiven, 1996, S. 103–112.
72. Minderheiten – und Volksgruppenrechte in der Europäischen Union, in : Dieter Blumenwitz/ Gilbert Gornig (Hrsg.), Der Schutz von Minderheiten – und Volksgruppenrechten durch die Europäische Union, Köln 1996, S. 11–29.
73. Novel Food – Verordnung beschlossen : Europäisches Parlament und Rat billigen Kompromiß des Vermittlungsausschusses, ZLR 1997, S. 99–104.
74. Rechtsgrundlagen für das Inverkehrbringen gentechnisch veränderter Lebensmittel, in : Michael Lohner/ Kristina Sinemus/ Hans Günter Gassen (Hrsg.), Transgene Tiere in Landwirtschaft und Medizin, Villingen – Schwenningen 1997, S. 175–196.
75. Die demokratische Legitimation der Rechtssetzung der Europäischen Gemeinschaft, in : ThürVBl. 1997, S. 73–80.
76. Stellung der Freien Berufe im europäischen Markt, in : Uwe Blaurock (Hrsg.), Der Binnenmarkt und die Freiheit der freien Berufe in Deutschland und Schweden, Arbeiten zur Rechtsvergleichung, Bd. 183, Baden – Baden 1997, S. 57–90.

77. Die verfassungsstaatliche Erwartung an den Sport, in : Die Wolfsburg. Katholische Akademie/ Landes Sport Bund Nordrhein − Westfalen (Hrsg.), Was ist des Sportes Wert?, Duisburg/ Mühlheim 1997, S. 10−40.
78. Die EG − Verordnung über neuartige Lebensmittel und neuartige Lebensmittelzutaten. Eine Analyse der Novel Food − Verordnung, EuZW 1997, S. 487 −491.
79. Seguridad Juridica come Desafio a la Jurisdicción Constitucional, in : Anuario de Derecho Constitucional Latinoamericano 1997, S. 121−154.
80. Mindestharmonisierung im Binnenmarkt, in : Ulrich Everling/ Wulf − Henning Roth (Hrsg.), Mindestharmonisierung im Europäischen Binnenmarkt, Baden − Baden 1997, S. 9−32.
81. Gesetzgebung im Bereich der Gentechnik. Aufgezeigt am Beispiel von Lebensmitteln, insbesondere der Novel − Food − Verordnung der EG, in : Geburtshilfe und Frauenheikunde 57 (1997), S. 192−200.
82. Der Einfluß der Verfassungsrechtsprechung auf dei Pressefreiheit. Eine aktuelle Bestandsaufnahme, AfP 1997, S. 857−869.
83. Die Auswirkungen der europäischen Gesetzgebung auf den Sport, in : Walter Tokarski (Hrsg.), EU − Recht und Sport, Aachen 1998, S. 14−69.
84. Der Vertrag von Amsterdam. Die institutionellen Veränderungen für die Europäische Union und die Europäische Gemeinschaft, JURA 1998, S. 57−65.
85. Der Vertrag von Amsterdam. Einführung in die Reform des Unionsvertrages von Maastricht und erste Bewertung der Ergebnisse, EuZW 1998, S. 137−147.
86. Anwendbarkeit der Novel Food − Verordnung und Definition von Novel Food, ZLR 1998, S. 19−37.
87. Allgemeine Voraussetzungen und Fragen zur Kennzeichnung von Novel Food, ZLR 1998. S. 53−70.

88. Die Auswirkungen des EG – Rechts auf den Sport, SpuRt 1998, S. 1–7 ; 45–50 ; 89–97.
89. Rechtliche Bestimmungen bei der Zulassung gentechnischer Produkte, in : Anja Haniel/ Stephan Schleissing/ Reiner Anselm (Hrsg.), Novel Food. Dokumentation eines Bürgerforums zu Gentechnik und Lebensmitteln, München 1998, S. 97–120.
90. Trends und Perspektiven des Europäischen Lebensmittelrechts im Zeichen des "Grünbuchs" und der Mitteilung der EG – Kommission "Gesundheit der Verbraucher und Lebensmittelsicherheit", ZLR 1998, S. 145–175.
91. Prozeßkostensicherheit und gemeinschaftsrechtliches Diskriminierungsverbot, IPRax 1998, S. 162–170 (zusammen mit Stefan Leible).
92. Umweltpolitik und Umweltrecht. Strafrecht, in : Hans – Werner Rengeling (Hrsg.), Handbuch zum europäischen und deutschen Umweltrecht, Bd. I, Köln/ Berlin/ Bonn/ München (zusammen mit Gerhard Dannecker).

    a) 1. Aufl., 1998, S. 114–177,

    b) 2. Aufl., 2003, S. 126–195.
93. Aufbau, Struktur und Inhalt des Vertrags von Amsterdam, in : Waldemar Hummer (Hrsg.), Die Europäische Union nach dem Vertrag von Amsterdam, Wien 1998, S. 47–70.
94. The Novel Foods Regulation – A Barrier to Trade in the International Movement of Goods?, European Food Law Review 1998, S. 265–289.
95. Die Grundzüge des EG – Beihilfenrechts unter besonderer Berücksichtigung der Landwirtschaft, in : Schriftenreihe des Instituts für Landwirtschaftsrecht an der Universität Passau, Bd. 7, Staatliche Fördermaßnahmen und Ausgleichsleistungen für die Landwirtschaft. Rechtsgrundlagen, Vollzugsfragen und Rückforderungsprobleme, Passau 1998, S. 1–35.
96. Auswirkungen des Rechts auf "Sustainable Development" – Stütze oder Hemmschuh? Ansätze und Perspektiven im nationalen, europäischen und

Weltwirtschaftsrecht, Die Verwaltung 31 (1998), S. 449–480.

⇒ Englische Fassung : „Repercussions of the Right to Sustainable Development – Help or Hindrance? Approaches and Perspectives in National European and Global Economic Law, in : Law and State 59/60 (1999), S. 131–157.

97. The Precautionary Principle in Food Law, European Food Law Review 1998, S. 413–432.

98. Repercusiones de la Jurisprucencia Constitucional sobre la libertad de prensa, in : Anuariode Derecho Constitucional Latinoamericano 4 (1998), S. 483– 510.

99. Umwelt – und Verbraucherschutz durch den Einkaufskorb – Möglichkeiten und Grenzen der Kennzeichnung neuartiger Lebensmittel. Rechtliche Vorgaben für die Kennzeichnung neuartiger Lebensmittel, ZUR 1999, S. 16–21.

100. Die Novel Food – Verordnung – Handelshemmnisse im internationalen Warenverkehr?, in : Rudolf Streinz (Hrsg.), Neuartige Lebensmittel. Problemaufriß und Lösungsansätze, Bayreuth 1999, S. 239–268.

101. Vorgaben des Völkerrechts für das deutsche Umweltrecht, in : Jahrbuch des Umwelt – und Technikrechts 1999, S.319–343.

102. Berufliche Befähigungsnachweise im Sport auf dem Prüfstand des EG – Rechts, in : EU – Recht und Sport II, Schriftenreihe der Europäischen Akademie des Sports, Bd. 14, 1999, S. 31–59.

103. "Gemeinschaftsrecht bricht nationales Recht". Verlust und Möglichkeiten nationaler politischer Gestaltungsfreiheit nach der Integration in eine supranationale Gemeinschaft, aufgezeigt am Beispiel des Lebensmittelrechts, insbesondere der sog. Novel Food – Verordnung, in : Gerhard Köbler/ Meinhard Heinze/ Wolfgang Hromadka (Hrsg.), Europas universal rechtsordnungspolitische Aufgabe im Recht des dritten Jahrtausends, Festschrift für Alfred Söllner zum 70. Geburtstag, München 2000, S. 1139–1169.

104. Die unmittelbare Drittwirkung der Grundfreiheiten, EuZW 2000, S. 459–467 (zusammen mit Stefan Leible).

105. Neue Medien, Kommunikationsfreiheit und politische Selbstbehauptung, in : Siegfried Lamnek/ Marie – Theres Tinnefeld (Hrsg.), Zeit und kommunikative Rechtskultur in Europa. Im Spiegelbild von Deurschen und Polen, Baden – Baden 2000, S. 144–163.

106. Lebensmittelrecht, in : Norbert Achterberg/ Günter Püttner/ Thomas Württenberger (Hrsg.), Besonders Verwaltungsrecht. Ein Lehr – und Handbuch, Bd. II, Kommunal –, Haushalts–, Abgaben–, Ordnungs–, Sozial–, Dienstrecht, 2. Aufl., Heidelberg 2000, S. 740–765.

107. Gesundheits – und krankheitsbezogene Angaben (Health Claims), in : Diätverband, 54. Colloquium, 2000, S. 21–45.

108. Frauen an die Front – Bewertung und Folgen der Urteile des EuGH vom 26. Oktober 1999 – Rs. C – 273/97 (Angela Maria Sirdar) und vom 11. Januar 2000 – Rs. C – 285/98 (Tanja Kreil), DVBl. 2000, S. 585–595.

109. Einführung : 50 Jahre Eutoparat, in : Rudolf Streinz (Hrsg.), 50 Jahre Europarat : Der Beitrag des Europarates zum Regionalismus, Bayreuth 2000, S. 17–38.

110. Was bleibt vom LMBG? Zu den Vorschlägen der Kommission zu allgemeinen Grundsätzen des Lebensmittelrechts sowie zur Europäischen Lebensmittelbehörde und zur Lebensmittelsicherheit, ZLR 2000, S. 803–813.

111. Die Zukunft des Gerichtssystems der Europäischen Gemeinschaft – Reflexionen über Reflexionspapiere, EWS 2001, S. 1–12 (zusammen mit Stefan Leible).

112. Die Kennzeichnungspflicht für Novel Food, In : Joachim Lege (Hrsg.), Gentechnik im nicht–menschlichen Bereich – was kann und sollte das Recht regeln?, Berlin 2001, S. 177–203.

113. Erfordernis und Erfordernisse eines rechtswissenschaftlichen Studiums, in :

Dieter Dörr u.a. (Hrsg.), Die Macht des Geistes, Festschrift für Hartmut Schiedermair, Heidelberg 2001, S. 643-663.

114. Rechtliche Vorgaben für gesundheits- und krankheitsbezogene Angaben bei funktionellen Lebensmitteln - Health Claims, Bundesgesundheitsblatt - Gesundheitsforschung - Gesundheitsschutz, 3/2001, S. 227-232.

115. Konvergenz der Grundfreiheiten. Aufgabe der Differenzierungen des EG - Vertrags und der Unterscheidung zwischen unterschiedlichen und unterschiedslosen Maßnahmen? Zu Tendenzen der Rechtsprechung des EuGH, in : Hans - Wolfgang Arndt u.a. (Hrsg.), Völkerrecht und Deutsches Recht, Festschrift für Walter Rudolf zum 70. Geburtstag, München 2001, S. 199-221.

116. Die Abgrenzung der Kompetenzen zwischen der Europäschen Union und den Mitgliedstaaten unter besonderer Berücksichtigung der Regionen, BayVBl. 2001, S. 481-488.

117. Das Europaabkommen zwischen den Europäischen Gemeinschaften und den Mitgliedstaaten und der Tschechischen Republik - Inhalt und Realisierung. Europäische Vorgaben für die tschechische Rechtsentwicklung, in : Karel Schimka (Hrsg.), Tschechien, Deutschland und die Europäische Union. Rechtlichen Rahmenbedingungen der Unternehmung in dem sich vereinigenden Europa, Pilsen 2001, S. 15-40.

118. Die Rechtsprechung des EuGH nach dem Bosman-Urteil. Spielräume für Verbände zwischen Freizügigkeit, Kartellrecht und Verbandsautonomie, in : Peter J. Terringer (Hrsg.), Sport im Schnittfeld von Europäischem Gemeinschaftsrecht und nationalem Recht. Bosman - Bilans und Perspektiven, Stuttgart u.a. 2001, S. 27-52.

119. Die Freizügigkeit des Athleten, in : Urs Scherrer/ Marco del Fabro (Hrsg.), Freizügigkeit im Europäischen Sport, Zürich 2002, S. 99-127.

120. Primär- und Sekundärrechtsschutz im Öffentlichen Recht, in : Veröffentlichungen der Vereinigung der Deutschen Staatsrechtslehrer (VVDStRL) Bd.

61(2002), S. 300–361.

121. Die neuen Herausforderungen für die innere Sicherheit und die EU – Außenpolitik : Zwischen nationalen Souveränitätsinteressen und Brüsseler Kompetenzwirrwarr, in : Rupert Scholz (Hrsg.), Europa der Bürger? Nach der Euro-Einführung und vor der EU Erweiterung– Zwischenbilanz und Perspektiven, Veröffentlichungen der Hanns–Martin–Schleyer–Stiftung, Bd. 60, 2002, S. 52–59.

122. (Keine) Ausweitung der Klagebefugnis von Individuen – EuGH vs. EuG?, EWS 2002, Heft 10, Die erste Seite.

123. Lebensmittelsicherheit : Die Europäische Ebene – Behörden, Komperenzen, Kontrollen, ZLR 29 (2002), S. 169–206 (zusammen mit Lars O. Fuchs).

124. Wie viel ist Nichts? Ist Nichts zu viel? Rechtliche Probleme der Definition von Grenzwerten im Lebensmittelrecht, ZLR 29 (2002), S. 689–707.

125. Die Kommunalen Sparkassen in der Rechtspolitik, in : Bitburger Gespräche Jahrbuch 2002/I, München 2003, S. 179–197.

126. (EG–) Verfassungsrechtliche Aspekte des Vertrags von Nizza, ZÖR 58 (2003), S. 137–161.

127. Kurioses aus Brüssel. Zu Eigenheiten und Eigenartigkeiten des Gemeinschaftsrechts, EWS 2003, S. 1–12.

128. Das Verbot des Apothekenversandhandels mit Arzneimitteln. Eine "Verkaufsmodalität" im Sinne der Keck–Rechtsprechung?, EuZW 2003, S. 37–44.

129. Meldepflicht nach § 40 a LMBG. Aktuelle Rechtsfragen für die Lebensmittelwirtschaft, ZLR 30 (2003), S. 11–25.

130. Gemeinschaftsrechtliche Vorgaben für das deutsche und bayerische Raumordnungs– und Landesplanungsrecht, in : Christian Hillgruber (Hrsg.), Raumplanerische Abstimmung im östlichen Grenzraum Bayerns. Rechtswissenschaftliche und praktische Perspektiven, Hannover 2003, S. 58–72.

131. Verordnung (EG) Nr. 178/2002 – Die EG-Basisverordnung zum Lebensmittelrecht, in : Frischelogistik 1 (2003), S. 27–31 (zusammen mit Lars O. Fuchs).

132. Gibt es ein europäisches Einwanderungs– und Asylrecht? Probleme der Vergemeinschaftung, in : Klaus Stern (Hrsg.), Zeitgemäßes Zuwanderungs– und Asylrecht– ein Problem der Industriestaaten, 2003, S. 67–98.

133. Verfahrensgarantien der Europäischen Menschenrechtskonvention und ihre Auswirkungen auf das deutsche Recht, in : Franz Matscher (Hrsg.), Erweitertes Grundrechtsverständnis. Internationale Rechtsprechung und nationale Entwicklungen–EGMR, EuGH, Österreich, Deuschland, Schweiz, Kehl am Rhein/Straßburg/Arlington 2003, S. 139–180.

134. Ärger um die weiße Pracht – Skischulgesetze der Alpenländer auf dem Prüfstand des Gemeinschaftsrechts, EWS 2003, S. 537–544 (zusammen mit Christoph Herrmann und Markus Kraus).

135. Anmerkung zu OVG Nordrhein– Westfalen – "Lactobact omni FOS", ZLR 30(2003), S. 596–600.

136. The Legal Situation for Genetcally Engineered Food in Europe, in : Knut J. Heller (Hrsg.), Genetically Engineered Food, Weinheim 2003, S. 121–146 (zusammen mit Lars O. Fuchs).

137. Der traditionelle rechtliche Rahmen für die landwirtchaftlichen Produkte, in : Institut für Landwirtschaftsrecht an der Universität Passau (Hrsg.), Qualitätssicherung in der Landwirtschaft, Schriftenreihe Bd. 10, Passau 2004, S. 23 –46.

138. Wo steht sas Gewaltverbot heute? Das Völkerrecht nach dem Irakkrieg, JöR N. F. 52(2004), S. 219–244.

139. Totgesagte leben länger – oder doch nicht? Der Stabilitäts– und Wachstumspakt nach dem Beschluss des Rates vom 25. 11. 2003 über das Ruhen der Defizitverfahren gegen Frankreich und Deutschland, NJW 2004, S. 1553–

1559 (zusammen mit Christoph Ohler und Christoph Herrmann).
140. Vorabentscheidungsverfahren udn Vorlagepflicht im europäischen Markenrecht, GRUR Int 2004, S. 459–471 (zusammen mit Christoph Herrmann).
141. § 20 a WpHG in rechtsstaatlicher Perspektive – europa – und verfassungsrechtliche Anforderungen an das Verbot von Kurs– und Marktpreismanipulationen, WM 2004, S. 1309–1317 (zusammen mit Christoph Ohler).
142. Rechtssicherheit als Bewährungsprobe des Verfassungsstaates, in : Alexander Blankenagel/ Ingolf Pernice/ Helmuth Schulze–Fielitz (Hrsg.), Verfassung im Diskurs der Welt. Liber Amicorum für Peter Häberle, Tübingen 2004, S. 745–775.
143. Die Auslegung des Gemeinschaftsrechts durch den EuGH. Eine kritische Betrachtung, ZEuS 2004, S. 387–414.
144. Der Weg zum Binnenmarkt für Sportlehrer als Aufgabe der Gerichte, SpuRt 2004, S. 197–199.
145. Europäische Integration durch Verfassungsrecht, in : Villa Vigoni. Auf dem Weg zu einer europäischen Wissensgesellschaft, Heft VII, April 2004, S. 20–40.
146. Aktuelle Rechtsfragen der Meldepflicht nach § 40a LMBG, in : Rudolf Streinz (Hrsg.), Verbraucherinformation und Risikokommunikation, 2004, S. 171–182.
147. (Schneeball–) Schlacht um die Diplomanerkennung – Die Vereinbarkeit französischer Berufsausübungsregelungen im Alpinsport mit dem europäischen Gemeinschaftsrecht, SpuRt 2005, S. 5–9 (zusammen mit Christoph Herrmann und Markus Kraus).
148. Sinn und Zweck des Nationalstaates in der Zeit der Europäisierung und der Globalisierung, in : Jügen Bröhmer u.a. (Hrsg.), Internationale Gemeinschaft und Menschenrechte, Festschrift für Georg Ress, Köln u.a. 2005, S. 1277–1294.

149. Was ist neu am Verfassungsvertrag? Zum Vertrag von Rom über eine Verfassung für Europa vom 29. Oktober 2004, in : Charlotte Gaitanides/ Stefan Kadelbach/ Gil Carlos Rodriguez Iglesias (Hrsg.), Europa und seine Verfassung, Festschrift für Manfred Zuleeg, Baden-Baden 2005, S. 108-127.

150. Kompetenzabgrenzung zwischen Europäischer Union und ihren Mitgliedstaaten, in : Rainer Hofmann/ Andreas Zimmermann (Hrsg.), Eine Verfassung für Europa, Berlin 2005, S. 71-103.

151. Sozialpolitische Zuständigkeit der EU im Rahmen der offenen Methode der Koordinierung, in : Eberhard Eichenhofer (Red.), Offene Methode der Koordinierung im Sozialrecht, Wieisbaden 2005, S. 29-51.

152. Die Freizügigkeit für Sportlehrer im Binnenmarkt, in : Georg Crezelius/ Heribert Hirte/ Klaus Vieweg (Hrsg.), Gesellschaftsrecht – Rechnungslegung – Sportrecht, Festschrift für Volker Röhricht, Köln 2005, S. 1239-1254.

153. Europäisierte Lebensmittelaufsicht : Aufgaben, Instrumente und Rechtsschutzprobleme, in : Jens-Peter Schneider u.a. (Hrsg.), Vollzug des Eutopäischen Wirtschaftsrechts zwischen Zentralisierung und Dezentralisierung, Europarecht Beiheft 2?2005, S. 7-26.

154. EG-Freizügigkeit für Sportler, in : Studiengesellschaft für Wirtschaft und Recht (Hrsg.), Sport und Recht, Wien 2005, S. 71-87.

155. Ablauf und Konsequenzen der EU-Erweiterung für das Lebensmittelrecht, ZLR 2005, S. 161-190.

156. Gespaltene Tabakregelungen-kein Problem für den Binnenmarkt?, ZLR 2005, S. 427-434.

157. Alles klar zu den Rahmenbeschlüssen?, EWS 10/2005, Die erste Seite.

158. Die Kompetenzen der EG zur Verwirklichung des Gleichbehandlungsgrundsatzes im Zivilrecht, in : Stefan Leible/ Monika Schlachter (Hrsg.), Diskriminierungsschutz durch Privatrecht, Berlin 2006, S. 11-35.

159. Das Europaverfassungsrecht in der deutschen Föderalismuskommission, in :

Metin Akyürekua (Hrsg.), Staat und Recht in euripäischer Perspektive. Festschrift für Heinz Schäffer, München/ Wien 2006, S. 835–857.

160. Bewältigung von Risiken im Lebensmittelrecht und im Arzneimittelrecht, in : Klaus Vieweg (Hrsg.), Risiko – Recht – Verantwortung. Erlanger Synposium am 9. /10. Juli 2004, Köln u.a. 2006, S. 131–170.

161. Einzelstaatliche Lebensmittelgesetzgebung vor dem Hintergrund des Europarechts, Ernährung/nutrition 30 (2006), S. 206–230.

162. European integration through constitutional law, in : Hermann–Josef Blanke/ Stelio Mangiameli (Hrsg.), Governing Europe under a Constitution, Berlin/ Heidelberg/New York 2006, S. 1–22.

163. Die Realität des Anwendungsvorrangs des Gemeinschaftsrechts, Zeitschrift für Europarecht (EUZ) 2006, S. 126–130.

164. Die Europäisierung des Lebensmittelrechts unter Berücksichtigung der Auswirkungen auf die Schweiz, in : Tomas Poledna/ Oliver Arter/ Monika Gattiker (Hrsg.), Lebensmittelrecht, Bern 2006, S. 151–210.

165. Die Türkei als Partner – Formen der Zugehörigkeit zur EU, in : Bitburger Gespräche, Jahrbuch 2005/II, München 2006, S. 111–140.

166. Und wieder Doc Morris : Das apothekenrechtliche Mehr– und Fremdbesitzverbot aus der Perspektive des Gemeinschaftsrechts, EuZW 2006, S. 455–459.

167. Aufbau des Verfassungsvertrages, Rechtspersönlichkeit der Union und Vereinfachung der Verträge, in : Waldemar Hummer/ Walter Obwexer (Hrsg.), Der Vertrag über eine Verfassung für Europa, Baden–Baden 2007, S. 69–79.

168. Das neue Lebensmittel– und Futtermittelgesetzbuch vor dem Hintergrund des Verbraucherschutzes, in : Christian Calliess/ Ines Härtel/ Barbara Veit (Hrsg.), Neue Haftungsrisiken in der Landwirtschaft– Gentechnik, Lebensmittel– und Futtermittelrecht, Umweltschadensrecht, Baden–Baden 2007, S. 47–77.

169. Europäisches Lebensmittelrecht, in : H. Dunkelberg/ T. Gebel/ A. Hartwig

(Hrsg.), Handbuch der Lebensmitteltoxikologie. Belastungen, Wirkungen, Lebensmittelsicherheit, Hygiene, Bd. 1, Weinheim 2007, S. 47–96.

170. Schleichende oder offene Europäisierung des Strafrechts? Zu beschleunigenden und retardierenden Tendenzen bei der Europäisierung des Strafrechts nach aktuellen Urteilen des EuGH und des BVerfG, in : Gerhard Dannecker u.a. (Hrsg.), Festschrift für Harro Otto, Neuwied 2007, S. 1029–1053.

171. Zur Europäisierung des Grundgesetzes, in : Peter M. Huber (Hrsg.), Das Grundgesetz zwischen Stabilität und Veränderung, Tübingen 2007, S. 33–64.

172. Primärrechtliche Grundlagen des Europäischen Urheberrechts, in : Karl Riesenhuber (Hrsg.), Systembildung im Europäischen Urheberrecht – INTERGU – Tagung 2006, Berlin 2007, S. 11–37.

173. Der Fall Mangold – eine „kopernikanische Wende im Europarecht"? in : RdA 3/2007, München 2007, S. 165–169 (zusammen mit Christoph Herrmann).

174. Die Notifizierungspflicht des Glücksspielstaatsvertrages und der Ausführungsgesetze der Länder gemäß der Richtlinie Nr. 98/34/EG (Informationsrichtlinie), in : ZfWG 2007, S. 402–409(zusammen mit Christoph Herrmann und Tobias Kruis).

175. Deutschland als „Sportstaat" – Gegenseitige Erwartungen von Sport und Verfassung, in : Rainer Pitschas/ Arnd Uhle (Hrsg.), Wege gelebter Verfassung in Recht und Politik – Festschrift für Rupert Scholz zum 70. Geburtstag, Berlin 2007, S. 355–380.

176. Die Bedeutung des Amsterdamer Protokolls für den öffentlich–rechtlichen Rundfunk in Deutschland, in : Klaus Stern (hrsg.) – Die Bedeutung des Europäischen Rechts für den nationalen Rundfunk, München 2007, S. 59–92.

177. Die Europäische Union als Rechtsgemeinschaft, in : Ferdinand Kirchhof/ Hans–Jürgen Papier/ Heinz Schäffer (Hrsg.), Rechtsstaat und Grundrechte, Festschrift für Detlef Merten, Heidelberg 2007, S. 395–414.

178. Missverstandener „Judicial Self–restraint" – oder : Einmischung durch Untä-

tigkeit, in EuZW 2007, S. 289–290 (zusammen mit Christoph Herrmann).
179. The Legal Situation for Genetically Engineered Food in Europe, in : Knut J. Keller (Hrsg.), Genetically Engineered Food. Methods and Detection, Second, Revised and Enlarged Edition, 2006, S. 135–153 (zusammen mit Jan Kalbheim).
180. Vereinfachung und Verbesserung der Rechtsetzung in der Gemeinsamen Agrarpolitik der EG, in : Dirk Heckmann (Hrsg.), Modernisierung von Justiz und Verwaltung. Gedenkschrift für Ferdinand O. Kopp, Stuttgart u.a. 2007, S. 248–267.
181. Die Ausgestaltung der Dienstleistungs- und Niederlassungsfreiheit durch die Dienstleistungsrichtlinie – Anforderungen an das nationale Recht, in : Stefan Leible (Hrsg) – Die Umsetzung der Dienstleistungsrichtlinie – Chancen und Risiken für Deutschland (Bayreuther Studien zum Wirtschafts- und Medienrecht Band I), Jena 2008. S. 97–129.
182. The European Constitution after the Failure of the Constitutional Treaty, ZÖR 63 (2008), S. 159–187.
183. Gott im Verfassungsrecht : warum nicht im EU – Verfassungsvertrag, in : Cilbert H. Gornig/ Burkhard Schöbener/ Winfried Bausback/ Tobias H. Irmscher (Hrsg.), Iustitia et Pax : Gedächtnisschrift für Dieter Blumenwitz, Berlin 2008, S. 823–848.
184. Die Verfassung Europas – Unvollendeter Bundesstaat, in : Hans–Georg Hermann/ Thomas Gutmann/ Joachim Rückert/ Mathias Schmoeckel/ Harald Siems (Hrsg.), Von den leges barbarorum bis zum ius barbarum des Nationalsozialismus. Festschrift für Hermann Nehlsen zum 70. Geburtstag, Köln/ Weimar/ Wien 2008, S. 750–776.
185. Wandlungen des Völkerrechts? Die Rolle des Nationalstaats im Zeitalter von Europäisierung und Globalisierung, in : Globale Zukunft – Tagung des Bayreuther Forums Kirche und Universität in Bayreuth/Thurnau am 10. Und.

11. November 2006, Bayreuth 2008, S. 105-112.

186. Wie gut ist die Grundrechte-Charta des Verfassungsvertrags? - Überlegungen nach dem Mandat des Brüsseler Gipfels für einen "Reformvertrag", in : Jörn Ipsen/ Bernhard Stüer (Hrsg.) Europa im Wandel - Festschrift für Hans -Werner Rengeling, Köln 2008, S. 645-660.

187. „6+5"Regel oder "Homegrown" - Regel - was ist mit dem Europarecht vereinbar?, Spurt 2008, S. 224-229.

188. Der Anwendungsvorrang des Gemeinschaftsrechts und "Normverwerfung" durch deutsche Behörden, BayVBl 2008, S. 1-12 (zusammen mit Christoph Herrmann).

189. Die Verfassung der Europäischen Union nach dem Scheitern des Verfassungsvertrages und dem Vertrag von Lissabon, ZG 23(2008), Heft 2, S. 105-126.

⇒ Übersetzung ins Tschechische : Ùstava Evropské unie po ztroskotáni Ústavni smolouvy a Lisabonské smlouvy, in : Jurisprudence - specialist na komentatováni judikatury 1/2009, S. 3-12.

190. Der europäische Verfassungsprozess : Grundlagen, Werte und Perspektiven nach dem Scheitern des Verfassungsvertrags und nach dem Vertrag von Lissabon, in : Hanns-Seidel-Stiftung (Hrsg.), "aktuelle Analysen" Nr. 46, München 2008, S. 5-29.

191. European Parliament and National Parliaments - The Gerears Experience, in : Hellenic Parliament Foundation (Hrsg.), Fifty Years European Parliament. Experience and Perspectives, Athen 2009, S. 175-192.

192. Bosman und kein Ende? - Die geplante "6+5"- Regel der FIFA im Lichte des Europarechts, in : Gerrit Manssen/ Monika Jachmann/ Christoph Gröpl (Hrsg.), Nach geltendem Verfassungsrecht - Festschrift für Udo Steiner, Stuttgart 2009, S. 854-870.

193. Innerparteiliche Sanktionen gegen Mitglieder politischer Parteien. Von Ord-

nungsmaßnahmen bis hin zum Parteiausschluss, in : Steffen Detterbeck/ Jochen Rozek/ Christian von Coelln (Hrsg.) – Recht als Medium der Staatlichkeit. Festschrift für Herbert Bethge zum 70. Geburtstag, Berlin 2009, S. 79–106.

194. Risk decisions in cases of persisting scientific uncertainty : the precautionary principle in European food law, in : Gordon Woodman/ Diethelm Klippel (Hrsg.) – Risk and the Law, Oxon/ New–York 2009, S. 53–74.

195. Verfassungsvertrag und Vertrag von Lissabon : Alter Wein in neuen Schläuchen?, in : Waldemar Hummer/ Walter Obwexer (Hrsg.) – Der Vertrag von Lissabon, Baden–Baden 2009, S. 452–470.

196. Vom Marktbürger zum Unionsbürger, in : Marten Breuer u.a. (Hrsg.), Im Dienste des Menschen : Recht, Staat und Staatengemeinschaft, Berlin 2009, S. 63–85.

197. Boxenstopp für Lissabon, NJW 2009, Editorial Heft 30/2009.

198. Das Grundgesetz : Europafreundlichkeit und Europafestigkeit, ZfP 4/2009, Baden–Baden 2009, S. 467–492.

199. Die Finalität der Europäischen Union und der Vertrag von Lissabon, in : Hanns Seidel Stiftung (Hrsg.), Europa – Perspektiven und Grenzen, München 2009, S. 52–60.

200. Neue Impulse durch den Lissabon Vertrag – Anpassungsbedarf bei den Institutionen? In : Clemens Fuest/ Martin Nettesheim/ Rupert Scholz (Hrsg.), Lissabon-Vertrag : Sind die Weichen richtig gestellt? – Recht und Politik der Europäischen Union als Voraussetzung für wirtschaftliche Dynamik, S. 29–41 (=Veröffentlichungen der Hanns Martin Schleyer – Stiftung, Bd. 74 – VIII. Interdisziplinärer Kongress, 29. –30. 5. 2008 in Berlin, auch abrufbar unter http : //www.schleyerstifrung. de/ pdf/ pdf_2008/mai_08_vortrag % 20_streinz. pdf.

201. Sport als Staatsziel ins Grundgesetz? Causa Sport 02/2009, S. 106–116.

202. Der Vertrag von Lissabon – eine Verfassung für Europa, in : Familie, Partnerschaft, Recht 11/2010. S. 481–485.
203. Rechtsschutz gegen Health Claims Entscheidungen, in : Stefan Leible (Hrsg.), Verbraucherschutz durch Information im Lebensmittelrecht, Bayreuth 2010, S. 69–88.
204. Zum Recht der Unionsbürger auf Gleichbehandlung im Amateursport : Anmerkung zum Urteil des Rechtsausschusses des DBB, SpuRt 2010, S. 231–233.
205. Die Rolle des EuGh im Preozess der Europäischen Integration – Anmerkungen zu gegenläufigen Tendenzen in der neueren Rechtsprechung, AöR 2010, S. 1–28.
206. Unionsrechtliche Vorgaben und mitgliedstaatliche Gestaltungsspielräume im Bereich des Glücksspielrechts, NJW 2010, S. 3745–3750 (zusammen mit Tobias Kruis).
207. Vertrag von Lissabon in Kraft – Folgen für die Lebensmittelwirtschaft (Editorial), ZLR 2010, S. 1–4.
208. Vertrag von Lissabon in Kraft – Abschluss eines langen Prozesses..., EWS 2010, S. 1–2
209. Der Vertrag von Lissabon und die Privatrechtsangleichung, in : Michael Stürner (Hrsg.) – Vollharmonisierung im Europäischen Verbraucherrecht?, München 2010, S. 23–43.
210. Die Völker– und Europarechtsfreundlichkeit des Grundgesetzes, in : Thomas Giegerich (Hrsg) – Der "offene Verfassungsstaat" des Grundgesetzes nach 60 Jahren : Anspruch und Wirklichkeit einer großen Errungenschaft, Berlin 2010, S. 327–331.
211. Sovereignty and "Open Constitutional State" in the jurisprudence of the German Federal Constitutional Court, in : Lubos Tichy/ Tomas/ Dumbrovsky (Hrsg.), Sovereignty and Integration : Paradoxes and Development Within

Europe Today, Prag 2010, S. 53–65.

212. Unterschiedliche (Rechts–) Kulturen – einheitliche Forschung?, in : Eric Hilgendorf/ Susanne Beck(Hrsg.),Biomedizinische Foschung in Europa (IUS EUROPAEUM Band 49), Baden–Baden 2010. S. 29–45.

213. Das Lissabon–Urteil des Bundesverfassungsgerichts und seine nationalen und europäischen Konsequenzen, in : Bernd Rill (Hrsg.), Von Nizza nach Lissabon – neuer Aufschwung für die EU,München 2010, S. 37–52.

214. Grundlagen der Europäisierung des Zivilrechts, in : Jörn Bernreuther u.a. (Hrsg.), Festschrift Für Ulrich Spellenberg, München 2010, S. 745–763.

215. Wegweiser durch das Gestrüpp des Levensmittelrechts, in : Moritz Hagenmeyer/ Peter Loose (Hrsg.), Festschrift für Michael Welsch, Hamburg 2010. S. 55–68.

216. Die Drittwirkung des europäischen Datenschutzrechts (Art. 8 GrGh) im deutschen Privatrecht, EuZW 2011, S. 384–388 (zusammen mit Walther Michl).

217. Die Rechtsprechung des EuGh zum Datenschutz,DuD 2011, S 602–606.

218. Mangold nicht hinreichend qualifiziert ultra vires – Zur Reduktion der Ultra–vires–Kontrolle im Honeywell–Urteil des Bundesverfassungsgerichts, in : Holger Almeppen u.a. (Hrsg.), Festschrift für Günter H. Roth zum 70. Geburtstag, München 2011, S. 823–830.

219. Wandlungen des Grundgesetzes unter dem Einfluss der Ebenen des Europarechts und des Völkerrechts, in : Christoph Hönnige u.a. (Hrsg/), Verfassungswandel im Mehrebenensystem, Wiesbaden 2011, S. 130–158.

220. Wie hast du's mit der Religion? – Anmerkung zum Kruzifix–Urteil des Europäischen Gerichtshofs für Menschenrechte, in : Michaela Wittinger u.a. (Hrsg.), Verfassung – Völkerrecht – Kulturgüterschutz – Festschrift für Wilfried Fiedler zum 70. Geburtstag, Berlin 2011, S. 703–714.

221. Rechtliche Verankerung der Garantien für Irland und der „Fußnote" für Tschechien, in : Thomas Eilmansberger u.a. (Hrsg.), Rechtsfragen der Imple-

mentierung des Vertrags von Lissabon, Wien/New York 2011, S. 23-39.

222. Die Interpretationsmethoden des Europäischen Gerichtshofs zum Vorantreiben der Integration, in : Bernd Rill (Hrsg.), Die Dynamik der Europäischen Institutionen, München 2011, S. 27-40.

223. Lissabon - Ein Staatsstreich gegen das Grundgesetz?, in : Konrad Hilpert/ Ulrich Schroth (Hrsg.), Politik--Recht--Ethik : Vergewisserungen aus der Vergangenheit umd Perspektiven für die-zukunft, Stuttgart 2011, S. 32-50.

224. Does the European Court of Justice keep the balance in Kadi?, in : Ulrich Fastenrath (Hrsg.), From Bilateralism to Community Interest - Essays in Honour of Bruno Simma, Oxford 2011, S. 1118-1131.

225. Die Auslegung des Gemeinschaftsrechts bzw. Unionsrechts durch den EuGH, in : Stefan Griller/ Heinz Peter Rill (Hrsg.), Rechtstheorie - Rechtstheorie - Rechtsbegriff - Dynamik - Auslegung, Wien/New York 2011, S. 223-264.

226. Freies Mandat und Fraktionszusammenschluss - Das Recht der Bundestagsabgeordneten zum Zusammenschluss in Fraktionen aus dem freien Mandat, in : Ulrich Hösch (Hrsg.), Liber Amicorum Wilfried Berg - Zeit und Ungewissheit im Recht, Stuttgart/München 2011, S. 398-415.

227. Vielfalt der Religionen und Kulturen als Herausforderung, in : Konrad Hilpert (Hrsg.), Theologische Ethik im Pluralismus, Freiburg 2012, S. 141-161.

228. Der Kontrollvorbehalt des BVerfG gegenüber dem EuGH nach dem Lissabon -Urteil und dem Honeywell-Beschluss, in : Michael Sachs/ Helmut Siekmann (Hrsg.), Festschrift für Klaus Stern zum 80. Geburtstag - Der grundrechtsgeprägte Verfassungsstaat, Berlin 2012, S. 963-980.

229. Wesentliche Trends für die Zukunft des Lebensmittelrechts, ZLR 2012, S. 141-159.

230. Tendenzen für die Zukunft des Lebensmittelrechts, RFL 2012, S. 370-373.

231. The Lisbon decision of the Federal Constitutional Court of Germany : openness towarda European law while safeguarding fundamental political and con-

stitutional structures, in : Peter M. Huber (Hrsg.), The EU and National Constitutional Law, Stuttgart u.a. 2012.

232. Rechtsprinzipien des EuGH zur Durchsetzung des Europäischen Rechts, in : Thomas M. J. Möllers/ Franz–Christoph Zeitler (Hrsg.), Europa als Rechtsgemeinschaft – Währugsunion und Schuldenkrise, Tübinden 2013, S. 21–43.

233. § 100 Europäische Union (EUV), in : Hanno Kube u.a. (Hrsg.), Leitgedanken des Rechts : Paul Kirchhof zum 70. Geburtstag, Heidelberg u.a. 2013, S. 1065–1071.

234. EU und EMRK : Beitritt ermöglicht, aber nicht leicht gemacht. Probleme des Beitritts der Europäischen Union zur Europäischen Menschenrechtskonvention nach dem Vertrag von Lissabon, in Marten Breuer u.a. (Hrsg.), Der Staat im Recht, Festschrift für Eckart Klein zum 70. Geburtstag, Berlin 2013, S. 687–699.

235. Österreich und die Europäische Union, ZÖR 2013, S. 319–352.

236. Freiheit und Sicherheit in Deutschland und Europa, Festschrift für Hans–Jürgen Papier zum 70. Geburtstag, S. 177–193.

III. Kommentierungen

1. Kommentierung von Art. 23, 24, 25, 26, 32 und 59 GG, in : Michael Sachs (Hrsg.), Grundgesetz–Kommentar, München :
   a. 1. Aufl., 1996,
   b. 2. Aufl. 1999,
   c. 3. Aufl. 2003,
   d. 4. Aufl. 2007,
   e. 5. Aufl. 2009,
   f. 6. Aufl. 2011.

2. Kommentierung von Art. 21 GG (Bd. 2), in : Hermann von Mangoldt/ Friedrich Klein/ Christian Starck (Hrsg.), Das Bonner Grundgesetz. Kommentar,

München :

    a. 4. Aufl., 2000,

    b. 5. Aufl., 2005,

    c. 6. Aufl., 2010.

3. Kommentierung von § 8 Außenwirtschaftsgesetz (zusammen mit Hihmann) und § 6 a Außenwirtschaftsverordnung, in : Harald Hohmann/ Klaus John (Hrsg.), Ausfuhrrecht. Kommentar, München 2002.

4. Einführung – Gemeinschaftsrechtliche/ Unionsrechtliche Grundlagen des Lebensmittelrechts. Systematik des LFGB und seiner Nebengesetze. In : Alfred Hagen Meyer/ Rudolf Streinz (Hrsg.), LFGB–BasisVO, Lebensmittel– und Futtermittelgesetzbuch – Verordnung (EG) Nr. 178/2002, München :

    a. 1. Aufl. 2007,

    b. 2. Aufl. 2013.

5. Kommentierung von Art. 1, Einl. Art. 4 und Art. 26, in : Christoph Ohler/ Monika Schlachter (Hrsg.), Europäische Dienstleistungsrichtlinie – Handkommentar, Baden–Baden 2008.

6. Kommentierung folgender Vorschriften, in : Rudolf Streinz (Hrsg.), EUV/ EGV, Beck'sche Kurzkommentare, München 2003 :

    a. EUV : Präambel,

    b. EGV : Präambel, Art. 1–3, 5, 7, 10, 12, 13, 308,

    c. Charta der Grundrechte.

7. Kommentierung folgender Vorschriften, in : Rudolf Streinz (Hrsg.), EUV/ AEUV, Beck'sche Kurzkommentare, München 2012 :

    a. EUV : Präambel, Art. 4, 5, 6, 8, 13, 50, (Art. 6 Abs. 2 zusammen mit Walther Michl),

    b. AEUV : Präambel, Art. 1, 2, 3, 4–7, 10, 13, 17–19, 198–204, 208–214, 276, 298, 352 (Art. 198–204 und 208–214 zusammen mit Tobias Kruis),

    c. Grundrechtecharta : Art. 1–54 (Art. 51–54 zusammen mit Walther Michl).

IV. Fälle

1. Das Reinheitsgebot für Bier (JA-Examensklausur). JA-Übungsblätter 1984, Heft 1, S. 10-16 (zusammen mit M. Schweitzer).

2. Kein Asyl an der Grenze (JA-Examensklausur). JA-Übungsblätter 1985, Heft 8/9, S. 127-136 (zusammen mit M. Schweitzer).

3. Berufsfußball und Freizügigkeit. JA 1986, S. 244-248 (zusammen mit M. Schweitzer).

4. Probleme mit dem Zoll in einer Zollunion (Examensklausur), JuS 1987, S. 730-735 (zusammen mit M. Schwietzer).

5. Übungsklausur Völkerrecht. Fall aus dem Bereich des intrenationalen Wirtschaftsrechts, JURA 1987, S. 310-317.

6. Sanktion mit Hindernissen. Fall zur Wahlfachgruppe Völker- und Europarecht sowie zu den Staatsrechtlichen Bezügen des Völker- und Europarechts, JURA 1989, S. 312-322 (zusammen mit Werner Ader).

7. Übungshausarbeit Öffentliches Recht : "Der Streit um die Kiesgrube", JURA 1993, S. 39-45 (zusammen mit Matthias Pechstein).

8. Der praktische Fall – Öffentliches Recht : "Prüfungsüberprüfung", JuS 1993, S. 663-668 (zusammen mit Christoph Hammerl).

9. Aufgabe 9 der Zweiten Juristischen Staatsprüfung 1996/2, BayVBl. 1999, S. 351, S. 380-384.

10. (Original-) Referendarexamensklausur – Europarecht : Ausländerklauseln im Sport – Sammy Kefir will auch apielen, JuS 2008, S. 903-908.

11. Brötchen für alle, AD LEGENDUM 3/2008, S. 168-179 (zusammen mit Walther Michl).

12. (Original-) Referendarexamensklausur – Öffentliches Recht : Europarecht – Kein Pillenvertrieb durch Kapitalisten!, JuS 2011, S. 1106-1113 (zusammen mit Christoph Herrmann und Tobias Kruis).

V. Beiträge zu Loseblattwerken

1. Bearbeitung folgender Stichwörter in : Rudolf Streinz (Hrsg.), Lebensmittelrechts-Handbuch, Stand : 33. Ergänzungslieferung, München 2012 :

    a. Einleitung zum Lebensmittelrecht, I. (Stand : 2011),

    b. Novel Food, II. I. (Stand 2009),

    c. Verhältnis des Rechts der Europäischen Union zum nationalen Recht, III. C. 1-6 (Stand 2011),

    d. Aufbau und Vollzug der Überwachung in den Ländern, IV. A. (Stand 2008),

    e. Organe der Lebensmittelüberwachung in den Bundesländern, IV. B., (Stand : 2008),

    f. Verwaltungsverfahren und Verwaltungsprozeß, VII. D. (zusammen mit Christoph Hammerl).

2. Bearbeitung folgender Stichwörter in Hermann-Josef Bunte/ Rolf Stober (Hrsg.), Lexikon des Rechts der Wirtschaft, München :

    a. EG-Verordnung, E 130, S. 1-6 (1997),

    b. Freier Warenverkehr, Kapitalverkehr, F 360, S. 1-10 (1997),

    c. Dienstleistungsfreiheit, D 200, S. 1-8 (1997).

3. EG-Recht, in : Hans-Jörg Koch (Hrsg.), Weinrecht. Kommentar, Frankfurt/ Main, 4. Aufl., Stand Oktober 1999.

4. Rechtsgrundlagen (Nr. III. 1.), in : Hans-Günter Gassen/ Walter Hammes (Hrsg.), Handbuch Gentechnologie und Lebensmittel, 1. Aufl., Hamburg 1997.

5. EG-Recht, Bd. II (1996, Neubearbeitung 2001), in : Walter Zipfel †/Kurt-Dietrich Rathke (Hrsg.), Lebensmittelrecht. Kommentar der gesamten lebensmittel- und weinrechtlichen Vorschriften sowie des Arzneimittelrechts, 148. Ergänzungslieferung, München 2012.

6. Arzneimittelrecht, Bd. 1, C.V. (zusammen mit Markus Ritter), in : Manfred

Dauses (Hrsg.), Handbuch des EU-Wirtschaftsrechts, München 1999.

VI. Beträge zu Handbüchern und Lexika

1. Der Vollzug des Europäischen Gemeinschaftsrechts durch deutsche Staatsorgane, in : Josef Isensee/Paul Kirchhof (Hrsg.), Handbuch des Staatsrechts, Heidelberg 1992, Bd. VII, § 182, S. 817–854.

2. Vollzug des europäischen Rechts durch deutsche Staatsorgane, in : Josef Isensee/ Paul Kirchhof (Hrsg.), Handbuch des Staatsrechts, Heidelberg 2012, Bd. X, § 218, S. 507–554.

3. Bearbeitung folgender Stichwörter in : Jörg Monar u.a. (Hrsg.), Sachwörterbuch zur Europäischen Union, Stuttgart 1993 :

   a. Abstimmungsverfahren, S. 2–4,

   b. Integrationsgewalt, S. 215/216,

   c. Luxemburger Vereinbarung, S. 241.

4. Bearbeitung folgender Stichwörter in Wilhelm Korff u.a. (Hrsg.), Lexikon der Bioethik, Gütersloh 1998 :

   a. Lebensmittel/ Lebensmittelrecht, S. 258–263,

   b. Lebensmittel, gentechnisch veränderte, rechtlich, S. 556–557,

   c. Nahrungskette, S. 726–727.

5 Bearbeirung folgender Stichwörter in Rolf Stober (Hrsg.), Lexikon des Rechts. Gewerberecht, Neuwied 1999 :

   a. Kapitalverkehrsfreiheit, S. 314–316,

   b. Warenverkehrsfreiheit, S. 490–495.

6. Lebensmittel- und Arzneimittelrecht, in : Reiner Schulze/ Manfred Zuleeg (Hrsg.), Europarecht. Handbuch für die deutsche Rechtspraxis, 2006, § 24, S. 993–1031.

7. Rechtsgrundlagen, in Max–Emanuel Geis (Hrsg.), Das Hochschulrecht im Freistaat Bayern : Handbuch für Wissenschaft und Praxis, Heidelberg 2009,

S. 27–51.

8. Bearbeitung folgender Kapitel in Detlef Merten/ Hans- Jürgen Papier (Hrsg.) – Handbuch der Grundrechte in Deutschland und Europa – Band VI, Heidelberg 2010 :

   a. Grundrechte und Grundfreiheiten, S. 663–686,

   b. Allgemeine Lehren der Grundfreiheiten, S. 687–726,

   c. Warenverkehrs- und Dienstleistungsfreiheit, S. 727–776,

   d. Kapital- und Zahlungsverkehr, S. 777–794,

   e. Arbeitnehmerfreizügigkeit und Niederlassungsfreiheit, S. 795–824.

9. Lebensmittel- und Arzneimittelrecht, in : Reiner Schulze/ Manfred Zuleeg (Hrsg.), Europarecht. Handbuch für die deutsche Rechtspraxis, 2010, § 24, S. 993–1031.

10. Bearbeitung folgender Stichwörter in Jürgen F. Baur u.a. (Hrsg.), Regulierung in der Energiewirtschaft – Ein Praxishandbuch, Köln 2011 :

    a. Rechtsschutz durch Europäische Gerichte (Kap. 20), S. 366–394,

    b. Der Verhältnismäßigkeitsgrundsatz (Kap. 27), S. 441–452,

    c. Europäische Grundrechte (Kap. 28), S. 453–467,

    d. Nationale Grundrechte (Kap. 29), S. 468–474.

11. Die Kompetenzordnung in der föderalen Europäischen Union (§ 85), in : Handbuch Föderalismus Bd. IV, Berlin/Heidelberg 2012, S. 291–316.

VII. Berichte

1. Umschuldung in der Krise – Finanzverfassung in der Bewährung – Gewerberecht im Wandel, Berichtüber die 26, Tagung der wissenschaftlichen Mitarbeiter der Fachrichtung "Öffentliches Recht", JZ 1986, S. 996–999.

2. Leistungsfähigkeit des Rechts : Methodik, Gentechnologie, Internationales Verwaltungsrecht. Bericht über die 27. Tagung der wissenschaftlichen Mitarbeiter der Fachrichtung "Öffentliches Recht", JZ 1986, S. 866–870.

3. Staatsrechtslehrer-Tagung 1988 in Tübingen, NJW 1989, S. 447–449.
4. Editorial : Gentechnik in Lebensmitteln – Novel Food–Verordnung ohne Ende?, Verbraucher und Recht (VuR) 1998, S. 289–290.
5. Editorial – Amsterdamer Vertrag in Kraft, EWS 1999, S. I.
6. X. Wissenschaftliche Tagung der Polnischen Gesellschaft für Sportrecht, SpuRt 2002, S. 42–43.

VIII. Buchbesprechungen

1. Walter Schwenk, Handbuch des Luftverkehrsrechts, Köln / Berlin / Bonn / München 1981, ArchVR 22 (1984), S. 360–361.
2. Waldemar Hummer u.a., 50 Fälle zum Europarecht, 2. Aufl., München 1985, ÖJZ 1985, S. 762–763.
3. Hanspeter Neuhold u.a. (Hrsg.), Österreichisches Handbuch des Völkerrechts, Bd. 3, Wien 1986, ÖJZ 1987, S. 541–542.
4. Andreas Maislinger (Hrsg.), Costa Rica. Politik, Gesellschaft und Kultur eines Staates mit ständiger aktiver und unbewaffneter Neutralität, Innsbruck 1986, ZfP 1988, S. 338–339.
5. Albert Bleckmann, Studien zum Europäischen Gemeinschaftsrecht (1986), DVBl. 1989, S. 1022–1023.
6. Hans–Joachim Glaesner, Europarecht. Textausgabe, 1987, ÖJZ 1989, S. 350–351.
7. Ignaz Seidl–Hohenveldern, Völkerrecht, 6. Aufl., 1987, ÖJZ 1989, S. 575–576.
8. Bengt Beutler u.a. (Hrsg.), Die Europäische Gemeinschaft – Rechtsordnung und Politik, 3. Aufl., 1987, ÖJZ 1989, S. 766.
9. Kay Hailbronner u.a. (Hrsg.), Festschrift für Karl Doehring, DVBl. 1990, S. 1413–1414.
10. Thomas Oppermann/ Erich–Wolfgang Moesch (Hrsg.), Europa–Leitfaden,

Regensburg 1990, DVBl. 1990, S. 1364.
11. Julia Iliopoulos-Strangas (Hrsg.), Der Mißbrauch von Grundrechten in der Demokratie, Baden-Baden 1989, DVBl. 1991, S. 67-68.
12. Wilfried Fiedler/ Georg Ress (Hrsg.), Verfassungsrecht und Völkerrecht. Gedächtnisschrift für Wilhelm Karl Geck, Köln/Berlin/Bonn/München 1989, Der Staat 30 (1991), S. 287-292.
13. Franz Matscher/ Herbert Petzold (Hrsg.), Protecting Human Rights : The European Dimension, Festschrift für Gérard J. Wiarda, ArchVR 29 (1991), S. 243-246.
14. Michael Kloepfer u.a. (Hrsg.), Die Bedeutung der Europäischen Gemeinschaften für das Deutsche Recht und die Deutsche Gerichtsbarkeit, Berlin 1989, Die Verwaltung 24 (1991), S. 287-288, ArchVR 30 (1992), S. 265-368.
15. Heinrich Siedentopf/ Jaques Ziller (Hrsg.), Making European Polecies Work. The Implementation of Community Legislation in the Member States, 2 Bände, London/Newbury Park/New Delhi 1988, Die Verwaltung 24 (1991), S. 529-530.
16. Josef Aicher u.a. Europarecht. Texte und Fälle, Wien 1989, ÖJZ 1991, S. 540.
17. Henry G. Schermers/ Ton Heukels/ Philip Mead (Hrsg.), Non-Contractual Liability of the European Communities, Dordrecht/Boston/London 1988, ArchVR 30 (1992), S. 147-148.
18. Yoram Dinstein (Hrsg.), International Law at a Time of Perplexity. Essays in Honour of Shabtai Rosenne, Dordrecht/Boston/London 1989, ArchVR 30 (1992), S. 269-271.
19. Karl Zeller, Das Problem der völkerrechtlichen Verankerung des Südtirol-Pakets und die Zuständigkeit des internationalen Gerichtshofs, Wien 1989, ArchVR 30 (1992), 30 (1992), S. 271-273.

20. Winfried Kössinger, Die Durchführung des Europäischen Gemeinschaftsrechts im Bundesstaat, Berlin 1989, ArchVR 30 (1992), S. 274–276.
21. Albert Bleckmann, Europarecht, 5. Aufl., Köln u.a. 1990, DVBl. 1992, S. 1554–1555.
22. Martin Klose, Die Rolle des Sports bei der Europäischen Einigung. Zum Problem von Ausländersperrklauseln, Berlin 1989, DVBl. 1993, S. 410.
23. Gilbert Gornig, Äußerungsfreiheit und Informationsfreiheit als Menschenrechte, Berlin 1988, DVBl. 1993, S. 626–627.
24. Ignaz Seidel–Hohenveldern, Völkerrecht, 7. Aufl. Köln u.a. 1992, DVBl. 1993, S. 746–747.
25. Jürgen F. Baur/ Peter–Christian Müller–Graff/ Manfred Zuleeg (Hrsg.), Europarecht – Energierecht – Wirtschaftsrecht, Festschrift für Bodo Börner zum 70. Geburtstag, Köln u.a. 1992, DVBl. 1993, S. 674–675.
26. Christoph Stüer, Personenkontrollen an den Europäischen Binnengrenzen und ihr Abbau, Köln u.a. 1990, DVBl. 1993, S. 967–968.
27. Karl Th. Rauser, Die Übertragung von Hoheitsrechten auf ausländische Staaten, München 1991, DVBl. 1993, S. 969–970.
28. Paul Kirchhof/ Hermann Schäfer/ Hans Tietmeyer (Hrsg.), Europa als politische Idee und als rechtliche Form, 2. Aufl., 1994, DVBl. 1994, S. 548–549.
29. Jörg Lücke, Vorläufige Staatsakte, Tübingen 1991, DVBl. 1994, S. 598.
30. Stephan Griller, Die Übertragung von Hoheitsrechten auf zwischenstaatliche Einrichtungen, Wien 1989, ArchVR 32 (1994) S. 284–288.
31. Michael Kloepfer/ Eckart Rehbinder/ Eberhard Schmidt–Aßmann/ Philip Kunig (Hrsg.), Umweltgesetzbuch – Allgemeiner Teil, 2. Aufl. 1990, DÖV 1994, S. 355–356.
32. Eckart Rehbinder, Das Vorsorgeprinzip im internationalen Vergleich, 1991, DÖV 1995, S. 84.
33. Juliane Kokott, Beweislastverteilung und Prognoseentscheidungen bei der

Inanspruchnahme von Grund- und Menschenrechten, ZaöRV 55 (1995), S. 926–933.

34. Manfred Teutemann, Rationale Komperenzverteilung im Rahmen der Europäischen Integration, 1992, DVBl. 1995, S. 1197–1198.

35. Michael Friedrich Commichau, Nationales Verfassengsrecht und europäische Gemeinschaftsverfassung, Baden–Baden 1995, DVBl. 1996, S. 395–396.

36. Ludwig Allkemper, Der Rechtsschutz des einzelnen nach dem EG–Vertrag. Möglichkeiten zu einer Verbesserung, Baden–Baden 1995, ArchVR 121 (1996), S. 327–329.

37. Académie de Droit International, Recueil des Cours/ Collected Courses, Bd. 189, Bd. 204, Bd. 205, ArchVR 34, (1996), S. 309–312.

38. Académie de Droit International, Recueil des Cours/Collected Courses, Bd. 208, Bd. 209, Bd. 210, Bd. 211, ArchVR 34 (1996), S. 312–316.

39. Académie de Droit International, Recueil des Cours/Collected Courses, Bde. 213–217, ArchVR 34 (1996), S. 316–319.

40. The Italian Yearbook of International Law, Bd. VII, ArchVR 34 (1996), S. 340–342.

41. Carsten Albers, Die Haftung der Bundesrepublik Deutschland für die Nichtumsetzung von EG–Richtlinien, Baden–Baden 1995, AöR 121. Band, Heft 4, S. 680–682.

42. Sabine Ringel, Das deutsche und gemeinschaftliche Lebensmittelrecht als Sicherheitsrecht. Lebensmittelrechtliche Aspekte innerhalb der Europäischen Union, Berlin 1996, DVBl. 1997, S. 134.

43. Rolf Gröschner, Das Überwachungsrechtsverhältnis – Wirtschaftsüberwachung in gewerbepolizeirechtlicher Tradition und wirtschaftsverwaltungsrechtlichem Wandel, Tübingen 1992, Die Verwaltung, 30. Band, Heft 2/1997, S. 275–277.

44. Hanspeter Neuhold u.a. (Hrsg.), Österreichisches Handbuch des Völkerrechts,

2. Aufl., Wien 1991, ÖJZ 1996, S. 238.

45. Hans-Joachim Glaesner, Europarecht, 7. Aufl. 1995, ÖJZ 1996, S. 277.

46. Dieter Carl, Beratende Berufe im Europäischen Binnenmarkt, 1995, DVBl. 1997, S. 1246.

47. Académie de Droit International, Recueil des Cours/Collected Courses, Bd. 173, Bd. 219, 1992, ArchVR 35 (1997), S. 335 f.

48. Académie de Droit International, Recueil des Cours/Collected Courses, Bde. 226-229, 1992, ArchVR 35 (1997), S. 336 f.

49. Christian Dominicé u.a. (Hrsg.), Etudes de Droit International en L'Honneur de Pierre Lalive, 1993, ArchVR 35 (1997), S. 337 f.

50. Adinda Sinnaeve, Die Rückforderung gemeinschaftsrechtswidriger nationaler Beihilfen -Kollisionen im Spannungsverhältnis zwischen Gemeinschafts- und nationalem Recht, Berlin 1997, DöV 1998, S. 215-216.

51. Christian Tomuschat (Hrsg.), Eigentum im Umbruch – Restitution, Privatisierung und Nutzungskonflikte im Europa der Gegenwart, Berlin 1996, DöV 1998, S. 258-259.

52. Claus-Dieter Ehlermann/ Pierre Pescatore/ Hans-Jürgen Rabe/ Franz Ludwig Graf Staufenberg (Hrsg.), Rechtssetzung in der Europäischen Gemeinschaft. Schlußveranstaltung, Sitzungsbericht zum 59. Deutschen Juristentag Hannover 1992, ArchVR 36 (1998), S. 361 f.

53. Académie de Droit International, Recueil des Cours/ Collected Courses of the Hague Academy of International Law, Bde. 232-234, 236, 237 (1992/I-III, V, VI), ArchVR 36 (1998), S. 357 ff.

54. Ignaz Seidl-Hohenveldern (Hrsg.), Lexikon des Rechts. Völkerrecht, ArchVR 36 (1998), S. 362 f.

55. Thomas von Danwitz, Verwaltungsrechtliches System und Europäische Integration, 1996, NVwZ 1999, S. 166-167.

56. Stefanie Schmahl, Die Kulturkompetenz der Europäischen Gemeinschaft,

1996, DVBl. 1999, S. 120-122.

57. Norbert Reich, Europäisches Verbraucherrecht. Eine problemorientierte Einführung in das europäische Wirtschaftsrecht, 1996, DVBl. 1999, S. 943-944.

58. Thomas C. W. Beyer, Rechtsnormanerkennung im Binnenmarkt, 1998, DVBl. 1999, S. 1294-1296.

59. Markus Bermanseder, Die Europäische Idee im parlamentarischen Rat, Berlin 1998, DVBl. 1999, S. 1451-1452.

60. Beate Rickert, Grundrechtsgeltung bei der Umsetzung europäischer Richtlinien in innerstaatliches Recht, Berlin 1997, DVBl. 1999, S. 1602-1604.

61. Frank Burmeister, Gutachten des Bundesverfassungsgerichts zu völkerrechtlichen Verträgen, Berlin 1997, ArchVR 38 (2000), S. 123-125.

62. Günter Renner, Ausländerrecht in Deutschland. Einreise und Aufenthalt, 1998, AöR 125. Band, Heft 2, Juni 2000. S. 323-324.

63. Isolde Hannamann, Kartellverbot und Verhaltenskoordination im Sport, Berlin 2001, SpuRt 2001, S. 176.

64. Werner Pfeil, Historische Vorbilder und Entwicklung des Rechtsbegriff der „Vier Grundfreiheiten" im Europäischen Gemeinschaftsrecht (= Europäische Hochschulschriften II/2328), ZNR 24. Jg. 2002 Nr. 2, S. 238-241.

65. Moritz Hagenmeyer, LMKV - Lebensmittel-Kennzeichnungsverordnung, Kommentar, München 2001.

66. Peter Schäfer, Studienbuch Europarecht. Das Wirtschaftsrecht der EG. Übersichten, Prüfungsschemata, Fallbearbeirung, 3. Aufl., München 2006, BayVBl. 2007, S. 128.

67. Werner Schroeder/ Markus Kraus (Hrsg.), Europäisches und Österreichisches Lebensmittelrecht. Textsammlung samt Einleitung und Synopse, Wien 2006, ZLR 2006, S. 510-512.

68. Reinhold Zippelius, Kleine deutsche Verfassungsgeschichte. Vom frühen Mittelalter bis zur Gegenwart, 7. Aufl., 2006 München, ÖJZ 2007.

69. Birgit Schmidt am Busch, Die Gesundheitssicherung im Mehrebenensystem, GewA 2008, S. 327.

IX. Buchanzeigen

1. Ruppert Stettner, Rundfunkstruktur im Wandel (1988), AöR 1989, S. 529–530.
2. Curt von Stackelberg/ Curt von Stackelberg jr., Die Verfahren der deutschen Verfassungsbeschwerde und der europäischen Menschenrechtsbeschwerde, AöR 1990, S. 174–176.
3. Hans Jarass, Auslegung und Umsetzung der EG-Richtlinie zur UVP, Die Verwaltung 1990, S. 271–272.
4. Klaus-R. Luckow, Nukleare Brennstoffkreisläufe im Spiegel des Atomrechts. Anlagenbegriffe, Sicherheitsanforderungen, staatliche schutzpflicht, Berlin 1988, AöR 166 (1991), S. 165.
5. Bodo Börner, Die Unzulässigkeit einer Steuer auf Nichtbutterfette nach dem EWGV, Köln/Berlin/Bonn/München 1987, AöR 116 (1991), S. 492–493.
6. Rolf Rausch, Die Kontrolle von Tatsachenfeststellungen und -würdigungen durch den Gerichtshof der Europäischen Gemeinschaften, AöR 120 (1995), S. 336–337.

X. Urteilsanmerkungen

1. Alkoholwerbeverbot. Anmerkungen zu EuGH, Rs. C-405/98, ZLR 2001, S. 412–416.
2. Zuständigkeit des EuGH und Vollsug des Gemeinschaftsrechts. Anmerkungen zu EuGH, Rs. C-80/99 bis C-82/99 (Flemmer u.a.), JZ 2002, S. 240–243.
3. Abgrenzung Arzneimittel/Lebensmittel. Eine unendliche Geschichte? Anmerkung zu BGH – „Muskelaufbaupräparate", ZLR 2002, S. 654–660.
4. Das Lebensmittelrecht als der Schrittmacher für die Dogmatik des freien

Warenverkehrs. Anmerkung zu EuGH, C-192/01 – „Vitaminanreicherung" – Freier Warenverkehr, ZLR 2004, S. 68-73.

5. Probleme des freien Warenverkehrs im unvollständigen Binnenmarkt. Anmerkung zu EuGH, C-24/00 „Greenham und Abel", ZLR 2004, S. 203-208.

6. Anmerkungen zu EuGH, Rs. C-170/0, „Rosengren" – Wie der Alkohol einmal mehr zur Entwicklung des Europarechts beiträgt, ZLR 2007, S. 509-512.

7. Anmerkungen zu EuGH, Rs. C-333/08, Kommission/ Frankreich (Zulassungssysten für Verarbeitungsstoffe) – Nationale Zahlungssysteme auf dem europäischen Prüfstand, ZLR 2010, S. 455-458.

XI. Entscheidungsanalysen in der Juristischen Schulung (JuS)

1. EuGH, Urt. v. 24.11.1998, Rs. C-274/96, Strafverfahren gegen Horst Otto Bickel und Ulrich Franz (Gleichbehandlung bei der Gerichtssprache), JuS 1999, S. 490-491.

2. EuGH, Urt. v. 17.12.1998, Rs. C-185/95, PBaustahlgewerbe GmbH/ Kommission (Überlange Verfahrensdauer vor dem EuG), JuS 1999, S. 597-599.

3. EuGH, Urt. v. 16.6.1998, Rs. C-226/97, Strafverfahren gegen Johannes Martinus Lemmens (Grenze der unmittelbaren Wirkung der EG-Informationsrichtlinie), JuS 1999, S. 599-600.

4. EuGH, Urt. v. 16.6.1998, Rs. C-162/96, A. Racke GmbH & Co./ Hauptzollamt Mainz (Unmittelbare Anwendbarkeit völkerrechtlicher Verträge – Bindung der EG), JuS 1999, S. 698-700.

5. EuGH, Urt. v. 9.3.1999, Rs. C-212/97, Centros Ltd./ Erhvervs-og Selskabsstyrelsen (Zweigniederlassung" als Hauptsitz), JuS 1999, S. 810-812.

6. EuGH, Urt. v. 19.1.1999, Rs. C-348/96, Strafverfahren gegen Donatella Calfa (Unzulässigkeit einer Ausweisung auf Lebenszeit), JuS 1999, S. 1120-1121.

7. EuGH, Urt. v. 29.4.1999, Rs. C-224/97, Erich Ciola/ Land Vorarlberg

(Diskriminierungsverbot – Anwendungsvorrang des Gemeinschaftsrecht), JuS 1999, S. 1222–1223.

8. EuGH, Urt. v. 28.1.1999, Rs. C–303/97, Verbraucherschutzvereine. V./ Sektkellerei G. C. Kessler GmbH und Co. (Irreführungsgefahr – Verbraucherleitbild), JuS 2000, S. 76–78.

9. EuGH, Urt. v. 1.6.1999, Rs. C–319/97, Strafverfahren gegen Antoine Kortas (Unmittelbare Wirkung von Richtlininen bei Berufung auf Schutzklauseln), JuS 2000, S. 78–79.

10. EuGH, Urt. v. 29.6.1999, Rs. C–256/97, Déménagements–Manutention Transport SA [DMT] (Begriff der Beihilfe – Nachlässigkeit beim Einzug geschuldeter Sozialversicherungsbeiträge und Zahlungserleichterungen – Zulässigkeit von Vorlagen), JuS 2000, S. 487–488.

11. EuGH, Urt. v. 26.10.1999, Rs. C–273/97, Angela Maria Sirdar/ The Army Board, Secretary of State for Defence und Urt. v. 11.1.2000, Rs. C–285/98, Tanja Kreil/ Bundesrepublik Deutschland (Ausschluß von Frauen von der Beschäftigung in den Streitkräften – Nur ausnahmsweise Zulässigkeit), JuS 2000, S. 489–491.

12. EuGH, Urt. v. 13.1.2000, Rs. C–220/98, Estée Lauser Cosmetics GmbH und Co.OHG/ Lancaster Group GmbH (Irreführungsgefahr bei der Bezeichnung von Kosmetika – Ermittlung durch Verbraucherumfrage – Irreführungsquote), JuS 2000, S. 807–808.

13. EuGH, Urt. v. 13.1.2000, Rs. C–254/98, Schutzverband gegen unlauteren Wettbewerb / TK Heimdienst Sass GmbH , (Freier Warenverkehr – Diskriminierende Verkaufsmodalitäten), JuS 2000, S. 809–811.

14. EuGH, Urt. v. 11.4.2000, verb. Rs. C–51/95 und C–191/97, Christelle Deliège/ Ligue francophone de judo et disciplines associées ASBL, (Grundfreiheiten des EG–Vertrags für Sportler und Autonomie von Sportverbänden), JuS 2000, S. 1015–1017.

15. EuGH, Urt. v. 6.6.2000, Rs. C-281/98, Roman Angonese/ Cassa di Risparmio di Bolzano SpA. (Unmittelbare Drittwirkung der Freizügigkeit der Arbeitnehmer in Individualarbeitsverträgen), JuS 2000, S. 1111-1113.
16. EuGH, Urt. v. 4.4.2000, Rs. C-465/98, Verein gegen Unwesen in Handel und Gewerbe Köln e. V./ Adolf Darbo AG - (Irreführungsgefahr - „Naturrein"), JuS 2000, S. 1214-1216.
17. EuGH, Urt. v. 4.7.2000, Rs. C-387/97, Kommission/ Griechenland (Zwangsgeld wegen Nichtbefolgung eines Urteils des EuGH), JuS 2000, S. 1216-1219.
18. EuGH, Urt. v. 4.7.2000, Rs. C-424/97, Salomone Haim/ Kassenzahnärztliche Vereinigung Nordrhein (Haftung der Kassenzahnärztlichen Vereinigung neben der des Mitgliedstaates -Erforderlichkeit von Sprachkenntnissen für Zahnärzte), JuS 2001, S. 285-288.
19. EuGH, Urt. v. 5.10.2000, Rs. C-376/98, Bundesrepublik Deutschland/ Europäisches Parlament und Rat der Europäischen Union (Fehlende EG-Kompetenz für Tabakwerberichtlinine), JuS 2001, S. 288-291.
20. EuGH, Urt. v. 3.10.2000, Rs. C-58/98, Josef Corten (Keine Eintragungspflicht in Handwerksrolle für ausländische Dienstleister), JuS 2001, S. 388-390.
21. EuGH, Urt. v. 7.12.2000, Rs. C-79/99, Julia Schnorbus/ Land Hessen (Ausgleich für Wehrpflicht bei Zugang zum Referendariat keine Diskriminierung), JuS 2001, S. 390-392.
22. EuGH, Urt. v. 12.9.2000, Rs. C-366/98, Yannick Geffory und Casino France SNC (Uneingeschränkte Etikettierungspflicht für Lebensmittel in französischer Sprache gemeinschaftsrechtswidrig), JuS 2001, S. 493-495.
23. EuGH, Urt. v. 13.3.2001, Rs. C-379/98, PreussenElektra/ Schleswag AG (Deutsches Stromeinspeisungsgesetz keine Beihilferegelung), JuS 2001, S. 596-598.

24. EuGH, Urt. v. 18.1.2001, Rs. C-162/99, Kommission der EG/ Italienische Republik (EG-Niederlassungsfreiheit - Unzulässigkeit eines Wohnsitzerfordernisses im Mitgliedstaat der Berufsausübung), JuS 2001, S. 598-599.

25. EuGH, Urt. v. 19.9.2000, Rs. C-156/98, Bundesrepublik Deutschland/ Kommission der EG (Steuervergünstigung als rechtswidrige Beihilfe), JuS 2001, S. 599-600.

26. EuGH, Urt. v. 8.3.2001, Rs. C-405/98, Konsumentenombudsmannen/ Gourmet International Products AB (Freier Warenverkehr - Alkoholwerbeverbot tatsächlich diskriminierende Verkaufsmodalität. Rechtfertigung durch Gesundheitsschutz), JuS 2001, S. 807-809.

27. EuGH, Urt. v. 26.9.2000, Rs. C-443/98 - Unilever Italia SpA/ Central Food SpA (Notifizierungspflicht gem. EG-Informationsrichtlinie - Auswirkung nicht umgesetzter Richtlinien auf Privatrechtsverhältnisse), JuS 2001, S. 809-811.

28. EuGH, Urt. v. 1.2.2001, Rs. C-108/96, Dennis Mac Queen, Derek Pouton, Carla Godts, Youssef Antoun und Grandvision Belgium SA (Niederlassungsfreiheit : Zulässigkeit von Vorbehaltsaufgaben für Augenärzte), JuS 2001, S. 1014-1015.

29. EuGH, Urt. v. 30.11.2000, Rs. C-195/98, Österreicher Gewerkschaftsbund ; Gewerkschaft öffentlicher Dienst/ Republik Österreich (Gericht eines Mitgliedstaates - Freizügigkeit der Arbeitnehmer : Diskriminierende Anrechnung von in anderen Mitgliedstaaten erbrachten Arbeitszeiten), JuS 2001, S. 1015-1018.

30. EuGH, Urt. v. 10.5.2001, Rs. C-144/99, Kommission der EG/ Königreich der Niederlande (Pflicht zur klaren und eindeutigen Umsetzung von Richtlinien - Generalklauseln), JuS 2001, S. 1113-1114.

31. EuGH, Beschl. v. 2.5.2001, Rs. C-307/99, OGTFruchthandelsgesellschaft mbH/ HZA Hamburg/ St. Annen (Keine Individualrechte durch GATT 1994),

JuS 2001, S. 1221-1223.

32. EuGH, Urt. v. 25.10.2001, Rs. C-493/99, Kommission/ Bundesrepublik Deutschland (Gemeinschaftsrechtswidrigkeit des Arbeitnehmerüberlassungsgesetzes), JuS 2002, S. 180-184.

33. EuGH, Urt. v. 20.9.2001, Rs. C-184/99, Rudy Grzelczyk/ Centre public d'aide sociale Ottignies-Louvain-la-Neuve(Unmittelbare Anwendbarkeit der Unionsbürgerschaft – Sozialhilfe für Studenten), JuS 2002, S. 387-389.

34. EuGH, Urt. v. 9.10.2001, Rs. C-379/99, Pensionskasse für die Angestellten der Barmer Ersatzkasse V.V. a. G./ Hans Menauer (Bindung deutscher Privatkasse an Gleichheitsgrundsatz des Art. 141 EG), JuS 2002, S. 390.

35. EuGH, Urt. v. 22.11.2001, Rs. C-53/00, Ferring SA/ Agence centrale des organismes de sécurité sociale [ACOSS] (Abgabenbefreiung für Großhändler als Ausgleich für gemeinwirtschaftliche Pflichten keine Beihilfe), JuS 2002, S. 492-494.

36. EuGH, Urt. v. 9.10.2001, Rs. C-377/98, Königreich der Niederlande/ Europäisches Parlament und Rat (Biopatent-Richtlinie mit EG-Recht vereinbar), JuS 2002, S. 804-806.

37. EuGH, Urt. v. 5.3.2002, verb. RS. C-515/99, C-519/99 bis C-524/99 und C-526/99 bis C-540/99, Hans Reisch u. a./ Bürgermeister der Landeshauptstadt Salzburg u. a. (Anzeige- bzw. Genehmigungspflicht bei Erwerb von Zweitwohnungen), JuS 2002, S. 802-804.

38. EuGH, Beschl. v. 17.5.2002, Rs. C-406/01, Bundesrepublik Deutschland/ Europaäisches Parlament und Rat der Europäischen Union (Klagefrist bei Nichtigkeitsklage), JuS 2002, S. 1116-1117.

39. EuGH, Urt. v. 17.9.2002, Rs. C-320/00, a.G : Lawrence u.a./ Regent Office Care Ltd. Catering Group, Mitie Secure Services Ltd. (Ungleicher Arbeitslohn verschiedener Arbeitgeber unterfällt nicht Art. 141 EG), JuS 2003, S. 83-84.

40. EuGH, Urt. v. 13.6.2002, Rs. C-382/99, Königreich der Niederlande/ Kommission der EG (Teilweise Unzulässigkeit von Beihilfen für grenznahe niederländische Tankstellen), JuS 2003, S. 285-286.
41. EuGH, Urt. v. 5.11.12002, Rs. C-325/00, Kommission der EG/ Bundesrepublik Deutschland (deutsches CMA - Gütezeichen verstößt gegen Warenverkehrsfreiheit), JuS 2003, S. 389-390.
42. EuGH, Urt. v. 17.9.2002, Rs. C-413/99, Baumbast und R./ Secretary of State for the Home Department (Aufenthaltsrecht von Familienangehörigen von Ex -Wanderarbeitnehmern - Unmittelbare Anwendung der Unionsbürgerschaft), JuS 2003, S. 494-496.
43. EuGH, Urt. v. 16.1.2003, Rs. C-388/01, Kommission/ Italien (Ausländer und Gebietsfremde diskriminierende Eintrittsgelder für öffentliche Museen verstoß en gegen Art. 12 und Art. 49 EG), JuS 2003, S. 604-606.
44. EuGH, Urt. v. 20.3.2003, Rs. C-187/00, HelgaKtz-Bauer/ Freie und Hansestadt Hamburg (Verbotene mittelbare Diskriminierung auf Grund des Geschlechts durch unterschiedliche tarifvertragliche Regelung über Altersteilzeitvereinbarung - Unmittelbare Geltung und Realisierung durch die nationalen Gerichte), JuS 2003, S. 806-809.
45. EuGH, Urt. v. 21.1.2003, Rs. C-512/99, Bundesrepublik Deutschland/ Kommission und EuGH, Urt. v. 20.3.2003, Rs. C-3/00, Königreich Dänemark/ Kommission („Nationale Alleingänge" : Einführung stregerer deutscher Regelungen für Mineralwolle unzulässig - Beibehaltung strengerer dänischer Regelungen für Lebensmittelzusatzstoffe zulässig), JuS 2003, S. 908-910.
46. EuGH, Urt. v.11.2.2003, verb. Rs. C-187/01 und C-385/01, Hüseyin Gözütok und Klaus Brügge (Ne bis in idem : Strafklageverbrauch bei Einstellung durch die Staatsanwaltschaft), JuS 2003, S. 1211-1213.
47. EuGH, Urt. v. 22.20.2002, Rs. C-94/00, Roquette Frères SA/ Directeurgénéral de la concurrence (Mitwirkung nationaler Gerichte bei EG-kartellrechtli-

chen Durchsuchungen und Beschlagnahmen), JuS 2004, S. 66-69.
48. EuGH, Urt. v. 24.7.2003, Rs. C-280/00, Altmark Trans GmbH und Regierungspräsidium Magdeburg/ Nahverkehrsgesellschaft Altmark GmbH (Beihilfenrecht), JuS 2004, S. 150-153.
49. EuGH, Urt. v. 23.9.2003, Rs. C-192/01, Kommission/ Königreich Dänemark (Grundfreiheiten – Freier Warenverkehr), JuS 2004, S. 333-336.
50. EuGH, Urt. v. 30.9.2003, Rs. C-224/01, Gerhard Köbler/ Republik Österreich (Staatshaftung für europarechtswidrige Gerichtsurteile), JuS 2004, S. 425-429.
51. EuGH, Urt. v. 12.6.2003, Rs. C-112/00, Eugen Schmidberger, Internationale Transporte und Planzüge/ Republik Österreich (Warenverkehr und Grundrechte – Staathaftung), JuS 2004, S. 429-432.
52. EuGH, Urt. v. 13.1.2004, Rs. C-453/00, Kühne und Heitz NV/ Productschaap voor Pluimvee en Eieren (Auswirkungen des Vorrangs des EG-Rechts auf Bestandskraft), JuS 2004, S. 516-518.
53. EuGH, Urt. v. 11.12.2003, Rs. C-322/01, Deutscher Apothekenverband e. V./ 0800 DocMorris NV und Jacques Waterval (Freier Warenverkehr – Grenzüberschreitende Tätigkeit von Apotheken), JuS 2004, S. 518-522.
54. EuGH, Urt. v. 29.4.2004, Rs. C-387/99, Kommission/ Deutschland (Vertragsverletzung – Freier Warenverkehr – Zulässigkeit mitgliedstaatlicher Beschränkungsmaßnahmen – Spielräume für Mitgliedstaaten – Begriff Arzneimittel), JuS 2004, S. 905-907.
55. EuGH, Urt. v. 29.4.2004, verb. Rs. C-482/01 und C-493/01, Orfanopoulos und Olivieri/ Land Baden-Württemberg (Ausweisung eines „EU-Ausländers" [Unionsbürgers] – Enge Voraussetzungen – Kriterien für nationale Gerichte), JuS 2004, S. 1001-1004.
56. EuGH, Urt. v. 14.10.2004, Rs. C-36/02, Omega Spielhallen und Automatenaufstellungs GmbH / Oberbürgermeisterin der Bundesstadt Bonn

(Beschränkung der Grundfreiheiten zum Schutz der „öffentlichen Ordnung" [Menschenwürde], JuS 2005, S. 63-66.

57. EuGH, Urt. v. 5.10.2004, Rs. C-397/01, bis 403/01, Pfeiffer u.a/ DRK (Auslegung der EG-Arbeitszeitrichtlinie), JuS 2005, S. 357-361.

58. EuGH, Urt. v. 15.7.2004, Rs. C-239/02, Douwe Egberts NV/ Westrom Pharma NV (Freier Warenverkehr – Harmonisierung der Rechtsvorschriften), JuS 2005, S. 548-551.

59. EuGH, Urt. v. 12.4.2005, Rs. C-265/03, Igor Simutenkov/ Ministerio de Educación y Cultura and Real Federación Española de Fútbol (Partnerschaftsabkommen EG-Russland – Unmittelbare Wirkung – Berufsfußball), JuS 2005, S. 737-740.

60. EuGH, Urt. v. 14.12.2004, Rs. C-463/0, Kommission/ Deutschland (Pfandregelung Europarecht – Umweltrecht – Freier Warenverkehr), JuS 2005, S. 829-833.

61. EuGH, Urt. v. 16.6.2005, Rs. C-105/03, Maria Pupino (Wirkungen eines Rahmenbeschlusses), JuS 2005, S. 1023-1026.

62. EuGH, Urt. v. 7.9.2004, Rs. C-456/02, Trojani (Freier Personenverkehr – Unionsbürgerschaft – Aufenthaltsrecht), JuS 2005, S.1117-1120.

63. EuGH, Urt. v. 7.7.2005, Rs. C-147/03, Kommission/ Österreich (Vertragsverletzung – Diskriminierung beim Hochschulzugang), JuS 2006, S. 68-71.

64. EuGH, Urt. v. 7.7.2005, Rs. C-374/03, Gaye Güröl/ Bezirksregierung Köln (Assoziierungsabkommem EG-Türkei – Ausbildungsförderung für türkische Kinder) JuS 2006, S. 161-164.

65. EuGH, Urt. v. 13.9.2005, Rs. C-176/03, Kommission/ Rat (Rahmenbeschluss – Nichtigkeitsklage bei fehlender Kompetenz [„Dritte Säule"] wegen Kompetenz der EG [„Erste Säule"] – Anordnungskompetenz der EG für strafrechtliche Sanktionen im Bereich des Umweltschutzes), JuS 2006, S. 164-167.

66. EuGH, Urt. v.22.11.2005, Rs. C-144/04, Werner Mangold/ Rüdiger Helm

(Konstruierte Vorlagefrage – Gleichbehandlung in Beschäftigung und Beruf– Diskriminierung auf Grund des Alters), JuS 2006, S. 357–361.

67. EuGH, Urt. v. 6.12.2005, Rs. C–66/04, Vereinigtes Königreich/ Europäisches Parlament und Rat (Basisrechtsakt und Delegation von Rechtsetzungsbefugnissen – Kompetenz zur Rechtsangleichung – Abgrenzung Gesetzgebung und Verwaltung – Wahl der Rechtsgrundlage – Raucharomen, JuS 2006, S. 445–448.

68. EuGH, Urt. v. 19.1.2006, Rs. C–244/04, Kommission/ Deutschland (Dienstleistungsfreiheit – Entsenderichtlinie – Entsendung von Drittstaatsarbeitnehmern – Unverhältnismäßigkeit präventiver Kontrolle der Arbeitsvisumregelung und einjähriger Vorbeschäftigungszeit), JuS 2006, S. 548–552.

69. EuGH, Urt. v. 16.3.2006, Rs. C–234/04, Rosemarie Kapferer/ Schlank & Schick GmbH (Gerichtliche Entscheidung über die Zuständigkeit –Wiedereröffnung der Berufungsinstanz –Vorrang des Gemeinschaftsrechts – Pflicht zur Zusammenarbeit), JuS 2006, S. 637–639.

70. EuGH, Urt. v. 5.10.2005, Rs. T–366/03, und T–235/04, Land Oberösterreich und Republik Österreich/ Kommission (Gentechnikfreie Zone), JuS 2006, S. 828–833.

71. EuGH, Urt. v. 6.12.2005, Rs. C–461/03, Gaston Schul Douane – expediteur BV/ Minister van Landbouw, Natuur en Voedselkwaliteit (Vorlagepflicht bei bereits entschiedener Vorabentscheidungsfrage über Ungültigkeit gleichlautender Sekundärrechtsvorschrift), JuS 2006, S. 833–835.

72. EuGH, Urt. v. 11.7.2006, Rs. C–13/05, Sonia Cahcón Navas/ EurestColectividades SA (Anforderungen an Vorabentscheidungsersuchen – Gemeinschaftsrechtliche Begriffsbildung – Auslegung der Antidiskriminierungs – Rahmenrichtlinie [Gleichbehandlungsrichtlinie] – Kündigung wegen Krankheit keine Behinderung im Sinne der Gleichbehandlungsrichtlinie), JuS 2007, S. 65–67.

73. EuGH, Urt. v. 13.6.2006, Rs. C-173/03, Traghetti del Mediterraneo SpA in Liquidation/ Italienischer Staat (Staatshaftung der Mitgliedstaaten wegen Verstößen gegen Gemeinschaftsrecht – Fortentwicklung des Köbler-Urteils), JuS 2007, S. 68-71.

74. EuGH, Urt. v. 19.1.2006, Rs. C-330/03, Colegio de Ingenieros Caminos, Canales y Puertos/ Administración del Estado Europarecht (Freizügigkeit der Arbeitnehmer – Anerkennung der Diplome – Richtlinie 89/48/EWG – Ingenieurberuf – Partielle und begrenzte Anerkennung der beruflichen Qualifikationen), JuS 2007, S. -163-166.

75. EuGH, Urt. v. 18.7.2006, Rs. C-119/04, Kommission/ Italien (Vertragsverletzung eines Mitgliedstaats – Urteil des Gerichtshofes, durch das eine Vertragsverletzung festgestellt wird – Unterschied zwischen Pauschalbetrag und Zwangsgeld – Anerkennung der erworbenen Rechte ehemaliger Fremdsprachenlektoren), JuS 2007, S. 268-271.

76. EuGH, Urt. v. 1.6.2006, Rs. C-453/04, innoventif Ltd. (Zulässigkeit einer Vorlage im Vorabentscheidungsverfahren –Niederlassungsfreiheit – Zweigniederlassung einer GmbH mit Sitz in einem anderen Mitgliedstaat– Eintragung des Unternehmensgegenstands in das nationale Handelsregister), JuS 2007, S. 470-472.

77. EuGH, Urt. v. 25.1.2007, Rs. C-278/05, Carol Marilyn Robins u. a./ Secretary of State for Work and Pensions (Voraussetzungen der Haftung eines Mitgliedstaats wegen nicht ordnungsgemäßer Umsetzung einer Richtlinie – Schutz der Arbeitnehmer bei Zahlungsunfähigkeit des Arbeitgebers), JuS 2007, S. 762-765.

78. EuGH, Urt. v. 3.5.2007, Rs. C-303/05, Advocaten voor de Wereld VZW/ Leden van de Ministerraad (Europäischer Haftbefehl), JuS 2007, S. 854-858.

79. EuGH, Urt. v. 6.3.2007, Rs. C-338/04, Placanica, Palazzese und Sorrichio (Niederlassungs- und Dienstleistungsfreiheit – Glücksspiele), JuS 2007, S.

1040-1044.
80. EuGH, Urt. v. 5.6.2007, Rs. C-170/04, Klas Rosengren u.a./ Riksåklagaren (Freier Warenverkehr – Nationale Regelung, die Privatpersonen die Einfuhr alkoholischer Getränke verbietet – Rechtfertigung mit Gesundheitsschutz – Verhältnismäßigkeitskontrolle), JuS 2007, S. 1135-1138.
81. EuGH, Urt. v. 9.11.2006, Rs. C-520/04, Turpeinen (Freizügigkeit – Unionsbürgerschaft – Höhere Besteuerung von Ruhegehaltsempfängern, die in einem anderen Mitgliedstaat ansässig sind), JuS 2008, S. 160-162.
82. EuGH, Urt. v. 14.9.2006, Rs. C-158/04 und C-159/04, Alfa Vita Vassilopoulos AE (Freier Warenverkehr – Maßnahmen gleicher Wirkung wie mengenmäßige Beschränkungen – Verkaufsmodalitäten – Rechtfertigungsgründe), JuS 2008, S. 262-265.
83. EuGH, Urt. v. 11.12.2007, Rs. C-438/05, International Transport Workers' Federation, Finnish Seamen's Union/ Viking Line ABP, OÜ Viking Line Eesti (Niederlassungsfreiheit – Drittwirkung der Grundfreiheiten – Grundfreiheiten und Grundrechte), JuS 2008, S. 447-451.
84. EuGH, Urt. v. 12.2.2008, Rs. C-2/06, Willy Kempter KG/ Hauptzollamt Hamburg–Jonas (Bestandskräftige Verwaltungsentscheidung – Wirkung eines nach dieser Entscheidung im Vorabentscheidungsverfahren ergangenen abweichenden Urteils des EuGH), JuS 2008, S. 542-544.
85. EuGH, Urt. v. 14.2.2008, Rs. C-244/06, Dynamic Medien Vertriebs GmbH/ Avides Media AG (Einschränkung der Warenverkehrsfreiheit durch deutsche Jugendschutzbestimmungen), JuS 2008, S. 636-639.
86. EuGH, Urt. v. 3.4.2008, Rs. C-346/06, Dirk Rüffert/ Land Niedersachsen (Tariftreueklausel – Beschränkung des freien Dienstleistungsverkehrs – Entsenderichtlinie – Vergade öffentlicher Aufträge – Sozialer Schutz der Arbeitnehmer), JuS 2008, S. 823-825.
87. EuGH, Urt. v. 17.7.2008, Rs. C-94/07, Andrea Raccanelli/ Max–Planck–Ge-

sellschaft zur Förderung der Wissenschaften e.v. (Begriff des Arbeitnehmers – Bindung gemeinnütziger nichtstaatlicher Organisation an das Diskriminierungsverbot – Wiedergutmachung von Verstößen gegen das Gemeinschaftsrecht), JuS 2008, S. 1011–1014.

88. EuGH, Urt. v. 5.6.2008, Rs. C–164/07, James Wood/ Fonds de garantie des victimes des actes de terrorisme et d'autres infractions (Diskriminierung aus Gründen der Staatsangehörigkeit – Entschädigung der opfer von Straftaten), JuS 2008, S. 1104–1107.

89. EuGH, Urt. v. 28.6.2008, Rs. C–329/06 und C–343/06, Wiedemann und Funk/ Land Baden–Württemberg und Stadt Chemnitz (Gegenseitige Anerkennung der Führerscheine), JuS 2009, S. 161–164.

90. EuGH, Urt. v. 14.10.2008, Rs. C–353/06, Stefan Grunkin u.a. (Pflicht, den in einem anderen Mitgliedstaat eingetragenen Namen eines eigenen Staatsangehörigen anzuerkennen), JuS 2009, S. 257–259.

91. EuGH, Urt. v. 3.9.2008, Rs. C–402/05, P und C–415/05 P, Yassin Abdullah Kadi und Al Barakaat International Foundation/ Rat der EU (Individualrechtsschutz gegen Nennung einer vom UN – Sicherheitsrat übernommenen Terroristenverdachtsliste der EU), JuS 2009, S. 360–363.

92. EuGH, Urt. v. 11.9.2008, Rs. C–11/07, Hans Eckelkamp u.a./ Belgien (Gemeinschaftsrechtswidrige Verknüpfung steuerlicher Pflichten mit Wohnsitz bei Vererbung einer Immobilie in einem anderen Mitgliedstaat), JuS 2009, S. 453–455.

93. EuGH, Urt. v. 18.11.2008, Rs. C–158/07, Jacqueline Förster/ Hoofdirectie van de Informatie Beheer Group (Unterhaltsstipendien für Unionsbürger – Diskriminierungsverbot – Mindestaufenthalt als Erfordernis der Integration in den gewährenden Mitgliedstaat), JuS 2009, S. 552–555.

94. EuGH, Urt. v. 10.2.2009, Rs. C–110/05, Kommission/ Italien (Warenverkehrsfreiheit – Nutzungsverbot für Anhänger an Kleinkrafträdern als

Marktzugangshindernis – Tragweite der Keck – Rspr. – Sicherheit des Straßenverkehrs als Rechtfertigungsgrund), JuS 2009, S. 652–654.

95. EuGH, Urt. v. 19.5.2009, Rs. C–171/07 und C–172/07, „DocMorris" (Niederlassungsfreiheit – Rechtfertigung des sog. Fremdbesitzverbots von Apotheken aus Gründen des Gesundheitsschutzes), JuS 2009, S. 1034–1037.

96. EuGH, Urt. v. 11.6.2009, Rs. C–564/07, Kommission/ Österreich (Pflicht zum Abschluss einer Berufshaftpflichtversicherung und zur Bestellung eines Zustellungsbevollmächtigten im Staat der Leistungserbringung für grenzüberschreitend dienstleistende Patentanwälte), JuS 2009, S. 1129–1131.

97. EuGH, Urt. v. 10.3.2009, Rs. C–169/07, Hartlauer (Zulässige Beschränkungsgründe – Bedarfsprüfung – Kohärenz des Zulassungssystems), JuS 2010, S. 272–275.

98. EuGH, Urt. v. 10.12.2009, Rs. C–345/08, Krzysztof Peśla/ Justizministerium Mecklenburg – Vorpommern (Gegenseitige Anerkennung von Prüfungszeugnissen für die Zulassung zum juristischen Vorbereitungsdienst), JuS 2010, S. 366–369.

99. EuGH, Urt. v. 8.9.2009, Rs. C–42/07, Santa Casa (Dienstleistungsfreiheit – Verbot von Glücksspielangeboten im Inland durch Anbieter im Ausland), JuS 2010, S. 460–463.

100. EuGH, Urt. v. 9.3.2010, Rs. C–518/07, Kommission / Bundesrepublik Deutschland (Unabhängigkeit der Datenschutzbeauftragten), JuS 2010, S. 556–568.

101. EuGH, Urt. v. 13.4.2010, Rs. C–73/08, Nicolas Bressol u.a., Céline Chaverot u.a./ Gouvernement de la Communauté française (Freizügigkeit – Beschränkung des Hochschulzugangs für Unionsbürger aus anderen Mitgliedstaaten), JuS 2010, S. 655–657.

102. EuGH, Urt. v. 28.1.2010, Rs. C–333/08, Kommission/ Frankreich (Warenverkehrsfreiheit – Verbot der Maßnahme gleicher Wirkung – Zulassungsver-

fahren für Lebensmittel aus anderem Mitgliedstaat), JuS 2010, S. 744-747.

103. EuGH, Urt. v. 26.1.2010, Rs. C-118/08, Transportes Urbanos y Servicios Generales SAL/ Administración del Estado (Verfahrensautonomie der Mitgliedstaaten und Äquivalenzgebot – Realisierung des unionsrechtlichen Staatshaftungsanspruchs im nationalen Recht), JuS 2010, S. 835-837.

104. EuGH, Urt. v. 22.4.2010, Rs. C-510/08, Vera Mattner/ FA Velbert (Kapitalverkehrsfreiheit – Beschränkungsverbote – Auswirkungen auf das Steuerrecht), JuS 2010, S. 934-937.

105. EuGH, Urt. v. 3.6.2010, Rs. C-258/08, Ladbrokes Betting & Gaming Ltd., Ladbrokes International Ltd./ Stichting de Nationale Sporttotalisator (Dienstleistungsfreiheit – Kohärenz nationaler Beschränkungsmaßnahmen – Glücksspiele), JuS 2010, S. 1032-1034.

106. EuGH, Urt. v. 3.6.2010, Rs. C-203/08, Sporting Exchange Ltd./ Minister van Justitie [Betfair] (Dienstleistungsfreiheit – Monopol für Glücksspiele – Sportwetten), JuS 2010, S. 1123-1126.

107. EuGH, Urt. v. 8.9.2010, Rs. C-316/07, u.a., Markus Stoß u.a. (Niederlassungs- und Dienstleistungsfreiheit – Deutsches Glücksspielmonopol verstößt gegen EU-Recht), JuS 2011, S.85-87.

108. EuGH, Urt. v. 9.11.2010, Rs. C-92/09, Volker und Markus Schecke GbR und Hartmut Eifert/ Land Hessen (Unionsgrundrechte [Privatleben, Datenschutz] – Namentliche Publikation der persönlichen Empfänger von Agrarbeihilfen im Internet grundrechtswidrig), JuS 2011, S. 278-280.

109. EuGH, Urt. v. 22.12.2010, Rs. C-118/09, Koller (Niederlassungsfreiheit – Zulassung zur Rechtsanwaltschaft durch Anerkennung von im EU-Ausland erworbenen Berufsqualifikationen), JuS 2011, S. 472-474.

110. EuGH, Urt. v. 22.12.2010, Rs. C-279/09, DEB Deutsche Energiehandels – und Beratungsgesellschaft mbH/ Bundesrepublik Deutschland (Unionsgrundrechte– Effektiver Rechtsschutz – Prozesskostenhilfe), JuS 2011, S. 568–

570.
111. EuGH, Urt. v. 24.5.2011, Rs. C-54/08, Kommission/ Deutschland (Niederlassungsfreiheit – Unionsrechtswidrigkeit des Staatsangehörigkeitsvorbehalts für den Beruf des Notars), JuS 2011, S. 851–854.
112. EuGH, Urt. v. 8.3.2011, Rs. C-34/09, Gerardo Ruiz Zambrano (Unionsbürgerschaft – Abgeleitete Rechte für Drittstaatsangehörige), JuS 2011, S. 946–948.
113. EuGH, Urt. v. 16.12.2010, Rs. C-137/09, Marc Michel Josemans/ Burgemeester van Maastricht (Dienstleistungs – und Warenverkehrsfreiheit – Drogen in niederländischen Coffeeshops nur für Inländer), JuS 2011, S. 1044–1047.
114. EuGH, Urt. v. 7.4.2011, Rs. C-291/09, Francesco Guarnieri & Cie/ Vandevelde Eddy VOF (Freier Warenverkehr – Prozesskostensicherheit – Verlangen der Leistung einer Prozesskostensicherheit keine kausale Behinderung des freien Warenverkehrs), JuS 2011, S. 1138–1140.
115. EuGH, Urt. v. 4.11.2011, Rs. C-403/08 und C-429/08, Football Association Premier League and Others/ QC Leisure und Others Karen Murphy/ Media Protection Services Ltd. (Dienstleistungsfreiheit – Wettbewerbsrecht – Unzulässige Marktabschottung für Fernsehrechte), JuS 2012, S. 371–374.
116. EuGH, Urt. v. 6.9.2011, Rs. C-18/10, Inuit Tapiriit Kanatami u.a./ Parlament und Rat (Rechtsschutz – Nichtigkeitsklage von Individuen gegen Rechtsakte mit Verordnungscharakter), JuS 2012, S. 472 – 475.
117. EuGH, Urt. v. 27.10.2011, Rs. C-255/09, Kommission/ Brüssel (Dienstleistungsfreiheit – Kostenerstattung für Krankenbehandlung in anderem Mitgliedstaat), JuS 2012, S. 568–571.
118. EuGH, Urt. v. 17.11.2011, Rs. C-434/10, Petar Aladzhov / Zamestnik direktor na Stolichna direktsia na vatreshnite raboti kam Ministerstvo na vatreshnite raboti (Unionsbürgerschaft – Beschränkung der Freizügigkeit), JuS 2012,

S. 660–663.

119. EuGH, Urt. v. 26.04.2012, Rs. C–456/10, ANETT/ Administracion de Estado (Freier Warenverkehr – Abgrenzung des Verbots mengenmäßiger Einfuhrbestimmungen zu den Bestimmungen über Handelsmonopole), JuS 2012, S. 759 –761.

120. EuGH, Urt. v. 24.1.2012, Rs. C–282/10, Maribel Dominguez/ Centre informatique du Centre Ouest Atlantique (Richtlinienkonforme Auslegung – unmittelbare Wirkung von Richtlinien – Staatshaftungsanspruch), JuS 2012, S. 858–861.

121. EuGH, Urt. v. 21.06.2012, Rs. C–84/11, Marja–Liisa Susisalo, Olli Tuomaala, Merja Ritala (Vorlageverfahren und Niederlassungsfreiheit – Zulassung von Apotheken), JuS 2012, S. 952–955.

122. EuGH, Urt. v. 12.07.2012, Rs. C–378/10, VALE Épitési kft. (Art. 49 AEUV und 54 AEUV – Niederlassungsfreiheit – Grundsätze der Äquivalenz und der Effektivität – Grenzüberschreitende Umwandlung – Ablehnung der Eintragung in das Handelsregister), JuS 2012, S. 1142–1144.

123. EuGH, Urt. v. 12.07.2012, Rs. C–176/11, HIT u.a. / Bundesminister der Finanzen (Österreich) (Art. 56 AEUV und Art. 62 AEUV – Dienstleistungsfreiheit), JuS 2013, S. 275–278.

124. EuGH, Urt. v. 06.09.2012, Rs. C–544/10, Deutsches Weintor eG/ Land Rheinland Pfalz (Art. 6 Abs. 1 EUV, Art. 15 Abs. 1 GRCh und VO (EG) Nr. 1924/2006 – Verbot gesundheitsbezogener Angaben auf alkoholischen Getränken), JuS 2013, S. 369–371.

125. EuGH, Urt. v. 18.10.2012, Rs. C–385/10, Elenca/Ministero dell'Interno (Art. 34, 36 AEUV, RL 89/106/EWG – Verhältnis von Sekundärrecht und Warenverkehrsfreiheit), JuS 2013, S. 472–474.

126. EuGH, Urt. v. 26.02.2013, Rs. C–617/10, Åklagare/Åkerberg Fransson (Art. 6 EUV, Art. 50, 51 GRCh – Anwendungsbereich der EU – Grundrechte-

charta), JuS 2013, S. 568–571.

127. EuGH, Urt. v. 26.02.2013, Rs. C–399/11, Melloni/Ministrio Fiscal (Art. 6 Abs. 1 EUV, Art. 47 Abs. 2, 48 Abs. 2, 52 Abs. 3, 53 GRCh, Rahmenbeschluss 2002/584/JI – Grundrechtsschutz), JuS 2013, S. 661–663.

128. EuGH, Urt. v. 24.01.2013, Rs. C–186/11 und C–209/11, Stanleybet International Ltd u.a./Ypourgos Oikonomias kai Oikonomikon u.a. (Art. 49, 56 AEUV – Staatliches Glücksspielmonopol), JuS 2013, S. 755–758.

XII. Herausgeberschaft

1. Deutsches und Europäisches Lebensmittelrecht. Die Auswirkungen des Rechts der Europäischen Gemeinschaften auf das Deutsche Lebensmittelrecht, Bd. 1 der Schriftenreihe der Forschungsstelle für Lebensmittelrecht an der Universitsät Bayreuth 1991.

2. „Novel Food". Rechtliche und wirtschaftliche Aspekte der Anwendung neuer biotechnologischer Verfahren bei der Lebensmittelherstellung, Bd. 2 der Schriften zum Lebensmittelrecht, Bayreuth 1993. (2. Aufl. 1995).

3. Lebensmittelrechts–Handbuch, München, Loseblatt, Stand 2012 (33. Ergänzungslieferung).

4. Die Kontrolle der Anwendung des Europäischen Wirtschaftsrechts in den Mitgliedstaaten, Bd. 8 der Schriften zum Lebensmittelrecht, Bayreuth 1998 (zusammen mit Gerhard Dannecker, Ulrich Sieber und Markus Ritter).

5. Neuartige Lebensmittel. Problemaufriß und Lösungsansätze, Bayreuth 1999.

6. 50 Jahre Europarat : Der Beitrag des Europarats zum Regionalismus, Bayreuth 2000.

7. EUV/EGV. Vertrag über die Europäische Union und Vertrag zur Gründung der Europäischen Gemeinschaft, Beck'sche Kurzkommentare, München 2003.

8. EUV/AEUV. Vertrag über die Europäische Union und Vertrag über die Arbeitsweise der Europäischen Union, Beck'sche Kurzkommentare, München

2012.

9. Verbraucherinformation und Risikokommunikation, Bayreuth 2004.

10. Die Außenwirtschaftspolitik der Europäischen Union nach dem Verfassungsvertrag (zusammem mit Christoph Herrmann und Horst Krenzler), Baden–Baden 2006.

11. LFGB–BasisVO, Lebensmittel– und Futtermittelgesetzbuch – Verordnung (EG) Nr. 178/2002, München 2007 (zusammen mit Alfred Hagen Meyer) [2. Aufl. 2013].

12. Wirtschaftsverfassung und Vergaberecht – Der verfassungsrechtliche Rahmen der öffentlichen Auftrags – und Konzessionsvergabe – 1. Münchner Kolloquium zum Öffentlichen Wirtschaftsrecht, Stuttgart/ München 2011 (zusammen mit Marc Bungenberg und Peter M. Huber).

13. Daseinsvorsorge und öffentliches Beschaffungswesen nach dem Lissabonner Vertrag – 2. Münchner Kolloquium zum Öffentlichen Wirtschaftsrecht, Stuttgart/ München 2011 (zusammen mit Marc Bungenberg und Peter M. Huber).

14. Der Staat in der Wirtschafts – und Finanzkrise – 3. Münchner Kolloquium zum Öffentlichen Wirtschaftsrecht. Stuttgart/ München 2011 (zusammen mit Marc Bungenberg und Peter M. Huber).

XIII. Mitherausgeber von Zeitschriften/ Mitglied von Redaktionsbeiräten

a) Mitherausgeber

1. Neue Zeitschrift für Verwaltungsrecht (NVwZ)
2. Zeitschrift für Sport und Recht (SpuRt)

b) Redaktionsbeirat

1. Zeitschrift für das gesamte Lebensmittelrecht (ZLR).
2. Journal für Verbraucherschutz und Lebensmittelsicherheit – Journal of Consumer Protection and Food Safety.

3. Zeitschrift für Öffentliches Recht (ZÖR)

XIV. Herausgeber bzw. Mitherausgeber von Schriftenreihen

1. Schriften zum Lebensmittelrecht (Forschungsstelle für Deutsches und Europäisches Lebensmittelrecht an der Universität Bayreuth), P.C.O. Verlag, Bayreuth.

2. Europäisches und Internationales Recht (zusammen mit Georg Nolte), Herbert Utz Verlag (VVF) München.

3. Lebensmittelrechtliche Abhandlungen (zusammen mit Gerhard Dannecker und Friedhelm Hufen), Nomos – Verlag, Baden–Baden.

索　引

事 項 索 引

ア行

アムステルダム条約	124
安定基準に関する責務	26
EU 機能条約	175
域内市場の確立	241
違憲審査呈示の要件	165
移動・居住の自由の権利	179
移動の自由	176
欧州化	233
欧州合衆国	47
欧州共同民法	43
欧州憲法	3, 6, 7, 33, 34, 129
欧州憲法条約	32, 73, 87, 92, 104, 106, 107, 109, 115
欧州司法裁判所への訴権行使	26
欧州食品法	212
欧州人権条約	144
欧州政策参画	12
欧州適応性	19
欧州統合	62
欧州取引通念	217
欧州評議会	44
欧州法文化	37
欧州理事会	89
欧州連合	60, 105
欧州連合基本権憲章	45, 110, 133
欧州連合司法裁判所(欧司裁)	44, 116
欧州連合市民	175, 179
欧州連合市民権	178
欧州連邦計画	54
欧州連邦国家への移行	125
欧州連邦制支持者同盟	79

カ行

各州の代表委員	22
拡大政策	97
カシス・ド・ディジョン事件	213
価値共同体	96
カロリーヌ・フォン・ハノーファー(モナコ)事件	140, 233
甘味料指令	215
基本権審査	154
基本的自由	240
基本法の人間像	278
教育と人格形成への寄与	275
共同体私法	237
共同体法制定過程	20
共同体法の違反	15, 25
共同体法の執行	17
ゲルギュリュ事件	143, 144
権限外行為審査	159
健康の促進	273
健康の保護	213
憲法異議	165
憲法の番人	151
公租公課債務	175
拷問等禁止条約	99
個性と公共心の醸成	275
国家育成	267
国家間連結	56, 122, 157
コンベンション方式	83, 84, 85

サ行

最終性の問題	61
自治派	50

事項索引 347

州議会の参加　27
十字架像事件判決　138, 139
熟慮期間　64, 92, 115
授権の制約　150
出国の自由　176
出国の自由の制限　175
消費者保護　213
条約補充権限　243
指令の実施権限　23
人権と基本的自由の保護のための
　条約（欧州人権条約）　44
審査基準の軽減　162
審査留保　161
スペイン最高裁　185, 186, 187
スポーツ条項　256
スポーツ振興　282
スポーツの保障　252
相互承認の理論　214
損害賠償責任　15

タ行

滞在の自由　176
ダッソンヴィル事件　213
添加物枠組指令　215
伝統派　50
ドイツ憲法内向性　80
ドイツ連邦制委員会　6
同一性審査　155

ナ行

ニース方式　82
二次法　240
入国の自由　176
人間の自己発現　278
人間の尊厳　97

ハ行

ハーグ欧州会議　54
パスタ　210
バナナ市場規則判決　165, 168
ハニーウェル事件判決　163, 171
ビール　208
ビール純粋令　207, 208, 209, 214, 218
フランコヴィッチ事件　193
フランコヴィッチの原則　15
ブレジネフ・ドクトリン　95
文化への貢献　279
ベルリン宣言　73, 76, 77
法学の欧州化　37
法廷は自ら法を知る　231
ポスト・ニース・プロセス　123

マ行

マーストリヒト条約　80
マーストリヒト条約体制　119
マーマレード　216
民事に関する司法協力　242
民主主義思想の促進　272
連憲裁　117, 118, 120, 124,
　　　　125, 126, 127, 129
目的連合論　56

ヤ行

輸入禁止　185

ラ行

リスボン条約　66, 69, 75,
　　　　116, 118, 129
リスボン条約判決　124, 129
レシピ法　206

連合私法	*237*	連邦制欧州共和国	*78*
連合法の優位性	*150*	連邦の代表	*22*
連邦議会	*12, 20*	老人と海	*211*
連邦参議院	*12, 20*	労働時間の編成	*193, 194*
連邦制委員会	*18*	ローマ条約	*73*

人名索引

ア行

アリストテレス	39, 40
イプセン	51, 52, 56
ヴィルト	78
ウルブリヒト	267
エレマン＝イェンセン	270
オッパーマン	57
オプヒュルス	51, 54

カ行

カーター	270
ガウヴァイラー	65
カント	47, 78
キーニンガー	227
クーデンホーフ＝カレルギー	47
グラーフ	227
クラウゼ	78
グラビッツ	51, 54
クリューガー	272
クリンスマン	270
クレーシェル	37
グレートヒェン	131
クロード・アンリ・ド・サン＝シモン	78
クロップホラー	227
ゲーテ	131
ケープラー	37
ケルバー	228
コーラー	207
コール	270
コシャカー	43

サ行

サルコジ	88, 104
シェファー	3, 4, 35
ジッド	211
シュヴァイツァー	50
シューマン	54
シュタインドルフ	227, 229
シュテルン	149, 150
シュトイバー	26, 270
シュペレンベルク	230, 247
シュランツ	265
シュレーダー	270
ジョージ	79
ショルツ	18, 24, 251, 252, 255, 260
スメンド	272

タ行

ティエリ	78
デスタン	48, 83, 84
ド・ゴール	55, 269
トゥキディデス	101
ドロール	236

ナ行

ネールセン	37

ハ行

ハイダーホフ	228
バセドウ	230
ハルシュタイン	54, 95

ファウスト	131		メルケル	104, 270
フィードラー	134		モーザー	41, 42
プーフェンドルフ	39, 40, 42, 70		モンザンバーノ	39, 70
フォクツ	270			
ブッシュ	266		**ヤ行**	
フラー	227			
フライターク	230		ユーゴー	47, 54, 78
フランツェン	227		ユンケル	41, 93
ブリアン	54			
ブルクハルト	205		**ラ行**	
ブレジネフ	95			
フンマー	50		ライプレ	228, 230
ヘミングウェイ	211		ラウツィ	134, 135
ペリクレス	101		リーゼンフーバー	228
ヘルツォーク	45, 83, 118, 133		リヒャルト・クーデンホーフ＝カレルギー	79
ベルナー	227		リル	4
ベルルスコーニ	141		ルルガー	228
			レーニン	259
マ行			レミーン	228
			ロート	227
マチエエフスキ	141			
マンチーニ	210			

訳者紹介

新井 誠（あらい まこと）

1950年6月	新潟県に生まれる
1973年3月	慶應義塾大学法学部卒業
1975年3月	慶応義塾大学大学院法学研究科修士課程修了
1977年7月	German Academic Exchange Service（DAAD）留学生として渡独
1979年7月	ミュンヘン大学から法学博士号取得
1981年4月	国学院大学法学部専任講師
1984年4月	国学院大学法学部助教授
1991年4月	国学院大学法学部教授
1995年4月	千葉大学法経学部教授
2001年4月	筑波大学社会科学系教授
2005年4月	筑波大学法科大学院教授（院長）
2006年10月	フンボルト賞受賞
2010年10月	ドイツ連邦共和国功労勲章1等功労十字章
2011年4月	中央大学法学部教授、筑波大学名誉教授（現在に至る）

《主著》

『財産管理制度と民法・信託法』（有斐閣、1990年）
『イギリス信託・税制研究序説』（編著、清文社、1994年）
『高齢社会と信託』（編著、有斐閣、1995年）
『高齢社会の成年後見法〔改訂版〕』（有斐閣、1999年〔第6回・尾中郁夫・家族法学術奨励賞受賞〕）
『成年後見』（編著、有斐閣、2000年）
『欧州信託法の基本原理』（編著、有斐閣、2003年）
『成年後見法と信託法』（有斐閣、2005年）
『成年後見制度』（編著、有斐閣、2006年）
『高齢社会における信託と遺産継承』（編著、日本評論社、2006年）
『成年後見と医療行為』（編著、日本評論社、2007年）
『キーワードで読む信託法』（編著、有斐閣、2007年）
『信託法〔第3版〕』（有斐閣、2008年）

シュトラインツ教授論文集
ドイツ法秩序の欧州化

日本比較法研究所翻訳叢書（67）

2014年2月10日　初版第1刷発行

訳　者　新井　誠
発行者　遠山　曉

発行所　中央大学出版部
〒192-0393
東京都八王子市東中野742-1
電話042(674)2351・FAX042(674)2354
http://www.2.chuo-u.ac.jp/up/

Ⓒ 2014　新井　誠　　ISBN 978-4-8057-0368-7　　電算印刷

日本比較法研究所翻訳叢書

0	杉山直治郎訳	仏 蘭 西 法 諺	B6判 (品切)
1	F. H. ローソン 小堀・船越・真田訳	イギリス法の合理性 改訂版	A5判 1260円
2	B. N. カドーゾ 守屋善輝訳	法 の 成 長	B5判 (品切)
3	B. N. カドーゾ 守屋善輝訳	司 法 過 程 の 性 質	B6判 (品切)
4	B. N. カドーゾ 守屋善輝訳	法 律 学 上 の 矛 盾 対 立	B6判 735円
5	P. ヴィノグラドフ 矢田・小堀・真田訳	中世ヨーロッパにおけるローマ法	A5判 (品切)
6	R. E. メガリ 金子・新井・木川・住吉訳	イギリスの弁護士・裁判官	A5判 1260円
7	K. ラーレンツ 神田博司他訳	行 為 基 礎 と 契 約 の 履 行	A5判 (品切)
8	F. H. ローソン 小堀・真田・長内訳	英米法とヨーロッパ大陸法	A5判 (品切)
9	I. ジェニングス 柳沢義男・弘毅訳	イ ギ リ ス 地 方 行 政 法 原 理	A5判 (品切)
10	守屋善輝編	英 米 法 諺	B6判 3150円
11	G. ボーリー他 新井・池上訳	〔新版〕消 費 者 保 護	A5判 2940円
12	A. Z. ヤマニー 真田芳憲訳	イ ス ラ ー ム 法 と 現 代 の 諸 問 題	B6判 945円
13	J. B. ワインスタイン 小島・椎橋訳	裁 判 所 規 則 制 定 過 程 の 改 革	A5判 1575円
14	M. カペレッティ編 小島・谷口訳	裁判・紛争処理の比較研究（上）	A5判 2310円
15	M. カペレッティ 小島・大村訳	手 続 保 障 の 比 較 法 的 研 究	A5判 1680円
16	J. M. ホールデン 高窪利一監訳	英 国 流 通 証 券 法 史 論	A5判 4725円
17	A. S. ゴールドシュティン 渥美東洋監修	控 え め な 裁 判 所	A5判 1260円

日本比較法研究所翻訳叢書

18	M. カペレッティ編 小島・谷口編訳	裁判・紛争処理の比較研究（下）	A5判 2730円
19	U. ドゥローブニク他編 真田・後藤訳	法社会学と比較法	A5判 3150円
20	M. カペレッティ編 小島・谷口編訳	正義へのアクセスと福祉国家	A5判 4725円
21	P. アーレンス編 小島武司編訳	西独民事訴訟法の現在	A5判 3045円
22	D. ヘーンリッヒ編 桑田三郎編訳	西ドイツ比較法学の諸問題	A5判 5040円
23	ペーターギレス編 小島武司編訳	西独訴訟制度の課題	A5判 4410円
24	M. アサド 真田芳憲訳	イスラームの国家と統治の原則	A5判 2040円
25	A. M. プラット 藤本・河合訳	児童救済運動	A5判 2549円
26	M. ローゼンバーグ 小島・大村訳	民事司法の展望	A5判 2345円
27	B. グロスフェルト 山内惟介訳	国際企業法の諸相	A5判 4200円
28	H. U. エーリヒゼン 中西又三訳	西ドイツにおける自治団体	A5判 (品切)
29	P. シュロッサー 小島武司編訳	国際民事訴訟の法理	A5判 (品切)
30	P. シュロッサー他 小島武司編訳	各国仲裁の法とプラクティス	A5判 1575円
31	P. シュロッサー 小島武司編訳	国際仲裁の法理	A5判 1470円
32	張晋藩 真田芳憲監修	中国法制史（上）	A5判 (品切)
33	W. M. フライエンフェルス 田村五郎編訳	ドイツ現代家族法	A5判 (品切)
34	K. F. クロイツァー 山内惟介監訳	国際私法・比較法論集	A5判 3675円
35	張晋藩 真田芳憲監修	中国法制史（下）	A5判 4095円

日本比較法研究所翻訳叢書

36	G. レジエ他 山野目章夫他訳	フランス私法講演集	A5判 1575円
37	G. C. ハザード他 小島武司編訳	民事司法の国際動向	A5判 1890円
38	オトー・ザンドロック 丸山秀平編訳	国際契約法の諸問題	A5判 1470円
39	E. シャーマン 大村雅彦編訳	ＡＤＲと民事訴訟	A5判 1365円
40	ルイ・ファボルー他 植野妙実子編訳	フランス公法講演集	A5判 3150円
41	S. ウォーカー 藤本哲也監訳	民衆司法──アメリカ刑事司法の歴史	A5判 4200円
42	ウルリッヒ・フーバー他 吉田豊・勢子訳	ドイツ不法行為法論文集	A5判 7665円
43	S. L. ペパー 住吉博編訳	道徳を超えたところにある法律家の役割	A5判 4200円
44	W. M. リースマン他 宮野洋一他訳	国家の非公然活動と国際法	A5判 3780円
45	ハインツ・D. アスマン 丸山秀平編訳	ドイツ資本市場法の諸問題	A5判 1995円
46	デイヴィド・ルーバン 住吉博編訳	法律家倫理と良き判断力	A5判 6300円
47	D. H. ショイイング 石川敏行監訳	ヨーロッパ法への道	A5判 3150円
48	ヴェルナー・F. エプケ 山内惟介編訳	経済統合・国際企業法・法の調整	A5判 2835円
49	トビアス・ヘルムス 野沢・遠藤訳	生物学的出自と親子法	A5判 3885円
50	ハインリッヒ・デルナー 野沢・山内編訳	ドイツ民法・国際私法論集	A5判 2415円
51	フリッツ・シュルツ 眞田芳憲・森光訳	ローマ法の原理	A5判 (品切)
52	シュテファン・カーデルバッハ 山内惟介編訳	国際法・ヨーロッパ公法の現状と課題	A5判 1995円
53	ペーター・ギレス 小島武司編	民事司法システムの将来	A5判 2730円

日本比較法研究所翻訳叢書

54	インゴ・ゼンガー 古積・山内編訳	ドイツ・ヨーロッパ民事法の今日的諸問題	A5判 2520円
55	ディルク・エーラース 山内・石川・工藤編訳	ヨーロッパ・ドイツ行政法の諸問題	A5判 2625円
56	コルデュラ・シュトゥンプ 楢崎・山内編訳	変革期ドイツ私法の基盤的枠組み	A5判 3360円
57	ルードルフ・フォン・イェーリング 眞田・矢澤訳	法学における冗談と真面目	A5判 5670円
58	ハロルド・J・バーマン 宮島直機訳	法と革命 II	A5判 7875円
59	ロバート・J・ケリー 藤本哲也監訳	アメリカ合衆国における組織犯罪百科事典	A5判 7770円
60	ハロルド・J・バーマン 宮島直機訳	法と革命 I	A5判 9240円
61	ハンス・D・ヤラス 松原光宏編	現代ドイツ・ヨーロッパ基本権論	A5判 2625円
62	ヘルムート・ハインリッヒス他 森勇訳	ユダヤ出自のドイツ法律家	A5判 13650円
63	ヴィンフリート・ハッセマー 堀内捷三監訳	刑罰はなぜ必要か 最終弁論	A5判 3570円
64	ウィリアム・M・サリバン他 柏木昇他訳	アメリカの法曹教育	A5判 3780円
65	インゴ・ゼンガー 山内・鈴木編訳	ドイツ・ヨーロッパ・国際経済法論集	A5判 2520円
66	マジード・ハッドゥーリー原訳 眞田芳憲訳	イスラーム国際法 シャイバーニーのスィヤル	A5判 5900円

＊価格は本体価格です。別途消費税が必要です。